A SITUAÇÃO DA CLASSE TRABALHADORA NA INGLATERRA

Friedrich Engels

A SITUAÇÃO DA CLASSE TRABALHADORA NA INGLATERRA

segundo as observações
do autor e fontes autênticas

Tradução
B. A. Schumann

Supervisão, apresentação e notas
José Paulo Netto

Copyright da tradução © Boitempo Editorial, 2007, 2010
Traduzido do original alemão: *Die Lage der Arbeitenden Klasse in England*. Leipzig, Otto Wigand Verlag, 1845.

Coordenação	Ivana Jinkings
Supervisão, apresentação e notas	José Paulo Netto
Editores	Ana Paula Castellani e João Alexandre Peschanski
Assistência editorial	Ana Lotufo, Mariana Tavares e Vivian Miwa Matsushita
Tradução	B. A. Schumann
Revisão	Edison Urbano e Mariana Echalar
Editoração eletrônica	aeroestúdio
Capa	Antonio Kehl sobre desenho de Loredano
Coordenação de produção	Livia Campos
Impressão e acabamento	Lis Gráfica

CIP-BRASIL. CATALOGAÇÃO NA FONTE
SINDICATO NACIONAL DOS EDITORES DE LIVROS, RJ.

E48s

Engels, Friedrich, 1820-1895
A situação da classe trabalhadora na Inglaterra / Friedrich Engels ; tradução B. A. Schumann ; supervisão, apresentação e notas José Paulo Netto. - [Edição revista]. - São Paulo : Boitempo, 2010.
388p. : il. -(Mundo do trabalho ; Coleção Marx-Engels)

Tradução de: Die Lage der Arbeitenden Klasse in England
"Segundo as observações do autor e fontes autênticas"
Anexos
Inclui bibliografia e índice
ISBN 978-85-7559-104-8

1. Trabalhadores - Inglaterra. 2. Grã-Bretanha - Condições econômicas - 1760-1860. I. Título. II. Série.

10-2526.
CDD: 331.0942
CDU: 331(420)(09)

É vedada a reprodução de qualquer parte deste livro sem a expressa autorização da editora.

1ª edição: março de 2008
1ª edição revista: julho de 2010
7ª reimpressão: abril de 2024

BOITEMPO
Jinkings Editores Associados Ltda.
Rua Pereira Leite, 373
05442-000 São Paulo SP
Tel./fax: (11) 3875-7250 / 3872-6869
editor@boitempoeditorial.com.br
boitempoeditorial.com.br | blogdaboitempo.com.br
facebook.com/boitempo | twitter.com/editoraboitempo
youtube.com/tvboitempo | instagram.com/boitempo

SUMÁRIO

Nota da editora 7
Apresentação 9
ÀS CLASSES TRABALHADORAS DA GRÃ-BRETANHA 37
    Prefácio 41
    Introdução 45
    O proletariado industrial 63
    As grandes cidades 67
    A concorrência 117
    A imigração irlandesa 131
    Resultados 135
    Os diferentes ramos da indústria: os operários fabris
    em sentido estrito 173
    Os outros ramos da indústria 223
    Os movimentos operários 247
    O proletariado mineiro 275
    O proletariado agrícola 293
    A atitude da burguesia em face do proletariado 307
ANEXOS
    Dados suplementares sobre a situação das classes
    trabalhadoras na Inglaterra. Uma greve inglesa 331

Prefácio à edição alemã de 1892 345
Fontes utilizadas por Engels 359
Índice onomástico 363
Cronologia resumida de Friedrich Engels e Karl Marx 369

NOTA DA EDITORA

A situação da classe trabalhadora na Inglaterra, de Friedrich Engels, obra clássica da tradição socialista revolucionária e referência obrigatória na bibliografia das Ciências Sociais, há muito não estava disponível para o público brasileiro[a].

A edição que a Boitempo agora oferece aos leitores, apresentando uma nova tradução, feita diretamente do alemão por Bernhard A. Schumann[b], cuidadosamente revista e cotejada com o original por José Paulo Netto[c], pretende mais que atender a uma reconhecida demanda do mercado editorial: tem o propósito de tornar acessível o ensaio de Engels numa versão precisa e segura, propiciando aos estudiosos e ao público mais amplo o acesso a uma fonte textual rigorosa.

Foram utilizadas, no cotejo referido, as edições: italiana – *La situazione della classe operaia in Inghilterra*, em Karl Marx e Friedrich Engels, *Opere* (Riuniti, 1972, v. IV); francesa – *La situation de la classe laborieuse en Angleterre* (Éditions Sociales, 1961); inglesa – *The Condition of the Working Class in England* (Progress, 1973); mexicana – *La situación de la clase obrera en Inglaterra*, em Karl Marx e Friedrich Engels, *Obras fundamentales* (Fondo de Cultura Económica, 1981, v. 2). As notas originais de Engels estão numeradas, no rodapé; as eventuais intervenções do editor nessas notas aparecem entre colchetes e podem ser identificadas pela sigla N. E. As demais notas,

---

[a] Há anos estão esgotadas as duas versões que dela foram publicadas em português: a primeira sob a chancela da Editora Afrontamento (Porto, 1975) e a segunda sob o selo da Global Editora (São Paulo, 1986).

[b] A partir do texto contido em *Karl Marx-Friedrich Engels Werke* (Berlim, Dietz, 1972, Band 2).

[c] Doutor em Serviço Social, professor titular da Escola de Serviço Social da Universidade Federal do Rio de Janeiro. Autor, entre outras obras, de *Marxismo impenitente* (2004) e *Capitalismo monopolista e serviço social* (1992), ambas publicadas pela editora Cortez.

Nota da editora

extraídas das edições supramencionadas e adaptadas para a presente tradução, aparecem igualmente no rodapé, porém chamadas por letras.

Nas referências bibliográficas, sempre que possível acrescentamos as edições existentes no Brasil ou em português. Uniformizamos a grafia dos nomes dos autores pela sua forma original, tal como se tornou usual no Brasil, embora as edições espanholas e portuguesas grafem Carlos Marx e Federico Engels.

Um dos mais importantes trabalhos de Engels, *A situação da classe trabalhadora na Inglaterra* é o trigésimo primeiro lançamento da coleção Mundo do Trabalho e o sétimo da série com a qual a Boitempo pretende abarcar – sempre em novas traduções, diretamente do alemão, anotadas e comentadas – o fundamental da obra de Karl Marx e Friedrich Engels, e disponibilizá-lo em português do Brasil. Embora tenha sido concebido inicialmente para a coleção Mundo do Trabalho – coordenada pelo professor Ricardo Antunes –, este livro, que tanto influenciou a obra de Marx, não poderia deixar de integrar a coleção dos fundadores do materialismo histórico.

Os títulos de ambos os autores já lançados pela Boitempo são: o *Manifesto Comunista* (edição comemorativa dos 150 anos do panfleto, em 1998, com uma introdução que o situa historicamente, ensaios de seis especialistas e prefácios de Marx e Engels a todas as edições conhecidas); *A sagrada família*, traduzida por Marcelo Backes; os *Manuscritos econômico-filosóficos*, traduzidos por Jesus Ranieri, autor também do ensaio introdutório; *Crítica da filosofia do direito de Hegel*, com tradução de Rubens Enderle (responsável também pela apresentação) e Leonardo de Deus; *Sobre o suicídio*, traduzido por Rubens Enderle e Francisco Fontanella, incluindo o ensaio "Um Marx insólito", de Michael Löwy; *A ideologia alemã*, de Marx e Engels – traduzida por Rubens Enderle, Nélio Schneider e Luciano Martorano, com apresentação de Emir Sader e supervisão editorial de Leandro Konder; e, finalmente, *Sobre a questão judaica*, com tradução de Nélio Schneider e apresentação e posfácio de Daniel Bensaïd. As capas de todos os volumes da série trazem ilustrações inéditas de Cássio Loredano.

Este volume vem ainda acompanhado de um índice onomástico, uma relação das obras do autor publicadas no Brasil e uma cuidadosa cronologia resumida de Engels e de Marx, contendo aspectos de suas trajetórias – vida pessoal, militância, obra teórica – e os fatos históricos mais relevantes do período.

APRESENTAÇÃO

Ao Lenin

Há quase cinquenta anos, um dos mais notáveis historiadores marxistas, o professor Eric J. Hobsbawm, ao prefaciar uma tradução francesa d'*A situação da classe trabalhadora na Inglaterra*, indagava-se dos motivos que justificavam a reedição de uma obra escrita ainda na primeira metade do século XIX e respondia socorrendo-se de

> três razões principais – a primeira: este livro é um marco na história do capitalismo e da moderna sociedade industrial; a segunda: ele constitui uma etapa na elaboração do marxismo, isto é, da nossa compreensão da sociedade; e a terceira diz respeito à sua qualidade literária. Simultaneamente erudito e apaixonado, articulando a denúncia e a análise, ele é, para dizê-lo numa só palavra, uma obra-prima.[a]

Acrescentava, também, que frequentemente "as obras-primas têm necessidade, quando publicadas há mais de um século, de comentários para serem lidas com proveito". É com esse objetivo que são formulados, nesta apresentação, uns poucos comentários pertinentes a Engels e à obra-prima da sua juventude.

1

Dos estudos pioneiros de Gustav Mayer, iniciados já antes da Primeira Guerra Mundial e concluídos em 1932 em sua monumental biografia de Friedrich Engels[b], aos dias correntes, a crônica da vida do companheiro de lutas e ideias de Karl Marx foi suficientemente esclarecida[c].

---

[a] Cf. o prefácio reproduzido em F. Engels, *La situation de la classe laborieuse en Angleterre* (Paris, Éditions Sociales, 1961), p. 8.
[b] G. Mayer, *Friedrich Engels: una biografía* (México, Fondo de Cultura Económica, 1979).
[c] Dentre um largo rol de fontes, pode-se citar: A. Cornu, *Karl Marx et Friedrich Engels: leur vie et leur oeuvre* (Paris, PUF, 1955-1962, t. I, II e III); W. O. Henderson, *The Life of Friedrich*

Apresentação

Ele nasceu em 28 de novembro de 1820 em Barmen (Renânia), filho de um rico industrial têxtil (seu pai – falecido em 1860, aos 64 anos – também se chamava Friedrich Engels), cujos antepassados habitavam a região do Wuppertal desde o fim do século XVI, e de Elizabeth Franziska Mauritia van Haar (1797-1873), mulher de finos dotes intelectuais. Foi o primeiro dos oito filhos do casal e o pai, um rígido pietista, aspirava a torná-lo seu sucessor nos negócios familiares, que tinham ramificações na Inglaterra. Finalizada a sua formação secundária em 1837 – no curso em que revelou inclinações estéticas (poesia, música e desenho) e enorme facilidade para o domínio de idiomas –, o pai encaminhou-o para a vida empresarial, enviando-o a Bremen, onde permaneceu por dois anos e meio, até a Páscoa de 1841. Nesse período, combinou as obrigações comerciais (que detestava) com leituras centradas na literatura e na filosofia alemãs contemporâneas, estudos de filologia comparada e a prática de exercícios físicos, que não abandonará ao longo da vida. Também desses anos são as primeiras intervenções na imprensa (iniciadas em março de 1839) e o gosto pelas viagens (realiza, então, giros pela Inglaterra, Suíça e Itália).

No outono de 1841, está em Berlim: presta o serviço militar num regimento de artilharia e frequenta livremente alguns cursos universitários. É nesse período, então, que ingressa, precocemente e com força, no debate intelectual: republicano e democrata sob a influência de Börne, e situado na esquerda hegeliana desde que lera D. F. Strauss, aproxima-se dos Livres de Berlim[a] (especialmente Edgar Bauer) e combate a pregação anti-hegeliana de Schelling por meio de textos que atraem a atenção da intelectualidade de oposição e o tornam conhecido nos meios liberais e democráticos. *A essência do cristianismo*, publicado em 1841, deixa-o impactado: mediante o materialismo de Feuerbach, evolui para a posição segundo a qual cristianismo e filosofia são incompatíveis. A sua consequente opção materialista é desdobrada, por meio da marcante influência de Moses Hess, na direção do comunismo pensado humanitária e filosoficamente.

Engels (Londres, Frank Cass, 1976); L. F. Ilychov et al., *Frederick Engels. A Biography* (Moscou, Progress Publishers, 1982); T. Carver, *Friedrich Engels. His Life and Thought* (Londres, Macmillan, 1989); J. D. Hunley, *The Life and Thought of Friedrich Engels: A Reinterpretation* (New Haven/Londres, Yale University Press, 1991).

[a] Cenáculo de jovens hegelianos, anteriormente reunidos no *Doktorklub* de que Marx fizera parte; liderados por Edgar Bauer e Johann Kaspar Schmidt (Max Stirner), os Livres pouco a pouco deslizarão da oposição liberal para um radicalismo abstrato, inócuo politicamente.

Em novembro de 1842, Engels ruma para a Inglaterra: a instâncias do pai, estagiará na empresa (Ermen & Engels) de que sua família é associada, em Manchester – passa, antes, por Colônia, onde tem seu primeiro encontro pessoal, aliás pouco caloroso, com Marx, que dirigia o jornal *Rheinische Zeitung* [Gazeta Renana], com o qual Engels já colaborava. Ficará na Inglaterra por 21 meses e este será o período decisivo em sua formação intelectual e política[a]; o estudo da economia política, a observação e a análise sistemáticas dos processos de industrialização e urbanização, a ativa participação nas mobilizações operárias – tudo isso refletido nas suas intervenções na imprensa inglesa e alemã – consolidam sua opção vital: o jovem que abandona Manchester para regressar à Alemanha, nos últimos dias de agosto de 1844, é decididamente um comunista.

O retorno à cidade natal faz-se via Paris. Aí, encontra-se pela segunda vez com Marx e, após alguns dias de intensa troca de ideias, inicia-se uma amizade e uma colaboração intelectual de que o primeiro fruto verá a luz em finais de fevereiro de 1845 – *A sagrada família ou a crítica da Crítica crítica*[b]. Em setembro de 1844, Engels instala-se na casa paterna, dedica-se à redação d'*A situação da classe trabalhadora na Inglaterra* (obra concluída em março de 1845 e publicada em Leipzig, em finais de maio) e a organizar, juntamente com Moses Hess, reuniões comunistas em Elberfeld, cidade vizinha a Barmen[c]. Passam-se meses de tensão entre o filho do industrial rico que se tornara comunista e o pai que não compreende a recusa do jovem em preparar-se para capitanear os empreendimentos familiares – e a ruptura entre ambos não tarda, com o filho deslocando-se para Bruxelas (abril de 1845), onde Marx, expulso da França, já reside desde fevereiro de 1845[d].

---

[a] E também humana: data de então o início do seu relacionamento com Mary Burns, operária irlandesa que lhe abre as portas dos meios proletários e que será a sua primeira companheira. Sua morte prematura, em janeiro de 1863, abate-o profundamente. Posteriormente, ligar-se-á à irmã de Mary, Lydia (Lizzy) Burns (1827-1878).

[b] Ed. bras.: São Paulo, Boitempo, 2003.

[c] Barmen e Elberfeld, situadas no vale do Wupper (*Wuppertal*), unificaram-se por volta de 1930.

[d] As cartas que Engels escreve a Marx, entre o fim de 1844 e o início de 1845, documentam a tensão mencionada. Na missiva de 17 de março de 1845, anota que despertou "todo o fanatismo religioso de meu pai, exacerbado ainda mais pela minha declaração de renunciar definitivamente à carreira comercial e, se isto fosse pouco, minha atuação aberta e descarada como comunista fez com que se desenvolvesse nele, adicionalmente, um intenso fanatismo burguês. Você pode, pois, facilmente imaginar a minha situação [...]". Em carta anterior (20 de janeiro de 1845), descreve com ironia sua vida na

Apresentação

Nos três anos que se seguem, até a eclosão da revolução em Paris (fevereiro de 1848), Engels vai se dividir entre a Bélgica e a França, entregue vitalmente à organização do movimento operário revolucionário. São anos de atividade febril em que, juntamente com Marx (a quem leva à Inglaterra, numa viagem de estudos em julho/agosto de 1845), dedica-se a contatar associações de trabalhadores, a estimular a criação de núcleos proletários e a divulgar, combatendo utopismos e soluções reformistas, ideias comunistas; envolve-se em polêmicas, publica artigos na imprensa operária do continente e da Inglaterra, participa de reuniões e comícios. Todo esse empenho ideopolítico – que vai resultar, em finais de 1847, na decisão do II Congresso da Liga dos Comunistas de atribuir a ele e a Marx a redação do *Manifesto do Partido Comunista*, documento que será editado em Londres às vésperas da revolução[a] – apoia-se agora sobre fundamentos mais sólidos: entre setembro de 1845 e agosto de 1846, Marx e Engels elaboraram *A ideologia alemã*[b], texto em que lançam as bases da

---

cidade natal: "[...] Aqui não tenho oportunidade de dar rédea solta a meu temperamento. Digo-lhe que a vida que levo poderia ser invejada pelo mais brilhante dos filisteus, uma vida tranquila e pacífica, piedosa e honrada ao extremo, trancado em meu quarto, trabalhando e, como um bom alemão, mal pondo os pés na rua. Se as coisas continuarem assim, não me espantaria que o bom Deus perdoasse meus escritos e me admitisse nos céus. Asseguro-lhe que começo a gozar de boa fama em Barmen". Na mesma correspondência, há mostras dos dilaceramentos pessoais do jovem que, no marco de uma família tradicionalista e possidente, faz uma opção comunista; veja-se a última carta citada: "[...] É repugnante ser não apenas burguês, mas ainda industrial, ou seja, um burguês que participa ativamente na exploração do proletariado. Uns dias na fábrica de meu pai foram suficientes para convencer-me de que tudo isto é asqueroso [...]. Contava permanecer nessa atividade apenas o tempo que me conviesse e logo escrever algo atentatório aos olhos da polícia para cruzar a fronteira sem escândalos, no momento aprazado; mas não aguentarei até lá. Creio que eu seria um homem amargurado se não pudesse registrar diariamente no meu livro [*A situação da classe trabalhadora na Inglaterra*] as coisas odiosas da sociedade inglesa [...]. A verdade é que um comunista pode levar, externamente, uma vida de burguês e ganhar dinheiro, desde que não escreva; mas é impossível dedicar-se, ao mesmo tempo, à propaganda comunista e aos ganhos e à indústria. [...] A isto se soma esta vida constrangedora numa família radicalmente cristã-prussiana – não, as coisas não podem continuar assim [...]" – as passagens são extraídas do volume 2 (*Escritos de juventud*) de Karl Marx e Friedrich Engels, *Obras fundamentales* (México, Fondo de Cultura Econômica, 1981, p. 735 e 727).

[a] Cf. meu prólogo a Karl Marx e Friedrich Engels, *Manifesto do Partido Comunista* (São Paulo, Cortez, 1998).

[b] *A ideologia alemã* (São Paulo, Boitempo, 2007), sabe-se, permaneceu inédita até 1932; também se sabe que, muitos anos depois, Marx observou que "abandonamos [ele e Engels] sem pena o manuscrito à crítica roedora dos ratos" porque "já tínhamos alcançado nosso objetivo principal", que era esclarecer as próprias concepções – cf. Karl Marx, prefácio a *Critique de l'Économie Politique* (Oeuvres/Économie. Paris, Bibliothèque de la

teoria social, cujo desenvolvimento caberia especialmente a Marx e cujo primeiro desdobramento viria pouco depois, com a marxiana *Miséria da filosofia* (dada à luz em julho de 1847).

Os cerca de dezoito meses que circunscrevem a revolução de 1848 – que explode em Paris na última semana de fevereiro desse ano, alastra-se pela Europa e, sob dura repressão, esgota-se no segundo semestre de 1849 – marcam o fim do primeiro estágio do aprendizado prático-revolucionário de Engels: juntamente com Marx, chega a Colônia em princípios de abril de 1848 e assume, em maio, o posto de vice-redator-chefe do jornal *Neue Rheinische Zeitung* [Nova Gazeta Renana] – que, sob a direção de Marx, orientará a vanguarda revolucionária alemã[a]. Até a vitória da contrarrevolução, Engels estará na primeira linha da luta, envolvido em combates e confrontos (Elberfeld, Palatinado e Baden)[b]. A derrota do movimento obrigará os dois companheiros ao exílio na Inglaterra e, ao chegar à ilha, em princípios de novembro de 1849, Engels iniciará uma nova etapa em sua vida.

Permanecerá quase um ano em Londres, articulando, com Marx, a reorganização da Liga dos Comunistas, necessária após o desfecho do processo revolucionário[c]. Em meados de novembro de 1850, estabelece-se em Manchester, retomando seus afazeres na empresa em que estagiara anteriormente (Ermen & Engels) e da qual se tornará coproprietário em 1864. Por quase vinte anos, até junho de 1869, Engels experimentará o que ele mesmo, aludindo à história do povo judeu, designará como "o cativeiro egípcio": será um escravo dos negócios, o que lhe dará condições de oferecer a Marx o continuado apoio financeiro sem o qual este não

---

Pléiade, 1965, I, p. 274). Mas o fato é que ele e Engels, uma vez concluída a redação da obra, esforçaram-se por encontrar um editor que se dispusesse a publicá-la; somente em meados de 1847 desistiram de prosseguir nas muitas tentativas que fizeram nesse sentido. Cabe salientar que, se a contribuição de Engels foi diminuta na redação d'*A sagrada família*, o mesmo não se deu na elaboração d'*A ideologia alemã* – é a partir dessa obra que os dois amigos se ombreiam no trabalho comum.

[a] O essencial dos textos de Marx e Engels publicados nesse periódico está reunido em Karl Marx e Friedrich Engels, *La Nouvelle Gazette Rhénane* (Paris, Éditions Sociales, 1963-1971, t. I, II e III).

[b] Para uma análise da intervenção de Marx e Engels no processo revolucionário de 1848, cf. o belo ensaio de Fernando Claudín, *Marx, Engels y la revolución de 1848* (Madri, Siglo XXI, 1975).

[c] No fim de 1852, a Liga é dissolvida. Sobre essa organização, cf. M. I. Mijailov, *Historia de la Liga de los Comunistas* (Moscou, Nauka, 1968).

Apresentação

teria podido construir sua obra[a]. Além disso, lhe permitirá constituir um pecúlio considerável, com o qual se garantiu confortavelmente no último terço de vida[b].

Se as duas décadas de "cativeiro egípcio" obrigaram-no às atividades empresariais que odiava[c], elas não impediram – graças a sua gigantesca capacidade de trabalho, sempre aliada a sua alegria de viver[d] – sua intervenção pública. Nesses anos, continuou escrevendo para inúmeros periódicos (inclusive redigindo textos jornalísticos divulgados sob a assinatura de Marx[e]), não perdeu de vista a história recente da Alemanha (como o provam os estudos sobre *Revolução e contrarrevolução na Alemanha*, iniciados em 1852), acompanhou a complexa conjuntura internacional produzindo ensaios (como, entre outros, *O Pó e o Reno*, de 1859, logo seguido, em 1860, de *Saboia, Nice e o Reno*) e artigos nos quais dava mostras do acúmulo intelectual que vinha operando no domínio da análise de temas militares (sobre a Guerra da Secessão nos Estados Unidos e sobre o militarismo prussiano), análise que lhe permi-

---

[a] Marx nunca deixou de reconhecer esse fato. Em carta de 7 de maio de 1867, quando concluiu o primeiro volume d'*O capital*, escreveu ao amigo: "Eu jamais terminaria meu livro se não tivesse contado com você; esteja certo de que sempre me onerou a consciência, como um pesadelo, saber que você, por minha causa, tinha de esbanjar e amesquinhar suas fantásticas energias nos negócios e, mais ainda, participar de todas as minhas *petites misères*".

[b] Pecúlio que, após sua morte e segundo as suas disposições testamentárias, assegurou significativa contribuição financeira ao Partido Social-Democrata Alemão (ao qual legou também sua biblioteca, inclusive seus escritos inéditos e arquivos, entregues aos cuidados de Bebel e Bernstein), sem prejuízo do que destinou aos descendentes de Marx e a alguns amigos.

[c] Entre maio e junho de 1869, Engels negociou com Ermen o fim de sua sociedade. Quando este se consumou, escreveu a Marx, em 1º de julho daquele ano: "Hurra! Acabou-se hoje o doce comércio e sou um homem livre!".

[d] Da infância à velhice, Engels manteve-se um homem espirituoso e divertido, afeito aos prazeres do espírito e da carne, sendo-lhe estranho qualquer ranço de ascetismo – sua conhecida afirmação de que nada superava um *Château Margaux* safra 1848 nunca foi abandonada; numa carta escrita alguns meses antes de morrer (datada de 14 de novembro de 1894) e endereçada a dirigentes do Partido Social-Democrata Alemão, na qual comunica o legado financeiro que deixará ao partido, adverte para o cuidado que devem ter para não permitir que tais fundos caiam "nas mãos dos prussianos" e conclui: "Isto posto, tomem uma garrafa de bom vinho em minha memória".

[e] Este parece ser o caso de artigos sobre a política espanhola, publicados nos anos 1850 no *New York Daily Tribune*; o essencial desses materiais está reunido em uma precária edição brasileira: Karl Marx e Friedrich Engels, *A revolução espanhola* (Rio de Janeiro, Leitura, 1966).

tiria, quando da guerra franco-prussiana, elaborar os significativos materiais que, entre julho de 1870 e fevereiro de 1871, publicou na *Pall Mall Gazette*[a]. Esses anos, contudo, são extremamente importantes para a consolidação de sua cultura enciclopédica: amplia seu já invejável conhecimento idiomático com o aprendizado de línguas eslavas e do persa, volta-se para a história do Oriente, dedica-se com afinco ao estudo das ciências naturais e reúne documentação para escrever uma história da Irlanda, projeto que nunca concluiu. Ademais, a partir de 1860, realiza inúmeras viagens pela Europa[b].

Aos cinquenta anos, em plena maturidade intelectual e com invejável disposição física, sem ter que se preocupar com questões financeiras, Engels transfere-se para Londres em setembro de 1870 e aí viverá o quarto de século que lhe restará. Logo assume tarefas na Associação Internacional dos Trabalhadores, criada em 1864: torna-se, por eleição (4 de outubro de 1870), membro do seu Conselho Geral e passa a responder pelas relações com as seções belga, italiana, espanhola, portuguesa e dinamarquesa da organização, que depois seria conhecida como Primeira Internacional. Participará, ao lado de Marx, de todos os eventos, iniciativas e polêmicas (como, por exemplo, a travada contra a facção bakuninista), que marcaram a existência da organização às vésperas de sua dissolução. Quando esta ocorre (de fato, em 1872, com o deslocamento de sua sede para Nova York; de direito, em 1876), Engels já é reconhecido como uma liderança revolucionária mundial[c].

As tarefas organizativas no marco da Primeira Internacional e as que se lhe seguiram foram conduzidas paralelamente a uma intensa produtividade teórica, facilitada pelo acúmulo realizado nos anos do "cativeiro egípcio". A atividade do publicista prossegue em jornais e periódicos de

---

[a] Uma seleção desses escritos encontra-se em Friedrich Engels, *Temas militares* (Buenos Aires, Cartago, 1974). O interesse de Engels pelos temas militares valeu-lhe, no círculo íntimo, o apelido de General.

[b] Regressa várias vezes à Alemanha, visita a Suécia, a Dinamarca e a Irlanda. O gosto por viagens é traço da personalidade de Engels: em 1888, conhecerá os Estados Unidos e o Canadá; entre 1890 e 1893, percorrerá a Noruega, voltará à Irlanda e ainda revisitará a Suíça e a Áustria, sem contar algumas idas à Alemanha.

[c] Sobre a Primeira Internacional, cf. Annie Kriegel, *Les Internationales Ouvrières*. 1864--1943 (Paris, PUF, 1964). Boa parcela da contribuição de Engels à documentação produzida pela Primeira Internacional, assim como parte de sua correspondência pertinente com Marx, está reunida no volume 17 ("La Internacional") de Karl Marx e Friedrich Engels, *Obras fundamentales* (México, Fondo de Cultura Económica, 1988).

vários países; mas ele dá à luz contribuições mais densas, como a *Contribuição ao problema da habitação* (1873) e *A subversão da ciência pelo Sr. Dühring*[a], e começa a esboçar *A dialética da natureza*, que, inconclusa, será publicada postumamente (1927).

A morte de Marx, pouco antes de completar 65 anos (14 de março de 1883), impõe-lhe um duplo trabalho: de uma parte, substituir o camarada de armas na direção política da vanguarda proletária; de outra, cuidar de seu legado teórico, na condição de seu testamenteiro literário – e nisso Engels consumiu os doze anos seguintes, sem prejuízo da continuidade de sua obra pessoal (em 1884, publica *A origem da família, do Estado e da propriedade privada*; em 1886, *Ludwig Feuerbach e o fim da filosofia clássica alemã*, texto a que apensa as até então inéditas *Teses sobre Feuerbach*, que Marx redigira em 1846)[b].

No tocante à direção do movimento proletário, a intervenção de Engels – realizada também por meio de copiosa correspondência com dirigentes políticos e intelectuais de inúmeros países – foi notável: a atenção que dedicou à social-democracia alemã (visível, por exemplo, nas críticas que a ela dirigiu às vésperas do Congresso de Erfurt, em 1891) correu paralela a seu cuidado com as dimensões internacionalistas do movimento operário e revolucionário (de que é prova seu estímulo ao Congresso Internacional dos Trabalhadores Socialistas, realizado em Paris, em 1889, no qual se funda a Internacional Socialista, depois conhecida como Segunda Internacional[c]). Decorrência desse trabalho diuturno – em que sua experiência e seu saber eram colocados à disposição de líderes políticos, organizações socialistas e militantes operários –, na passagem do seu septuagésimo aniversário, manifestações de apreço enviadas de todas as par-

---

[a] Publicado em 1878, esse livro – conhecido depois como *Anti-Dühring* – tornar-se-ia o texto responsável pela formação de várias gerações de marxistas (em 1880, partes da obra foram reunidas numa versão francesa sob o título *Do socialismo utópico ao socialismo científico*). Uma contribuição à análise dessa obra, salientando seus méritos e limites, encontra-se em V. Gerratana, *Investigaciones sobre la historia del marxismo* (Barcelona, Grijalbo, 1975, I, p. 147-84).

[b] Outros textos significativos de Engels, nessa etapa final, são: *Contribuição à história da Liga dos Comunistas* (1885), *O socialismo na Alemanha* (1891), *História do cristianismo antigo* e *A questão camponesa na França e na Alemanha* (1894); o último trabalho importante de Engels, considerado por muitos seu "testamento político", escrito entre fevereiro e março de 1895 e publicado em seguida, foi sua Introdução à *As Luta de classes na França* (1848-1850), de Marx.

[c] Uma síntese da história dessa organização é fornecida por J. Joll, *La II Internacional. Movimiento obrero 1889/1914* (Barcelona, Icaria, 1976).

tes do mundo evidenciaram seu prestígio como dirigente revolucionário; no entanto, foi o Congresso Internacional dos Trabalhadores Socialistas de 1893, em Zurique, que ofereceu a Engels a prova inequívoca de sua consagração mundial como maior referência viva do movimento comunista, indicando-o para a Presidência de Honra do conclave.

O labor como testamenteiro literário de Marx foi insano. Se, dois anos após a morte do amigo, Engels pôde publicar o livro II d'*O capital*, que Marx não concluíra, o estado dos manuscritos deixados pelo camarada obrigou-o a praticamente uma década de esforços para apresentar a versão adequada do livro III, que só veio à luz em dezembro de 1894. No caso desse livro, o papel de Engels transcende ao de um organizador editorial: não é exagero considerá-lo um verdadeiro coautor – a articulação interna do pensamento marxiano foi penosa e exaustivamente reconstituída por ele à base de esboços e extratos fragmentários; o livro III d'*O capital*, sob a forma expositiva que conhecemos, simplesmente não existiria sem a contribuição de Engels[a].

Na sequência da publicação do livro III d'*O capital*, em 8 de fevereiro de 1895, escrevendo a uma amiga, dizia do que considerava ser sua excelente saúde: "Durmo minhas sete horas por noite e trabalho com prazer" – nunca haveria de saber que um câncer no esôfago já o roía. Em junho, a impossibilidade de falar obrigava-o a comunicar-se por escrito e seus padecimentos, conforme o testemunho de Victor Adler, eram suportados "com estoicismo e até bom humor". Ao chegar agosto, perdeu a consciência e, na tarde do dia 5, adormeceu para não mais despertar.

Atendendo a suas expressas disposições, seu cadáver foi levado ao crematório de Woking por pouco mais de meia centena de amigos e membros da família Engels[b]. As cinzas foram lançadas ao mar de Eastbourne, a cinco milhas da costa, numa tarde – como registrou Gustav Mayer – outonal, cinzenta e chuvosa.

---

[a] Como testamenteiro literário de Marx, o esforço de Engels foi além da publicação d'*O capital*; promoveu reedições de textos que estavam esgotados, para os quais escreveu prefácios e introduções e estimulou traduções das obras do companheiro.

[b] Engels determinara que seu funeral deveria ter um caráter rigorosamente privado, a que só assistissem amigos. Dentre os presentes, figuravam Eleanor Marx, Karl Liebknecht, August Bebel, Karl Kautsky, Eduard Bernstein, Paul Lafargue, Vera Zassulitch, Samuel Moore e o alfaiate Lessner, amigo de Engels desde os tempos da Liga dos Comunistas.

Apresentação

2

Referindo-se a sua relação com Marx, Engels anotou, dez anos depois da morte do amigo, numa carta a F. Mehring:

> [...] O senhor me atribui mais méritos [na elaboração do *materialismo histórico*] do que mereço, mesmo somando tudo o que, com o tempo, eu possivelmente teria descoberto por mim mesmo, mas que Marx descobriu antes com seu *coup d´oeil* mais rápido e com sua visão mais ampla. Quando se tem a sorte de trabalhar durante 40 anos com um homem como Marx, normalmente não se é, enquanto ele vive, tão reconhecido como se crê merecer; quando, porém, o grande homem morre, frequentemente o menor vem a ser superestimado – e este parece agora exatamente meu caso. A história acabará colocando tudo isso no devido lugar, mas então já terei passado ao outro mundo e não saberei mais nada de nada.[a]

Colocando-se sempre como o "segundo violino" em sua relação com Marx, Engels rendia preito de verdade à grandeza intelectual do companheiro: é inconteste que nenhum teórico social moderno alteia-se ao nível da genialidade de Marx. Entretanto, ao realçar o fato, com suas costumeiras generosidade e honestidade, Engels também certamente colaborou para dificultar a apreciação tanto de seu próprio valor intelectual quanto da contribuição teórica que ofereceu ao desenvolvimento de Marx[b] – colaborou, em suma, para que gerações de marxistas e cientistas sociais não tivessem a suficiente clareza acerca de outro fato: o de que ele, Engels, no acertado dizer de Florestan Fernandes, *era um pensador com luz própria*.

Ora, essa luz própria já se evidencia no trato dos materiais do *jovem* Engels, considerando como tais os seus escritos até a redação, com Marx, d'*A ideologia alemã*[c]. Se, justificadamente, os textos do jovem Marx receberam, a partir de sua publicação, especialmente nos anos trinta do sécu-

---

[a] Carta de Engels a Mehring, datada de 14 de julho de 1893, em Karl Marx e Friedrich Engels, *Oeuvres choisies* (Moscou, Progrès, 1975), p. 720-1.

[b] Apenas um exemplo: um estudo cuidadoso da correspondência trocada entre ambos, especialmente entre o fim dos anos 1850 e meados dos anos 1860, sugere o quanto os estudos econômico-políticos de Marx devem a Engels; e não se pode esquecer que o *Esboço de uma crítica da economia política*, a que me referirei adiante, foi decisivo nos rumos tomados pela reflexão de Marx em meados dos anos 1840.

[c] Também, como no caso de Marx, parece-me uma "estupidez historiográfica" (Lukács) contrapor o *jovem* Engels ao Engels *da maturidade* – não há "corte", mas relação de ruptura e continuidade no pensamento e na prática dos dois teóricos, com suas respectivas obras constituindo uma unidade (a que, naturalmente, é alheia a reiteração identitária).

lo XX, uma atenção cuidadosa, quase sempre a produção do jovem Engels é descurada e reduzida, injustificadamente, ao *tour de force* intelectual que resultou n'*A situação da classe trabalhadora na Inglaterra*[a]. Não pode restar qualquer dúvida de que esse livro é o mais importante dos trabalhos de juventude de Engels, redigido e publicado quando o autor ainda não completara 25 anos; todavia, a produção juvenil de Engels está longe de limitar-se a ele[b].

As precoces primícias literárias de Engels não devem ser levadas muito a sério: poemas de pouca valia, coisas de adolescente absolutamente comuns em moços superiormente dotados, que depois a vida adulta encarrega-se de pôr na conta de pecadilhos da juventude. Mas suas "Cartas de Wuppertal", que publica em março-abril de 1839, no periódico hamburguês *Telegraph für Deutschland*, dirigido por Gutzkow, merecem atenção; com elas inicia a sua intervenção na imprensa – prosseguida nesse órgão até fins de 1841, sob o pseudônimo de Friedrich Oswald –, criticando o pietismo que asfixiava a sua região natal e apontando para o viés da crítica social. Já então se manifestam os seus dotes estilísticos e, na continuidade de sua colaboração ao *Telegraph für Deutschland*, pronunciando-se sobre textos referentes a narrativas populares, seus argutos juízos literários.

Estimulado pela Jovem Alemanha[c], põe-se sob a influência de Börne, que facilita seu caminho para o republicanismo e o radicalismo democrático. De Börne a Hegel foi o passo seguinte, por uma via complexa, mediado pela crítica da religião (e recorde-se que, como o *jovem* Marx o notou, na Alemanha daqueles anos, a crítica da religião era o vestíbulo para a crítica social) operada por Strauss; mas é passo dado: em fins de 1840, Engels se assume neo-hegeliano. E é como tal que chega a Berlim no segundo semestre de 1841.

E chega no momento exato em que Frederico Guilherme IV, há pouco no trono da Prússia, frustra as expectativas da intelectualidade liberal, dei-

---

[a] Além do já citado Mayer (cf. nota b, p. 9), constituem exceção a esse reducionismo Cornu (cf. nota c, p. 9), G. Lukács (cf. o ensaio dedicado a Engels no volume *Marx e Engels como historiadores da literatura*. Porto, Nova Crítica, s.d.) e P. Vranicki (*Storia del marxismo*. Roma, Riuniti, 1973, v. I).

[b] O essencial dos escritos juvenis de Engels está acessível no volume 2 da edição mexicana de Karl Marx e Friedrich Engels, *Obras fundamentales*, cit.

[c] Grupo de escritores democratas e críticos do liberalismo (Gutzkow, Laube, Wienbarg, Mundt), constituído nos anos trinta do século XIX e liderado por Heine e Börne. O processo revolucionário de 1848 dispersou-os e boa parte deles passou para o campo da burguesia liberal.

Apresentação

xando claro que a *miséria alemã* não seria atacada por meio de reformas políticas e sociais. Para o mundo intelectual, não foram poucos os sinais do que estava por vir, e a senha que despertou de suas ilusões os liberais e os jovens hegelianos, representados pelos Livres de Berlim, não podia prestar-se a equívocos: Schelling, então a expressão mais alta do anti-hegelianismo, fora chamado a uma cátedra em Berlim, enquanto Bruno Bauer, expoente do neo-hegelianismo na Universidade de Bonn, era objeto de ação punitiva. Eichhorn, ministro da Cultura, a instâncias pessoais de Frederico Guilherme IV, incumbira Schelling de promover a ofensiva contra o neo-hegelianismo. Os confrontos intelectuais que marcarão a cultura alemã na abertura dos anos 1840 e que redundarão, com a derrota de 1848, na marginalização, no seu interior, das tendências democráticas e progressistas, já se configuram nas lutas ideais travadas entre 1841-1842[a].

Engels, próximo aos Livres e entusiasmado com Feuerbach (de quem acabara de vir à luz *A essência do cristianismo*), intervém ativamente nesses confrontos. Assiste ao curso inaugural de Schelling – do qual dá notícia no *Telegraph für Deutschland* – e, em abril de 1842, publica o panfleto "Schelling e a revelação. Crítica da mais recente tentativa da reação contra a filosofia livre"[b]. O título diz do conteúdo: a "filosofia da Revelação" que Schelling pretende opor ao pensamento hegeliano é desqualificada, o cristianismo aparece como incompatível com a reflexão filosófica, a fé religiosa não resiste às aporias da razão conduzidas pela "formidável dialética hegeliana" – o que Schelling oferece como alternativa à "filosofia livre", tomada como os desdobramentos materialistas do hegelianismo (Feuerbach) e posta como abertura de nova era filosófica, não passa do mais rançoso idealismo positivista que Hegel superara. Esse texto, primeiro ensaio em que o futuro dirigente revolucionário dá provas de sua argúcia crítica, revela a sintonia do jovem Engels com o que de mais avançado se gestava no mundo cultural germânico da época[c]. Na efervescência promovida

---

[a] Cf. G. Lukács, *El asalto a la razón* (Barcelona/México, Grijalbo, 1968, cap. I e II), *Il giovane Marx* (Roma, Riuniti, 1978); outras indicações estão contidas em diversos textos lukacsianos, como *Nueva historia de la literatura alemana* (Buenos Aires, La Pléyade, 1971) e *Realistas alemanes del siglo XIX* (Barcelona, Grijalbo, 1970).

[b] O texto foi publicado anonimamente – Arnold Ruge, que o saudou, atribuiu-o a Bakunin; somente em julho soube-se que o autor era "Friedrich Oswald". No ano seguinte, em artigo para o *The New Moral World*, órgão inglês do owenianismo, Engels revelou a identidade de "Friedrich Oswald".

[c] Não é supérfluo observar, por exemplo, que Engels foi dos primeiros a rechaçar a *escola histórica do Direito*. Sobre a importância do confronto da intelectualidade alemã de

pela esquerda hegeliana, ele se situa com radicalidade na vanguarda filosófica, que naqueles dias se expressava no materialismo sensualista de Feuerbach[a].

Tem menor substancialidade filosófica outro panfleto, menos extenso, que pouco depois publica sob o título "Schelling, filósofo cristão ou A transfiguração da sabedoria universal em verdade divina. Para cristãos que ignoram a terminologia filosófica". Recorrendo ao artifício de apresentar-se como um devoto, o autor propõe-se a traduzir para os não iniciados o que "existia por trás do famoso Schelling"; e mostra que, desde a "espantosa Revolução Francesa", o positivismo cristão de Schelling é a única arma com que os crentes contam num mundo dividido entre apenas dois partidos, "o dos cristãos e o dos anticristãos". Com a irônica e aparente defesa do irracionalismo schellinguiano, o jovem Engels revela o problema central do pensamento reacionário alemão: reverter as ressonâncias da Revolução de 1789 na cultura germânica.

Aos 22 anos, Engels – divulgados esses textos e escrevendo artigos e resenhas em diversos periódicos – está ao lado dos Livres de Berlim. No verão de 1842, solidário com Bruno Bauer, excluído de sua cátedra em Bonn, compõe, com a ajuda de Edgar Bauer (a quem então o unem fortes laços de amizade), um poema cômico – publicado anonimamente: "A Bíblia, insolentemente assediada, mas milagrosamente salva ou O triunfo da fé"[b]. Parodiando o *Fausto* goethiano, Engels, recorrendo novamente ao artifício de apresentar-se como um devoto pietista, propõe-se contribuir para erradicar "as abominações da blasfêmia" – e, nesse intento, descreve os neo-hegelianos e os Livres e seus "erros", detendo-se especialmente em Bruno Bauer, a quem Mefistófeles aconselha, significativamente, seguir o exemplo de Hegel...[c].

---

oposição, notadamente de Marx, com a *Historische Rechtsschule*, cf. o erudito ensaio de José Barata-Moura, *Marx e a crítica da "Escola Histórica do Direito"* (Lisboa, Caminho, 1994).

[a] Sobre os jovens hegelianos e a esquerda hegeliana, cf. David McLellan, *Marx y los jóvenes hegelianos* (Barcelona, Martinez Roca, 1969) e M. Rossi, *La génesis del materialismo histórico. La izquierda hegeliana* (Madri, Alberto Corazón, 1971). Vale recorrer, também, a C. Frederico, *O jovem Marx. 1843-1844: as origens da ontologia do ser social* (São Paulo, Cortez, 1995, cap. I).

[b] Esse poema foi publicado originalmente em um panfleto. Pode ser encontrado no volume 2 de K. Marx e F. Engels, *Obras fundamentales*, cit.

[c] Nessa divertida paródia, Engels plasma com notável finura os perfis dos hegelianos de esquerda. Feuerbach, "personificando todo o exército dos ateus insolentes", é "um feroz

Apresentação

Então querido e respeitado pelos Livres, Engels todavia deles se distingue, entre outras razões porque a mentação filosófica desvinculada da atividade prática sempre foi estranha a seu caráter e a seus projetos – o que, desde já, o aproxima de Marx, com o qual ainda não mantém relações. Quando, nos anos seguintes, boa parte dos Livres toma o caminho da pura especulação, não lhe será difícil romper com esses primeiros companheiros de viagem. E as diferenças entre Engels e os Livres já se manifestam em 1842: na sua colaboração com a *Rheinische Zeitung*, recém-iniciada, suas críticas à censura indicam claramente a orientação político-social que vertebrava as suas preocupações – mais acentuadas num ensaio ("Frederico Guilherme IV, rei da Prússia"), redigido no outono daquele ano (e só publicado, no verão de 1843, em Zurique, num opúsculo intitulado *Vinte e um infólios da Suíça*): nele, o jovem autor, analisando a política conduzida por Frederico Guilherme IV, que encarna o princípio da "autoridade absoluta" contra o da "liberdade absoluta", considera que o projeto reacionário do monarca está condenado ao fracasso.

Engels, porém, encontrara outro estímulo para imunizar-se contra as tendências especulativas que, embutidas nos movimentos dos Livres de Berlim, mais tarde se manifestariam fortemente[a]: pouco antes da publicação d'*A essência do cristianismo*, viera à luz, sem a identificação de autoria, um livro extremamente importante na evolução do nosso jovem pensador – *Die europäische Triarchie* [A triarquia europeia][b]. A tese defendida por Moses Hess, autor da obra e a quem Engels logo se vincularia, era engenhosa: o continente europeu experimentara duas revoluções – uma, religiosa (a Reforma), tivera a Alemanha por berço; outra, política, ocorrera na França (a Revolução de 1789); caberia à Inglaterra, onde o cartismo avançava, concretizar os vetores emancipatórios contidos em ambas na realização de uma revolução social. Hess, que estabelecia uma conexão entre Hegel e Saint-Simon, ao remeter a efetivação

---

meteoro envolto nos vapores do inferno"; Marx (a quem pessoalmente Engels ainda não conhecia), aparece como "um verdadeiro monstro" que, "quando agita seu punho vigoroso", faz "tremer tudo"; e é expressiva a (auto)caracterização de Friedrich Oswald: ele "avança pela esquerda", "toca um instrumento chamado guilhotina" e canta o estribilho: "Formez vos bataillons! Aux armes, citoyens!".

[a] E que seriam depois criticadas com virulência nas duas primeiras obras que redige com Marx, *A sagrada família* e *A ideologia alemã*.

[b] M. Hess, *Die europäische Triarchie* (Leipzig, O. Wigand, 1841).

da liberdade à revolução social abria para os neo-hegelianos o passo à ação política, exatamente o que faltava à perspectiva do materialismo de Feuerbach – e o fazia divulgando, em escritos posteriores a *Die europäische Triarchie*, publicados inclusive na *Rheinische Zeitung*, os progressos do socialismo francês.

Engels, ao longo de 1842, numa provisória síntese de Feuerbach e Hess, evolui rapidamente no comunismo filosófico que enformará seu pensamento até a redação d'*A situação da classe trabalhadora na Inglaterra* – e, nessa síntese, incidirão as leituras que realiza sobre os rumos do socialismo francês (Lorenz von Stein) e as aspirações de segmentos de trabalhadores (W. Weitling). Mas não há qualquer dúvida de que o afastamento de Engels da Jovem Alemanha e dos Livres de Berlim – em função da fratura, que ambos os círculos não superavam, entre a teorização e a ação – foi potenciado pela influência de Hess[a].

A Inglaterra que recebe o jovem comunista filosófico – e, mais especificamente, Manchester, onde ele se estabelecerá – é a "oficina do mundo": ali, sob o comando do capital, a ordem burguesa, deflagrada a revolução industrial, constrói o seu perfil urbano-industrial, trazendo consigo o seu inevitável acólito, o proletariado[b]. Quando Engels se fixa em Manchester, nos primeiros dias de dezembro de 1842, está vivíssima a comoção causada pela greve geral que paralisou o norte da Inglaterra meses antes e teve a cidade como epicentro: o cartismo mostrara a sua força, introduzindo

---

[a] Anotou o primeiro grande biógrafo de Engels: "Dispomos de um testemunho de Engels, datado de novembro de 1843, em que se reconhece expressamente que Hess foi o primeiro a fazer-lhe ver, e a seus companheiros, que o comunismo era a solução adequada e o desenvolvimento necessário e consequente da doutrina neo-hegeliana" (Mayer, op. cit., p. 110); seguramente, o biógrafo refere-se ao texto "Progressos da reforma social no Continente", publicado no owenista *The New Moral World* de 4 de novembro de 1843, no qual Engels afirma que "o comunismo era uma consequência tão necessária da filosofia dos jovens hegelianos que nenhuma oposição poderia impedir o seu desenvolvimento" e que, entre os jovens hegelianos, Hess foi, "na verdade, o primeiro comunista" (cf. o citado volume *Escritos de juventud*, p. 158). Outro estudioso, analisando a relação intelectual de Hess com Marx e Engels, anota que "Hess teve muito mais êxito com Engels, a quem converteu inteiramente à causa comunista" (McLellan, op. cit., p. 165).

[b] Sintetizei os dados pertinentes à "oficina do mundo", tratando da chegada do jovem Engels à Inglaterra, no breve ensaio que lhe dediquei em *Marxismo impenitente. Contribuição à história das ideias marxistas* (São Paulo, Cortez, 2004, p. 31-43). Relevantes para situar as condições da inserção de Engels na ilha e as suas implicações no universo intelectual do nosso autor, especialmente no que diz respeito à elaboração d'*A situação da classe trabalhadora na Inglaterra*, são os trabalhos de S. Marcus, *Engels, Manchester and the working class* (Londres, Weidenfeld & Nicholson, 1974) e de R. Whitfield, *Frederick Engels in Manchester* (Manchester, Working Class Movement Library, 1988).

Apresentação

um dado novo nas lutas de classes que a nobreza fundiária e as lideranças burguesas travavam, expressas nos confrontos entre os conservadores (o partido *tory*) e os liberais (o partido *whig*), especialmente em torno da questão das leis dos cereais[a].

A conjuntura inglesa é tomada por Engels a partir da proposição que Hess desenvolvera em *Die europäische Triarchie:* uma revolução social na Inglaterra responderá pelo ingresso da sociedade moderna na era da emancipação. Por isso, o debate político inglês, que acompanha com atenção, parece-lhe adjetivo: nem conservadores nem liberais têm algo a oferecer àquela revolução, uma vez que nenhum dos interlocutores se situa para além dos marcos da sociedade atual – o que lhe importa é compreender a dinâmica que pode ultrapassá-la, dinâmica que localiza no movimento operário empolgado pelos cartistas; mesmo o importante veio socialista condensado no owenismo (com cujo órgão de divulgação, *The New Moral World*, Engels colaborou) só pode ter futuro se vinculado ao cartismo que, julga o jovem Engels, acabará desaguando no comunismo.

Apreender tal dinâmica impõe ao jovem Engels a análise histórica da Inglaterra; ele projeta, então, uma história social da sociedade inglesa – deslocada pela redação d'*A situação da classe trabalhadora na Inglaterra* e nunca escrita. Para tanto, põe-se a estudar num ritmo assombroso e a acumular informações e dados, numa profícua atividade intelectual (combinada com a sua inserção no movimento cartista e, mais amplamente, revolucionário[b]) de que raros dos seus contemporâneos deram provas e que sustenta a sua ativa intervenção publicística no período[c].

---

[a] Uma eficiente síntese da conjuntura política inglesa com que se defronta o jovem Engels é oferecida por Mayer (op. cit., cap. VI). As lutas operárias, no período de gestação do cartismo, são bem refiguradas por E. P. Thompson, *A formação da classe operária inglesa. III. A força dos trabalhadores* (Rio de Janeiro, Paz e Terra, 1987); referência tradicional sobre o movimento cartista é G. D. H. Cole, *A history of socialist thought. The forerunners. 1789-1850* (Londres, Macmillan, 1953, cap. XIII), além do antigo estudo de E. Dolléans, *Le chartisme. 1831-1848* (Paris, M. Rivière, s.d.).

[b] Além das relações que estabeleceu com dirigentes socialistas (como o professor John Watt), Engels liga-se especialmente aos cartistas (James Leach e George J. Harney – este último dirigiria o órgão central do movimento, *The Northern Star*, para o qual Engels emprestaria regular colaboração). Datam também dessa estância de Engels na Inglaterra seus contatos iniciais com "os três primeiros proletários revolucionários" alemães que conheceu, vinculados à *Liga dos Justos*: K. Schapper, Heinrich Bauer e Joseph Moll.

[c] Escreve regularmente para a *Rheinische Zeitung*, para *The Northern Star* e para *The New Moral World*.

É no marco desses estudos que Engels, mesmo que ainda no interior do comunismo filosófico[a], descobre a importância capital, para a compreensão da vida social, das condições em que se opera a produção da vida material da sociedade[b] – donde a relevância que a revolução industrial adquiriu na sua apreciação da sociedade inglesa. Mais: no seu pensamento desse período já se encontra, embrionariamente, uma determinação que só posteriormente Marx alcançaria, incorporando-a plenamente na sua análise da dinâmica capitalista – trata-se da tese segundo a qual o "caso clássico" da Inglaterra antecipa o que sucederá nos outros países[c]. Por isso mesmo, na Inglaterra o jovem Engels tem os olhos postos na Alemanha: boa parte do seu esforço publicístico consiste em oferecer aos leitores alemães, por meio da *Rheinische Zeitung* e de outros periódicos, informações e análises da situação inglesa[d]. Mas, com a mesma ênfase, procura aportar ao movimento dos trabalhadores ingleses – que não dispunha da saliência ideológica evidente nas vanguardas francesas, por exemplo – o componente socialista que marcava as mais avançadas expressões do

---

[a] No prefácio de 1892 à segunda edição alemã d'*A situação da classe trabalhadora na Inglaterra*, de que o leitor dispõe como anexo deste livro, Engels refere-se às limitações de seu pensamento de então.

[b] O velho Engels, rememorando a sua primeira estância na Inglaterra, observará que então "defrontei-me com a realidade de que os fatos econômicos, omitidos pela historiografia anterior ou só considerados de modo insignificante, desempenham – pelo menos no mundo moderno – um papel histórico: servem de base à emergência dos antagonismos de classes dos nossos dias, antagonismos que, nos países que se desenvolvem plenamente ao calor da grande indústria (como ocorre, concretamente, na Inglaterra), por sua vez, lançam as bases para a formação dos partidos políticos, para as lutas entre eles e, por conseguinte, para a história política em seu conjunto" (apud Mayer, op. cit., p. 127).

[c] Refiro-me, especificamente, à ideia conforme a qual "o país industrialmente mais desenvolvido mostra ao menos desenvolvido tão somente a imagem do próprio futuro" (K. Marx, *O capital. Crítica da economia política*. São Paulo, Abril Cultural, 1983, v. I, t. 1, p. 12). Para a problematização dessa ideia, cf. os estudos de José Aricó (*Marx y la América Latina*. Lima, Centro de Estudios para el Desarrollo y la Participación, 1980) e de Enrique Dussel (*El último Marx* [1863-1882] *y la liberación latinoamericana*. México, Siglo XXI, 1990).

[d] Tal é o conteúdo dos seus artigos que o jornal dirigido por Marx os publica já em dezembro de 1842; fim semelhante têm suas "Cartas de Londres" (de fato, escritas em Manchester), que, entre maio e junho de 1843, são divulgadas no *Schweizerischer Republicaner*, de Zurique; igual é o esforço consignado na série "A situação na Inglaterra", que vem à luz, entre agosto e outubro de 1844, no *Vorwärts!* (cf. *Escritos de juventud*, cit., p. 119-44 e 209-48).

Apresentação

pensamento social do continente[a]. A dimensão *internacionalista* que vincará profundamente o pensamento e a ação do Engels *maduro* encontra, já aqui, expressão inequívoca[b].

Um dos trabalhos mais significativos de Engels, neste período, é a longa resenha de *Past and Present*, livro de Thomas Carlyle publicado em 1843[c]. Visivelmente motivado pela explosão cartista de 1842, Carlyle põe-se a analisar a sociedade inglesa que tem diante dos olhos, impressionado com o pauperismo das massas (a "questão social") e a inépcia das elites para travar o esgarçamento do tecido social: a ociosidade da nobreza fundiária, o caráter rapace da burguesia industrial, cujo único objetivo é o dinheiro, e um parlamentarismo corrupto respondem pela crise que já se põe de manifesto e ameaça os valores sociais e morais. Propõe Carlyle, como solução, uma reforma que, fundada eticamente no combate ao materialismo e ao utilitarismo, implicaria uma organização racional do trabalho voltada para a colimação do bem-estar geral. Para essa regeneração social, entende Carlyle que as bases se encontram num novo idealismo, capaz de contrarrestar o materialismo que via subjacente à Revolução Francesa – idealismo que ele localizava na cultura alemã (Kant, Fichte, Novalis e Schelling). O jovem Engels incorpora simpaticamente o diagnóstico de Carlyle, com o qual está solidário; mas o seu programa reformista é criticado radicalmente – Engels, observando que Carlyle desconhece a cultura alemã pós-hegeliana, realça, de um lado, que só o humanismo materialista (aqui, a viva influência de Feuerbach) pode tornar concretos os mais altos valores humanos e, de outro, que nenhuma reorganização do trabalho no marco da propriedade privada (aqui, os influxos de Hess) poderia contemplar interesses gerais. Precisamente ao tratar da organização racional do trabalho, que tem,

---

[a] Este é o objetivo e o conteúdo, por exemplo, do texto "Progressos da reforma social no Continente" referido na p. 23, nota a, assim como do estudo "Rápidos avanços do comunismo na Alemanha", também publicado no periódico *The New Moral World* entre dezembro de 1844 e maio de 1845 (cf. *Escritos de juventud*, cit., p. 249-58). Parte da colaboração de Engels ao jornal cartista *The Northern Star* tem a mesma característica.

[b] Sem prejuízo da sua coexistência com traços de uma filosofia da história de raiz hegeliana que até o processo de 1848/1849 acarretará limitações à visão revolucionária de Engels (cf. R. Rosdolsky, *Engels y el problema de los pueblos "sin historia"*. México, Cuadernos de Pasado y Presente, 88, 1980).

[c] A resenha de Engels, na verdade um denso ensaio crítico (cf. *Escritos de juventud*, cit., p. 185-208), foi publicada no único número da revista *Deutsch-Französiche Jarbücher*, dirigida por Marx e Ruge em Paris. No mesmo número saiu o texto engelsiano a que nos referiremos adiante, o "Esboço de uma crítica da economia política".

para o programa de Carlyle, função essencial, Engels põe em questão categorias da economia política: "Como se pretende acabar com a *concorrência, a oferta* e a *procura* [...], deixando intacta a sua raiz, a propriedade privada?"[a].

Categorias essas que são o objeto do mais importante trabalho do jovem Engels, excetuada *A situação da classe trabalhadora na Inglaterra* – trata-se do ensaio "Esboço de uma crítica da economia política"[b], escrito entre finais de 1843 e janeiro de 1844. No que toca a esse ensaio, Marx, desde que o conheceu, sempre insistiu na sua relevância, em diversas ocasiões recorrendo reiteradamente a ele[c]. Não cabe, nesta *apresentação*, uma aproximação ao "Esboço...", aliás disponível há muito ao leitor brasileiro[d]. Cumpre apenas fazer notar que o texto constitui a *primeira* análise das categorias constitutivas da economia política operada a partir de uma perspectiva dialética e comunista; assinala o acúmulo intelectual processado por Engels ao cabo de um ano de estudos na Inglaterra, bem como os avanços realizados por ele no sentido de compreender a socie-

---

[a] Cf. o volume *Escritos de juventud*, cit., p. 206.
[b] Uma excelente edição bilíngue foi oferecida pela coleção *Connaissance de Marx* – F. Engels, *Esquisse d'une critique de l'économie politique/Umrisse zu einer Kritik der Nationalökonomie* (Paris, Aubier Montaigne, 1974).
[c] Já em 1844, Marx incorpora a caracterização engelsiana de Smith como o "Lutero da economia política" (K. Marx, *Manuscrits de 1844. Économie politique et philosophie*. Paris, Éditions Sociales, 1969, p. 79-80). Em janeiro de 1859, avalia o texto como "genial" (K. Marx, *Contribuição para a crítica da economia política*. Lisboa, Estampa, 1971, p. 30). N'*O capital* que publicou em vida (1867), transcreve passagens do ensaio de Engels: no cap. I, a propósito da lei que regula a quantidade de valor pelo tempo de trabalho socialmente necessário à produção; no cap. IV, acerca da fórmula geral do capital e das contradições desta (cf. volume e tomo citados na p. 25, nota c, respectivamente p. 73, 129 e 137). E, como notou H. Chambre, no prefácio que escreveu para a edição bilíngue citada na nota anterior, nos *Manuscritos econômico-filosóficos* de 1844, Marx desenvolve a concepção de alienação do proletário a partir da sua alienação diante do produto do trabalho, tal qual Engels indicara no "Esboço...", bem como extraí deste, para *O capital*, o papel que atribui à ciência numa economia capitalista industrializada; e, ainda, em sua obra confere a Ure idêntica importância à que lhe atribui Engels naquele escrito. Observa, enfim, Chambre: "Poder-se-ia qualificar adequadamente o 'Esboço...' dizendo que ele está para *O capital* assim como as últimas páginas da *Crítica da filosofia do direito de Hegel* [São Paulo, Boitempo, 2006] estão para o *Manifesto Comunista*" (loc. cit., p. 27). Por seu turno, depois de lembrar que "o primeiro texto resumido por Marx nos *Cadernos de Paris* foi o artigo de Engels 'Esboço de uma crítica da economia política'", Celso Frederico afirma que, "sem dúvida, Engels não só iniciou Marx no estudo da economia política, como também lhe forneceu elementos conceituais para a crítica dessa ciência" (C. Frederico, op. cit., p. 128).
[d] Uma versão do "Esboço..." encontra-se em Netto, J. P. (org.) *Engels* (São Paulo, Ática, col. "Grandes cientistas sociais", v. 17, série "Política", 1981).

Apresentação

dade burguesa. Como texto pioneiro e seminal – e é preciso insistir neste ponto: no momento em que Engels desbravava o caminho para alcançar a perspectiva heurística que haveria de abrir a via à descoberta da "anatomia da sociedade civil", Marx, que ainda estava se desvencilhando das suas lentes filosóficas, não vislumbrava o "primado ontológico da economia" (Lukács)[a] –, como texto pioneiro e seminal, o "Esboço..." possui debilidades salientadas pelo próprio Engels em carta de abril de 1871 a W. Liebknecht, na qual, numa autocrítica extremamente rigorosa e injusta, menciona inexatidões e o avalia como obsoleto, dispondo tão somente de valor histórico[b].

Muito para além das debilidades apontadas pelo autor[c], o que importa são os indiscutíveis méritos do ensaio: se os juízos sobre os clássicos da economia política são unilaterais, se a análise das categorias econômicas ainda peca por eticismo, Engels formula suas ideias centrando a crítica na contraditoriedade que deriva compulsoriamente da manutenção da pro-

---

[a] Lefèbvre observou, com a sua argúcia peculiar, que, em Paris (1844), Marx "estuda febrilmente os economistas, nisto precedido por Friedrich Engels. [...] Hegeliano de esquerda, comunista desde 1842, Engels tinha uma experiência social diferente e, em certo sentido, mais ampla que a de Marx. Para ele, o proletariado não era o que o que ainda permanecia sendo para Marx – o instrumento de realização da filosofia. [...] Seu 'Esboço de uma crítica da economia política' foi publicado [...] quando Marx mal começava a se interessar pela economia política [...]. Numa linguagem ainda filosófica, o "Esboço..." já contém todos os elementos do socialismo científico: diferenciação crescente das classes, crises de superprodução cada vez mais graves e, sobretudo, a vinculação de todas as contradições econômicas à propriedade privada dos meios de produção. [...] Engels negou sempre que tenha 'influenciado' Marx. Na verdade, ele foi o primeiro e o único a propósito do qual se pode falar de uma influência ou, mais exatamente, de uma *contribuição* à doutrina de Marx. [...] A contribuição de Engels [...] foi positiva e decisiva: ofereceu a Marx seu conhecimento dos fatos econômicos, um esboço de análise e, em especial, uma apreciação solidamente fundada da sua importância" (H. Lefèbvre, *La pensée de Karl Marx*. Paris, Bordas, p. 103-4); num texto muito posterior, Lefèbvre escreve que "admite-se geralmente que o artigo de Engels [o "Esboço..."] inaugura a linha de pensamento comumente chamada 'marxismo'" (H. Lefèbvre, *A cidade do capital*. Rio de Janeiro, DP&A, 1999, p. 30). É ilustrativo comparar essa avaliação – que subscrevemos – com a desenvolvida por Jones, que minimiza a contribuição engelsiana e, consequentemente, subestima a importância do "Esboço..." (cf. G. Stedman Jones, "Retrato de Engels", em E. J. Hobsbawm (org.). *História do marxismo. 1. O marxismo no tempo de Marx*. Rio de Janeiro, Paz e Terra, 1980, p. 377-421).

[b] Cf. Cornu (op. cit. na p. 9, nota c, t. II, p. 321) e Chambre (prefácio à obra citada na p. 27, nota b).

[c] Para críticas ao "Esboço...", vale recorrer aos textos já referidos de Mayer, Cornu e Ilychov et al. e ainda a E. Mandel, *A formação do pensamento econômico de Karl Marx* (Rio de Janeiro, Zahar, 1968, cap. 1) e a P. Walton e A. Gamble, *Problemas del marxismo contemporâneo* (Barcelona, Grijalbo, 1977, cap. 3).

priedade privada dos meios de produção numa ordem societária em que a produção é cada vez mais de caráter social; ao posicionar a propriedade privada dos meios de produção como a raiz da problemática político-social da sociedade capitalista, Engels (denunciando a teoria da população de Malthus, apontando para a inépcia das concepções econômico-liberais acerca da concorrência e do monopólio, pondo a nu a efetividade das crises cíclicas, focando a centralidade do trabalho para a determinação do valor etc.) dá o primeiro, e *fundamental*, passo para a crítica comunista à ordem burguesa embasada na investigação da economia.

Com efeito, o pensamento socialista da época conduzia a crítica da sociedade burguesa a partir de petições ético-morais e iluministas; no seu enfrentamento com a ordem estabelecida, denunciava-lhe as mazelas e injustiças e logo passava à construção de modelos ideais (o que expressava o salto ao utopismo); quando se colocava a análise concreta da produção burguesa, pouco conseguia avançar para além das mesmas categorias elaboradas pelos economistas que faziam a apologia do *status quo*. No "Esboço...", o jovem Engels prolonga a evidente inspiração ética dos utópicos, mas situa a crítica da sociedade burguesa *fora* do âmbito da economia política que lhe é própria. Ele demonstra que e como essa economia é a expressão ideológica do estado de coisas vigente e funda a sua análise na investigação da realidade mesma. Utilizando procedimentos dialéticos, o jovem Engels *historiciza* as categorias econômicas e revela o seu condicionamento histórico-social. Examina os fatos econômicos com um agudo senso de *totalidade*: procura localizar o seu encadeamento, as suas interações, as suas contradições e, principalmente, a sua essencial unidade. Observa a complementaridade concorrência/monopólio, denuncia o caráter mistificador da teoria malthusiana etc. e, na sequência de sua argumentação, afirma a existência de *leis históricas imanentes* invioláveis e necessárias à produção capitalista – a lei da concorrência, da centralização do capital, da crise periódica, da pauperização das massas. Ao mesmo tempo, assevera que a produção burguesa está condenada em curto prazo – a *polarização social que engendra implica a revolução proletária que a suprime*[a]. Com essa carnadura, se o "Esboço..." não rompe inteiramente com a crítica socialista de que é legatário e enferma ainda dos vincos do comunismo filosófico, ele já expressa tanto os elementos

---

[a] Revolução que Engels estimará como iminente, numa avaliação equivocada que, até a abertura dos anos 1850, juntamente com Marx, ele conservará.

Apresentação

ideopolíticos e teóricos sobre os quais Engels elaborará *A situação da classe trabalhadora na Inglaterra* quanto o movimento de crítica da economia política com o qual começa a árdua e percuciente pesquisa que, pelo trabalho de Marx, conduziria ao conhecimento verdadeiro (v. g., crítico) do modo de produção capitalista, de suas relações correspondentes de produção e circulação.

Como se verifica, quando redigiu o "Esboço...", Engels já acumulara – em exercícios políticos, intelectuais e teóricos que merecem maiores atenções – o necessário para preparar a obra-prima da sua juventude, cuja edição o leitor tem em mãos. Tratemos rapidamente dela, *A situação da classe trabalhadora na Inglaterra*.

3

Entre os anos trinta e cinquenta do século XIX, o brutal *pauperismo* das camadas trabalhadoras urbanas, derivado diretamente da produção capitalista, impactou a consciência social europeia e deu origem a uma larga e copiosa documentação. Intelectuais dos mais diversos matizes – reacionários e conservadores, liberais e democratas, reformadores e revolucionários – ocuparam-se do que então era designado por todos como "questão social"[a]. Isto posto, *A situação da classe trabalhadora na Inglaterra* (como vimos, escrita entre o último trimestre de 1844 e março de 1845, e publicada em maio deste ano, em Leipzig) se inscreve no marco de uma literatura de que não é o ponto de partida nem o signo terminal; trata-se, antes, de uma obra que está encharcada do *esprit du temps*[b] – o jovem Engels, nesse sentido, tão somente insere-se no debate social mais significativo daqueles anos.

---

[a] Recorde-se, aleatoriamente, P. Gaskell, *A população trabalhadora das manufaturas da Inglaterra* (1833), A. de Villeneuve-Bargemont, *Tratado de economia política cristã ou pesquisas sobre o pauperismo* (1834), A. de Tocqueville, *Memória sobre o pauperismo* (1835), L. Villermé, *Quadro do estado físico e moral dos operários das manufaturas de algodão, lã e seda* (1840), E. Buret, *A miséria das classes trabalhadoras na França e na Inglaterra* (1840) e Ducpétiaux, *Da condição física e moral dos jovens operários e dos meios para melhorá-la* (1843). Sobre o referido impacto do pauperismo, vale recorrer a R. Castel, *As metamorfoses da questão social* (Petrópolis, Vozes, 1998, esp. p. 283 e ss.).

[b] Alguns analistas quiseram localizar no texto do jovem Engels, na medida em que foi legatário de parte da documentação já publicada, uma pretensa falta de originalidade, Mayer (op. cit. na p. 9, nota b, p. 196 e ss.) mostrou o infundado dessa reserva. Outras críticas tiveram réplica suficiente no ensaio "The Condition of the Working Class in England: 150 years on", de Anne Dennehy, em Christopher J. Arthur (ed.), *Engels Today. A Centenary Appreciation* (Londres, Macmillan, 1996).

Precisamente porque a temática estava na ordem do dia, porque o objeto da reflexão já vinha sendo amplamente explorado, ganha especial relevo a modalidade de inserção de Engels naquele debate, modalidade na qual se revela a *radical originalidade* da contribuição do jovem revolucionário. Essa originalidade não reside seja na "observação participante"[a], seja na natureza dos dados de que o autor se vale, muitos dos quais disponíveis nos estudiosos que o precederam. A radical originalidade do trabalho juvenil de Engels, que torna *A situação da classe trabalhadora na Inglaterra* uma obra absolutamente inovadora, pode ser sinalizada se se considerar que, na literatura europeia de que é parte integrante, é nela que, pela *primeira vez*:

a) a *revolução industrial* ganha a centralidade que de fato lhe cabe para a compreensão de como o capital passa a controlar a *produção* de mercadorias (controle que, como se sabe, assinala efetivamente a emergência da circulação *capitalista* que desloca a circulação simples); não se registra, em toda a literatura contemporânea à obra jovem-engelsiana, nenhuma elaboração que tenha apreendido com similar acuidade o fenômeno industrial[b];

b) a solução da "questão social" deixa de estar hipotecada à filantropia, à moralização da sociedade ou à realização de receitas utópicas idealizadas por mentes generosas; porque compreendida como implicação necessária do padrão societário embasado na propriedade privada dos meios de produção fundamentais, sua resolutibilidade é posta como função da supressão desse mesmo padrão societário;

c) o proletariado não comparece como massa indiferenciada, sofredora e passiva, tal como o visualizavam os socialistas contemporâneos

---

[a] É de notar o que se segue ao título da obra, muitas vezes omitido em edições posteriores: "segundo as observações do autor e fontes autênticas"; o que depois seria designado como "observação participante" foi uma técnica efetivamente empregada por Engels, mas não pode ser considerado como um traço original na composição d'*A situação...* No que toca às fontes, Engels não foi o primeiro a valer-se de relatórios e documentação oficiais (procedimento depois largamente utilizado por Marx n'*O capital* e reiterado por Lenin n'*O desenvolvimento do capitalismo na Rússia*), mas cumpre realçar a significação que confere às informações veiculadas pela imprensa, notadamente aquela ligada ao movimento operário (assinale-se o peso dos informes, e mesmo avaliações, de *The Northern Star*).

[b] Nem, por outra parte, a sua relevância para compreender a *urbanização capitalista* como instrumento particular de segregação social; cumpre notar que os méritos do jovem Engels no trato do urbano já foram adequadamente reconhecidos: fonte de credibilidade considerou a "sua descrição de Manchester [...] uma obra-prima de análise ecológica" (*Current Sociology: Urban Sociology/Research in Great Britain*. Paris, Unesco, 1955, v. 4, p. 30 apud Hobsbawm, op. cit. na p. 9, nota a).

Apresentação

do jovem Engels; este foi capaz de apanhar, na situação proletária, a dinâmica criativa que, saturando a rebeldia e o protesto operários, põe o proletário, o trabalhador urbano-industrial, enquanto *classe*, como *sujeito revolucionário*, qualificado para promover a sua *autoliberação*.

Essas notas seguramente não escaparão ao leitor d'*A situação da classe trabalhadora na Inglaterra*, que, entre outros méritos, é vazada numa linguagem cristalina e elegante e se apresenta com uma arquitetura formal impecável. A centralidade da revolução industrial comparece frontalmente na "Introdução" e no primeiro capítulo[a] – nessas páginas introdutórias, Engels oferece um rápido, mas elucidativo, panorama das transformações que ela opera na Inglaterra entre 1780 e 1840; na sequência que constitui o capítulo inicial do livro, a tematização da revolução industrial tem prosseguimento, mas a ênfase recai na característica *concentradora/centralizadora* da grande indústria – econômica (a concentração da riqueza), social (a polarização e o aparecimento da classe operária) e ecológica (a urbanização). Esta última constitui o objeto do segundo capítulo: o fato de tomar (teórica e analiticamente) a urbanização moderna como variável da industrialização capitalista permite-lhe escapar do empirismo no tratamento que dá às grandes cidades; os dados factuais de que dispõe são articulados a partir dessa chave heurística e fornecem uma perfeita sinopse da modalidade de emergência da cidade que o domínio do capital amolda às suas exigências[b].

No terceiro capítulo, o leitor encontra a súmula do esquema teórico – derivado da argumentação do "Esboço..." – que estrutura as ideias do jovem Engels em matéria de (crítica da) economia política. A *concorrência* aparece como o fenômeno axial da organização societária posta pelo capitalismo e é dela que deriva a *crise*, cuja periodicidade tipifica o próprio movimento do crescimento econômico. Nesse esquema teórico dá-se a primeira aproximação ao que Marx, n'*O capital*, chamará de "exército industrial de reserva" (que, então, Engels designa como "exército de trabalhadores desempregados"). Ainda nesse capítulo, o jovem Engels engrena uma problemática teoria dos salários, segundo a qual o *salário médio* tende a distanciar-se muito pouco do *salário mínimo* que assegura a reprodução dos proletários, os escravos modernos.

---

[a] Como o leitor observará, Engels não numerou os capítulos do seu livro; meus comentários seguem, porém, a sua ordem.

[b] Interessantes disquisições a respeito do conjunto do pensamento engelsiano acerca da cidade encontram-se no texto de Lefèbvre, *A cidade do capital*, referido na p. 28, nota a.

Se o quarto capítulo enfoca a utilização da reserva de força de trabalho (fornecida pela imigração) manipulada pela grande indústria, o seu objeto real – e de todos os capítulos subsequentes, até o décimo – é mesmo a situação proletária. Analisando as condições de vida e trabalho dos empregados dos diversos ramos industriais (inclusive a agricultura impactada pelas relações capitalistas), o jovem Engels oferece o painel das misérias operárias – no contraponto, o oitavo capítulo centra-se nas formas de protesto proletário.

O último capítulo, por sua vez, é um primor de análise psicossocial. Não se trata, nele, apenas do comportamento sociopolítico da burguesia, classe que impõe à sociedade a sua ditadura – o jovem Engels, com singelo exemplário, fornece também as pistas mais significativas para a determinação dos mecanismos pelos quais os sujeitos sociais burgueses constroem a sua autoimagem.

Ao leitor arguto não será difícil perceber que há um conjunto de capítulos fundados especialmente em observações pessoais (o segundo, o quarto, o sexto, o décimo primeiro). Quanto às fontes, Engels não as escamoteia e pode-se indicar como mais importantes as obras de P. Gaskell, J. Wade, G. Porter, E. Baines, A. Ure, T. Carlyle, dos irmãos Alison e, ainda, os relatórios de comissões parlamentares e inspetores/comissários fabris, ademais da imprensa.

O mesmo leitor notará que *A situação da classe trabalhadora na Inglaterra* não passou incólume pelas provas do tempo e da história. A obra exsuda um otimismo revolucionário meio ingênuo (mas o autor tinha 24 anos!), paga seus tributos ao eticismo provindo dos utópicos (nomeadamente Owen) e assenta numa concepção ainda pouco concreta da nuclearidade da dinâmica social sob o capitalismo (a apreensão do papel das lutas de classes ainda não alcança adequada determinação). Na verdade, dentre as fragilidades do texto jovem-engelsiano[a], a mais evidente diz respeito às projeções que esboça, das quais as substantivas gravitam em torno da iminência da revolução social na Inglaterra, que não deixam vislumbrar nem uma alternativa em médio prazo para o capitalismo nem a possibilidade de uma degradação reformista do movimento operário.

---

[a] Parece-me que a já antiga crítica de Hobsbawm (op. cit. na p. 9, nota a) é aquela que melhor trata dos aspectos problemáticos d'*A situação da classe trabalhadora na Inglaterra*. Para o grande historiador, há que se lamentar, nesta obra, da pouca atenção dada à influência religiosa sobre os meios operários, da subestimação de formas "autônomas" de cultura proletária e do descuido para com o movimento cooperativista.

Apresentação

Mas não creio que isto deva ser creditado apenas ao grau de maturação das concepções do jovem Engels; antes, hipoteca-se às condições histórico-sociais e políticas nas quais trabalha – a culminação da crise que, em 1842, propiciou a greve geral declarada pelos cartistas e que possuiu, para a Inglaterra, a mesma ponderação que a crise revolucionária de 1848/1849 teve para o continente. Trabalhando nessa ambiência – e, ainda, com a reverberação da *Triarquia europeia* em seu ânimo –, não é de estranhar que o colapso do capitalismo se lhe tenha afigurado como algo de imediato. É o *catastrofismo* com que o jovem Engels encara o presente do capitalismo que, como se vê, funda muito do seu otimismo revolucionário dos anos 1840, o qual o velho Engels reconheceu, naturalmente de bom grado, como um equívoco.

Mesmo vincando e, logo, comprometendo historicamente o texto, essa perspectiva equivocada não lesiona a essencialidade da obra do jovem Engels. *A situação da classe trabalhadora na Inglaterra* é um clássico pela abrangência com que a pesquisa empírica se articula com a matriz teórica, pela adequação entre o cuidado para com a factualidade e a exigência de generalização. Dir-se-á: uma *obra exemplar* – paradigmática de como um enquadramento teórico orienta a seleção e a análise factual e como esta, tratada dialeticamente, pode incidir na correção daquele. N'*A situação da classe trabalhadora na Inglaterra*, essa incidência ainda não comparece íntegra – terá lugar na posterior elaboração de Marx e de Engels; mas suas linhas gerais estão contidas na concepção global da obra e, de qualquer forma, a elaboração ulterior seria impensável sem o livro de 1845.

Enfim, há uma outra nota nuclear desta obra do jovem Engels, igualmente assinalada com propriedade por Hobsbawm: "Engels prova-nos que, no domínio das ciências sociais, ninguém pode produzir uma obra científica sem se ter desembaraçado previamente das ilusões da sociedade burguesa"[a]. Com efeito, não é apenas uma opção (de classe) revolucionária que garante na teoria social a alternativa da possibilidade – digamos – científica; neste domínio, entretanto, essa opção parece configurar uma *condição necessária* à pesquisa que se quer qualificar como científica. E a leitura d'*A situação da classe trabalhadora na Inglaterra* – tornada tanto mais atual na medida em que as ciências sociais descobrem que a

---

[a] Hobsbawm, op. cit. na p. 9, nota a.

"questão social" continua na ordem do dia[a] – revela o profundo *pathos* com que o jovem Engels atendeu a essa condição, rompendo resolutamente com as constrangedoras restrições que a sua origem de classe lhe impunha.

José Paulo Netto
Recreio dos Bandeirantes, maio de 2005

---

[a] O ocaso do século XX – com a crise societária de que são verso e reverso a falência do que impropriamente se denominou *socialismo real* e a bem-sucedida ofensiva neoliberal contra o chamado *Estado de bem-estar social* – repôs na ordem do dia a problemática da "questão social". Larga bibliografia voltou a tematizar um objeto que parecia superado, acumulando estudos cuja seriedade é inconteste e dando rédea solta ao ensaísmo que não consegue esconder a sua capitulação frente ao completo esgotamento das possibilidades civilizatórias do regime do capital – de que são emblemáticos, respectivamente, os trabalhos de Robert Castel (*As metamorfoses da questão social*, citado na p. 30, nota a) e de Pierre Rosanvallon (*La nouvelle question sociale. Repenser l'Etat-providence*. Paris, Seuil, 1995). Cito especialmente a bibliografia francesa em função de seus ecos no Brasil, mas esse gênero de documentação tornou-se abundante, a partir dos anos 1990, também em inglês, italiano e castelhano. Em especial, essa bibliografia repercutiu no âmbito de atividades profissionais voltadas para a intervenção social, de que é exemplar o caso do Serviço Social; a título de ilustração, cf. os qualificados trabalhos, em castelhano, de Margarita Rozas Pagaza (*La intervención profesional en relación con la cuestión social. El caso del Trabajo Social*. Buenos Aires, Espacio, 2001) e, em português, de Carlos Montaño (*Terceiro setor e questão social. Crítica ao padrão emergente de intervenção social*. São Paulo, Cortez, 2002) e, ainda, o número dedicado a essa problemática pela revista da Associação Brasileira de Ensino e Pesquisa em Serviço Social, *Temporalis* (Brasília, ABEPSS, ano II, n. 3, jan.-jun. de 2001). Vale recorrer também ao sintético, mas eficiente, opúsculo de Alejandra Pastorini, *A categoria "questão social" em debate* (São Paulo, Cortez, 2004).

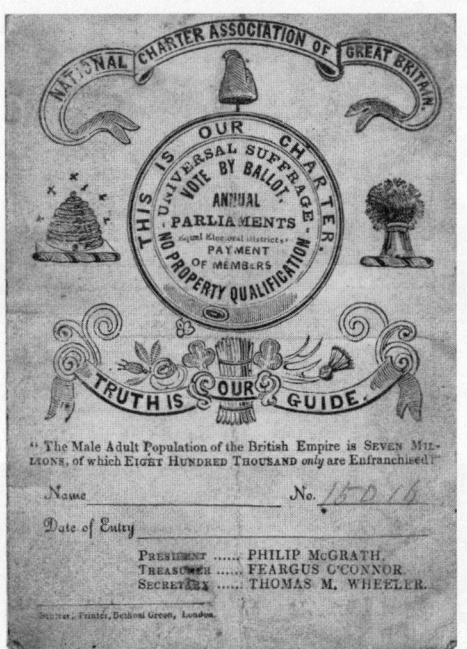

A Carta do Povo, principal documento de luta dos operários ingleses, que deu nome ao movimento cartista, reivindicava o direito de participação dos trabalhadores no Parlamento.

Às classes trabalhadoras
da Grã-Bretanha[a]

Trabalhadores!

É a vós que dedico uma obra na qual me esforcei por apresentar aos meus compatriotas alemães um quadro fiel de vossas condições de vida, de vossos sofrimentos e lutas, de vossas esperanças e perspectivas. Vivi entre vós tempo bastante para alcançar o conhecimento de vossas condições de existência, às quais consagrei a mais séria atenção, examinando os inúmeros documentos oficiais e não oficiais que tive a oportunidade de consultar. Contudo, não me contentei com isso: não me interessava um conhecimento apenas *abstrato* de meu tema – eu queria conhecer-vos em vossas casas, observar-vos em vossa vida cotidiana, debater convosco vossas condições de vida e vossos tormentos; eu queria ser uma testemunha de vossas lutas contra o poder social e político de vossos opressores. Eis como procedi: renunciei ao mundanismo e às libações, ao vinho do Porto e ao champanhe da classe média[b], e consagrei quase exclusivamente minhas horas vagas ao convívio com simples operários – e estou, ao mesmo tempo, feliz e orgulhoso por ter agido assim. Feliz, porque vivi muitas horas alegres dedicando-me a conhecer vossa verdadeira existência, horas que, de outro modo, seriam dissipadas em conversas fúteis e em cerimônias entediantes; e orgulhoso, porque desse modo pude fazer justiça a uma classe de homens oprimidos e caluniados e à qual, apesar de todos os seus defeitos e de todas as dificuldades de sua situação, só podem recusar estima aqueles que têm alma de negociante inglês; orgulhoso, também, porque assim tive oportunidade

---

[a] Esta dedicatória foi redigida em inglês por Engels para, impressa separadamente da edição alemã de *A situação da classe trabalhadora na Inglaterra*, ser enviada a personalidades e dirigentes políticos ingleses.

[b] Isto é, a burguesia; cf., *infra*, o último parágrafo do Prefácio de Engels, datado de 15 de março de 1845.

de defender o povo inglês do inelutável e crescente desprezo produzido no continente pela política brutalmente egoísta, bem como pela conduta geral, de vossa classe média dominante.

Ao mesmo tempo, graças às amplas possibilidades que tive de observar a classe média, vossa adversária, rapidamente concluí que vós tendes razão, inteira razão, em não esperar dela qualquer ajuda. Seus interesses são diametralmente opostos aos vossos, mesmo que ela procure incessantemente afirmar o contrário e vos queira persuadir que sente a maior simpatia por vossa sorte. Mas seus atos desmentem suas palavras. Espero ter recolhido provas mais que suficientes de que a classe média – qualquer que seja a sua retórica – não possui, na realidade, outro objetivo que enriquecer à custa de vosso trabalho, enquanto puder vender o produto dele e deixar-vos morrer de fome quando já não mais puder lucrar com esse comércio indireto de carne humana. O que ela fez para comprovar, como discursa, que vos quer bem? Alguma vez dedicou atenção séria aos vossos sofrimentos? Alguma vez fez mais que consentir em pagar as despesas de meia dúzia de comissões de investigação, cujos volumosos relatórios estão condenados a dormir eternamente sob os montes de dossiês esquecidos nas prateleiras do *Home Office*[a]? Alguma vez chegou a extrair de seus *Livros Azuis* uma só obra legível, que oferecesse a alguém a chance de reunir sem dificuldade qualquer informação sobre as condições de vida da grande maioria dos "livres cidadãos britânicos"? Naturalmente, ela nunca fez nada disso; trata-se de coisas de que não gosta de saber – deixaram a um estrangeiro a tarefa de informar ao mundo civilizado a degradante situação em que sois obrigados a viver.

Um estrangeiro para *ela*, mas não para *vós*, segundo espero. É provável que meu inglês não seja perfeito, mas tenho a esperança de que o achareis inequívoco.

Nenhum operário na Inglaterra – nem na França, diga-se de passagem – tratou-me como um estrangeiro. Com grande alegria, constatei que sois imunes a essa maldição que são a estreiteza e o preconceito nacionais e que, no fim das contas, são apenas *egoísmo em larga escala*. Verifiquei vossa simpatia por quem quer que, inglês ou não, dedique honestamente suas forças em prol do progresso humano; verifiquei vossa admiração por tudo o que é nobre e bom, tenha ou não surgido em vossa terra; verifiquei que sois *homens* – não membros de uma nação isolada, puramente *ingleses* –, membros da grande e universal família da *humanidade*; verifiquei que re-

---

[a] Ministério do Interior.

conhecestes que vossos interesses coincidem com os interesses do gênero humano. E é como tais, como membros dessa *humanidade "una e indivisível"*, como *seres humanos* no sentido mais pleno da expressão, que eu, como muitos outros no continente, vos saudamos por vossos progressos em todos os campos e vos auguramos um rápido êxito. Avante no caminho que escolhestes! Muitas dificuldades terão de ser enfrentadas, mas não vos deixeis desencorajar – sede decididos, porque certo é o vosso triunfo e certo é que todo passo adiante em vossa marcha servirá à nossa causa comum, a causa da *humanidade*!

Friedrich Engels
Barmen (Prússia Renana), 15 de março de 1845

Prefácio

As páginas seguintes tratam de um objeto que, inicialmente, eu queria apresentar apenas como um capítulo de um trabalho mais amplo sobre a história social da Inglaterra[a]; logo, porém, a importância de tal objeto obrigou-me a dedicar-lhe um estudo particular.

A situação da classe operária é a base real e o ponto de partida de todos os movimentos sociais de nosso tempo porque ela é, simultaneamente, a expressão máxima e a mais visível manifestação de nossa miséria social. O comunismo dos operários franceses e alemães é seu produto direto; o fourierismo e o socialismo inglês, tal qual o comunismo da burguesia alemã culta, são seus produtos indiretos. O conhecimento das condições de vida do proletariado é, pois, imprescindível para, de um lado, fundamentar com solidez as teorias socialistas e, de outro, embasar os juízos sobre sua legitimidade e, enfim, para liquidar com todos os sonhos e fantasias *pró* e *contra*. No entanto, as condições de vida do proletariado, em sua *forma* clássica, plena, só existem no Império Britânico, em particular na Inglaterra propriamente dita; por outra parte, é só aí que o material necessário para este estudo se encontra reunido de modo quase suficiente e comprovado por investigações oficiais, como é indispensável para uma análise minimamente adequada desse tema.

Durante vinte e um meses, tive a oportunidade de conhecer de perto, por observações e relações pessoais, o proletariado inglês, suas aspirações, seus sofrimentos e suas alegrias – ao mesmo tempo em que completava minhas observações recorrendo às necessárias fontes originais. Tudo que vi, ouvi e li está reelaborado neste livro. Estou preparado para possíveis

---

[a] Engels nunca escreveu essa projetada "história social da Inglaterra", mas publicou, entre agosto e outubro de 1844, no *Vorwärts* (periódico parisiense dos exilados alemães), vários artigos sobre o tema.

ataques, de várias partes, não só ao meu ponto de vista, mas também aos fatos relatados – sobretudo se meu livro cair nas mãos de leitores ingleses. Sei igualmente que aqui e ali poder-se-á registrar alguma inexatidão de pequena importância, inevitável até mesmo para um inglês, dada a amplitude do objeto e a extensão de suas implicações – e tanto mais que não há, na própria Inglaterra, uma obra que, como a minha, trate de *todos* os operários. Mas não hesito em desafiar a burguesia inglesa a demonstrar – e a demonstrar com documentação autêntica, como a que apresento – a inexatidão de um único fato com alguma importância do ponto de vista geral.

É particularmente para a Alemanha que a descrição das clássicas condições do proletariado do Império Britânico se reveste de grande significação, sobretudo no momento atual. O socialismo e o comunismo alemães, mais que quaisquer outros, partiram de premissas teóricas; nós, teóricos alemães, ainda conhecemos muito pouco o mundo real para que as condições sociais efetivas nos possam incitar diretamente à reforma dessa "triste realidade". Quase nenhum dos partidários confessos da reforma chegou ao comunismo sem passar pela dissolução da especulação hegeliana, realizada por Feuerbach. As verdadeiras condições de vida do proletariado são tão pouco conhecidas por nós que até mesmo as filantrópicas "Associações para a Elevação das Classes Laboriosas" – nas quais, hoje, nossa burguesia menospreza a questão social – incorporam as mais ridículas e absurdas opiniões sobre a situação dos operários. Especialmente para nós, alemães, o conhecimento dos fatos é uma necessidade imperiosa. Se as condições de vida do proletariado não chegaram, na Alemanha, a atingir a forma clássica que alcançaram na Inglaterra, temos, no fundo, a mesma ordem social que, mais cedo ou mais tarde, se alçará ao mesmo extremo atingido do outro lado do canal da Mancha, salvo se a nação tomar a tempo medidas capazes de dotar o conjunto do sistema social de uma base nova. Existem igualmente na Alemanha as causas fundamentais que produziram, na Inglaterra, a miséria e a opressão do proletariado e tais causas produzirão aqui os mesmos resultados. Entrementes, a constatação da miséria *inglesa* nos permitirá constatar nossa própria miséria, a *miséria alemã*, e nos fornecerá um parâmetro para avaliar sua extensão e a gravidade do perigo – que se manifestou nas sublevações ocorridas na Silésia e na Boêmia[a] – que, nesse domínio, ameaça imediatamente a tranquilidade da Alemanha.

---

[a] Engels refere-se às insurreições dos tecelões em 1844, ocorridas em Lagenbielau e Peterswaldau (Silésia), reprimidas sanguinolentamente e, ainda, em Leitmeritz e Praga (Boêmia), onde os operários tomaram fábricas e destruíram máquinas.

Restam-me duas observações finais. Primeira: utilizei sempre a expressão *classe média* no sentido do inglês *middle-class* (ou, como se diz frequentemente, *middle-classes*), que designa, como a palavra francesa *bourgeoisie*, a classe proprietária, especificamente a classe proprietária que é distinta da chamada aristocracia, ou seja, aquela classe que, na França e na Inglaterra diretamente e na Alemanha indiretamente, envolta sob o manto da "opinião pública", detém o poder estatal. Utilizei também constantemente como sinônimos as palavras: operários (*working men*), proletários, classe operária, classe não proprietária e proletariado. Segunda: na maior parte das citações, indiquei o partido a que pertencem os autores mencionados, porque quase sempre os liberais procuram sublinhar a miséria das áreas agrícolas e negar a das áreas industriais, ao passo que os conservadores, ao contrário, reconhecem a indigência nas zonas industriais, mas tratam de ignorá-la nas agrícolas. Por essa razão, quando me faltaram documentos oficiais acerca dos trabalhadores industriais, preferi sempre a opinião de um *liberal*, de modo a oferecer a própria palavra da burguesia liberal, e só recorri a conservadores ou cartistas quando minha observação pessoal assegurava a exatidão dos fatos ou quando a veracidade da afirmação vinha garantida pela personalidade moral ou intelectual do autor citado.

Friedrich Engels
Barmen, 15 de março de 1845

*O grande encontro dos cartistas em Kennington Common,
10 de abril de 1848. Foto de William Kilburn.*

INTRODUÇÃO[a]

A história da classe operária na Inglaterra inicia-se na segunda metade do século passado, com a invenção da máquina a vapor e das máquinas destinadas a processar o algodão. Tais invenções, como se sabe, desencadearam uma revolução industrial[b] que, simultaneamente, transformou a sociedade burguesa em seu conjunto – revolução cujo significado histórico só agora começa a ser reconhecido.

A Inglaterra constitui o terreno clássico dessa revolução, que foi tanto mais grandiosa quanto mais silenciosamente se realizou. É por isso que a Inglaterra é também o país clássico para o desenvolvimento do principal resultado dessa revolução: o proletariado. Somente na Inglaterra o proletariado pode ser estudado em todos os seus aspectos e relações.

Não se trata aqui de historiar tal revolução ou sua imensa importância para o presente e para o futuro. Reservar-se-á essa análise para um trabalho posterior, mais amplo. Por agora, devemos nos limitar ao que é necessário para compreender os fatos que serão expostos mais adiante, para compreender a situação atual do proletariado inglês.

Antes da introdução das máquinas, a fiação e a tecelagem das matérias-primas tinham lugar na casa do trabalhador. A mulher e os filhos fiavam e, com o fio, o homem tecia – quando o chefe da família não o fazia, o fio era vendido. Essas famílias tecelãs viviam em geral nos campos vizinhos às cidades e o que ganhavam assegurava perfeitamente sua existência porque o mercado interno – quase o único mercado – era ainda decisivo para a demanda de tecidos e porque o poder esmagador da concorrência, que

---

[a] São perceptíveis nesta Introdução os influxos da obra de P. Gaskell, *The Manufacturing Population of England* (1833); cf., *infra*, nota 14, p. 107.

[b] Engels foi um dos pioneiros no emprego da expressão *revolução industrial* e há autores que chegam mesmo a atribuir-lhe sua paternidade.

se desenvolveu mais tarde com a conquista de mercados externos e com o alargamento do comércio, não incidia sensivelmente sobre o salário. A isso se somava um constante crescimento da demanda do mercado interno, ao lado de um diminuto aumento populacional, o que permitia ocupar todos os trabalhadores que, ademais, não concorriam ativamente entre si, dado seu isolamento no campo. Por outra parte, o tecelão às vezes podia economizar e arrendar um pequeno pedaço de terra, que cultivava nas horas livres, escolhidas segundo sua vontade, posto que ele mesmo determinava o tempo e a duração de seu trabalho. É verdade que era um pobre camponês, que lavrava a terra com pouco cuidado e sem grande proveito; mas não era um proletário: tinha – como dizem os ingleses – um pé na sua terra pátria, possuía uma habitação e situava-se num escalão social acima do moderno operário inglês.

Assim, os trabalhadores sobreviviam suportavelmente e levavam uma vida honesta e tranquila, piedosa e honrada; sua situação material era bem superior à de seus sucessores: não precisavam matar-se de trabalhar, não faziam mais do que desejavam e, no entanto, ganhavam para cobrir suas necessidades e dispunham de tempo para um trabalho sadio em seu jardim ou em seu campo, trabalho que para eles era uma forma de descanso; e podiam, ainda, participar com seus vizinhos de passatempos e distrações – jogos que contribuíam para a manutenção de sua saúde e para o revigoramento de seu corpo. Em sua maioria, eram pessoas de compleição robusta, fisicamente em pouco ou nada diversas de seus vizinhos campônios. Seus filhos cresciam respirando o ar puro do campo e, se tinham de ajudar os pais, faziam-no ocasionalmente, jamais numa jornada de trabalho de oito ou doze horas.

É fácil adivinhar o caráter moral e intelectual dessa classe. Afastados das cidades, nelas praticamente não entravam porque entregavam, mediante o pagamento de seu trabalho, o fio e o tecido a agentes itinerantes – de modo que, velhos moradores das proximidades das cidades, nunca haviam ido a elas, até o momento em que as máquinas os despojaram de seu ganha-pão, obrigando-os a procurar trabalho na cidade. Seu nível intelectual e moral era o da gente do campo, à qual, de resto, estavam geral e diretamente ligados através de seus pequenos arrendamentos. Também respeitavam o *esquire*[a] – o mais importante proprietário de terras da re-

---

[a] Cf., *infra*, nota a, p. 334.

gião – como seu superior natural, pediam-lhe conselhos, submetiam-lhe suas pequenas querelas e prestavam-lhe todas as honras inerentes a essa relação patriarcal. Eram gente "respeitável" e bons pais de família, viviam segundo a moral porque não tinham ocasião de ser imorais, já que nas imediações não havia bordéis e o dono da taberna onde eventualmente saciavam a sede era também um homem respeitável e, na maior parte das vezes, um grande arrendatário que fazia questão de ter boa cerveja, de manter as coisas em ordem e de deitar cedo. Tinham os filhos em casa durante todo o tempo e inculcavam-lhes a obediência e o temor a Deus; essas relações patriarcais subsistiam até o casamento dos filhos – os jovens cresciam com seus amigos de infância em idílica intimidade e simplicidade até que se casassem, e mesmo que as relações sexuais antes do matrimônio ocorressem comumente, só eram legitimadas quando reconhecidas pelas duas partes e quando as subsequentes núpcias punham as coisas em seu lugar. Em suma, os trabalhadores industriais ingleses dessa época viviam e pensavam como se vive e se pensa ainda aqui e acolá na Alemanha, isolados e retirados, sem vida intelectual e levando uma existência sem sobressaltos. Raramente sabiam ler e, menos ainda, escrever, iam regularmente à igreja, não faziam política, não conspiravam, não refletiam, apreciavam atividades físicas, escutavam com a tradicional devoção a leitura da Bíblia e, em sua singela humildade, tinham boas relações com as classes mais altas da sociedade. Por isso mesmo, estavam intelectualmente mortos, viviam exclusivamente para seus interesses privados e mesquinhos, para o tear e para a gleba e ignoravam tudo acerca do grandioso movimento que, mais além, sacudia a humanidade. Sentiam-se à vontade em sua quieta existência vegetativa e, sem a revolução industrial, jamais teriam abandonado essa existência, decerto cômoda e romântica, mas indigna de um ser humano. De fato, não eram verdadeiramente seres humanos: eram máquinas de trabalho a serviço dos poucos aristocratas que até então haviam dirigido a história; a revolução industrial apenas levou tudo isso às suas consequências extremas, completando a transformação dos trabalhadores em puras e simples máquinas e arrancando-lhes das mãos os últimos restos de atividade autônoma – mas, precisamente por isso, incitando-os a pensar e a exigir uma condição humana. Se na França foi a política, na Inglaterra foi a revolução industrial e o movimento global da sociedade burguesa que submergiram no vórtice da história as últimas classes até então mergulhadas na apatia em face dos interesses gerais da humanidade.

A primeira invenção que transformou profundamente a situação dos trabalhadores ingleses foi a *jenny*[a], construída em 1764 pelo tecelão James Hargreaves[b], de Stanhill, junto de Blackburn, no Lancashire do Norte[c]. Essa máquina foi o antepassado rudimentar da *mule*, inventada mais tarde; funcionava manualmente, mas, ao invés de um só fuso, como na roda comum de fiar à mão, tinha dezesseis ou dezoito, acionados por um só operário. Dessa forma, tornou-se possível produzir muito mais fio: se antes um tecelão ocupava sempre três fiandeiras, não contava nunca com fio suficiente e tinha de esperar para ser abastecido, agora havia mais fio do que o número dos trabalhadores ocupados podia processar. A demanda de tecido, de resto em aumento, cresceu ainda mais graças à redução de seu preço, provocada pela diminuição dos custos de produção do fio devida à nova máquina; houve necessidade de mais tecelões e seus salários aumentaram. Podendo ganhar mais trabalhando em seu tear, a pouco e pouco o tecelão abandonou suas ocupações agrícolas e dedicou-se inteiramente à tecelagem. Nessa época, uma família de quatro adultos e duas crianças, com uma jornada de dez horas, chegava a ganhar quatro libras esterlinas por semana, equivalentes a vinte e oito táleres[d] na cotação prussiana atual, e até mais, se os negócios corriam bem e se havia procura de trabalho – não era infrequente um tecelão ganhar semanalmente duas libras esterlinas. Gradativamente, a classe dos tecelões-agricultores foi desaparecendo, sendo de todo absorvida na classe emergente dos exclusivamente tecelões, que viviam apenas de seu salário e não possuíam propriedade, nem sequer a ilusão de propriedade que o trabalho agrícola confere – tornaram-se, pois, *proletários* (*working men*). A isso se juntou a destruição da antiga relação entre fiandeiros e tecelões. Até então, na medida em que era possível, o fio era fiado e tecido sob um

---

[a] A partir de 1738 registram-se na Inglaterra contínuos progressos na mecanização da fiação, de enorme importância para o desenvolvimento do capitalismo. James Hargreaves, por volta de 1764, constrói a *spinning jenny* (nome com que homenageou sua filha, Jenny), que é um avanço na fiação, embora acionada manualmente. Depois de vários aperfeiçoamentos das ideias de Lewis Paul, testadas desde 1738, Richard Arkwright, entre 1769 e 1771, passa a utilizar a força hidráulica numa máquina de fiar, a *throstle*. Em 1779, Samuel Crompton constrói uma máquina que combina as características da *spinning jenny* e da *throstle*, a *mule jenny* (ou, abreviadamente, *mule*). Finalmente, em 1825, Richard Robert cria a fiadora automática (*selfacting mule* ou *selfactor*). O leitor verificará que as datas que Engels assinala para as invenções mecânicas nem sempre são exatas (cf., *infra*, nota 1, p. 51).

[b] Hargreaves faleceu em 1778.

[c] No original, Engels grafou erradamente o topónimo: Standhill, ao invés de Stanhill.

[d] Antiga unidade monetária alemã.

mesmo teto; agora, já que tanto a *jenny* quanto o tear exigiam mão robusta, os homens também se puseram a fiar e famílias inteiras passaram a viver exclusivamente disso, enquanto outras, forçadas a abandonar a velha e arcaica roda de fiar e sem meios para comprar uma *jenny*, tiveram de sobreviver apenas com o que seu chefe ganhava no tear. Foi dessa maneira que se iniciou a divisão do trabalho entre fiação e tecelagem, que seria levada ao grau extremo na indústria posterior.

Simultaneamente ao *proletariado industrial* que se desenvolvia com essa primeira máquina, todavia muito imperfeita, ela mesma também originava a formação do *proletariado rural*. Havia, até então, um grande número de pequenos proprietários rurais, os chamados *yeomen*, cuja vida transcorria na mesma tranquilidade e apatia de seus vizinhos, os tecelões-agricultores. Cultivavam seu pequeno pedaço de terra do mesmo modo descuidado e arcaico que seus pais e opunham-se a qualquer inovação com sua peculiar teimosia de seres que, escravos do hábito, nada alteram no decurso de gerações. Entre eles, existiam também muitos pequenos arrendatários, não no sentido atual da palavra, mas gente que, por força de costume antigo ou a título de renda hereditária, recebera dos pais ou avós um pequeno pedaço de terra e que nele se estabelecera tão solidamente como se se tratasse de propriedade sua. Na medida em que, então, os operários industriais abandonavam a agricultura, inúmeros terrenos tornaram-se disponíveis e neles se instalou a nova classe dos *grandes arrendatários*, que alugavam cinquenta, cem, duzentos ou mais acres – os *tenants-at-will*, arrendatários cujo contrato podia ser anulado anualmente e que, mediante melhores métodos agrícolas e exploração em larga escala, souberam aumentar a produtividade da terra. Podiam vender seus produtos a preços mais baixos que os do pequeno *yeoman*, que não tinha outra alternativa senão vender sua terra – que já não o sustentava – e adquirir uma *jenny* ou um tear ou empregar-se como jornaleiro, proletário agrícola, de um grande arrendatário. Sua tradicional indolência e o trato negligente que oferecia ao seu pedaço de terra, traços que herdara de seus antepassados e dos quais não pudera livrar-se, não lhe deixaram outra escolha quando se viu obrigado a concorrer com pessoas que cultivavam o solo segundo princípios mais racionais e com todas as vantagens oferecidas pela grande lavoura e pelo investimento de capitais na melhoria da terra.

O movimento da indústria, porém, não se detém. Alguns capitalistas começaram a instalar *jennys* em grandes prédios e a acioná-las por *força hidráulica*, o que lhes permitiu reduzir o número de operários e vender o fio a preço menor que os fiandeiros isolados, que movimentavam manualmente suas máquinas. A *jenny* foi sucessivamente aperfeiçoada, de tal modo que as máquinas logo se tornavam antiquadas, devendo ser transformadas ou mesmo abandonadas – e se o capitalista podia subsistir com máquinas obsoletas, graças ao emprego da força hidráulica, em longo prazo isso era impossível para o fiandeiro isolado. O sistema fabril, que já estava assim surgindo, recebeu um novo impulso com a *spinning throstle*, inventada em 1767 por Richard Arkwright, um barbeiro de Preston, no Lancashire do Norte. Essa máquina, comumente chamada em alemão *Kettenstuhl*[a], é, ao lado da máquina a vapor, a mais importante invenção mecânica do século XVIII. Foi construída com base em princípios inteiramente novos e concebida para ser acionada por *força motriz mecânica*. Associando as características da *jenny* e da *Kettenstuhl*, Samuel Crompton, de Firwood (Lancashire), criou em 1785 a *mule* e como, no mesmo período, Arkwright inventou as máquinas de *cardar e fiar*, o sistema fabril tornou-se o único vigente na fiação do algodão. Gradativamente iniciou-se, com modificações insignificantes, a adaptação dessas máquinas à fiação da lã e, mais tarde, à de linho (na primeira década do nosso século), de modo que também aí se reduziu o trabalho manual. Mas isso não foi tudo: nos últimos anos do século passado, o doutor Cartwright, um pároco rural, inventou o *tear mecânico* e já em 1804 o aperfeiçoara a ponto de concorrer com sucesso com os tecelões manuais. A importância de todas essas máquinas foi duplicada com a *máquina a vapor* de James Watt, inventada em 1764 e utilizada, a partir de 1785, para acionar as máquinas de fiar.

Com essas invenções, desde então aperfeiçoadas ano a ano, decidiu-se nos principais setores da indústria inglesa a *vitória do trabalho mecânico sobre o trabalho manual* e toda a sua história recente nos revela como os trabalhadores manuais foram sucessivamente deslocados de suas posições pelas máquinas. As consequências disso foram, por um lado, uma rápida redução dos preços de todas as mercadorias manufaturadas, o florescimento do comércio e da indústria, a conquista de quase todos os mercados estrangeiros não protegidos, o crescimento veloz dos capitais e da riqueza nacional; por outro lado, o crescimento ainda mais rápido do proletariado, a destruição de toda a propriedade e de toda a segurança de trabalho para a classe operária, a degradação moral, as agitações políticas e todos os fatos que tanto repugnam aos ingleses proprietários e que iremos examinar nas páginas seguintes. Se, mais acima, vimos as transformações

---

[a] Tear de corrente.

provocadas nas relações sociais das classes inferiores por uma só máquina, mesmo tão rudimentar como a *jenny*, não há por que se espantar com o que pode proporcionar um sistema plenamente coordenado de máquinas extremamente aperfeiçoadas, que recebe de nós a matéria-prima e nos devolve tecidos acabados.

Sigamos mais de perto, no entanto, o desenvolvimento da indústria inglesa[1], começando por seu ramo principal, a *indústria do algodão*. Nos anos 1771-1775, importava-se em média, anualmente, menos de 5 milhões de libras de algodão bruto; em 1841, 528 milhões; e, em 1844, pelo menos 600 milhões. Em 1834, a Inglaterra exportou 556 milhões de jardas de tecidos de algodão, 76,5 milhões de libras de fio de algodão e aproximadamente 1,2 milhão de libras de artigos de algodão. Nesse mesmo ano, operavam na indústria do algodão mais de 8 milhões de fusos, 110 mil teares mecânicos e 250 mil manuais, sem contar os fusos dos teares de corrente e, segundo os cálculos de McCulloch, viviam nos três reinos, direta ou indiretamente ligados a esse ramo, quase 1,5 milhão de pessoas, das quais 220 mil trabalhavam em fábricas; nestas, a força utilizada era de 33 mil cavalos-vapor e 11 mil cavalos de força hidráulica. Hoje, essas cifras estão superadas e podemos admitir tranquilamente que, em 1845, o número de máquinas – assim como o de operários – e a potência gerada por elas ultrapassam em pelo menos a metade os valores de 1834.

O centro principal dessa indústria é o Lancashire, onde, aliás, ela começou – revolucionando completamente o condado, transformando esse pântano sombrio e mal cultivado numa região animada e laboriosa: decuplicou, em oitenta anos, sua população e fez brotar do solo, como por um passe de mágica, cidades gigantescas como Liverpool e Manchester, que juntas têm 700 mil habitantes, e cidades secundárias como Bolton (60 mil habitantes), Rochdale (75 mil habitantes), Oldham (50 mil habitantes), Preston (60 mil habitantes), Ashton e Stalybridge (40 mil habitantes) e uma miríade de outros centros industriais. A história do Lancashire meridional, embora ninguém a mencione, compreende os maiores milagres dos tempos modernos, todos eles operados pela indústria do algodão. O segundo centro têxtil, situado no distrito algodoeiro da Escócia (Lanarkshire e Renfrewshire), é Glasgow, cuja população, desde a instalação dessa indústria, passou de 30 mil para 300 mil

---

[1] De acordo com Porter, *The Progress of the Nation* (Londres, 1836, v. I; 1838, v. II), e com outras fontes oficiais. [Nota de Engels que, na edição de 1892, acrescenta: "O sumário histórico da revolução industrial feito acima é inexato em alguns detalhes, mas em 1843-1844 não existiam fontes melhores do que as que utilizei". (N.E.)]

habitantes. Igualmente, a fabricação de artigos de algodão em Nottingham e Derby recebeu um primeiro impulso com a redução do preço do fio e um segundo com o aperfeiçoamento da máquina de tricotar, que permite a confecção simultânea de duas meias com um só tear. Também a fabricação de rendas tornou-se um ramo importante desde 1777, quando foi inventada a *lace machine*; pouco depois, Lindley inventou a *point-net machine* e, em 1809, Heathcote criou a *bobin-net machine*[a], que simplificaram muito o fabrico de rendas e paralelamente aumentaram seu consumo, graças à redução dos preços – hoje, pelo menos 200 mil pessoas vivem dessa indústria, cujos centros principais são Nottingham, Leicester e o oeste da Inglaterra (Wiltshire, Devonshire etc.).

Vários ramos dependentes da indústria do algodão experimentaram uma evolução similar, como o alvejamento, a tinturaria e a estamparia: o alvejamento, com a utilização do cloro em lugar do oxigênio, a tinturaria e a estamparia graças ao rápido desenvolvimento da química (e a estamparia, ademais, mediante uma série de brilhantes invenções mecânicas). Todos esses ramos conheceram um florescimento que – juntamente com o crescimento da indústria do algodão – assegurou-lhes uma prosperidade até então desconhecida.

A mesma operosidade verificou-se no *tratamento da lã*. Este já constituía então o setor principal da indústria inglesa, mas a produção daqueles anos é nada em comparação com o que se fabrica atualmente. Em 1782, toda a produção de lã (tosquia) dos três anos precedentes continuava em estado bruto por falta de operários, e assim permaneceria se as novas invenções mecânicas não houvessem tornado possível a sua fiação[b]. A adaptação das máquinas para a fiação da lã se efetivou com êxito. Também nos distritos lanígeros verificou-se o mesmo rápido desenvolvimento que constatamos nos distritos algodoeiros. Em 1738, no West Riding de Yorkshire, produziram-se 75 mil peças de tecido de lã e em 1817, 490 mil[c] – e o crescimento da indústria da lã foi tal que, em 1834, a produção de peças de lã ultrapassou em 450 mil peças o que se produziu em 1825. Em 1801, processaram-se 101 milhões de libras de lã (das quais 7 milhões importadas); em 1835, 180 milhões (das quais 42 milhões importadas).

---

[a] Todas essas diferentes máquinas são anteriores aos inventos de Jacquart (1752-1834).

[b] Marx retoma literalmente essa passagem de Engels em *O capital*. Cf. K. Marx, *O capital:crítica da economia política* (São Paulo, Abril, 1984, v. I, t. 2, p. 183).

[c] Nessas cifras, que arredondou e extraiu de uma obra de J. Bishoff, de 1842, Engels cometeu um pequeno erro; os números exatos são 56.899 para 1738 e 483.720 para 1817.

O principal distrito dessa indústria é o West Riding de Yorkshire, onde – principalmente em Bradford – a lã inglesa de fibra longa é transformada em fio de tricotar, enquanto em outras cidades – Leeds, Halifax, Huddersfield etc. – a lã de fibra curta é transformada em fio retorcido para a tecelagem. Em seguida, encontramos a parte vizinha do Lancashire, a região de Rochdale, onde, além da preparação do algodão, produz-se muita flanela, e a parte ocidental da Inglaterra, que fabrica os tecidos mais finos. Também aí é notável o crescimento da população:

	habitantes em 1801	habitantes em 1831
Bradford	29 mil	77 mil
Halifax	63 mil	110 mil
Huddersfield	15 mil	34 mil
Leeds	53 mil	123 mil
O conjunto do West Riding	564 mil	980 mil

População que, de 1831 aos dias atuais, deve ter crescido ainda pelo menos 20% a 25%. Em 1835, a fiação da lã ocupava, nos três reinos, 1.313 fábricas, com 71.300 operários, os quais, de resto, não representavam senão uma pequena parte da massa que vivia direta ou indiretamente do trabalho com a lã (daí excluídos quase todos os tecelões).

Na *indústria do linho* os progressos foram mais lentos, porque a natureza particular da matéria-prima tornava muito difícil o emprego da máquina de fiar. De fato, já nos últimos anos do século passado, algumas experiências nessa direção foram feitas na Escócia; só em 1810, todavia, o francês Girard conseguiu chegar a um método prático de fiação do linho, mas suas máquinas só adquiriram a devida importância graças aos aperfeiçoamentos que receberam na Inglaterra e depois de seu emprego em larga escala em Leeds, Dundee e Belfast. A partir de então, a indústria inglesa do linho conheceu um rápido desenvolvimento. Em 1814, em Dundee, importaram-se 3 mil toneladas[a] de linho, em 1835 cerca de 19 mil e 3,4 mil de cânhamo. A importação de linho irlandês pela Grã-Bretanha passou de 32 milhões de jardas em 1800 para 53 milhões em 1825 (das quais grande parte foi reexportada); a exportação inglesa e escocesa de tecido de linho passou de 24 milhões de

---

[a] A tonelada inglesa (*ton*) equivale a 2.240 libras, quase mil quilos.

jardas em 1820 para 51 milhões em 1833. As fiações de linho, em 1835, somavam 347, com 33 mil operários, metade das quais na Escócia meridional, mais de 60 no West Riding do Yorkshire (Leeds e arredores), 25 em Belfast (Irlanda) e o resto no Dorsetshire e no Lancashire. A tecelagem se processa na Escócia meridional e em diversos pontos da Inglaterra, mas especialmente na Irlanda.

Com o mesmo sucesso, os ingleses se dedicaram à *preparação da seda*. Recebiam da Europa meridional e da Ásia o material já fiado e o trabalho essencial consistia em dobar e tecer os fios finos (*tramage*). Até 1824, as altas taxas alfandegárias sobre a seda bruta (quatro *shillings* por libra) travaram significativamente a indústria inglesa da seda, que, por causa dos direitos protetores, só dispunha de seu mercado interno e do de suas colônias. Então, as taxas de importação foram reduzidas a um *penny* e de imediato o número de fábricas aumentou notavelmente: em um ano, o número de dobadouras passou de 780 mil para 1,18 milhão e, embora a crise comercial de 1825 tenha paralisado por um momento esse ramo industrial, em 1827 a produção saltava para um nível nunca alcançado antes, porque a habilidade e a experiência dos ingleses no domínio da mecânica asseguravam às suas máquinas de torcedura do fio a supremacia sobre os equipamentos de seus concorrentes. Em 1835, o Império Britânico possuía 263 fábricas de torcedura, com 30 mil operários, a maior parte das quais localizadas no Cheshire (Macclesfield, Congleton e arredores), em Manchester e no Somersetshire. Ademais, havia ainda muitas fábricas que tratavam os resíduos de seda dos casulos, que serve para fabricar um artigo especial – o *spunsilk* –, que os ingleses fornecem às tecelagens de Paris e de Lyon. A tecelagem dessa seda assim torcida e fiada efetua-se particularmente na Escócia (Paisley etc.) e em Londres (Spitalfields), mas também em Manchester e outros lugares.

O gigantesco desenvolvimento da indústria inglesa desde 1760, porém, não se limitou à fabricação de tecidos. Uma vez desencadeado, o impulso do setor têxtil expandiu-se para todos os ramos da atividade industrial e uma série de invenções, sem maiores conexões com os ramos já mencionados, ganhou mais importância por ser contemporânea desse movimento geral. Demonstrada na prática a enorme significação do emprego da força mecânica na indústria, buscaram-se meios para utilizá-la em todos os setores e para explorá-la em proveito de seus diversos inventores e fabricantes; além disso, a demanda de máquinas, combustíveis e material de transformação multiplicou a atividade de uma massa de operários e de indústrias. Foi com a máquina a vapor que se começou a valorizar as grandes *jazidas de carvão* da Inglaterra. A *fabricação de máquinas* inicia-se e, com ela, surge um novo interesse pelas *minas de ferro*, que forneciam a matéria-prima para as máquinas. O crescimento do consumo da lã estimulou a criação de carneiros na Inglaterra e o aumento da importação de lã, linho e seda levou ao desenvolvimento da frota comercial inglesa.

Foi sobretudo a *produção de ferro* que cresceu. Até então, as ricas minas de ferro inglesas eram pouco exploradas; o mineral do ferro era sempre fundido com carvão vegetal, que – em virtude da expansão da agricultura e da devastação dos bosques – tornava-se cada vez mais caro e escasso; somente no século passado começou-se a empregar para esse fim o carvão mineral (*coke*) e em 1780 descobriu-se um novo método para transformar ferro fundido com carvão mineral em ferro também utilizável para a forja (antes só empregado como ferro fundido). Com esse método, que consiste em extrair o carvão misturado com o ferro no processo da fusão e que os ingleses chamam de *puddling*, abriu-se todo um novo campo à produção inglesa de ferro. Foram construídos altos-fornos cinquenta vezes maiores que os precedentes, simplificou-se a fusão do mineral com a ajuda de foles de ar quente e assim foi possível produzir ferro a um preço tão baixo que uma grande quantidade de objetos, antes fabricados com madeira ou pedra, passou a ser feita com ferro.

Em 1788, Thomas Paine, o célebre democrata, construiu no Yorkshire a primeira ponte de ferro[a], a que se seguiram inúmeras outras, de tal modo que atualmente quase todas as pontes, sobretudo as ferroviárias, são de ferro fundido e em Londres até existe uma ponte (a de Southwark) sobre o Tâmisa fabricada com esse material; o uso do ferro está se generalizando na produção de pilares e de suportes para máquinas etc. e, com a introdução da iluminação a gás e as ferrovias, abriram-se novos espaços para produção inglesa de ferro. Gradualmente, pregos e parafusos passaram a ser produzidos por máquinas; em 1760, Huntsman, de Sheffield, descobriu um método de fundir aço que economizou muito trabalho, permitindo a fabricação de novos produtos a preços mais baixos; assim, graças à melhor qualidade dos materiais disponíveis, ao aperfeiçoamento das máquinas existentes e à invenção de novas e a uma divisão do trabalho mais apurada, a metalurgia começou a assumir uma posição mais significativa na Inglaterra. A popula-

---

[a] Esse é outro pequeno erro factual de Engels: a ponte projetada por Paine, com elementos fundidos em Rotherham (Yorkshire), não foi construída nessa região; efetivamente, a primeira ponte de ferro do Yorkshire data de 1779 (sobre o Severn, em Coolbrookdale).

ção de Birmingham passou de 73 mil (em 1801) para 200 mil habitantes (em 1844), a de Sheffield de 46 mil (em 1801) para 110 mil (em 1844) e o consumo de carvão, apenas nesta última cidade, chegava, em 1836, a 515 mil toneladas. Em 1805, foram exportadas 4,3 mil toneladas de produtos de ferro e 4,6 mil toneladas de ferro bruto; em 1834, essas cifras foram, respectivamente, 16,2 mil e 107 mil; a extração de ferro, que em 1740 totalizava 17 mil toneladas, em 1834 chegava a quase 700 mil. Apenas a fusão do ferro bruto consome anualmente mais de 3 milhões de toneladas de carvão e é notável a importância que as *minas de carvão* (hulha) adquiriram no curso dos últimos sessenta anos. Hoje, todas as jazidas carboníferas da Inglaterra e da Escócia estão sendo exploradas e as minas de Northumberland e Durham, somente elas, produzem mais de 5 milhões de toneladas para exportação, ocupando entre 40 mil e 50 mil operários. De acordo com o *Durham Chronicle*[a], nesses dois condados estavam sendo exploradas:

em 1753 ....14 minas de carvão
em 1800 ....40 minas de carvão
em 1836 ....76 minas de carvão
em 1843 ....130 minas de carvão.

Hoje, todas as minas vêm sendo exploradas mais intensivamente. Similar aumento de exploração registra-se nas minas de *estanho*, *cobre* e *chumbo*; ao lado da expansão da *produção de vidro*, surgiu um novo ramo industrial relativo à *cerâmica*, que adquiriu importância graças aos esforços de Josiah Wedgwood que, por volta de 1763, assentou sobre bases científicas toda a produção de vasilhames, introduziu um gosto mais refinado e criou as cerâmicas do Staffordshire do Norte, uma região de 8 milhas inglesas quadradas que, outrora uma área deserta, hoje está coalhada de fábricas e de habitações, onde vivem mais de 60 mil pessoas.

Todas as atividades estão envolvidas nesse movimento vertiginoso. Também a *agricultura* foi sacudida – e não só porque, como vimos páginas atrás, a propriedade da terra passou para as mãos de outros possuidores e cultivadores, mas por outras razões. Os grandes fazendeiros investiram capital na melhoria dos solos, destruíram os pequenos muros divisórios

---

[a] O semanário *Durham Chronicle, Sunderland Times and Darlington and Stockton Gazette* foi fundado em 1820 e, nos anos quarenta do século XIX, tinha uma orientação liberal. Os dados citados por Engels foram extraídos da edição de 28 de junho de 1844.

inúteis, drenaram e adubaram a terra, utilizaram instrumentos melhores e introduziram a rotação sistemática das culturas (*croping by rotation*). Também eles foram auxiliados pelo progresso das ciências: sir Humphrey Davy aplicou com êxito a química à agricultura e o desenvolvimento da mecânica trouxe-lhes um sem-número de vantagens. Ademais, em consequência do aumento da população, a demanda por produtos agrícolas cresceu tanto que, entre 1760 e 1836, foram aproveitadas 6.840.540 jeiras inglesas[a] de terras até então incultas – e, apesar disso, a Inglaterra passou de exportador a importador de trigo.

Operosidade semelhante verificou-se na ampliação das *comunicações*. Na Inglaterra e no País de Gales, entre 1818 e 1829, construíram-se mil milhas inglesas de estradas, com largura obrigatória de 60 pés e praticamente todas as antigas estradas foram restauradas conforme o novo sistema de MacAdam. Na Escócia, a partir de 1803, as autoridades responsáveis pelos serviços de obras públicas fizeram construir 900 milhas de estradas e mais de mil pontes, o que permitiu, em pouco tempo, pôr a população das *terras altas* (*Highlands*) em contato com a civilização. Até então, essas populações se dedicavam em geral à caça e ao contrabando; tornaram-se agricultores e artesãos laboriosos e, embora se tenham criado escolas para conservar a língua e os costumes gálico-celtas, ambos estão em rápido processo de extinção em face do contato com a civilização inglesa. O mesmo tem ocorrido na Irlanda: entre os condados de Cork, Limerick e Kerry, estendia-se uma região praticamente deserta e sem vias de acesso, o que a tornava refúgio de malfeitores e a principal cidadela da nacionalidade céltico-irlandesa na Irlanda meridional; agora, está cortada por estradas, possibilitando que a civilização penetre nessa área selvagem. O conjunto do Império Britânico – particularmente a Inglaterra, que há sessenta anos tinha péssimas estradas, tão ruins quanto as da Alemanha e da França – está hoje coberto por uma excelente rede de estradas, obra da indústria privada, como quase tudo na Inglaterra, porque o Estado pouco ou nada fez nesse domínio.

Antes de 1755, praticamente não havia *canais* na Inglaterra. Naquele ano, abriu-se o canal de Sankey Brook a St. Helens, no Lancashire[b] e, em 1759, James Brindley construiu o primeiro canal importante, o do duque de Bridgewater, que liga Manchester e as minas da região à foz do Mersey e, em Barton, passa, através de um aqueduto, sobre o rio Irwell. A rede de

---

[a] Medida agrária que varia de 19 a 36 hectares.
[b] Aberto à navegação, de fato, em 1757.

canais ingleses, que Brindley foi o primeiro a valorizar, data dessa época. A partir de então, foram construídos canais em todas as direções e os rios tornaram-se navegáveis. Apenas na Inglaterra, contam-se hoje 2,2 mil milhas de canais e 1,8 mil milhas de rios navegáveis; construiu-se na Escócia o canal de Caledônia, que corta o país de lado a lado, e também na Irlanda abriram-se vários outros. Esses empreendimentos também são, como as ferrovias e as estradas, quase todos obras de particulares e de companhias privadas.

As ferrovias foram iniciadas mais recentemente. A primeira importante foi a de Liverpool a Manchester, inaugurada em 1830; desde então, todas as grandes cidades estão ligadas por ferrovias: Londres a Southampton, Brighton, Dover, Colchester, Cambridge, Exeter (via Bristol) e Birmingham; Birmingham a Gloucester, Liverpool, Lancaster (via Newton e Wigan e via Manchester e Bolton) e, também, a Leeds (via Manchester e Halifax e via Leicester, Derby e Sheffield); e Leeds a Hull e Newcastle (via York). Em construção e projetadas, há ainda muitas ferrovias de menor importância que, em breve, permitirão ir de Edimburgo a Londres em um só dia.

O vapor, assim como revolucionou as comunicações em terra, deu uma nova relevância à navegação. O primeiro barco a vapor navegou o Hudson, na América do Norte, em 1807; no Império Britânico, o início foi em 1811, com um barco no Clyde – desde então, mais de 600 foram construídos na Inglaterra e, em 1836, mais de 500 estavam em atividade nos portos britânicos.

Em resumo, essa é a história da indústria inglesa nos últimos sessenta anos – uma história que não tem equivalente nos anais da humanidade. Há sessenta ou oitenta anos, a Inglaterra era um país como todos os outros, com pequenas cidades, indústrias diminutas e elementares e uma população rural dispersa, mas relativamente importante; agora, é um país ímpar, com uma capital de 2,5 milhões de habitantes[a], imensas cidades industriais, uma indústria que fornece produtos para o mundo todo e que fabrica quase tudo com a ajuda das máquinas mais complexas, com uma população densa, laboriosa e inteligente, cujas duas terças partes estão ocupadas na indústria[b] e constituem classes completamente diversas das anteriores. Agora, a Inglaterra é uma nação em tudo diferente, com outros costumes e com necessidades novas. A revolução industrial teve para a Inglaterra a mesma importância que a revolução política teve para a França e

---

[a] O censo de 1841 indicava 1.949.277 habitantes.
[b] Nas edições norte-americana e inglesa de 1887 e 1892, lê-se: "ocupadas na indústria e no comércio".

a filosófica para a Alemanha[a], e a distância que separa a Inglaterra de 1760 da Inglaterra de 1844 é pelo menos tão grande quanto aquela que separa a França do Antigo Regime da França da Revolução de Julho[b]. O fruto mais importante dessa revolução industrial, porém, é o proletariado inglês.

Já observamos que o proletariado nasce com a introdução das máquinas. A veloz expansão da indústria determinou a demanda de mais braços; os salários aumentaram e, em consequência, batalhões de trabalhadores das regiões agrícolas emigraram para as cidades – a população cresceu rapidamente e quase todo o acréscimo ocorreu na classe dos proletários. Mesmo na Irlanda – onde apenas no princípio do século XVIII reinou certa ordem –, a população, mais que dizimada pela barbárie inglesa nas agitações do passado, aumentou rapidamente, em particular a partir do momento em que o desenvolvimento industrial começou a atrair para a Inglaterra uma multidão de irlandeses. Surgiram assim as grandes cidades industriais e comerciais do Império Britânico, onde pelo menos três quartos da população fazem parte da classe operária e cuja pequena burguesia se constitui de comerciantes e de pouquíssimos artesãos. Adquirindo importância ao converter instrumentos em máquinas e oficinas em fábricas, a nova indústria transformou a classe média trabalhadora em proletariado e os grandes

---

[a] A *revolução filosófica* a que se refere Engels é aquela que, realizada no âmbito do idealismo pela obra de Hegel e, mediada pela intervenção de Feuerbach, encontrará seu pleno desenvolvimento no materialismo histórico. Quase quatro décadas depois de escrever estas páginas, Engels sintetizou em poucas palavras a "revolução filosófica" que, para a Alemanha, significou o pensamento hegeliano: "Da mesma forma que, através da grande indústria, da livre concorrência e do mercado mundial, a burguesia liquida na prática todas as instituições estáveis, consagradas por uma venerável antiguidade, essa filosofia dialética põe fim a todas as ideias de uma verdade absoluta e definitiva e a um consequente estágio absoluto da humanidade. Diante dela, nada é definitivo, absoluto, sagrado; ela faz ressaltar o que há de transitório em tudo o que existe; e só deixa de pé o processo ininterrupto do vir-a-ser e do perecer, uma ascensão infinita do inferior ao superior, cujo mero reflexo no cérebro pensante é essa própria filosofia. É verdade que ela tem também seu aspecto conservador quando reconhece a legitimidade de determinadas formas sociais e de conhecimento, para sua época e sob suas circunstâncias; mas não vai além disso. O conservantismo dessa concepção é relativo; seu caráter revolucionário é absoluto, e é a única coisa absoluta que ela deixa de pé" ("Ludwig Feuerbach e o fim da filosofia clássica alemã", em Karl Marx e Friedrich Engels, *Obras escolhidas em três volumes* [Rio de Janeiro, Vitória, 1963, v. 3] p. 173).

[b] Trata-se da revolução de julho de 1830, que pôs abaixo o regime dos Bourbons e inaugurou a monarquia constitucional de Luís Filipe José de Orléans, apoiada pela alta burguesia; entre o fim do Antigo Regime (a ordem centrada na monarquia absolutista-feudal anterior à Revolução de 1789) e a chamada Revolução de Julho, a França experimentou o período revolucionário, o império napoleônico e a restauração dos Bourbons.

negociantes em industriais; assim como a pequena classe média foi eliminada e a população foi reduzida à contraposição entre operários e capitalistas, o mesmo ocorreu fora do setor industrial em sentido estrito, no artesanato e no comércio: aos antigos mestres e companheiros sucederam os grandes capitalistas e operários, os quais não têm perspectivas de se elevarem acima de sua classe; o artesanato industrializou-se, a divisão do trabalho foi introduzida rigidamente e os pequenos artesãos que não podiam concorrer com os grandes estabelecimentos industriais foram lançados às fileiras da classe dos proletários. Ao mesmo tempo, com a supressão do antigo artesanato e com o aniquilamento da pequena burguesia, desapareceu para o operário qualquer possibilidade de tornar-se burguês. Até então, sempre lhe restava a chance de instalar-se em algum lugar como mestre artesão e talvez contratar companheiros; agora, com os mestres suplantados pelos industriais, com a necessidade de grandes capitais para tocar qualquer iniciativa autônoma, o proletariado tornou-se uma classe real e estável da população, enquanto antes não era muitas vezes mais que um estágio de transição para a burguesia. Agora, quem quer que nasça operário não tem outra alternativa senão a de viver como proletário ao longo de sua existência. Agora, portanto, pela primeira vez, o proletariado encontra-se em condições de empreender movimentos autônomos.

Foi assim que se constituiu essa enorme massa de operários que povoa atualmente todo o Império Britânico e cuja situação social se impõe cada dia mais à atenção do mundo civilizado.

A situação da classe trabalhadora, isto é, a situação da imensa maioria do povo inglês, coloca o problema: o que farão esses milhões de despossuídos que consomem hoje o que ganharam ontem, cujas invenções e trabalho fizeram a grandeza da Inglaterra, que a cada dia se tornaram mais conscientes de sua força e exigem cada vez mais energicamente a participação nas vantagens que proporcionam às instituições sociais? Esse problema se converteu, desde o *Reform Bill*[a], na questão nacional: todos os debates parlamentares de algum relevo podem ser reduzidos a ele e embora a classe média inglesa ainda não o queira confessar, embora procure evitá-lo e fazer passar seus próprios interesses particulares como os verdadeiros problemas

---

[a] Trata-se da lei de 7 de junho de 1832, que reformou o sistema eleitoral inglês, suprimindo de fato o monopólio parlamentar da aristocracia e abrindo à burguesia industrial as portas do Parlamento. O proletariado e a pequena burguesia permaneceram pouco representados porque, segundo o novo sistema censitário, só tinham direito a voto aqueles que pagavam anualmente mais de 10 libras de imposto.

da nação, esses expedientes de nada lhe servem. A cada sessão parlamentar, a classe operária ganha terreno, os interesses da classe média perdem importância e, embora esta última seja a principal – senão a única – força no parlamento, a derradeira sessão de 1844 não foi mais que um longo debate sobre as condições de vida dos operários (lei sobre os pobres, lei sobre as fábricas, lei sobre as relações entre senhores e empregados)[a]. Thomas Duncombe, representante da classe operária na Câmara dos Comuns, foi a grande personalidade dessa sessão, ao passo que a classe média liberal (com sua moção sobre a supressão das leis sobre os cereais) e a classe média radical (com sua proposta de recusar os impostos) desempenharam um papel miserável. Até mesmo as discussões sobre a Irlanda não passaram, no fundo, de debates sobre a situação do proletariado irlandês e sobre os meios de melhorá-la. Mas já é tempo de a classe média inglesa fazer concessões aos operários – que já não pedem, exigem e ameaçam –, porque em breve pode ser tarde demais.

Apesar disso, a classe média inglesa, em particular a classe industrial que se enriquece diretamente com a miséria dos operários, nada quer saber dessa miséria. Ela, que se sente forte, representante da nação, envergonha-se de revelar aos olhos do mundo a chaga da Inglaterra; não quer confessar que se os operários são miseráveis, cabe a *ela*, classe proprietária, classe industrial, a responsabilidade moral por essa miséria. Daí o ar irônico que os ingleses cultos – e apenas eles, ou seja, a classe média, como são conhecidos no continente – assumem quando se começa a falar da situação dos operários; daí a completa ignorância, por parte da classe média, sobre tudo o que concerne aos operários; daí as colossais tolices que pronuncia essa classe, dentro e fora do parlamento, quando se discute a condição do proletariado; daí a indiferença sorridente com que vive num terreno minado, que pode

---

[a] Essa sessão parlamentar de 1844 será objeto, mais adiante, de outras observações de Engels. A legislação sobre os pobres – *Poor Law* (chamada também de "Lei dos Pobres") – surgiu em 1601, em 19 de dezembro, pelas mãos da rainha Elizabeth ou Isabel I (1533-1603), formulada sobre quatro princípios: a) a obrigação do socorro aos necessitados; b) a assistência pelo trabalho; c) o imposto cobrado para o socorro aos pobres; e d) a responsabilidade das paróquias pela assistência de socorros e de trabalho; em 1834, sofreu notável reformulação por meio da chamada "nova lei dos pobres" (de fato, editou-se não uma *New Poor Law* [Nova Lei dos Pobres], mas um *Poor Law Amendment Act* [Ato de alteração da Lei dos Pobres]), adequando-a a exigências burguesas, com forte repressão sobre os pobres considerados aptos para o trabalho – recorde-se que, desde 1697, já existiam na Inglaterra as temidas *workhouses* (casas de trabalho); também em 1834 criou-se a *Royal Commission on the Poor Law* (Comissão Real para a Lei dos Pobres).

Friedrich Engels

desmoronar a qualquer momento e cujo desmoronamento é tão certo quanto uma lei matemática ou mecânica; daí o fato inacreditável de os ingleses não possuírem até agora uma obra exaustiva sobre a situação de seus operários – embora se saiba que há anos a estudem e andem à sua volta. Mas é igualmente daí que provém a profunda cólera de toda a classe operária, de Glasgow a Londres, contra os ricos que a exploram sistematicamente e que em seguida a abandonam à própria sorte, cólera que em breve – quase o podemos calcular – deverá explodir numa revolução diante da qual a primeira Revolução Francesa e 1794[a] serão uma brincadeira de crianças.

---

[a] Engels refere-se à ditadura jacobina.

O PROLETARIADO INDUSTRIAL

A ordem pela qual examinaremos as diversas categorias do proletariado decorre diretamente da história de sua gênese, que acabamos de sumariar. Os primeiros proletários surgiram com a indústria, foram seu produto imediato – assim, pois, os *operários industriais*, que se ocupam do trabalho com as matérias-primas, serão aqueles a quem inicialmente dirigiremos nossa atenção.

A produção ou extração de materiais para a indústria – matérias-primas e combustíveis – só se tornou de fato importante na sequência da revolução industrial, originando, assim, um novo proletariado: *os operários das minas de carvão e de metais*. Enfim, a indústria influiu sobre a *agricultura* e sobre a *Irlanda* – por isso, deveremos consagrar o respectivo espaço a essas diversas frações do proletariado. Observaremos que, exceto talvez no caso dos irlandeses, o nível cultural dos diferentes trabalhadores está intimamente ligado às suas relações com a indústria: enquanto os operários industriais têm mais consciência de seus interesses, os mineiros a têm em grau menor e, entre os operários agrícolas, essa consciência quase não existe. Também entre os operários industriais encontraremos essa gradação: os operários fabris, primogênitos da revolução industrial, estão, como sempre estiveram, no centro do movimento operário, ao passo que os outros se vincularam a esse movimento na medida em que seus ofícios foram arrastados pelo vórtice da indústria – e, com o exemplo da Inglaterra, compreenderemos a importância histórica da indústria: o movimento operário evoluiu *pari passu* com o movimento industrial.

No entanto, como atualmente quase todo o proletariado industrial participa do movimento operário e como a situação dos vários segmentos operários (precisamente porque todos estão ligados à indústria) apresenta muitos pontos comuns, é preciso analisar primeiro esses pontos para, em seguida, estudar mais aprofundadamente cada segmento em sua particularidade.

Friedrich Engels

* * *

Já assinalamos de passagem que a indústria centraliza a propriedade em poucas mãos. Exige enormes capitais, com os quais cria gigantescos estabelecimentos, arruinando a pequena burguesia artesã e, colocando a seu serviço as forças naturais, expulsa do mercado os trabalhadores manuais isolados. A divisão do trabalho, a utilização da força hidráulica, especialmente do vapor, e sobretudo a maquinaria, eis as três grandes alavancas com as quais, desde a metade do século passado, a indústria faz avançar o mundo. A pequena indústria criou a classe média, a grande indústria criou a classe operária e colocou no trono uns poucos eleitos da classe média – mas o fez somente para, mais tarde, seguramente destroná-los. No entanto, é um fato inegável e facilmente explicável que a numerosa pequena burguesia dos "bons e velhos tempos" foi destruída pela indústria e decomposta, por um lado, em ricos capitalistas e, por outro, em pobres operários[1].

A tendência centralizadora da indústria, contudo, não se esgota nisso. Também a população se torna centralizada, como o capital – o que é natural porque, na indústria, o homem, o operário, não é considerado mais que uma fração do capital posta à disposição do industrial e a que este paga um juro, sob o nome de salário, por sua utilização. O grande estabelecimento industrial demanda muitos operários, que trabalham em conjunto numa mesma edificação; eles devem morar próximo e juntos – e, por isso, onde surge uma fábrica de médio porte, logo se ergue uma vila. Os operários têm necessidades cuja satisfação depende de outras pessoas, que acorrem à vila: artesãos, alfaiates, sapateiros, padeiros, pedreiros e marceneiros. Os habitantes da vila, especialmente a geração mais jovem, habituam-se ao trabalho fabril, familiarizam-se com ele e quando a primeira fábrica, como é compreensível, já não os pode empregar a todos, os salários caem – e, em consequência, novos industriais ali se estabelecem. Assim, da vila nasce uma pequena cidade e da pequena, uma grande cidade. Quanto maior é a cidade, maiores são

---

[1] A esse respeito, cf. o meu "Esboço de uma crítica da economia política", nos *Anais Franco-Alemães*. Naquele escrito, o ponto de partida é a "livre concorrência"; mas a indústria não é senão a prática da livre concorrência e esta é apenas o princípio em que se inspira a indústria. [*Os Anais Franco-Alemães* (Deutsch-Französische Jahrbücher), editados em Paris por Marx e Arnold Ruge, tiveram apenas um número duplo, publicado em fevereiro de 1844. O texto a que Engels remete o leitor está acessível em J. P. Netto (org.), *Engels* (São Paulo, Ática, 1981, col. Grandes Cientistas Sociais, v. 17, série "Política"). (N.E.)]

as vantagens que ela oferece. Surgem as ferrovias, os canais e as estradas; a possibilidade de escolha dos trabalhadores experientes torna-se cada vez maior; em função da concorrência travada entre empreiteiros da construção civil e fabricantes de máquinas, podem-se ali criar novos estabelecimentos a preço menor que em outra região mais distante, para a qual teria de se transportar madeiras, máquinas, pedreiros e operários industriais; dispõe-se de um mercado, de uma Bolsa aonde acorrem os compradores; há relações diretas com os mercados que fornecem as matérias-primas ou adquirem os produtos acabados. Daí o crescimento extraordinariamente rápido das grandes cidades industriais. É verdade que o campo oferece, em troca, a vantagem de nele vigirem salários mais baixos; as áreas rurais e as cidades industriais estão assim em contínua concorrência – e se hoje a cidade tem vantagens, amanhã as oscilações do salário poderão ser tais que a criação de novos estabelecimentos no campo que a rodeia tornar-se-á atraente. Mas, também aqui, a tendência centralizadora da indústria mantém sua força e toda fábrica nova construída no campo traz em si o embrião de uma cidade industrial. Se fosse possível que esse frenesi da indústria perdurasse por um século, cada distrito industrial da Inglaterra tornar-se-ia uma única grande cidade industrial e Manchester e Liverpool encontrar-se-iam em Warrington ou em Newton – porque também sobre o comércio essa centralização da população exerce os mesmos efeitos e, por isso, alguns poucos grandes portos (Liverpool, Bristol, Hull e Londres) monopolizam quase inteiramente o comércio marítimo do Império Britânico.

Na medida em que a indústria e o comércio se desenvolvem nas grandes cidades do modo mais completo, é exatamente nelas que emergem, de forma mais nítida e clara, as consequências de um tal desenvolvimento sobre o proletariado. Nas grandes cidades, a centralização da propriedade atingiu o mais alto grau; nelas, os costumes e as condições dos "bons e velhos tempos" foram radicalmente destruídos; nelas, chegou-se ao ponto em que a expressão *Old Merry England*[2] já não evoca nada, porque nem sequer pela recordação e pela lembrança dos avós esta velha Inglaterra se reconhece. Nelas só existe uma classe rica e uma classe pobre, desaparecendo dia a dia a pequena burguesia. Esta, que outrora fora a classe mais estável, tornou-se agora a mais instável: constituem-na poucos vestígios de um tempo passado e uma quantidade de pessoas aspirantes à fortuna, perfeitos capitães da

---

[2] A boa e velha Inglaterra.

indústria e especuladores, dos quais um em cada cem enriquece, enquanto os outros 99 fracassam e mais da metade desses 99 só vive de falências.

Mas a imensa maioria dessas cidades é constituída por proletários – e agora examinaremos como vivem e qual a influência que sobre eles exerce a grande cidade.

AS GRANDES CIDADES

Uma cidade como Londres, onde é possível caminhar horas e horas sem sequer chegar ao princípio do fim, sem encontrar o menor sinal que faça supor a vizinhança do campo, é verdadeiramente um caso singular.

Essa imensa concentração, essa aglomeração de 2,5 milhões de seres humanos *num só* local, centuplicou o poder desses 2,5 milhões: elevou Londres à condição de capital comercial do mundo, criou docas gigantescas, reuniu milhares de navios, que cobrem continuamente o Tâmisa. Não conheço nada mais imponente que a vista oferecida pelo Tâmisa, quando se sobe o rio, do mar até a ponte de Londres. A massa constituída pelo casario, os estaleiros em ambos os lados, sobretudo acima de Woolwich, os incontáveis navios dispostos ao longo das duas margens, apertando-se sempre mais uns contra os outros a ponto de só deixarem livre uma estreita passagem no meio do rio, na qual se cruzam velozmente centenas de barcos a vapor – tudo isso é tão extraordinário, tão formidável, que nos sentimos atordoados com a grandeza da Inglaterra antes mesmo de pisar no solo inglês[1].

Mas os sacrifícios que tudo isso custou, nós só os descobrimos mais tarde. Depois de pisarmos, por uns quantos dias, as pedras das ruas principais, depois de passar a custo pela multidão, entre as filas intermináveis de veículos e carroças, depois de visitar os "bairros de má fama" desta metrópole – só então começamos a notar que esses londrinos tiveram de sacrificar a melhor parte de sua condição de homens para realizar todos esses milagres da civilização de que é pródiga a cidade, só então começamos a notar que mil forças neles latentes permaneceram inativas e foram asfixiadas para que só

---

[1] Essa era a visão oferecida há quase cinquenta anos, no tempo dos pitorescos barcos à vela. Hoje, os veleiros jazem nas docas e o Tâmisa está coberto de barcos a vapor, horrendos e fuliginosos. [Nota de Engels à edição inglesa de 1892. (N.E.)]

algumas pudessem desenvolver-se mais e multiplicar-se mediante a união com as de outros. Até mesmo a multidão que se movimenta pelas ruas tem qualquer coisa de repugnante, que revolta a natureza humana. Esses milhares de indivíduos, de todos os lugares e de todas as classes, que se apressam e se empurram, não serão *todos eles* seres humanos com as mesmas qualidades e capacidades e com o mesmo desejo de serem felizes? E não deverão *todos eles*, enfim, procurar a felicidade pelos mesmos caminhos e com os mesmos meios? Entretanto, essas pessoas se cruzam como se nada tivessem em comum, como se nada tivessem a realizar uma com a outra e entre elas só existe o tácito acordo pelo qual cada uma só utiliza uma parte do passeio para que as duas correntes da multidão que caminham em direções opostas não impeçam seu movimento mútuo – e ninguém pensa em conceder ao outro sequer um olhar. Essa indiferença brutal, esse insensível isolamento de cada um no terreno de seu interesse pessoal é tanto mais repugnante e chocante quanto maior é o número desses indivíduos confinados nesse espaço limitado; e mesmo que saibamos que esse isolamento do indivíduo, esse mesquinho egoísmo, constitui em toda a parte o princípio fundamental da nossa sociedade moderna, em lugar nenhum ele se manifesta de modo tão impudente e claro como na confusão da grande cidade. A desagregação da humanidade em mônadas, cada qual com um princípio de vida particular e com um objetivo igualmente particular, essa atomização do mundo, é aqui levada às suas extremas consequências.

É por isso que a guerra social, a guerra de todos contra todos, é aqui explicitamente declarada. Tal como o amigo Stirner[a], os homens só se consideram reciprocamente como objetos utilizáveis: cada um explora o outro e o resultado é que o mais forte pisa no mais fraco e os poucos fortes, isto é, os capitalistas, se apropriam de *tudo*, enquanto aos muitos fracos, aos pobres, mal lhes resta apenas a vida.

O que é verdadeiro para Londres também é para Manchester, Birmingham e Leeds – é verdadeiro para todas as grandes cidades. Em todas as partes, indiferença bárbara e grosseiro egoísmo de um lado e, de outro, miséria indescritível; em todas as partes, a guerra social: a casa de cada um em estado de sítio; por todos os lados, pilhagem recíproca sob a proteção da lei;

---

[a] Engels refere-se a Max Stirner, pseudônimo de Johann Kaspar Schmidt (1806-1856), filósofo alemão, ideólogo do individualismo burguês e do anarquismo, cuja obra mais famosa é de 1845: *O único e sua propriedade*. Stirner foi objeto da crítica de Marx e de Engels no primeiro texto que escreveram em conjunto, *A sagrada família ou a crítica da Crítica crítica* (São Paulo, Boitempo, 2003, original de 1845).

e tudo isso tão despudorada e abertamente que ficamos assombrados diante das consequências das nossas condições sociais, aqui apresentadas sem véus, e permanecemos espantados com o fato de este mundo enlouquecido ainda continuar funcionando.

Na escala em que, nessa guerra social, as armas de combate são o capital, a propriedade direta ou indireta dos meios de subsistência e dos meios de produção, é óbvio que todos os ônus de uma tal situação recaem sobre o pobre. Ninguém se preocupa com ele: lançado nesse turbilhão caótico, ele deve sobreviver como puder. Se tem a sorte de encontrar trabalho, isto é, se a burguesia lhe faz o favor de enriquecer à sua custa, espera-o um salário apenas suficiente para o manter vivo; se não encontrar trabalho e não temer a polícia, pode roubar; pode ainda morrer de fome, caso em que a polícia tomará cuidado para que a morte seja silenciosa para não chocar a burguesia.

Durante o período em que permaneci na Inglaterra, a causa direta da morte de vinte ou trinta pessoas foi a fome, em circunstâncias as mais revoltantes; mas, quando dos inquéritos[a], raramente se encontrou um júri que tivesse a coragem de atestá-lo em público. Os depoimentos das testemunhas podiam ser os mais claros e inequívocos, mas a burguesia – à que pertenciam os membros do júri – encontrava sempre um pretexto para escapar ao terrível veredicto: morte por fome. Nesses casos, a burguesia não *deve* dizer a verdade: pronunciá-la equivaleria a condenar a si mesma. Muito mais numerosas foram as mortes causadas indiretamente pela fome, porque a sistemática falta de alimentação provoca doenças mortais: as vítimas viam-se tão enfraquecidas que enfermidades que, em outras circunstâncias, poderiam evoluir favoravelmente, nesses casos determinaram a gravidade que levou à morte. A isso chamam os operários ingleses de *assassinato social* e acusam nossa sociedade de praticá-lo continuamente. Estarão errados?

Morrem de fome, é certo, indivíduos isolados, mas que segurança tem o operário de que amanhã a mesma sorte não o espera? Quem pode garantir-lhe que não perderá o emprego? Quem lhe assegura que amanhã, quando o patrão – com ou sem motivos – o puser na rua, poderá aguentar-se, a si e à sua família, até encontrar outro que "lhe dê o pão"? Quem garante ao operário que, para arranjar emprego, lhe basta boa vontade para trabalhar, que a honestidade, a diligência, a parcimônia e todas as outras numerosas virtudes que a ajuizada burguesia lhe recomenda são para ele realmente o

---

[a] Na época, diante de qualquer morte violenta ou suspeita, o *coroner* (oficial de polícia) examinava o cadáver e, assistido por um júri, procedia a um inquérito.

caminho da felicidade? Ninguém. O operário sabe que, se hoje possui alguma coisa, não depende dele conservá-la amanhã; sabe que o menor suspiro, o mais simples capricho do patrão, qualquer conjuntura comercial desfavorável podem lançá-lo no turbilhão do qual momentaneamente escapou e no qual é difícil, quase impossível, manter-se à tona. Sabe que se hoje tem meios para sobreviver, pode não os ter amanhã.

Mas passemos agora a um exame mais detalhado das condições que a guerra social impõe à classe que nada possui. Vejamos que salário, sob a forma de habitação, vestuário e alimentação, a sociedade paga de fato ao operário por seu trabalho; vejamos que existência assegura àqueles que mais contribuem para sua existência – e observemos primeiro a habitação.

Todas as grandes cidades têm um ou vários "bairros de má fama" onde se concentra a classe operária. É certo ser frequente a miséria abrigar-se em vielas escondidas, embora próximas aos palácios dos ricos; mas, em geral, é-lhe designada uma área à parte, na qual, longe do olhar das classes mais afortunadas, deve safar-se, bem ou mal, sozinha. Na Inglaterra, esses "bairros de má fama" se estruturam mais ou menos da mesma forma que em todas as cidades: as piores casas na parte mais feia da cidade; quase sempre, uma longa fila de construções de tijolos, de um ou dois andares, eventualmente com porões habitados e em geral dispostas de maneira irregular. Essas pequenas casas de três ou quatro cômodos e cozinha chamam-se *cottages* e normalmente constituem em toda a Inglaterra, exceto em alguns bairros de Londres, a habitação da classe operária. Habitualmente, as ruas não são planas nem calçadas, são sujas, tomadas por detritos vegetais e animais, sem esgotos ou canais de escoamento, cheias de charcos estagnados e fétidos. A ventilação na área é precária, dada a estrutura irregular do bairro e, como nesses espaços restritos vivem muitas pessoas, é fácil imaginar a qualidade do ar que se respira nessas zonas operárias – onde, ademais, quando faz bom tempo, as ruas servem aos varais que, estendidos de uma casa a outra, são usados para secar a roupa.

Examinemos alguns desses bairros miseráveis. Primeiramente, Londres[2] e, em Londres, o famigerado *ninho dos corvos* (*rookery*), St. Giles, que deve-

---

[2] Já havia redigido a exposição que se segue quando me caiu nas mãos um artigo sobre os bairros operários de Londres, intitulado "The Dwellings of the Poor, from notebook of a M. D." [As habitações dos pobres, segundo o caderno de notas de um médico], publicado no *Illuminated Magazine* de outubro de 1844 – artigo que confirma minha exposição em muitos pontos quase literalmente, mas em especial no que toca ao conteúdo.

rá ser destruído pela abertura de vias largas. St. Giles fica no meio da parte mais populosa da cidade, rodeado de ruas amplas e iluminadas por onde circula o "grande mundo" londrino – vizinho imediato de Oxford Street, de Regent Street, de Trafalgar Square e do Strand. É uma massa desordenada de casas de três ou quatro andares, com ruas estreitas, tortuosas e sujas, onde reina uma agitação tão intensa como aquela que se registra nas principais ruas da cidade – com a diferença de que, em St. Giles, vê-se unicamente pessoas da classe operária. Os mercados são as próprias ruas: cestos de legumes e frutas, todos naturalmente de péssima qualidade e dificilmente comestíveis, complicam o trânsito dos pedestres e enchem o ar de mau cheiro, o mesmo que emana dos açougues. As casas são habitadas dos porões aos desvãos, sujas por dentro e por fora e têm um aspecto tal que ninguém desejaria morar nelas. Mas isso não é nada, se comparado às moradias dos becos e vielas transversais, aonde se chega através de passagens cobertas e onde a sujeira e o barulho superam a imaginação: aqui é difícil encontrar um vidro intacto, as paredes estão em ruínas, os batentes das portas e os caixilhos das janelas estão quebrados ou descolados, as portas – quando as há – são velhas pranchas pregadas umas às outras; mas, nesse bairro de ladrões, as portas são inúteis: nada há para roubar[a]. Por todas as partes, há montes de detritos e cinzas e as águas servidas, diante das portas, formam charcos nauseabundos. Aqui vivem os mais pobres entre os pobres, os trabalhadores mais mal pagos, todos misturados com ladrões, escroques e vítimas da prostituição. A maior parte deles são irlandeses, ou seus descendentes, e aqueles que ainda não submergiram completamente no turbilhão da degradação moral que os rodeia a cada dia mais se aproximam dela, perdendo a força para resistir aos influxos aviltantes da miséria, da sujeira e do ambiente malsão.

Mas St. Giles não é o único bairro miserável de Londres. Nesse gigantesco labirinto de ruas há milhares de vielas e de becos, cujas casas são demasiado horríveis para qualquer um que ainda possa dispor de uma pequena quantia para pagar uma habitação humana – e muitas vezes esses miseráveis refúgios do pior pauperismo se encontram próximos dos suntuosos palácios dos ricos. Foi assim que recentemente, quando de um inquérito mortuário, uma área junto de Portman Square, uma praça ampla e arejada, recebeu a qualificação de moradia "de uma multidão de irlandeses moralmente degradados pela sujeira e pela pobreza". Em ruas como

---

[a] Ao longo de todo o livro, Engels – que não está preocupado com determinações categoriais jurídicas – emprega como sinônimos *roubo* e *furto*.

Friedrich Engels

Long Acre e outras, não propriamente espaços de luxo, mas bastante convenientes, incontáveis porões são usados como habitações, dos quais saem à luz do dia silhuetas de crianças doentes e mulheres esfarrapadas, meio mortas de fome. Nas vizinhanças do teatro de Drury Lane – o segundo de Londres – encontram-se algumas das ruas mais degradadas da cidade (Charles Street, King Street e Parker Street), cujas casas são habitadas, dos porões aos desvãos, por famílias paupérrimas. Nas paróquias de St. John e St. Margaret, em Westminster, segundo o *Journal of the Statistical Society*, em 1840, 5.366 famílias de operários viviam em 5.294 "habitações" (se é que a palavra pode ser usada): homens, mulheres e crianças, misturados sem qualquer preocupação com idade ou sexo, num total de 26.830 indivíduos – e três quartos do total dessas famílias dispunham de um só cômodo[a]. Na aristocrática paróquia de St. George (Hanover Square), de acordo com a mesma fonte[b], 1.465 famílias de operários, totalizando cerca de 6 mil pessoas, viviam nas mesmas condições – e, delas, mais de dois terços das famílias amontoavam-se num só cômodo. E a esses infelizes, entre os quais nem sequer os ladrões esperam encontrar algo para roubar, as classes proprietárias, por meios legais, como os exploram! Pelos horrorosos alojamentos de Drury Lane, acima referidos, pagam-se os seguintes aluguéis semanais: dois cômodos no porão, 3 *shillings* (1 táler); um cômodo no térreo, 4 *shillings*, no primeiro andar, 4,5 *shillings*, no segundo, 4 *shillings*, no sótão, 3 *shillings*. Os famélicos habitantes da Charles Street pagam aos proprietários dos imóveis um aluguel anual de 2 mil libras esterlinas (14 mil táleres) e aquelas 5.336 famílias de Westminster, um total de 40 mil libras esterlinas (270 mil táleres).

---

[a] Os dados oferecidos pela fonte citada por Engels são outros: o "Report of a Committee of the Statistical Society of London, on the State of the Working Classes in the Parishes of St. Margaret and St. John, Westminster" [Relatório de um Comitê da Sociedade de Estatística de Londres sobre as condições das classes trabalhadoras nas paróquias de St. Margaret e St. John, em Westminster], publicado no *Journal of the Statistical Society of London*, 1840, v. III, p. 17-8, aponta um total de 16.176 indivíduos; tudo indica que a cifra mencionada por Engels foi extraída do *Northern Star*, n. 338, de 4 de maio de 1844. Esse jornal, semanário fundado em Leeds, em 1838, por Fergus Edward O'Connor (cf. índice onomástico, p. 366), foi o principal órgão do movimento cartista; depois de 1844, passou a ser editado em Londres, dirigido por George Julian Harney (1817-1897), e circulou até 1852. Desde o início de sua estada na Inglaterra, Engels manteve uma relação estreita com o periódico: já em dezembro de 1843 escreve nele – mas sua colaboração sistemática principia em maio de 1844 e se prolonga até 1848 (com um hiato, entre agosto de 1844 e agosto de 1845).

[b] Para esse novo dado, Engels se socorre do mesmo periódico (*Journal of the Statistical Society of London*), porém de seu volume VI, 1843, recorrendo a um artigo de C. R. Weld.

Mas a maior zona operária situa-se a leste da Torre de Londres, em Whitechapel e Bethnal Green, onde se concentra a grande massa de operários da cidade. Ouçamos o que diz o senhor G. Alston, pastor de St. Philip, Bethnal Green, acerca das condições de sua paróquia:

> A paróquia envolve 1.400 casas, habitadas por 2.795 famílias, ou seja, quase 12 mil pessoas. O espaço em que vive essa grande massa mede menos de 400 jardas quadradas (1.200 pés) e, num tal amontoamento, não é raro encontrar-se um homem, sua mulher, 4 ou 5 filhos e, às vezes, também o avô e a avó, num só cômodo de 10 ou 12 pés quadrados, onde trabalham, comem e dormem. Creio que, antes do bispo de Londres ter chamado a atenção do público para essa paróquia tão miserável, a gente do West End a conhecia tal como conhece os selvagens australianos ou as ilhas dos mares do sul. Se quisermos conhecer, por observação direta, os sofrimentos desses infelizes, ao examinar sua parca alimentação e ao vê-los submetidos às doenças e ao desemprego, descobriremos um abandono e uma miséria tais que uma nação como a nossa deveria envergonhar-se de sua existência. Fui pastor em Huddersfield nos três anos em que as fábricas estiveram em crise, mas nunca vi algo como o inteiro abandono dos pobres de Bethnal Green. Não há *um único* pai de família em cada dez, em toda a vizinhança, que tenha outras roupas além de sua roupa de trabalho, e esta rota e esfarrapada; muitos só têm à noite, como cobertas, esses mesmos farrapos e, por cama, um saco de palha e serragem.[a]

Essa descrição já nos sugere como devem ser tais habitações. Tratemos de seguir as autoridades inglesas que, vez por outra, entram em algumas casas proletárias.

Por ocasião de uma necroscopia, realizada em 14 de novembro de 1843 pelo senhor Carter, *coroner* do Surrey, no cadáver de Ann Galway, mulher de 45 anos, os jornais[b] descreveram a casa da falecida nos seguintes termos: morava no nº 3 de White Lion Court, Bermondsey Street, Londres, com o marido e o filho de dezenove anos, em um pequeno quarto onde não havia cama ou qualquer outro móvel. Jazia morta ao lado do filho, sobre um monte de penas, espalhadas sobre o corpo quase nu, porque não havia lençóis ou cobertores. As penas estavam de tal modo aderidas à sua pele que o médico só pôde observar o cadáver depois que o lavaram – e encontrou-o descarnado e todo marcado por picadas de insetos. Parte do piso do quarto estava escavado e esse buraco servia de latrina à família.

---

[a] O relato do pastor G. Alston, anteriormente publicado no *The Weekly Dispatch*, foi divulgado pelo *Northern Star*, n. 338, de 4 de maio de 1844.

[b] *The Times*, 17 de novembro de 1843; *Northern Star*, n. 315, 25 de novembro de 1843.

Numa quinta-feira, 15 de janeiro de 1844, dois meninos foram levados ao tribunal correcional de Worship Street porque, famintos, haviam roubado numa loja um pedaço de carne bovina meio cozida, que devoraram imediatamente[a]. O juiz sentiu-se no dever de recolher mais informações e recebeu dos policiais os seguintes esclarecimentos: viúva de um antigo soldado, que depois servira à polícia, a mãe dos meninos, após a morte do marido, vivia na miséria com seus nove filhos. Morava em Pool's Place, no nº 2 da Quaker Street (Spitalfields), na maior pobreza: quando a polícia chegou ao lugar, encontrou-a com seis dos filhos literalmente empilhados num pequeno quarto dos fundos da casa, tendo como suas apenas duas cadeiras de vime sem assento, uma mesinha com os pés quebrados, uma xícara partida e um pequeno prato. Não tinha praticamente como fazer fogo, a cama de toda a família era uns poucos trapos e os cobertores eram suas próprias roupas em farrapos. A pobre mulher contou que, no ano anterior, vendera a cama para comprar comida; os lençóis, deixara-os empenhados na mercearia – em suma, entregara tudo em troca de pão. O juiz fez com que se concedesse a essa mulher um significativo subsídio da Caixa dos Pobres.

Em fevereiro de 1844, Theresa Bishop, uma viúva de 60 anos, juntamente com a filha enferma de 26 anos, foi recomendada à beneficência do juiz de Marlborough Street[b]. Morava no nº 5 de Brown Street, Grosvenor Square, num pequeno quarto de um pátio, não maior que um armário, e no qual não havia sequer um móvel. Num canto, os poucos trapos sobre os quais dormiam; um caixote servia, ao mesmo tempo, de mesa e de cadeira. A mãe ganhava uns tostões fazendo limpezas; segundo o proprietário, viviam assim desde maio de 1843; tinham vendido aos poucos o que possuíam, mas nunca conseguiram pagar o aluguel. O juiz determinou à Caixa dos Pobres que desse a essa mulher uma pensão de uma libra.

É óbvio que não pretendo afirmar que *todos* os operários de Londres vivem na mesma miséria dessas três famílias; sei muito bem que, para cada homem que é impiedosamente esmagado pela sociedade, há muitos que vivem melhor. Mas afirmo que milhares de famílias honestas e laboriosas – muito mais honestas e estimáveis que todos os ricos de Londres – encontram-se em condições indignas de seres humanos e que todo proletário, sem

---

[a] Idem, 16 de janeiro de 1844.
[b] Idem, 12 de fevereiro de 1844.

qualquer exceção, sem que a culpa seja sua e apesar de todos os seus esforços, pode ter o mesmo destino.

No fim das contas, porém, os que dispõem de todo modo de um teto são mais felizes que aqueles que não o têm: todas as manhãs, em Londres, 50 mil pessoas acordam sem a menor ideia de onde repousarão a cabeça na noite seguinte. Dessas 50 mil pessoas, afortunadas são aquelas que conseguem 1 ou 2 *pence* para pagar um abrigo nos albergues noturnos (*lodging-houses*) que, numerosos, existem em todas as grandes cidades. Mas que abrigo! Os alojamentos estão cheios de camas, de alto a baixo: num quarto, quatro, cinco e seis camas, quantas caibam e, em cada cama, empilham-se quatro, cinco e seis pessoas, também quantas caibam, – sadias e doentes, velhos e jovens, homens e mulheres, sóbrios e bêbados, todos misturados. Naturalmente, discutem, agridem-se, ferem-se e, se chegam a algum acordo, pior ainda: planejam roubos e entregam-se a práticas cuja bestialidade nossa língua humanizada se recusa a descrever. E quanto àqueles que nem esse tipo de alojamento podem pagar? Pois bem: dormem em qualquer lugar, nas esquinas, sob uma arcada, num canto qualquer onde a polícia ou os proprietários os deixem descansar tranquilos; alguns se acomodam em asilos construídos aqui e acolá pela beneficência privada, outros nos bancos dos jardins, quase sob as janelas da rainha Vitória. Vejamos o que diz o *Times*[a] de 12 de outubro de 1843:

> Nossa seção policial publicada ontem indica que dormem nos jardins, todas as noites, cerca de cinquenta pessoas, sem outra proteção contra as intempéries que árvores e tocas escavadas em muros. Em sua maioria, são moças que, seduzidas por soldados, vieram do campo e, abandonadas neste vasto mundo à degradação de uma miséria sem esperança, tornaram-se vítimas inconscientes e precoces do vício.
> Na realidade, isso é assustador. Os pobres estão em toda parte. Por toda parte, a indigência avança e insere-se, com toda a sua monstruosidade, no coração de uma grande e florescente cidade. Nos milhares de becos e vielas de uma populosa metrópole sempre haverá – dói dizê-lo – muita miséria que fere o olhar e muita que nunca será vista.
> Mas é assustador que, no próprio recinto da riqueza, da alegria e da elegância, junto à grandeza real de St. James, nas proximidades do esplêndido palácio de Bayswater, onde se encontram o velho e o novo bairros aristocráticos, numa área da cidade onde o requinte da arquitetura moderna prudentemente impediu que se construísse qualquer moradia para a pobreza,

---

[a] *The Times*, o principal diário inglês conservador, foi fundado em Londres em 1º de janeiro de 1785, por J. Walter, com o título *Daily Universal Register*; a denominação atual foi assumida três anos mais tarde.

numa área que parece consagrada ao desfrute da riqueza, é assustador que *exatamente* aí venham instalar-se a fome e a miséria, a doença e o vício, com todo o seu cortejo de horrores, destruindo um corpo atrás de outro, uma alma atrás de outra!

É uma situação verdadeiramente monstruosa. O máximo prazer proporcionado pela saúde física, a atividade intelectual, as mais inocentes alegrias dos sentidos lado a lado com a miséria mais cruel! A riqueza que, do alto de seus salões luxuosos, gargalha indiferente diante das obscuras feridas da indigência! A alegria que inconsciente, mas cruelmente, zomba do sofrimento que geme ali embaixo! Todos os contrastes em luta, tudo em oposição, exceto o vício que conduz à tentação e aqueles que se deixam tentar... Que todos reflitam: na área mais luxuosa da cidade mais rica do mundo, noite a noite, inverno a inverno, vivem mulheres, jovens em idade e envelhecidas pelos pecados e pelo sofrimento, expulsas da sociedade, atoladas na fome, na doença e na sujeira. Que todos reflitam e compreendam, não para construir teorias, mas para agir. Sabe Deus que atualmente há muito que fazer ali!

Já mencionei os albergues para os desabrigados – a que ponto estão lotados, mostram-no dois exemplos. Um *Refuge of the houseless* [Refúgio para desabrigados], recentemente construído na Upper Ogle Street e que pode abrigar trezentas pessoas por noite, acolheu, de sua abertura em 27 de janeiro até 17 de março de 1844, por uma noite ou mais, 2.740 pessoas – e, embora o tempo se tornasse menos inclemente, o número dos que demandam hospitalidade aumentou consideravelmente aí, tanto como nos albergues da Whitecross Street e de Wapping, e todas as noites uma multidão de desabrigados não podia ser atendida por falta de espaço. Um outro, o albergue central de Playhouse Yard, que dispõe de 460 camas, abrigou nos três primeiros meses de 1844 um total de 6.681 pessoas, distribuindo 96.141 rações de pão. Contudo, seu comitê diretor declarou que o estabelecimento só se mostrou de algum modo suficiente em relação à demanda quando foi aberto um outro albergue na região leste[a].

Por agora, deixemos Londres e percorramos outras grandes cidades do Reino Unido. Vejamos primeiro Dublin, cujo acesso pelo mar é tão encantador quanto é imponente o de Londres – a baía de Dublin é a mais bela das ilhas britânicas e os irlandeses gostam de compará-la à de Nápoles. A própria cidade tem muitas belezas[b] e seus bairros aristocráticos foram mais bem construídos e com mais bom gosto que os de qualquer outra

---

[a] *The Times*, 22 de dezembro de 1843; *Northern Star*, n. 320, 30 de dezembro de 1843.
[b] Na edição de 1892, Engels emprega o singular: "A própria cidade é muito bela...".

cidade britânica. Em compensação, os bairros pobres de Dublin são o que de mais horrendo e repugnante existe no mundo. É verdade que, para isso, conta o caráter dos irlandeses que, em determinadas circunstâncias, sentem-se à vontade na sujeira; mas como encontramos em todas as grandes cidades da Inglaterra e da Escócia milhares de irlandeses e como toda a população pobre acaba necessariamente por sucumbir na mesma sordidez, é evidente que a miséria em Dublin nada tem de específica, não é característica somente da cidade irlandesa – é, de fato, comum a todas as grandes cidades do mundo.

Os bairros pobres de Dublin são enormes e a sujeira, a inabitabilidade das casas e o mau estado das ruas vão além da imaginação. Pode-se fazer uma ideia de como se amontoam os pobres quando se recorda que, em 1817, de acordo com o relatório dos inspetores das *Casas de Trabalho*[3], em 52 casas, com 390 quartos, da Barrack Street, viviam 1.318 pessoas e em 71 casas, com 393 quartos, na Church Street e arredores, viviam outras 1.997 e que

> nesse bairro e no vizinho há incontáveis becos e pátios tomados por um miasma nauseabundo (*foul*), que muitos porões só recebem a luz do dia através da porta e que em vários deles os habitantes dormem no chão, mesmo que boa parte deles tenha as armações das camas. Em Michelson's Court, por exemplo, em 28 miseráveis e pequenos quartos, há 151 pessoas vivendo em tal pobreza que só se contam duas camas e dois cobertores.

A miséria é tão grande em Dublin que a única instituição beneficente, a *Mendicity Association* [Associação de assistência aos mendigos], atende diariamente 2.500 pessoas, isto é, *1% da população total*, alimentando-as durante o dia e despachando-as à noite.

Tal como o refere o doutor Alison, o panorama não é outro em Edimburgo, cidade cuja esplêndida localização lhe valeu o nome de *Atenas moderna* e cujo luxuoso bairro aristocrático, situado na parte nova da cidade, contrasta brutalmente com a fétida miséria dos bairros pobres, situados na zona velha. Alison afirma que essa vasta área é tão suja e repugnante quanto as piores de Dublin e que, em Edimburgo, a *Mendicity Association* teria a socorrer uma proporção de pobres tão grande como na capital irlandesa; ele chega a dizer que na Escócia, especialmente em Edimburgo e Glasgow, os pobres vivem em

---

[3] Citado pelo doutor W. P. Alison, professor e presidente do *Royal College of Physicians*, em *Observations on the Management of the Poor in Scotland and its Effects on the Health of Great Towns* [Observações sobre a administração dos pobres na Escócia e seus efeitos sobre a higiene das grandes cidades], Edimburgo, 1840. O autor é um homem religioso, conservador, irmão do historiador Archibald Alison.

condições piores que em qualquer outra região do Império Britânico e que os mais miseráveis não são os irlandeses, mas os escoceses. O doutor Lee, pastor da *old church* [igreja velha] de Edimburgo, declarou perante a *Commission of Religious Instruction* [Comissão de instrução religiosa], em 1836:

> Até hoje, nunca em minha vida vi tanta miséria como a que existe em minha paróquia. As pessoas não têm móveis, não têm nada; é comum que dois casais vivam num mesmo quarto. Num só dia, visitei sete casas onde não havia camas – em algumas, nem palha havia; octogenários dormiam no chão, quase todos conservavam à noite as roupas usadas durante o dia. Num porão, encontrei duas famílias vindas do campo; pouco tempo depois de sua chegada à cidade, morriam duas crianças e uma terceira agonizava quando da minha visita; para cada família, havia um monte de palha suja num canto e, ainda por cima, o porão, tão escuro que não permitia distinguir-se um ser humano em pleno dia, servia de estábulo a um burro. Mesmo um coração de pedra sangraria diante da miséria de um país como a Escócia.

Fatos análogos são referidos pelo doutor Hennen no *Edinburgh Medical and Surgical Journal* [Jornal de medicina e cirurgia de Edimburgo][a]. E um relatório parlamentar[4] mostra a sordidez que – como seria de esperar, dadas as condições – reina nas casas dos pobres de Edimburgo. Galinhas transformam as armações das camas em poleiros, cães e até cavalos dormem com as pessoas *nos mesmos quartos* e, em consequência, sujeira, insetos e miasmas enchem os aposentos[b]. A estrutura urbana de Edimburgo favorece ao máximo esse vergonhoso estado de coisas. A cidade velha construiu-se sobre as duas vertentes de uma colina, no cimo da qual está a rua Alta (High Street): dela partem, para os dois lados, incontáveis vielas tortuosas – denominadas *wynds*, por causa de sua sinuosidade – que descem a colina e constituem o bairro proletário. As casas das cidades escocesas são em geral altas, com cinco ou seis andares, como em Paris e – à diferença da Inglaterra, onde, tanto

---

[a] Nas notas preparadas para a edição italiana deste livro de Engels, os editores apontam a ausência, na publicação citada, de qualquer artigo firmado pelo doutor Hennen entre 1836 e 1845. Mas as notas contidas na edição francesa indicam a fonte de Engels naquela publicação: v. 14, de 1818, p. 408-65.

[4] *Report to the Home Secretary from the Poor-Law Commissioners on Inquiry into the Sanitary Condition of the Labouring Classes of Great Britain. With appendices. Presented to both Houses of Parliament in July 1842* [Relatório de um inquérito dos Comissários para a Lei dos Pobres sobre a situação sanitária das classes trabalhadoras da Grã-Bretanha ao ministro do Interior. Com anexos. Apresentado às duas Câmaras do Parlamento em julho de 1842]. 3 volumes in folio. Reunido e classificado com base em relatórios médicos por Edwin Chadwick, secretário da Comissão da Lei dos Pobres.

[b] Na realidade, essa descrição de Engels diz respeito a Tranent, localidade situada a oito milhas de Edimburgo.

quanto possível, cada um tem sua própria casa – são habitadas por muitas famílias; por isso, a concentração de numerosas pessoas num espaço restrito é aqui ainda maior.

Num periódico inglês[5], em artigo sobre as condições sanitárias dos operários da cidade, lê-se:

> Essas ruas são em geral tão estreitas que se pode saltar de uma janela para outra da casa em frente e as edificações têm tantos andares que a luz mal pode penetrar nos pátios ou becos que as separam. Nessa parte da cidade não há esgotos, banheiros públicos ou latrinas nas casas; por isso, imundícies, detritos e excrementos de pelo menos 50 mil pessoas são jogados todas as noites nas valetas, de sorte que, apesar do trabalho de limpeza das ruas, formam-se massas de esterco seco das quais emanam miasmas que, além de horríveis à vista e ao olfato, representam um enorme perigo para a saúde dos moradores. É de espantar que não se encontre aqui nenhum cuidado com a saúde, com os bons costumes e até com as regras elementares da decência? Pelo contrário, todos os que conhecem bem a situação dos habitantes podem testemunhar o ponto atingido pelas doenças, pela miséria e pela degradação moral. Nesses bairros, a sociedade chegou a um nível de pobreza e de aviltamento realmente indescritível. As habitações dos pobres são em geral muito sujas e aparentemente nunca são limpas; a maior parte das casas compõe-se de um só cômodo que, embora mal ventilado, está quase sempre muito frio, por causa da janela ou da porta quebrada; quando fica no subsolo, o cômodo é úmido; frequentemente, a casa é mal mobiliada e privada do mínimo que a torne habitável: em geral, um monte de palha serve de cama a uma família inteira, ali deitando-se, numa promiscuidade revoltante, homens, mulheres, velhos e crianças. Só há água nas fontes públicas e a dificuldade para buscá-la favorece naturalmente a imundície.

Nas outras grandes cidades portuárias, as coisas não são melhores. Liverpool, apesar de seu comércio, de seu esplendor e de sua riqueza, oferece aos operários a mesma barbárie. Um bom quinto da população – isto é, mais de 45 mil pessoas – mora em pequenos porões, escuros e mal arejados, porões que, na cidade, totalizam 7.862. A eles devem somar-se 2.270 pátios (*courts*)[a], pequenos espaços inteiramente contornados por outras construções, tendo como único acesso uma estreita passagem, em geral coberta e abobadada (o que impede *qualquer* ventilação), frequentemente muito sujos e habitados quase exclusivamente por proletários. Voltaremos a falar desses pátios quando nos ocuparmos de Manchester. Em outra cidade portuária,

---

[5] *The Artizan*, revista mensal, outubro de 1843.

[a] Essa palavra inglesa não corresponde exatamente ao português *pátio*, espaço aberto; designa, mais propriamente, espaços cobertos entre duas ou mais edificações, característicos da construção inglesa da época.

Bristol, foram visitadas 2.800 famílias operárias e comprovou-se que 46% delas vivia em um único cômodo[a].

Encontramos o mesmo quadro nas cidades industriais. Em Nottingham há, ao todo, 11 mil habitações, das quais 7 mil ou 8 mil estão de tal modo coladas umas às outras que nenhuma ventilação é possível; ademais, na maioria dos casos, uma só latrina serve a várias moradias. Uma recente inspeção revelou que várias filas de casas estavam construídas sobre canais de esgotos pouco profundos, cobertos apenas pelas tábuas dos assoalhos. Idêntico panorama nos oferecem Leicester, Derby e Sheffield. Quanto a Birmingham, lemos no artigo há pouco citado de *The Artizan*:

> Nas partes mais antigas da cidade há muitos bairros sujos e malconservados, cheios de charcos estagnados e montes de imundícies. Em Birmingham, os pátios são muito numerosos, cerca de 2 mil, onde vive a maior parte da classe operária. Em geral, são estreitos, lamacentos, mal arejados e com esgotos precários, alinhando-se entre oito e vinte prédios, e só recebem ar por um lado, já que o muro traseiro é comum a outros edifícios; no fundo de cada pátio, há quase sempre um buraco para cinzas ou qualquer coisa desse gênero e cuja sujeira é indescritível. Deve-se observar, todavia, que os pátios mais modernos foram construídos mais racionalmente e estão mais bem conservados; e mesmo os velhos *cottages* estão menos amontoados que em Manchester e Liverpool – aí está a explicação por que, quando das epidemias, os casos mortais foram menos numerosos em Birmingham que, por exemplo, em Wolverhampton, Dudley e Bilston, distantes umas poucas milhas. Também são desconhecidas em Birmingham as moradias em porões, embora alguns sirvam impropriamente para oficinas. Os albergues para operários são mais numerosos (mais de quatrocentos), situados principalmente nos pátios do centro da cidade; quase todos muito sujos e mal-cheirosos, refúgios de mendigos, vagabundos [*trampers* – mais adiante, voltaremos ao significado preciso dessa palavra[b]], ladrões e prostitutas que, sem se preocuparem minimamente com conforto e decência, aí comem, bebem, fumam e dormem numa atmosfera que só é suportável por esses seres degradados.

Sob muitos aspectos, Glasgow assemelha-se a Edimburgo: os mesmos *wynds*, as mesmas casas altas. A propósito dessa cidade, diz-nos *The Artizan*:

> A classe operária representa aqui cerca de 78% da população total (cerca de 300 mil pessoas) e mora em bairros cuja miséria e horror ultrapassa os

---

[a] Engels comete aqui um pequeno erro que não diminui a força de seu argumento: no *Journal of the Statistical Society of London*, 1839-1840, v. 2, p. 457-9, C. B. Fripp menciona 5.981 famílias visitadas, das quais 2.800 (isto é, 46,8%) dispunham de um só cômodo como habitação.

[b] Cf. p. 250.

antros mais vis de St. Giles e Whitechapel, os *liberties* de Dublin e os *wynds* de Edimburgo. Muitos desses bairros estão no centro da cidade: ao sul de Trongate, a oeste do mercado do sal, no Calton, ao lado da High Street etc. – labirintos intermináveis de becos e de *wynds* onde desembocam a cada passo pátios e vielas formados por velhas e altíssimas casas, degradadas, mal arejadas e sem água. Essas casas, literalmente, transbordam de moradores: abrigam três ou quatro famílias, talvez vinte pessoas, por andar. Em alguns casos, o andar é alugado como dormitório, de forma que quinze ou vinte pessoas estão amontoadas – não se pode dizer abrigadas – num único quarto. Nesses bairros habitam os membros mais pobres, mais depravados, mais aviltados da população e devem ser considerados o ponto de origem das terríveis epidemias de febre que, partindo daí, disseminam a morte em toda a cidade de Glasgow.

Ouçamos a descrição desses bairros por J. C. Symons[6], inspetor do governo na investigação sobre a situação dos tecelões manuais:

> Aqui e no sul do continente, vi a miséria em seus piores aspectos, mas antes de visitar os *wynds* de Glasgow não acreditava que em qualquer país civilizado pudessem existir tanta monstruosidade, tanto pauperismo e tantas doenças. Nos albergues mais sórdidos dormem juntas, sobre o mesmo chão, dez, doze e às vezes vinte pessoas de ambos os sexos e de todas as idades, mais ou menos desnudas. Esses alojamentos são usualmente (*generally*) tão sujos, úmidos e arruinados que ninguém gostaria de ter ali seu cavalo.[a]

E, mais adiante:

> Os *wynds* de Glasgow abrigam uma população flutuante de 15 a 30 mil pessoas. Essa área se compõe unicamente de ruelas e pátios retangulares, no centro dos quais se ergue sempre um monte de imundícies. Por mais repugnante que fosse o aspecto exterior desses lugares, não foi o bastante para preparar-me para a sujeira e a miséria de seu interior. Em alguns desses dormitórios que nós [o superintendente policial, capitão Miller, e o próprio Symons] visitamos à noite, encontramos literalmente uma camada de seres humanos estendida no chão, por vezes quinze a vinte, uns vestidos, outros nus, homens e mulheres misturados. Sua cama era um monte de palha bolorenta e alguns trapos. Havia poucos móveis ou nenhum e a única coisa que dava a esses cômodos um aspecto habitável era o fogo aceso. O furto e a prostituição constituem os principais recursos dessa população. Parece

---

[6] *Arts and Artisans at Home and Abroad* [Ofícios e artesãos no país e no estrangeiro], por J. C. Symons, Edimburgo, 1839. O autor, ao que parece escocês, é um liberal e, consequentemente, um fanático adversário de qualquer movimento operário autônomo. As passagens citadas encontram-se nas p. 116 e ss.

[a] A passagem aqui citada por Engels foi retirada, de fato, de outro texto de Symons: seu relatório à Comissão Real sobre os tecelões (*Parliamentary Papers* [Documentos parlamentares], v. 42, n. 159, 1839).

que ninguém se dava ao trabalho de limpar esses estábulos de Áugias, esse pandemônio, essa concentração de crimes, sujeira e pestilência cravada no centro da segunda cidade do Império. Amplas inspeções nos bairros mais degradados de outras cidades nunca me revelaram a metade desse horror, nem pela profundidade da infecção física e moral, nem pela densidade relativa da população. A maior parte das casas dessa região está catalogada como condenada e inabitável pela *Court of Guild*, mas são precisamente as mais habitadas, porque a lei proíbe que se cobre aluguel por elas.[a]

A grande zona industrial que se situa no centro da ilha britânica, a populosa região do West Yorkshire e do South Lancashire, com suas numerosas cidades industriais, também não fica atrás. A área lanígera do West Riding, no Yorkshire, é encantadora: uma sucessão de verdes colinas, cujas elevações se tornam mais e mais abruptas na direção oeste, até culminarem na crista escarpada de Blackstone Edge, divisória entre o mar da Irlanda e o mar do Norte. O vale do Aire, onde se situa Leeds, e o do Calder, percorrido pela ferrovia Manchester–Leeds, contam-se entre os mais sugestivos da Inglaterra, semeados de fábricas, vilas e cidades; as casas cinzentas de pedra, limpas e atraentes, comparadas às construções de tijolos cobertos de fuligem do Lancashire, são graciosas à vista. Mas logo que entramos nas cidades, poucas coisas nos agradam. Como descreve a fonte que já citei, *The Artizan*, e eu pude comprovar, Leeds situa-se

> sobre um suave declive que desce para o vale do Aire. O rio, serpenteando, atravessa a cidade numa extensão de cerca de milha e meia[7] e provoca, depois do período do degelo ou após chuvas violentas, graves inundações. Os bairros a oeste, situados mais ao alto, são relativamente limpos para uma cidade tão grande, mas os bairros mais baixos, situados junto ao rio e aos riachos (*becks*) que nele deságuam, são sujos e estreitos o suficiente para abreviar a vida dos moradores, em especial das crianças. Acrescentem-se ainda as horríveis condições dos bairros operários em torno de Kirkgate, March Lane, Cross Street e Richmond Road, com suas ruas sem pavimento e esgoto, suas construções irregulares, seus inúmeros pátios e becos e a ausência quase total dos mais elementares meios de limpeza. Tudo isso nos ajuda a explicar o elevadíssimo índice de mortalidade desses recantos em que reina a mais sórdida miséria. Em consequência das cheias do Aire [que, acrescente-se, como todo rio que serve à indústria, entra na cidade com águas claras e transparentes e dela sai espesso, negro e malcheiroso, com imundícies inimagináveis], as casas e os porões são inundados com frequência, a ponto de serem necessárias bombas

---

[a] A citação que Engels faz de Symons não é literal, mas integrada a passagens de W. P. Alison, op. cit. na nota 3, p. 77.

[7] Sempre que se citar, sem maiores precisões, milha, trata-se da medida inglesa, quase cinco vezes maior que a medida alemã.

para lançar a água nas ruas; mas ela volta a encher os porões[8], mesmo aqueles em que há rede de esgoto, resultando em miasmas fortemente impregnados de hidrogênio sulfuroso, que deixa nos canos um sedimento nauseabundo e extremamente prejudicial à saúde. Durante as inundações da primavera de 1839, os efeitos dessa obstrução dos esgotos foram tão deletérios que, de acordo com o relatório oficial do registro civil, naquele trimestre registraram-se nessa área três mortes para cada dois nascimentos, ao passo que, no mesmo período e em outros bairros, a proporção foi exatamente a inversa.

Outros bairros densamente habitados estão desprovidos de rede de esgotos – e esta, quando existe, é insuficiente. Em muitas fileiras de casas, raramente se encontra um porão que não esteja úmido; em muitos bairros, as ruas estão tomadas por uma lama em que os transeuntes se atolam. Inutilmente, os moradores procuram melhorá-las, lançando-lhes pás de cinzas; apesar disso, o esterco e as águas sujas ficam espalhadas diante das casas até que o sol e o vento os sequem e dispersem (cf. o relatório do Conselho Municipal no *Statistical Journal*, v. 2, p. 404).

Em Leeds, um *cottage* comum não ocupa uma superfície superior a cinco jardas quadradas e, em geral, compõe-se de um porão, uma sala e um dormitório. Essas casas pequenas, dia e noite cheias de pessoas, são outro perigo para a saúde e para os costumes dos habitantes. O relatório supracitado, sobre a situação sanitária da classe operária, diz-nos como as pessoas se amontoam nessas habitações:

> Em Leeds, encontramos irmãos e irmãs e hóspedes de ambos os sexos que partilham o dormitório com os pais; as consequências que daí resultam fazem estremecer os sentimentos humanos.

O panorama é o mesmo em Bradford, que se encontra a apenas sete milhas de Leeds, na confluência de muitos vales e junto a um riacho de águas completamente negras e nauseabundas. Num belo domingo de sol, porque durante a semana uma nuvem cinzenta de fumaça de carvão cobre Bradford, o alto das colinas que circundam a cidade oferece-nos um espetáculo soberbo – mas o que encontramos no interior da cidade é a mesma sujeira e o mesmo desconforto de Leeds. As partes mais velhas da cidade, construídas nas encostas íngremes, são apertadas e irregulares; nas ruelas, becos e pátios acumulam-se lixo e imundície; as casas são degradadas, sujas e desconfortáveis; nas vizinhanças imediatas do rio e do fundo do vale, encontrei várias cujo piso inferior, por ser escavado no flanco da colina, é inteiramente

---

[8] Porões que, não se esqueça, servem de moradia a seres humanos.

inabitável. Em geral, os bairros do fundo do vale, onde, comprimidas entre as altas fábricas, estão as habitações dos operários, são os piores e os mais sujos de toda a cidade. Nos bairros mais novos, como ocorre em quase todas as outras cidades industriais, as casas são mais regulares, alinhadas, mas têm todos os inconvenientes inerentes ao modo costumeiro de alojar os operários e ao qual nos referiremos em detalhe ao tratar de Manchester. O mesmo vale para as outras cidades do West Riding – notadamente Barnsley, Halifax e Huddersfield. Esta última, que, por sua posição encantadora e por sua moderna arquitetura, é a mais bela das cidades industriais do Yorkshire e do Lancashire, tem igualmente seus bairros horríveis; de fato, uma comissão designada por uma assembleia de cidadãos para inspecionar a cidade relatou, em 5 de agosto de 1844:

> É notório que, em Huddersfield, ruas inteiras e muitas ruelas e pátios estão desprovidos de pavimentação, esgotos e outras formas de escoamento; aí se acumulam detritos, sujeira e imundícies, que apodrecem e fermentam, e por quase todo lado a água estagnada forma charcos; em consequência, as habitações contíguas são necessariamente sujas e insalubres, originando doenças que ameaçam a saúde de toda a cidade.[a]

Se caminharmos, ou utilizarmos a ferrovia, e atravessarmos Blackstone Edge, chegaremos à terra clássica onde a indústria inglesa realizou sua obra-prima e da qual partem todos os movimentos operários – o South Lancashire, com seu grande centro, Manchester. De novo nos defrontamos com uma bela paisagem: colinas que descem suavemente em direção ao oeste, para o mar da Irlanda, com os encantadores vales verdejantes do Ribble, do Irwell e do Mersey e de seus afluentes. Há um século, essa região, em grande parte, não passava de um pântano quase deserto; hoje, está semeada de vilas e cidades e é a zona mais densamente habitada da Inglaterra. No Lancashire meridional, em particular em Manchester, a indústria britânica tem seu ponto de partida e seu centro; a Bolsa de Manchester é o termômetro do comércio; a moderna técnica de produção alcançou aí sua perfeição. Na indústria algodoeira do South Lancashire, o aproveitamento das forças da natureza, a substituição do trabalho manual pelas máquinas (especialmente o tear mecânico e a *self-actor mule*) e a divisão do trabalho chegaram ao extremo; e se localizamos nesses três elementos os traços característicos da indústria moderna, devemos reconhecer que a indústria algodoeira, de seus primórdios à atualidade, continua

---

[a] A comissão referida por Engels foi designada pelos cidadãos de Huddersfield em 19 de junho de 1844; seu relatório foi publicado no n. 352, de 10 de agosto de 1844, do *Northern Star*.

na vanguarda de todos os ramos industriais. Mas é também nela que, ao mesmo tempo, desenvolveram-se, na forma mais pura e mais completa, os efeitos da indústria moderna sobre a classe operária – e, nela, o proletariado industrial revelou suas mais clássicas características. Nela, elevou-se ao máximo a degradação a que o emprego da força do vapor, das máquinas e da divisão do trabalho submeteu o operário, e as tentativas do proletariado para superar essa situação aviltante chegaram aqui ao extremo e tornaram-se lucidamente conscientes. Portanto, por ser Manchester o tipo clássico da moderna cidade industrial e por conhecê-la tão bem como a minha própria cidade natal – e melhor que a maioria de seus habitantes –, vamos nos deter mais cuidadosamente sobre ela.

As cidades que rodeiam Manchester diferem pouco dela no que tange aos bairros operários[a], salvo que, nelas, o proletariado talvez represente uma fração ainda mais importante da população. De fato, elas são exclusivamente industriais, realizando transações comerciais em Manchester – da qual dependem inteiramente; são habitadas somente por operários, industriais e pequenos negociantes, ao passo que Manchester abriga ainda uma população comercial muito importante, composta principalmente pelos chamados comissários e grandes varejistas. É por isso que Bolton, Preston, Wigan, Bury, Rochdale, Middleton, Heywood, Oldham, Ashton, Stalybridge, Stockport etc., mesmo sendo quase todas cidades de 30, 50, 70 ou até 90 mil habitantes, não passam de enormes bairros operários em torno de fábricas, com algumas grandes ruas ladeadas de lojas e outras, poucas, pavimentadas, ao longo das quais se alinham jardins e casas de industriais. As cidades são irregulares e mal construídas, com pátios sujos, ruas e ruelas cheias de fuligem e têm um aspecto particularmente repugnante porque o tijolo – que constitui o material mais usado nas edificações –, sob a ação da fumaça, perde de todo a coloração vermelha e torna-se enegrecido. O mais comum são as moradias nos porões; eles são construídos onde quer que seja possível e neles vive parte muito considerável da população.

Entre as piores cidades da região, além de Preston e Oldham, está Bolton, situada a onze milhas a noroeste de Manchester. Como verifiquei em minhas repetidas estadas nessa cidade, ela tem apenas uma rua principal, Deansgate, de resto muito suja, que serve também como mercado e que, mesmo com bom tempo, não é mais que uma passagem sombria e miserável, embora

---

[a] Entre a edição original e a de 1892, Engels fez aqui uma modificação: substituiu *Arbeitsbezirke* (bairros onde se trabalha) por *Arbeiterbezirke* (bairros operários).

só tenha, além das fábricas, casas baixas, de um ou dois andares. Como em toda parte, a zona antiga da cidade é particularmente degradada e quase inabitável; é cortada por uma água negra – não se pode dizer se é um córrego ou uma sucessão de charcos – que contribui para tornar completamente empestado um ar já nada puro.

Mais adiante está Stockport, que, mesmo situando-se na margem do Mersey pertencente ao Cheshire, faz parte do distrito industrial de Manchester. Estende-se num vale estreito, paralelo ao Mersey, com sua rua principal bastante acidentada e com a ferrovia Manchester–Birmingham passando sobre ela num alto viaduto. Stockport é conhecida em toda a região como um dos buracos mais sombrios e esfumaçados e, de fato, quando vista do viaduto, oferece um panorama muito desagradável. Mas pior ainda é o aspecto das casas e dos porões habitados pelos proletários, em longas fileiras que se espraiam por toda a cidade, do fundo do vale ao alto das colinas. Não me recordo de ter visto em nenhuma outra cidade dessa região uma quantidade tão grande de porões habitados.

A poucas milhas a nordeste de Stockport encontra-se Ashton-under-Lyne, um dos mais modernos centros industriais da região. Situada na encosta de uma colina, em cujo sopé correm o canal e o rio Tame, a cidade foi construída segundo um sistema mais avançado e racional. Cinco ou seis grandes ruas paralelas cortam toda a colina e cruzam-se perpendicularmente com outras que descem para o vale. Graças a esse sistema, todas as fábricas ficariam fora da cidade propriamente dita, se a proximidade da água e do canal não as tivesse atraído a todas para o fundo do vale, onde se amontoaram, com suas chaminés lançando ao ar uma espessa fumaça. Ashton tem um aspecto muito mais agradável que a maioria das outras cidades industriais: suas ruas são largas e limpas, as casas – de um vermelho vivo – parecem novas e cômodas. Mas o novo sistema de construção de casas para os operários também apresenta seus inconvenientes: toda rua tem, por detrás, uma viela escondida, à que se chega por um estreito beco transversal, que é muito suja. E até Ashton – onde não vi, exceto na entrada da cidade, edificações com mais de cinquenta anos – tem ruas degradadas, nas quais há casas feias e estragadas, com paredes rachadas e cujo reboco está caindo, enfim ruas com um aspecto sórdido e enegrecido idêntico ao de outras cidades da região. No entanto, em Ashton, isso não é a regra, é a exceção.

Uma milha mais a leste, também às margens do Tame, situa-se Stalybridge. Quem vem de Ashton, atravessando as montanhas, vislumbra, à direita e à esquerda, amplos e belos jardins que circundam casas magníficas, construí-

A situação da classe trabalhadora na Inglaterra

das em geral segundo o estilo *elisabetano*[a] – que está para o gótico assim como a religião protestante-anglicana está para a católica apostólica romana. Cem passos mais adiante e Stalybridge aparece no vale – mas que violento contraste com aquelas lindas vivendas avistadas das montanhas ou mesmo com as casas mais modestas de Ashton! Stalybridge fica numa garganta estreita e sinuosa, ainda mais estreita que a de Stockport, cujas vertentes são cobertas por uma teia desordenada de *cottages*, prédios e fábricas. Logo que ali se entra, veem-se as primeiras casas, pequenas, enfumaçadas, velhas e degradadas – e toda a cidade oferece o mesmo aspecto. As poucas ruas que vêm do fundo do vale se cruzam e recruzam, sobem e descem; por causa da topografia inclinada, o rés-do-chão da maioria das casas é meio enterrado; do alto, pode-se ver, como se se sobrevoasse a cidade, a quantidade de pátios, ruelas meio ocultas e recantos isolados produzidos por um confuso modo de edificação. Se se agrega a isso uma sujeira assustadora, compreende-se a repugnante impressão que, não obstante seus lindos arredores, é causada por Stalybridge.

Mas já dissemos o bastante sobre essas cidades menores. Todas têm suas peculiaridades; nelas, porém, os operários vivem como em Manchester. Por isso, limitei-me a descrever o aspecto particular de sua estrutura; de fato, todas as observações gerais sobre a situação das moradias operárias de Manchester cabem perfeitamente à totalidade das cidades vizinhas. Passemos, pois, ao grande centro.

Manchester situa-se no sopé meridional de uma cadeia de montanhas que, partindo de Oldham, corta os vales do Irwell e do Medlock e cujo último cume, o Kersall-Moor, é, ao mesmo tempo, o hipódromo e o *mons sacer*[b] de Manchester. A cidade propriamente dita encontra-se na margem esquerda do Irwell, entre esse rio e dois outros menores, o Irk e o Medlock, que aqui nele deságuam. Na margem direita do Irwell, encerrada numa espécie de anel formado pelo rio, está Salford e, mais a ocidente, Pendleton; ao norte do Irwell, encontram-se a alta e a baixa Broughton; ao norte do Irk, fica Cheetham Hill; ao sul do Medlock, está Hulme e, mais a oriente, Chorlton-on-Medlock e, ainda mais longe, mais ou menos a leste de Manchester,

---

[a] Engels refere-se aqui ao estilo neo-Tudor.

[b] *Mons sacer* (monte sagrado) é a expressão latina que designa o lugar onde, segundo a tradição, os plebeus romanos se reuniram, em 494 a. C., quando da sublevação contra os patrícios. Engels denomina assim a colina de Kersall-Moor porque os operários de Manchester faziam ali suas reuniões; parece que o primeiro a utilizar a denominação para o local foi John Wilson Crocker (1780-1857), um irlandês *tory*, que a teria empregado num artigo publicado em 1842.

Friedrich Engels

Ardwick. Todo esse conjunto é comumente chamado de Manchester e conta com 400 mil habitantes, senão mais[a].

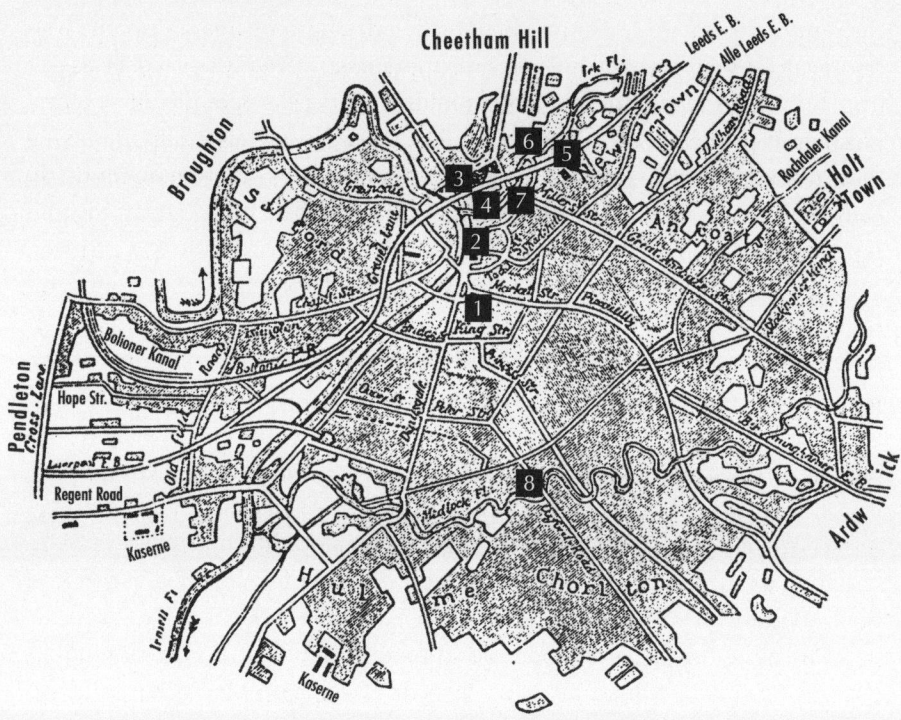

Manchester e seus arredores

Legendas: 1. A Bolsa / 2. A igreja velha / 3. A casa de trabalho / 4. O cemitério dos pobres entre as estações 3 e 4 da ferrovia / 5. Igreja de St. Michael / 6. Ponte sobre o Irk (Scotland Bridge) / 7. Ponte sobre o Irk (Ducie Bridge) / 8. "Pequena Irlanda"
O bairro comercial, ao centro, é indicado pela linha tracejada da esquerda para a direita.

Manchester é construída de um modo tão peculiar que podemos residir nela durante anos, ou entrar e sair diariamente dela, sem jamais ver um bairro operário ou até mesmo encontrar um operário – isso se nos limitarmos a cuidar de nossos negócios ou a passear. A razão é que – seja por um

---

[a] A cifra mencionada por Engels é relativa ao conjunto por ele referido – apenas Manchester, em 1844, contava com 235 mil habitantes. Releva notar que, em 1838, Hulme, Chorlton-on-Medlock, Ardwick e Cheetham (além do distrito de Beswick) vincularam-se administrativamente a Manchester.

acordo inconsciente e tácito, seja por uma consciente e expressa intenção – os bairros operários estão rigorosamente separados das partes da cidade reservadas à classe média ou, quando essa separação não foi possível, dissimulados sob o manto da caridade.

Manchester tem, em seu centro, um bairro comercial bastante grande, com cerca de uma milha e meia de comprimento e outro tanto de largura, composto quase exclusivamente por escritórios e armazéns (*warehouses*). Nele praticamente não existem moradias e, por isso, à noite, fica vazio e deserto – apenas a guarda noturna, com suas lanternas, circula pelas ruas estreitas e sombrias. Nessa zona há algumas ruas grandes, que concentram o tráfego, e o térreo das edificações é ocupado por lojas luxuosas; aí se encontram uns poucos pavimentos superiores habitados e nela reina, até alta noite, uma certa animação. Excetuada essa zona comercial, toda a Manchester propriamente dita – ao lado de Salford e Hulme, uma parte significativa de Pendleton e de Chorlton, dois terços de Ardwick e igual parcela de Cheetham Hill e de Broughton – não é mais que um único bairro operário que, com uma largura média de uma milha e meia, circunda como um anel a área comercial. A alta e a média burguesia moram fora desse anel. A alta burguesia habita vivendas de luxo, ajardinadas, mais longe, em Chorlton e Ardwick ou então nas colinas de Cheetham Hill, Broughton e Pendleton, por onde corre o sadio ar do campo, em grandes e confortáveis casas, servidas, a cada quinze ou trinta minutos, por ônibus que se dirigem ao centro da cidade. A média burguesia vive em ruas boas, mais próximas dos bairros operários, sobretudo em Chorlton e nas áreas mais baixas de Cheetham Hill. O curioso é que esses ricos representantes da aristocracia do dinheiro podem atravessar os bairros operários, utilizando o caminho mais curto para chegar aos seus escritórios no centro da cidade, sem se aperceber que estão cercados, por todos os lados, pela mais sórdida miséria.

De fato, as principais ruas que, partindo da Bolsa, deixam a cidade em todas as direções, estão ocupadas, dos dois lados, por lojas da pequena e da média burguesias, que têm todo o interesse em mantê-las com aspecto limpo e decoroso. É verdade que tais lojas se relacionam de algum modo com os bairros que estão em suas traseiras e, naturalmente, são mais elegantes e cuidadas no bairro comercial e junto das áreas burguesas do que nas zonas em que têm de ocultar as sórdidas casas operárias; todavia, sempre dão conta de esconder dos ricos senhores e de suas madames, de estômago forte e nervos frágeis, a miséria e a sujeira que são o complemento de seu luxo e de sua riqueza. É o que acontece, por exemplo, com a Deansgate, que parte

Friedrich Engels

em linha reta da igreja velha para o sul; no princípio, é ladeada por boas lojas e fábricas; seguem-se lojas de segunda categoria e algumas cervejarias; mais ao sul, quando deixa o bairro comercial, tem pelos lados negócios mais pobres, que, à medida que se avança, tornam-se sujos e intercalados por tabernas; enfim, na extremidade sul, a aparência das lojas não permite qualquer dúvida sobre seus fregueses: operários, só operários. O mesmo se passa com a Market Street, que sai da Bolsa em direção ao sudeste: de início, encontramos lojas de primeira categoria e, nos andares superiores, escritórios e armazéns; depois (Piccadilly), belos hotéis e entrepostos; mais adiante ainda (London Road), junto ao Medlock, fábricas, lojas e tabernas para a pequena burguesia e para os operários; mais próximo de Ardwick Green, casas da média e alta burguesia e, a partir daí, grandes jardins e enormes residências dos mais ricos industriais e comerciantes. Assim, conhecendo a cidade, é possível, pelo aspecto dos trechos das ruas principais, *deduzir* o tipo de bairro contíguo; mas, dessas ruas, é extremamente difícil contemplar de fato os bairros operários. Sei perfeitamente que essa disposição urbana hipócrita é mais ou menos comum a todas as grandes cidades; também sei que os comerciantes varejistas, pela própria natureza de seu negócio, devem ocupar as ruas principais; sei igualmente que nessas ruas, em toda parte, encontram-se edificações mais bonitas que feias e que o valor dos terrenos que as rodeiam é superior ao daqueles dos bairros periféricos; entretanto, em lugar nenhum como em Manchester verifiquei tanta sistematicidade para manter a classe operária afastada das ruas principais, tanto cuidado para esconder delicadamente aquilo que possa ofender os olhos ou os nervos da burguesia. E, no entanto, em Manchester, a urbanização, menos ainda que em qualquer outra cidade, não resultou de um planejamento ou de ordenações policiais: operou-se segundo o acaso. É por isso que, quando penso na classe média afirmando às pressas que os operários se comportam de maneira adequada, sempre tenho a impressão que os industriais liberais de Manchester, as grandes personalidades liberais (*big whigs*), tiveram sua parte nessa organização urbana tão cheia de pudor.

    Acrescento que os estabelecimentos industriais situam-se quase todos à margem dos três rios ou dos vários canais que se ramificam pela cidade e passo diretamente à descrição dos bairros operários propriamente ditos. Em primeiro lugar, temos a parte velha de Manchester, entre o limite norte do bairro comercial e o Irk. Aqui, mesmo as melhores ruas são estreitas e tortuosas – Todd Street, Long Millgate, Withy Grove e Shude Hill –, as casas são sujas, velhas e degradadas e o aspecto das ruas adjacentes é absoluta-

A situação da classe trabalhadora na Inglaterra

mente horrível. Quando, vindos da igreja velha, entramos na Long Millgate, logo nos defrontamos, à direita, com uma fileira de casas antigas, todas com a fachada em mau estado; são os restos da velha Manchester pré-industrial, cujos habitantes, com seus descendentes, transferiram-se para bairros mais bem construídos, deixando as casas – que para eles se tornaram indignas – para uma população operária de origem fortemente irlandesa. Aqui estamos de fato num bairro quase declaradamente operário, uma vez que as lojas e as tabernas não se dão ao trabalho de parecerem nem um pouco limpas – o que não é nada em comparação com as ruelas e os pátios dos fundos, a que se tem acesso através de becos cobertos e tão estreitos que neles duas pessoas não conseguem se cruzar.

É difícil imaginar o desordenado amontoamento das casas, literalmente empilhadas umas sobre as outras, autêntico desafio a qualquer arquitetura racional. E a responsabilidade disso não cabe apenas ao que sobreviveu dos velhos tempos de Manchester: a confusão foi levada ao extremo na nossa época porque, onde quer que o urbanismo precedente deixou o menor espaço entre as edificações antigas, construiu-se e ampliou-se até não restar um único centímetro livre. Confirma-o o pequeno fragmento, que reproduzo aqui, da planta de Manchester – não se refere à parte pior e não representa sequer uma décima parte da cidade velha.

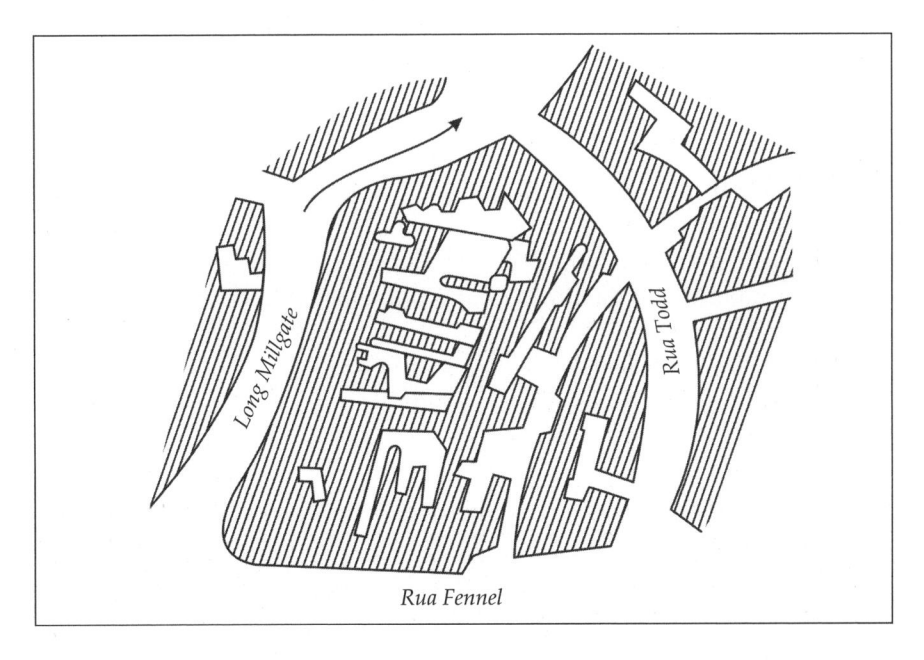

Friedrich Engels

Esse fragmento basta para caracterizar a absurda urbanística de todo o bairro, particularmente nas vizinhanças do Irk. Aqui, a margem sul do Irk é muito abrupta e tem entre quinze a trinta pés de altura; nessas escarpas com frequência estão construídas três filas de casas – a mais baixa surge quase diretamente do rio, a mais alta situa-se no nível do topo da colina de Long Millgate. Além do casario, à beira do Irk há fábricas; em resumo, também aqui as construções são tão apertadas e desordenadas como na parte inferior da Long Millgate.

À esquerda e à direita, uma miríade de passagens cobertas leva da rua principal aos numerosos pátios e, quando neles entramos, uma sujeira repugnante, incomparável a tudo que conheci, nos rodeia – especialmente nos pátios que descem para o Irk, onde, na realidade, estão as habitações mais horríveis que vi até hoje. Num desses pátios, logo na entrada, onde termina a passagem coberta, há um banheiro sem porta e tão sujo que os moradores, para entrarem ou saírem do pátio, têm de atravessar um charco de urina e excrementos – se alguém quiser vê-lo, trata-se do primeiro pátio à beira do Irk, acima da Ducie Bridge. Mais abaixo, à margem do rio, há vários curtumes, que deixam o ar da região empestado com o mau cheiro ocasionado pela decomposição de matérias orgânicas.

Nos pátios abaixo da Ducie Bridge, quase sempre é preciso descer escadas estreitas e imundas, saltando sobre montes de sujeira, para chegar às casas. O primeiro desses pátios chama-se Allen's Court; quando da epidemia de cólera (1832), encontrava-se em tal estado que a polícia sanitária o evacuou, limpou e desinfetou com cloro; o doutor Kay, numa brochura[9], oferece uma terrível descrição desse pátio naquele tempo. Depois, parece ter sido demolido e reconstruído em parte; pelo menos, do alto da Ducie Bridge se veem paredes em ruínas e montes de escombros ao lado de construções mais recentes. O panorama que se pode descortinar dessa ponte – delicadamente oculto dos mortais de baixa estatura graças a um parapeito da altura de um homem – é característico de toda a região.

Embaixo corre, ou melhor, estagna o Irk, estreito curso d'água, negro, nauseabundo, cheio de imundície e detritos que lança sobre a margem

---

[9] *The Moral and Physical Condition of the Working Classes Employed in the Cotton Manufacture in Manchester* [A condição moral e física das classes operárias empregadas na indústria do algodão em Manchester], por James Ph. Kay, 2. ed., 1832. O doutor Kay confunde a classe operária em geral com a classe dos operários fabris, mas de resto o texto é excelente.

direita, mais baixa; aí, no período da seca, alinha-se uma série de charcos lamacentos, esverdeados e fétidos, do fundo dos quais sobem bolhas de gás mefítico, cujo cheiro, sentido mesmo do alto da ponte, quarenta ou cinquenta pés acima da água, é insuportável; ademais, o próprio rio tem seu curso detido a cada passo por barragens, junto às quais se depositam e apodrecem lama e detritos. Acima da ponte, veem-se grandes curtumes e, mais acima ainda, tinturarias, moinhos para pulverizar ossos e usinas de gás cujas águas servidas e dejetos vão todos parar no Irk (que também recebe os esgotos) – é fácil imaginar, pois, a natureza dos resíduos que se acumulam no seu leito. Abaixo da ponte, avistam-se os montes de lixo, as imundícies, a sujeira e a degradação dos pátios situados na escarpada margem esquerda; as casas comprimem-se umas às outras e, dada a inclinação da margem, cada uma se vê apenas parcialmente, mas são todas mais ou menos iguais: enegrecidas pela fumaça, degradadas, velhas, as janelas com caixilhos e vidros aos pedaços. O pano de fundo é constituído por antigos estabelecimentos industriais, que se parecem a casernas. Na margem direita, baixa e plana, vê-se uma larga série de casas e fábricas. A segunda casa está em ruínas, destelhada, cheia de escombros, e a terceira é tão baixa que o andar inferior é inabitável e, por isso, desprovido de porta e janela. Nessa margem, o pano de fundo é composto pelo cemitério dos pobres, as estações ferroviárias para Liverpool e Leeds e, mais atrás, a *Casa dos Pobres*, a "Bastilha da Lei dos Pobres" de Manchester, que, do cimo de uma colina, tal como uma fortaleza, por trás de suas altas muralhas e ameias, observa ameaçadoramente o bairro operário que se estende à sua frente.

Acima da Ducie Bridge, a margem esquerda do Irk torna-se mais plana e a direita, em contrapartida, mais acidentada; mas a condição das casas, em ambas as margens do rio, tende a piorar.

Se deixarmos a rua principal, ainda a Long Millgate, e nos voltarmos para a esquerda, sentimo-nos perdidos: saltamos de pátio em pátio, percorremos becos e vielas e enfim não sabemos para onde ir. As edificações, por todos os lados, estão parcial ou totalmente degradadas e algumas estão realmente sem moradores – o que, aqui, é eloquente; raras são as habitações que dispõem de piso, seja de madeira ou de pedra; quase sempre as portas e janelas estão em frangalhos. E que imundície! Lixo e detritos amontoados por todos os lados, poças em vez de canaletas e um mau cheiro que impede a um homem minimamente civilizado viver nesse bairro. O novo ramal ferroviário para Leeds, que corta o Irk exatamente aqui, fez desaparecer uma parte desses becos e pátios, mas, em troca, expôs outros à vista. Sob a ponte da ferrovia, há um pátio que supera largamente todos os demais em sujeira e horror, de dificílimo acesso e que permaneceu quase oculto até a construção do viaduto ferroviário – eu mesmo, que julgava conhecer muito bem esse lugar, só o descobri depois da conclusão da ponte. Somente atravessando uma escarpa, passando entre estacas e varais, penetramos nesse caos de pequenos casebres térreos, quase sempre sem qualquer revestimento sobre o chão e compostos de uma única peça, que é simultaneamente cozinha, sala e dormitório. Num desses buracos, que não media mais que seis pés de comprimento por cinco de largura, vi duas camas – e que camas! – que, junto com uma escada e um fogareiro, enchiam todo o cômodo. Em muitos outros não vi *absolutamente nada*, embora, como a porta estivesse aberta, constatasse que os moradores lá estavam. À frente das portas, de todas, detritos e sujeira – e tanta que, para saber se havia algum revestimento sobre o chão, era preciso em alguns locais tentar senti-lo com os pés. Todo esse conjunto de estábulos habitados por seres humanos era cercado, em dois lados, por casas e uma fábrica e, no terceiro, pelo rio. Tirante o pequeno atalho na margem do rio, o único acesso consistia numa estreita passagem que levava a outro labirinto de habitações, igualmente mal construídas e malconservadas.

Basta de exemplos, uma vez que toda a área do Irk é assim: um completo caos de casas amontoadas, todas mais ou menos inabitáveis, cuja sujeira interna corresponde perfeitamente à imundície que as circunda. E como, nessa situação, as pessoas poderiam ser limpas? Não existem as mínimas condições para a satisfação das necessidades naturais e cotidianas. As instalações sanitárias são tão raras que estão constantemente ocupadas ou, para a maioria das pessoas, muito afastadas. Como pretender que as pessoas se lavem, quando têm à sua disposição somente as águas imundas do Irk, com canalizações e bombas apenas nos bairros decentes? Na verdade, é impossível censurar esses hilotas da sociedade moderna por serem suas habitações tão sujas como os chiqueiros que se encontram de vez em quando no meio delas. Quanto aos proprietários, esses não têm nenhum pudor em alugar moradias como os seis ou sete porões que dão para o rio, logo acima da Scotland Bridge, cujo chão está no mínimo dois pés abaixo do nível do Irk – e isso quando as águas estão baixas –, que corre a menos de seis pés de distância. Ou como o andar superior da casa da esquina, na outra margem, imediatamente antes da ponte, cujo rés-do-chão é inabitável, sem nada para tapar os buracos das janelas e da porta – e esse é um caso mais

A situação da classe trabalhadora na Inglaterra

ou menos comum em toda essa zona: o rés-do-chão aberto é utilizado por toda a vizinhança como latrina, à falta de locais apropriados!

Deixemos o Irk e entremos pelo lado oposto da Long Millgate, no meio das habitações operárias. Estamos agora num bairro um pouco mais novo, que se estende da igreja de St. Michael até Withy Grove e Shude Hill. Aqui encontramos, pelo menos, um pouco de ordem: ao contrário de caótica edificação, temos ruelas e becos retilíneos ou pátios retangulares, que não foram construídos por acaso; mas se antes o arbítrio respondeu pela construção de cada casa, aqui o arbitrário responde pela edificação das ruelas e dos becos: cada qual foi construído sem qualquer preocupação com os outros – as ruelas se orientam para as mais diferentes direções e a cada passo se chega a um beco ou esquina que obriga o transeunte a voltar ao ponto de onde partiu: quem não vive há algum tempo nesse labirinto dificilmente consegue orientar-se. Por essa razão, a circulação do ar nas ruas – se é cabível essa ideia nesse bairro – e nos pátios é tão insuficiente como na zona do Irk. É verdade que esse bairro apresenta algumas vantagens em relação à zona do Irk: as casas são mais novas e algumas ruas dispõem de rede de esgotos; em compensação, quase todas as casas têm moradias nos porões (o que, na área do Irk, é raro, até porque as construções ali são muito mais velhas e grosseiras). De resto, a imundície, os montes de entulho e de cinzas e os charcos nas ruas são comuns aos dois bairros, mas neste de que estamos falando agora verificamos um outro aspecto, muito prejudicial à saúde dos moradores: o grande número de porcos que remexem o lixo nas ruas ou estão confinados em pequenas pocilgas no interior dos pátios. Os criadores de porcos, aqui como em quase todos os bairros operários de Manchester, alugam pátios e aí instalam pocilgas; em quase todos os pátios há um canto onde os moradores jogam o lixo, com o qual os porcos se alimentam – e a atmosfera, então, fica irrespirável, em razão da decomposição de substâncias orgânicas. Atravessando esse bairro, rasgaram uma rua larga e bastante decente – a Millers Street –, que dissimula com êxito o que se esconde lá atrás; mas se alguém, arrastado pela curiosidade, deixar-se atrair por uma das numerosas passagens que levam aos pátios, encontrará, a cada vinte passos, lugares literalmente habitados por porcos.

Essa é a velha Manchester – e, relendo a descrição que apresentei, devo confessar que, longe de ser exagerada, é muito débil para evidenciar a imundície, a degradação e o desconforto dessa área que abriga, pelo menos, entre 20 e 30 mil habitantes e cuja estrutura urbana é um desafio a qualquer princípio de ventilação, salubridade e higiene. E pensar que tais bairros estão no coração da segunda cidade da Inglaterra, no coração da primeira cidade industrial do mundo! Basta vir até aqui para saber de quão pouco espaço para mover-se, de quão pequena quantidade de ar – e que ar! – para respirar necessitam os homens e em que tão baixo nível de civilidade eles podem sobreviver quando obrigados pela necessidade.

É verdade que se trata da cidade *velha* – e essa é a argumentação das pessoas daqui, quando lhes mencionamos o estado espantoso desse inferno sobre a terra. Mas esse argumento nada significa, porque tudo o que nos horroriza e nos indigna é de origem recente e data da *época industrial*. As poucas centenas de casas próprias da velha Manchester foram abandonadas há muito por seus primitivos habitantes; foi a indústria que fez com que fossem ocupadas pela massa de operários que hoje moram nelas; foi a indústria que cobriu de construções cada espaço livre entre as velhas casas, a fim de abrigar aí as massas que compelia a abandonar os campos e a Irlanda; foi a indústria que permitiu aos proprietários desses estábulos alugá-los a altos preços, como se fossem habitações humanas, explorando a miséria dos operários, minando a saúde de milhares de pessoas e enriquecendo-os apenas a eles, os proprietários; foi a indústria que fez com que o trabalhador, recém-liberado da servidão, pudesse ser utilizado novamente como puro e simples instrumento, como *coisa*, a ponto de ter de se deixar encerrar em cômodos que ninguém habitaria e que ele, dada a sua pobreza, é obrigado a manter em ruínas. Tudo isso é obra exclusiva da indústria, que não poderia existir sem esses operários, sem a sua miséria e a sua escravidão. É verdade que a estrutura original desse bairro era ruim, que pouca coisa de bom se poderia fazer nele – mas, quando surgiram as novas construções, houve qualquer iniciativa, dos proprietários dos terrenos ou da administração pública, no sentido de melhorá-lo? Ao contrário, onde ainda havia uma parcela de terra livre, construiu-se uma casa; onde ainda havia uma passagem supérflua, ela foi substituída por uma edificação; o valor da terra tornou-se mais alto com o desenvolvimento industrial e quanto mais subia, mais freneticamente se construía, sem a menor preocupação com a saúde e o conforto dos moradores, com o único objetivo de obter o maior lucro possível e com base no princípio de que, *por pior que seja um casebre, há sempre um pobre que não pode pagar outro menos ruim*. Mas... que quereis? Essa é a cidade velha – e com esse argumento a burguesia se tranquiliza. Pois então vejamos o que oferece a *cidade nova* (*the New Town*).

A cidade nova, também chamada de "cidade irlandesa" (*the Irish Town*), estende-se para além da parte antiga, sobre o flanco de uma colina argilosa entre o Irk e a St. George's Road. Aqui não há qualquer aspecto urbano. Filas isoladas de casas ou que formam um conjunto de ruas elevam-se intermitentemente, como pequenas aldeias sobre o solo argiloso e nu, onde nem a relva cresce; as casas, ou melhor, os casebres estão em mau estado, nunca foram consertados, são sujos e têm habitações nos porões úmidos e insalubres; as ruelas não são pavimentadas, não têm rede de esgotos e abrigam varas de porcos, fechadas em pocilgas nos pequenos quintais ou que passeiam livremente na encosta. Os caminhos são tão lamacentos que somente quando o tempo está muito seco é possível percorrê-los sem atolar a cada passo.

É nas proximidades da St. George's Road que as várias ilhotas constituídas pelas filas isoladas de casas se juntam – e aí nos deparamos com uma série interminável de ruelas, becos, ruas traseiras e pátios, cuja quantidade e desordem aumentam à medida que nos aproximamos do centro da cidade. Em compensação, as vias são pavimentadas ou, pelo menos, possuem passagens pavimentadas para os pedestres e dispõem de rede de esgoto. Mas a sujeira e o mau estado das casas, especialmente dos porões, permanecem os mesmos.

É oportuno fazer agora algumas observações gerais sobre o tipo de construção dos bairros operários de Manchester. Já vimos que, na cidade velha, frequentemente o arbítrio presidia ao agrupamento das edificações. Cada casa foi construída sem que se tivessem em conta as outras e os poucos palmos de terra irregular entre elas são chamados, à falta de melhor designação, pátios (*courts*). Nas zonas um pouco mais recentes desse mesmo bairro, e em outros bairros que datam dos primeiros tempos do desenvolvimento industrial, verifica-se um esboço de plano. O espaço entre duas ruas é dividido em pátios mais regulares, a maioria deles quadrangulares, como se vê na seguinte figura:

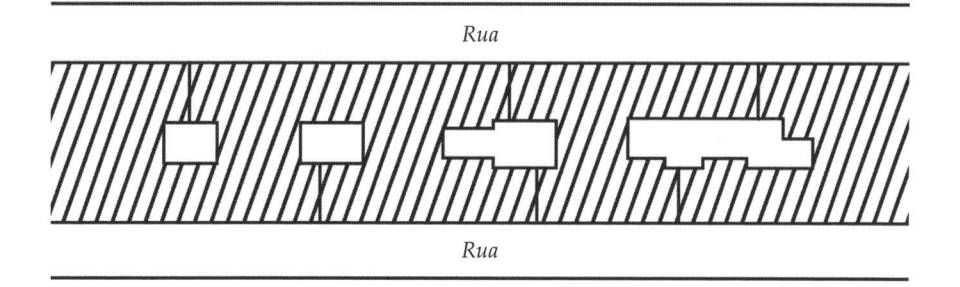

Rua

Rua

Tais pátios se comunicam com as ruas através de passagens cobertas. Se a construção desordenada já era muito prejudicial à saúde dos moradores, na medida em que impedia a circulação do ar, esse sistema de encerrar os operários em pátios fechados por todos os lados o é ainda mais. Aqui, torna-se impossível a renovação do ar; as chaminés das casas – se o fogo não está aceso – constituem as únicas saídas para o ar viciado dos pátios[10]. Acrescente-se ainda que as casas em torno desses pátios são em geral construídas duas a duas, a parede do fundo sendo comum, e isso já basta para impedir um arejamento satisfatório e adequado. E como a vigilância viária não se preocupa com o estado desses pátios e tudo quanto é jogado aí apodrece tranquilamente, não há como espantar-se com a sujeira, a imundície e os montes de cinza. Estive em pátios junto à Millers Street que, situados a pelo menos meio pé abaixo do nível da rua, não tinham qualquer valeta para escoar as águas da chuva, que ficavam estagnadas aí até secarem!

Mais recentemente, adotou-se um outro sistema de construção, agora usado comumente. As casas não se constroem mais de forma isolada, mas às dúzias ou mesmo às grosas, por um único empreiteiro que se encarrega de uma ou duas ruas. Elas se dispõem da seguinte maneira: uma das fachadas compreende as casas da primeira fila, que têm a sorte de possuir uma porta traseira e um pequeno quintal – e, por isso, seu aluguel é mais caro; por trás delas, há uma estreita ruela, a rua dos fundos (*back street*), fechada em ambas as extremidades e cujo acesso é lateral, um estreito caminho ou uma passagem coberta; as casas que dão para essa ruela são as que têm o aluguel mais barato e são as mais descuidadas; as paredes traseiras são comuns às casas da terceira fila, que dão para o lado oposto da rua e correspondem a um aluguel mais alto que os das casas da segunda fila, mas inferior ao das casas da primeira. A disposição geral é mais ou menos a da página seguinte.

Com esse sistema, a ventilação das casas da primeira fila é bastante boa e a daquelas da terceira fila pelo menos não é pior que a das edificações erguidas no velho sistema; em compensação, a fila do meio é tão mal arejada quanto as habitações nos pátios e as ruelas dos fundos são tão sujas quanto os pátios. Os empreiteiros preferem esse sistema porque poupa espaço e permite-lhes explorar ainda mais os trabalhadores que ganham melhores salários, cobrando-lhes os aluguéis mais caros das casas da primeira e da terceira filas.

---

[10] E, no entanto, um sábio liberal inglês afirmou numa ocasião – no relatório da *Children's Employment Commission* [Comissão sobre o trabalho infantil] – que esses pátios são uma obra-prima da urbanística porque, tal como uma série de pequenas praças públicas, melhoram a circulação do ar e a ventilação! Sem dúvida... se cada pátio tivesse dois ou quatro acessos amplos, abertos e sem cobertura, por onde o ar pudesse circular, mas eles *nunca* têm dois, raramente têm um acesso, quase sempre estreito e coberto.

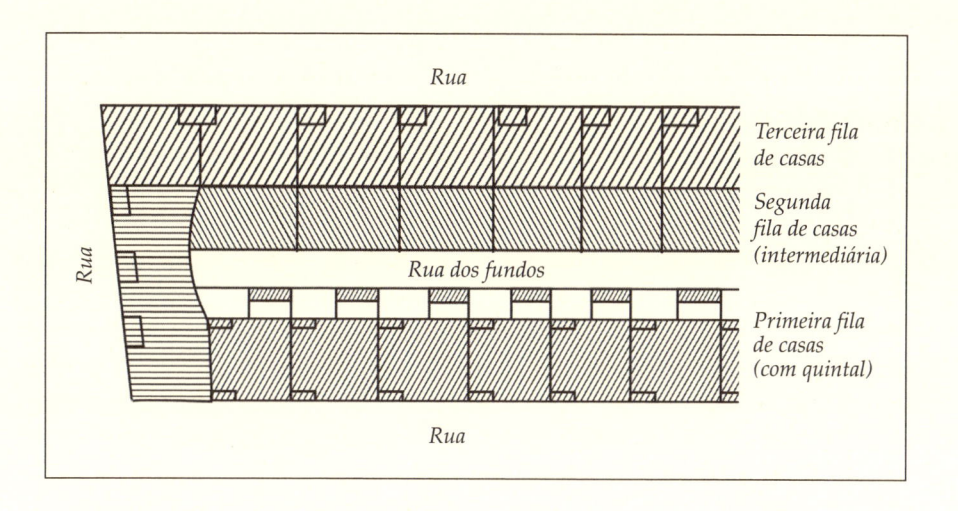

A situação da classe trabalhadora na Inglaterra

[Diagrama mostrando: Rua (topo), Terceira fila de casas, Segunda fila de casas (intermediária), Rua dos fundos, Primeira fila de casas (com quintal), Rua (base); Rua (lateral esquerda)]

Em toda a cidade de Manchester, assim como em todo o Lancashire e o Yorkshire, encontramos moradias operárias edificadas por um dos três sistemas de construção que mencionamos; eles são perfeitamente identificáveis e, com base neles, podemos deduzir a idade relativa dos diversos bairros da cidade. O terceiro sistema, aquele das *ruas dos fundos*, predomina nitidamente no grande bairro operário a leste da St. George's Road, dos dois lados da Oldham Road e da Great Ancoats Street e é também o mais comum nos outros bairros operários de Manchester e em seus arredores.

É no grande bairro que acabamos de mencionar, conhecido pelo nome de Ancoats, que está instalada, ao longo dos canais aí existentes, a maior parte das fábricas mais importantes de Manchester, gigantescos edifícios de seis ou sete pisos que dominam do alto, com suas esguias chaminés, as casas baixas dos operários. A população do bairro compõe-se principalmente de operários fabris e, nas piores ruas, de tecelões manuais. As ruas situadas nas imediações do centro da cidade são as mais velhas e, portanto, as piores – mas são pavimentadas e dispõem de rede de esgoto; incluo nesse rol as paralelas mais próximas à Oldham Road e à Great Ancoats Street. Mais além, no sentido norte, encontramos ruas de construção recente: nelas, as casas são graciosas e cuidadas, com portas e janelas novas e envernizadas e seu interior é limpo; as próprias ruas são mais arejadas, com espaços livres maiores e mais numerosos. No entanto, é assim parte das casas, não a maioria; ademais, quase todas têm porões que também são habitados; e é preciso dizer que há muitas ruas que não são pavimentadas nem têm rede de esgoto. Tudo isso significa que o bom aspecto da área não vai durar muito – talvez uns dez anos.

De fato, esse tipo de construção não é menos condenável que a disposição das ruas. À primeira vista, essas casas se mostram bonitas e sólidas, as paredes maciças enchem os olhos de quem passa e, se se percorre uma dessas ruas operárias de *construção recente* sem atentar para as ruas dos fundos e observar melhor a construção das casas, é quase impossível discordar da opinião dos industriais liberais, segundo a qual em nenhuma parte os operários estão tão bem alojados quanto na Inglaterra. Mas uma observação cuidadosa mostra que as paredes dessas casas são as mais finas; as externas, que sustentam toda a estrutura (o porão, o piso térreo e o telhado), têm, quando muito, a espessura de um tijolo – os tijolos ajustam-se lado a lado, horizontalmente, no sentido do comprimento. Todavia, pude ver muitas casas da mesma altura – algumas ainda em construção – em que as paredes externas não eram mais que paredes de meio-tijolo, ou seja, eles vinham justapostos pelo lado mais estreito, não do comprimento e sim da largura.

Esse procedimento é utilizado não só para economizar material, mas ainda porque os construtores nunca são os proprietários dos terrenos – segundo o costume inglês, os construtores alugam o terreno por vinte, trinta, quarenta, cinquenta ou mesmo noventa anos, ao fim dos quais o proprietário o recupera com todas as benfeitorias, sem pagar nada por elas. Por isso, o locatário do terreno calcula o preço das benfeitorias de forma a que tenham o menor valor possível ao final da locação; na medida em que casas com a destinação destas só são construídas vinte ou trinta anos antes do fim do contrato, compreende-se por que os construtores queiram gastar o mínimo possível. Ademais, os construtores (em geral, mestres de obras, carpinteiros ou industriais) quase não fazem consertos nas casas, seja porque não querem reduzir os ganhos que obtêm com os aluguéis, seja porque o contrato de locação do terreno está chegando ao término, seja enfim porque, em razão das crises comerciais que geram desemprego, muitas casas ficam vagas e acabam se deteriorando. Com efeito, estima-se que as casas operárias são habitáveis, em média, por apenas quarenta anos – o que causa estranheza quando vemos as belas paredes das casas novas, que parecem prometer uma duração secular; mas é assim mesmo: a avareza que preside a construção, a ausência sistemática de reparos, a frequência com que permanecem desabitadas, a incessante alternância dos locatários e, também, a depredação (em geral, vigas de madeira são arrancadas para garantir o fogo) realizada por eles (a maioria, irlandeses) nos últimos dez anos de habitabilidade fazem com que essas casas, ao fim de quarenta anos, estejam em ruínas. É por isso que a região de Ancoats, cujas construções datam do período do desenvolvimento industrial, a maioria edificada neste século, já conta com grande quantidade de casas velhas e deterioradas, a maior parte das quais encontrando-se no último estágio de habitabilidade. Não pretendo indicar aqui a magnitude de capitais que foram assim desperdiçados, nem o fato de que, com um investimento inicial um pouco maior e com cuidados regulares de reparação, toda essa área poderia ser conservada, por muitos anos, num estado conveniente de limpeza e habitabilidade. Interessa-me apenas a situação das casas e de seus habitantes e, a esse propósito, deve-se dizer que esse é o sistema mais nefasto e moralmente degradante de alojar trabalhadores.

O operário é constrangido a viver nessas casas já arruinadas porque não pode pagar o aluguel de outras em melhor estado, porque não existem moradias menos ruins na vizinhança das fábricas ou porque, ainda, elas pertencem ao industrial e este só emprega os que aceitem habitá-las. É óbvio que a duração média assinalada de quarenta anos não é rígida: se as construções se situam num bairro de alta densidade populacional e se, apesar do aluguel do terreno ser caro, há sempre a possibilidade de encontrar locatários, os construtores fazem algo para conservá-las em condições de relativa habitabilidade por mais tempo – mas o que fazem é sempre o mínimo indispensável e as reparações cobrem especialmente as casas em piores condições. De quando em vez, diante da ameaça de epidemias, a sonolenta consciência dos serviços de higiene é despertada: então, empreendem-se incursões aos bairros operários e interditam-se inúmeros porões e casas – como ocorreu, por exemplo, em várias ruelas nas cercanias de Old-ham Road; mas isso dura pouco, porque logo as mesmas casas voltam a ser ocupadas por novos inquilinos e os proprietários, de novo com os imóveis alugados, têm uma vantagem a mais: sabem bem que a vigilância sanitária não voltará tão cedo!

Essa parte de Manchester, a leste e a nordeste, é a única na qual a burguesia deixou de instalar-se, e por uma razão de monta: o vento dominante, que, por dez ou onze meses do ano, vem do oeste ou do sudoeste, esparze sobre ela a fumaça de todas as fábricas. Essa fumaça, que sejam os operários os únicos a respirá-la.

Ao sul da Great Ancoats Street estende-se um grande bairro operário, apenas parcialmente coberto por edificações: uma faixa de terra sem vegetação, moldurada por colinas, na qual se dispõem desordenadamente filas ou grupos isolados de casas, separados por espaços desertos, irregulares, argilosos, sem cobertura vegetal e, após as chuvas, quase intransitáveis. As casas são todas velhas e sujas, em geral situadas em depressões do terreno, lembrando a situação da cidade nova.

A parte do bairro que é cortada pela ferrovia que leva a Birmingham é aquela em que as casas estão mais amontoadas e, por isso, é a pior. Aí, o Medlock, escorrendo num vale por numerosos meandros, parece-se muito, em alguns locais, com o Irk. De sua entrada na cidade à confluência com o Irwell, em suas margens – entre as quais a água é negra como breu, imunda e nauseante – enfileira-se um cinturão de fábricas e de habitações operárias e estas se encontram nas piores condições possíveis. As margens são escarpadas e as edificações descem até o rio, tal como no Irk, e as casas e as ruas estão igualmente mal construídas por todos os lados – Manchester, Ardwick, Chorlton e Hulme. O lugar mais repugnante – se eu me dispusesse a relatar com cuidado o exame de todos os lugares nunca chegaria ao fim – situa-se no lado de Manchester, a sudoeste da Oxford Road: chama-se *Pequena Irlanda* (*Little Ireland*).

Numa curva do Medlock, numa depressão profunda do terreno, inteiramente circundada por fábricas e aterros, encontram-se, divididas em dois grupos, cerca de duzentas casas, em que a parede posterior geralmente é comum a duas moradias; aí residem em torno de 4 mil pessoas, quase todas irlandesas. As casas são velhas, sujas e do tipo mais exíguo; as ruas, irregulares e nem todas pavimentadas, não são niveladas nem há rede de esgoto; imundície e lama, em meio a poças nauseabundas, estão por toda parte; daí a atmosfera, já enegrecida pela fumaça de uma dúzia de chaminés de fábricas, ser empestada. Vagueiam aí mulheres e crianças esfarrapadas, tão sujas como os porcos que chafurdam na imundície e na lama. Em suma, o lugar tem um aspecto ainda mais repugnante que as piores áreas do Irk. Aqueles que vivem nessas casas em ruínas, por detrás dessas janelas quebradas nas quais se prendeu tecido oleado, por detrás dessas portas rachadas e com batentes podres, ou nesses porões úmidos e sem luz, no meio dessa sujeira e desses miasmas, numa atmosfera que parece intencionalmente produzida para asfixiar – quem aí vive deve realmente situar-se no mais baixo escalão da humanidade. Essa é a impressão e a conclusão que se impõem ao observador que vê o aspecto exterior desse bairro. Mas, então, o que dizer quando tomamos conhecimento[11] de que, em cada uma dessas minúsculas casas (que têm, quando muito, duas divisões e um sótão e, por vezes, um porão),

---

[11] Doutor Kay, op. cit. [A informação encontra-se nas p. 35-6 da fonte citada por Engels. (N.E.)]

vivem em média vinte pessoas e que, em todo o bairro, para cada 120 pessoas há apenas uma instalação sanitária (quase sempre ocupada, é claro) e que, apesar de toda a pregação dos médicos, apesar da agitação provocada na vigilância sanitária por ocasião da epidemia de cólera, quando vieram à tona as condições da *Pequena Irlanda* – em pleno ano da graça de 1844 –, o que dizer hoje quando sabemos que aqui praticamente nada mudou desde 1831? O doutor Kay relata que, aqui, não apenas os porões são úmidos, mas também os pavimentos térreos; quanto aos porões, ele informa que foram aterrados anteriormente, mas depois desaterrados para servir a irlandeses; num deles, em que o nível do chão ficava abaixo do nível do rio, a água saía continuamente de um buraco de escoamento tampado com argila, a ponto de todas as manhãs o inquilino, um tecelão manual, ter de esvaziar a habitação, jogando a água no rio.

Um pouco mais abaixo, na margem esquerda do Medlock, encontra-se Hulme, que não é mais que um grande bairro operário cujas condições são muito semelhantes às de Ancoats. As áreas de grande densidade habitacional estão geralmente em péssimo estado e quase sempre em ruínas; as áreas menos populosas, com construções mais modernas e arejadas, nem por isso estão livres da lama. As casas são quase sempre úmidas, com uma ruela nos fundos e porões habitados. Na margem oposta, na Manchester propriamente dita, existe um outro grande bairro operário, que se estende pelos dois lados da Deansgate até o bairro comercial e que, em alguns locais, não causa inveja à cidade velha. De fato, nas vizinhanças imediatas do bairro comercial, entre a Bridge Street e a Quay Street, entre a Princess Street e a Peter Street, em certos lugares o amontoamento das edificações é tal que ultrapassa o que se verifica nos mais estreitos pátios da cidade velha. Nessas vizinhanças encontram-se vielas compridas, entre as quais multiplicam-se pátios e passagens estreitos e tortuosos, cujas entradas e saídas são dispostas de modo tão desordenado que, nesse labirinto, o passante que não o conhece profundamente se vê num beco sem saída ou se perde de todo. Nesses espaços diminutos, arruinados e sujos é que vive, segundo o doutor Kay, a classe mais amoral de toda a Manchester, vinculada ao furto ou à prostituição – e, ao que parece, seu juízo permanece válido ainda agora. Quando, em 1831, a vigilância sanitária fez aí uma inspeção, encontrou uma insalubridade tão grande quanto a das margens do Irk ou da *Pequena Irlanda* (e eu posso testemunhar que, hoje, as coisas não se alteraram); encontrou uma única instalação sanitária para 380 pessoas na Parliament Street e também uma única latrina para trinta casas super-habitadas na Parliament Passage.

Friedrich Engels

Atravessando o Irwell, encontramos, numa península do rio, a cidade de Salford, que tem 80 mil habitantes e não passa de um enorme bairro operário atravessado por uma única e larga estrada. Salford, outrora mais importante que Manchester, era então o principal centro do distrito circundante, ao qual ainda empresta o nome (Salford Hundred) – por isso, aqui também há um bairro muito velho e, consequentemente, insalubre, sujo e em ruínas, localizado na direção frontal da velha igreja de Manchester e em condições tão ruins como a cidade velha, na outra margem do rio. A uma certa distância do rio estende-se um bairro mais novo, que data de uns quarenta anos e, por isso mesmo, apresenta-se deteriorado. Toda a Salford é dividida em pátios e vielas tão exíguos que me recordaram os becos mais estreitos que conheci em Gênova. Sob esse aspecto, a arquitetura de Salford é muito pior que a de Manchester e o mesmo se pode dizer da limpeza. Se, em Manchester, a vigilância sanitária vez por outra – a cada seis ou dez anos – inspeciona os bairros operários, interditando as habitações mais sórdidas e limpando os recantos mais imundos desses estábulos de Áugias, parece que em Salford nem sequer isso acontece. As ruelas transversais e os pátios de Chapel Street, Greengate e Gravel Lane com certeza nunca foram limpos desde sua construção; hoje, a ferrovia para Liverpool corta-os do alto de um viaduto e fez desaparecer muitos dos recantos mais sujos – e o que foi alterado? Passando pelo viaduto, ainda se pode ver de cima muita podridão e miséria; e se se dá o trabalho de percorrer as ruelas, de olhar porões e casas através das portas e janelas abertas, verifica-se sempre que os operários de Salford vivem em habitações nas quais é impossível qualquer conforto ou limpeza. A mesma situação é a de bairros mais afastados de Salford, como em Islington, junto da Regent Road e por trás da ferrovia que leva a Bolton. As moradias operárias entre a Oldfield Road e Cross Lane, bem como inúmeras vielas e pátios nos dois lados da Hope Street, estão nas piores condições possíveis, rivalizando em sujeira e densidade habitacional com a cidade velha de Manchester. Nesse rincão encontrei um homem, aparentando sessenta anos, que vivia num estábulo – construíra-o num buraco quadrangular, sem janela e com chão de terra, fizera uma espécie de catre e ali morava, com a chuva a lhe cair do teto precário; idoso e fraco para suportar um trabalho regular, sobrevivia transportando estrume num carrinho de mão – e tinha um mar de esterco diante de seu estábulo.

Essa é uma descrição dos diversos bairros operários de Manchester, tais como os observei durante vinte meses. Resumindo o resultado de nosso percurso através deles, diremos que 350 mil operários de Manchester e arredores vivem quase todos em habitações miseráveis, úmidas e sujas; que a maioria das ruas pelas quais têm de passar se encontra num estado deplorável; extremamente sujas, essas vias foram abertas sem qualquer cuidado com a ventilação, sendo a única preocupação o máximo lucro para o construtor. Em síntese, nas moradias operárias de Manchester não há limpeza nem conforto e, portanto, não há vida familiar possível; só podem sentir-se à vontade nessas habitações indivíduos desumanizados, degradados, fisicamente doentios e intelectual e moralmente reduzidos à bestialidade. Não sou o único a afirmá-lo; vimos como o doutor Kay oferece um relato inteiramente análogo e cabe citar ainda as palavras de um liberal, uma autoridade reconhecida e muito apreciada pelos industriais, um adversário fanático de qualquer movimento operário autônomo – as palavras do senhor N. W. Senior[12]:

> Quando visitei as habitações dos operários das fábricas na área irlandesa, em Ancoats e na "Pequena Irlanda", meu único espanto foi ver como era possível conservar-se razoavelmente a saúde em tais moradias. Essas cidades – porque, pela extensão e população, trata-se de cidades – foram construídas com o máximo desprezo por tudo o que não fosse o lucro imediato dos especuladores dela encarregados. Um carpinteiro e um pedreiro associam-se para comprar [quer dizer, para alugar por um certo número de anos] uma série de locais para construção e para edificar neles pretensas casas; num lugar, encontramos uma rua inteira que seguia o curso de uma vala, para que se pudesse ter porões profundos sem os custos de escavação, porões que não se destinavam a depósitos ou despensas, mas a habitações de seres humanos. *Nenhuma das casas dessa rua escapou à cólera*[a]. E, em geral, as ruas dessas zonas não são pavimentadas, têm estrume e poças, as casas estão coladas umas às outras pela parede posterior, não dispõem de ventilação nem de esgoto – e famílias inteiras são obrigadas a viver no canto de um porão ou de um sótão.

Já mencionei a invulgar atividade que a vigilância sanitária exercitou quando da epidemia de cólera em Manchester. Quando a epidemia deu seus primeiros sinais, uma onda de pavor envolveu a burguesia da cidade. De súbito, ela se recordou da insalubridade dos bairros pobres – e tremeu com a certeza de que cada um desses bairros miseráveis iria se constituir num foco da epidemia, a partir do qual a cólera estenderia seus tentáculos na direção das residências da classe proprietária. Rapidamente se designou

---

[12] Nassau W. Senior, *Letters on the Factory Act to the Rt. Hon. President of the Board of Trade* [Cartas sobre a lei das fábricas dirigidas ao muito honorável presidente do Conselho de Comércio] (Chas. Poulett Thomson Esq.) (Londres, 1837), p. 24.

[a] O itálico é de Engels.

uma comissão de higiene para inspecionar aqueles bairros e preparar um relatório rigoroso de suas condições ao Conselho Municipal. O doutor Kay, membro da comissão que visitou cuidadosamente todos os distritos em que se dividia a cidade (com exceção do undécimo), publicou extratos de seu relatório. Ao todo foram inspecionadas 6.951 casas – naturalmente *apenas* em Manchester, com a exclusão de Salford e dos outros arredores –, das quais 2.565 precisavam de caiação interior urgente, 960 necessitavam de reparos imediatos *(were out of repair)*, 939 não tinham rede de esgoto suficiente, 1.435 eram mal ventiladas e 2.221 não dispunham de instalações sanitárias. Das 687 ruas inspecionadas, 248 não estavam pavimentadas e 53 só o estavam parcialmente, 112 eram mal ventiladas e 352 estavam tomadas por poças permanentes, montes de lixo etc.[a]. É claro que não seria possível higienizar esses estábulos de Áugias antes da chegada da cólera – por isso, contentaram-se em limpar os piores cantos e deixar o resto como estava; é óbvio que, meses depois, nos lugares limpos imperava a velha imundície, como o demonstra a *Pequena Irlanda*. Quanto ao estado interno das habitações inspecionadas, a comissão diz mais ou menos o que já sabemos de Londres, Edimburgo e outras cidades:

> Frequentemente, toda uma família irlandesa[b] se amontoa *numa única cama* que é em geral um monte de palha seca e de trapos de sacos velhos, cobrindo um confuso amálgama de seres, igualmente aviltados pelas privações, pelo embrutecimento e pelo desemprego. Inúmeras vezes, os inspetores encontraram, numa habitação de dois cômodos, duas famílias: num cômodo, todos dormiam juntos; o outro era a cozinha e o espaço comum das refeições. Com frequência também, mais de uma família habitava um porão úmido, onde doze a dezesseis pessoas viviam num só espaço, amontoadas numa atmosfera pestilenta. A isso e a outros focos de doença somava-se o fato de, nesse mesmo espaço, criarem-se porcos, além de outras situações verdadeiramente abjetas.[13]

Devemos acrescentar que numerosas famílias, dispondo de apenas um cômodo, não obstante recebem pensionistas e hóspedes por noite em troca de algum dinheiro e não é raro que pensionistas e hóspedes de ambos os sexos se deitem na mesma cama com o casal. Sabe-se do caso, registrado em Manchester por seis vezes e divulgado no "Relatório sobre as condições

---

[a] Para coligir esses dados, parece que Engels se valeu, além da fonte citada (James Ph. Kay), dos trabalhos de P. Gaskell e de A. Slaney.

[b] A palavra *irlandesa* foi acrescentada por Engels.

[13] James Ph. Kay, op. cit., p. 32.

sanitárias da classe operária", de um homem que dormia na *mesma* cama com sua mulher e com sua cunhada adulta. Também aqui os albergues são inúmeros; para a Manchester de 1831, o doutor Kay os estimava em 267; hoje, devem ser mais numerosos. Cada um abriga de vinte a trinta hóspedes, num total geral aproximado de 5 a 6 mil pessoas por noite. A natureza desses albergues e de sua clientela é a mesma que verificamos em outras cidades; em cada quarto, cinco a sete colchões diretamente sobre o piso e sobre eles instalam-se, todas misturadas, o maior número possível de pessoas; é desnecessário descrever a atmosfera física e moral que reina nesses antros de vício. Cada um desses albergues é um centro de crimes e cenário de atos que repugnam à consciência humana e que nunca se perpetrariam não fora essa concentração forçada de imoralidade.

De acordo com Gaskell[14], o número de indivíduos que vivem em porões, apenas em Manchester, é de 20 mil; nessa condição, o *Weekly Dispatch* indica, "segundo relatórios oficiais", o percentual de 12% da classe operária, e essa avaliação parece corresponder a outra – de fato, calculando em 175 mil os operários, 12% equivalem a cerca de 21 mil[a]. Mas, nos arredores da cidade, as habitações em porões são *no mínimo* igualmente numerosas e, em consequência, o quantitativo de pessoas que vivem em subsolos no aglomerado de Manchester não é inferior a 40 ou 50 mil.

Eis o que se pode afirmar acerca das habitações dos operários nas grandes cidades: o modo como é satisfeita a necessidade de um teto é um critério que nos permite saber como são satisfeitas as outras necessidades. É

---

[14] P. Gaskell, *The Manufacturing Population of England, its Moral, Social and Physical Condition, and the Changes which have arising from the Use of Steam Machinery, with an Examination of Infant Labour. Fiat Justitia* [A população dos operários fabris na Inglaterra, sua condição moral, social e física e as mudanças causadas pela utilização de máquinas a vapor. Com uma investigação sobre o trabalho infantil. Que a justiça seja feita], (Londres, 1833). Descreve principalmente as condições dos operários do Lancashire. O autor é um liberal, mas escrevia num tempo em que ainda não era tarefa do liberalismo louvar a "felicidade" dos operários – por isto, ainda não tem preconceitos e pode ver os males do regime vigente, particularmente do sistema fabril. Por outra parte, ele escreve antes da *Factories Inquiry Commission* [Comissão de Investigação sobre as Fábricas], extraindo de fontes duvidosas muitas afirmações que, posteriormente, foram refutadas pelo relatório da comissão. Por essa razão, e porque o autor, assim como Kay, confunde a classe operária em geral com a classe dos operários fabris em particular, a obra, sendo boa no conjunto, deve ser utilizada com cautela no que tange a aspectos específicos. A história da evolução do proletariado que reportamos na Introdução foi, em grande parte, extraída dessa obra.

[a] "Wild Beast and Rational Beings" [Animais selvagens e seres racionais], *Weekly Dispatch*, n. 2.219, 5 de maio de 1844.

muito fácil concluir que nesses sujos covis só pode morar uma população esfarrapada e mal alimentada. Justa conclusão. As roupas da esmagadora maioria dos operários estão em péssimas condições, os tecidos empregados em sua confecção são os menos apropriados e o linho e a lã quase desapareceram do vestuário de homens e de mulheres, substituídos pelo algodão; as camisas são de algodão branco ou colorido e as roupas femininas são de chita estampada; nos varais, raramente se veem secar roupas interiores de lã. Em sua maior parte, os homens usam calças de fustão ou de qualquer outro tecido grosso de algodão e casacos e paletós do mesmo pano. Os paletós de fustão (*fustian*) tornaram-se o traje típico dos operários, estes os chamam de *fustian-jackets*, mesma denominação utilizada por eles para se referirem a si mesmos em oposição aos cavalheiros que se vestem com lã (*broad-cloth*), expressão também empregada para designar a classe média; quando veio a Manchester, durante a insurreição de 1842[a], Fergus O'Connor, líder dos cartistas, apareceu com um paletó de fustão, arrancando aplausos entusiasmados dos operários. Na Inglaterra, o uso do chapéu é generalizado, inclusive entre os operários – chapéus das mais variadas espécies, redondos, cônicos e cilíndricos, com abas largas ou estreitas; bonés só são usados nas cidades industriais pelos mais jovens; quem não tem um chapéu, faz para si mesmo, com papelão, um gorro baixo e quadrangular.

Todo o vestuário dos operários – mesmo supondo-se que esteja em boas condições – é pouco adequado ao clima. O ar úmido da Inglaterra, onde as bruscas mudanças do tempo provocam rápidas quedas de temperatura, obriga quase toda a classe média a trazer roupas de flanela sobre a pele do tórax, e é quase generalizado o uso de cachecóis, camisas e casacos de flanela. A classe operária não só desconhece essa precaução, como ainda dificilmente tem condições de proteger-se com um só fio de lã. Os pesados tecidos de algodão, embora frequentemente mais grossos e densos que os de lã, protegem muito menos que estes da umidade e do frio – por sua espessura e sua própria natureza, conservam-se úmidos por mais tempo e em geral são muito mais permeáveis que a lã cardada. E se

---

[a] A "insurreição de 1842" designa a greve de agosto de 1842 em algumas áreas industriais (Lancashire e Yorkshire, especialmente), durante a qual, em algumas cidades, ocorreram confrontos armados entre operários e forças policiais (que contaram com a ajuda do exército). Mais adiante, Engels deter-se-á sobre esse evento.

alguma vez, excepcionalmente, o operário pode comprar um paletó de lã para uso dominical, vai às lojas mais barateiras – onde lhe oferecem um tecido ordinário chamado *devil's dust*[a], feito "só para ser vendido, não para ser usado", e que ao fim de quinze dias está esgarçado ou rasgado – ou então dirige-se às lojas de roupas usadas, onde consegue uma peça meio puída, que já teve dias melhores e em pouco tempo estará imprestável.

Mencione-se ainda o mau estado das roupas da maioria dos trabalhadores e a necessidade em que se veem frequentemente de levar as poucas peças apresentáveis às casas de penhores. Todavia, para um grande, imenso número deles, principalmente para os de origem irlandesa, as roupas não passam de verdadeiros farrapos, já impossíveis de remendar ou de reconhecer a cor original em razão da quantidade de remendos. No entanto, os ingleses e os anglo-irlandeses continuam a remendá-las e tornaram-se mestres nessa arte – pedaços de lã ou juta sobre fustão e vice-versa, pouco lhes importa; já os autênticos emigrados irlandeses, esses quase nunca remendam, apenas em casos absolutamente extremos, quando a roupa corre o risco de desmanchar-se; é comum vê-los com camisas rotas, cujas tiras pendem através dos rasgos do casaco ou das calças; nas palavras de Thomas Carlyle:

> [usam] um paletó tão esfarrapado que vesti-lo ou despi-lo representa uma das operações mais difíceis, à qual só se procede em dias de festa ou em ocasiões particularmente favoráveis.[15]

Os irlandeses também introduziram na Inglaterra o costume, antes desconhecido, de andar descalço. Hoje, em todas as cidades industriais, veem-se muitíssimas pessoas, sobretudo mulheres e crianças, andando descalças e pouco a pouco esse hábito vai se difundindo entre os ingleses pobres.

O que é verdade para o vestuário, é-o também para a alimentação. Aos trabalhadores resta o que repugna à classe proprietária. Nas grandes cidades da Inglaterra, pode-se ter de tudo e da melhor qualidade, mas a preços proibitivos e o operário, que deve sobreviver com poucos recursos, não pode pagá-los. Ademais, o operário, na maior parte dos casos, recebe seu salário somente no sábado à tarde (alguns pagamentos começaram a ser

---

[a] Literalmente: *poeira do diabo*; tecido à base de fibras de lã de má qualidade. A expressão deriva do fato de, em inglês, a máquina com a qual se processavam essas fibras chamar-se *devil*.

[15] Thomas Carlyle, *Chartism* [Cartismo] (Londres, 1840), p. 28. Sobre Carlyle, veja-se adiante. [Para essa referência de Engels, cf. nota 3, p. 324. (N.E.)]

feitos na sexta-feira à noite, mas esse sistema ainda não está generalizado) e, por isso, só vai ao mercado no final do sábado, por volta das quatro, cinco e até sete horas, quando o que havia de bom já foi comprado pela classe média. Pela manhã, o mercado transborda de coisas boas; mas quando chega o operário, esses produtos já acabaram – e ainda que lá estivessem, ele muito provavelmente não poderia comprá-los. Em geral, as batatas que adquire são de má qualidade, os legumes estão murchos, o queijo envelhecido é mau, o toucinho é rançoso e a carne é ressequida, magra, muitas vezes de animais doentes e até mesmo já em decomposição. Frequentemente, os vendedores são pequenos varejistas que compram mercadorias ordinárias em quantidade e as revendem a preço baixo exatamente por causa de sua má qualidade. Os operários mais pobres, para sobreviver com o pouco que ganham, devem recorrer – mesmo para adquirir produtos muito inferiores – a um artifício: como à meia-noite de sábado as mercearias têm de fechar e nada pode ser vendido no domingo, as sobras que se estragariam até segunda-feira de manhã são liquidadas, a partir das dez horas da noite do sábado, a preços irrisórios, embora nove décimos desses restos já não sejam comestíveis no domingo de manhã; mas precisamente essas sobras constituem o prato dominical da classe mais pobre, que as compra. Nessas circunstâncias, a carne vendida aos operários é intragável; porém, uma vez comprada, é consumida.

Em 6 de janeiro de 1844 (salvo erro meu)[a], reuniu-se o Tribunal do Mercado (*court leet*) de Manchester, que condenou onze açougueiros por venda de carne imprópria para consumo. Cada um deles ainda possuía um boi ou um porco inteiros, ou vários carneiros ou 50 a 60 libras de carne – tudo apreendido em função do estado impróprio em que se encontrava; e de um deles se confiscaram, já putrefatos, 64 gansos de Natal, recheados, que não haviam sido vendidos em Liverpool e foram transportados para Manchester. Esse episódio, com os nomes dos condenados e as respectivas multas, foi relatado pelo *Manchester Guardian*. Entre as seis semanas decorridas de 1º de julho a 14 de agosto, o mesmo jornal noticiou três casos análogos: de acordo com a edição de 3 de julho, foi apreendido em Heywood um porco de 200 libras, cuja carne putrefata estava à venda; a edição de 31 de julho informa que dois açougueiros de Wigan, um dos quais já acusado

---

[a] Engels enganou-se quanto à data: o que vai narrar foi documentado na edição de 10 de maio de 1843 do *Manchester Guardian*. Esse jornal, fundado em Manchester por J. E. Taylor em 1821, foi o primeiro porta-voz dos livre-cambistas e, depois, o órgão do Partido Liberal.

A situação da classe trabalhadora na Inglaterra

antes pelo mesmo delito, foram condenados a pagar multas, respectivamente, de duas e quatro libras esterlinas por venderem carne imprópria para o consumo; e, conforme a edição de 10 de agosto, numa mercearia de Bolton apreenderam-se 26 presuntos deteriorados: foram queimados em fogueira pública e o comerciante foi obrigado a pagar uma multa de 20 *shillings*.

No entanto, essas são ilustrações que obviamente não nos dão conta de todos os casos, nem ao menos representam, para essas seis semanas, uma média pela qual pudéssemos calcular um percentual anual. Há períodos em que cada edição do *Manchester Guardian*, que sai duas vezes por semana, relata um caso semelhante em Manchester ou nas vizinhanças. Se se considera que muitos casos permanecem impunes, dada a extensão dos mercados às margens das principais ruas, e escapam às raras investidas da fiscalização (de outro modo, como se explicaria o despudor com que essas peças inteiras de gado são postas à venda?); se se pensa que a tentação de vender carne estragada deve ser enorme, uma vez que as multas (como vimos acima) são incompreensivelmente pequenas; se se imagina, enfim, em que condições deve estar a carne para ser apreendida pelos fiscais como absolutamente imprópria para o consumo – se se leva em conta tudo isso, é impossível acreditar que, em geral, os operários possam comprar uma carne saudável e nutritiva.

Os operários, entretanto, ainda são ludibriados de outra maneira pela cupidez da classe média. Os varejistas e os fabricantes adulteram todos os gêneros alimentícios do modo mais irresponsável, com inteiro desprezo pela saúde dos que devem consumi-los. Acima, demos a palavra ao *Manchester Guardian*; agora, escutemos o que diz outro jornal da classe média – agrada-me recolher os testemunhos de meus adversários –, escutemos o *Liverpool Mercury*:

> Vende-se manteiga salgada como manteiga fresca, cobrindo-a com uma camada de manteiga fresca ou colocando à mostra uma libra de manteiga fresca para ser provada e, depois da prova, vendendo manteiga salgada ou, ainda, retirando o sal pela lavagem e apresentando-a como fresca. Ao açúcar, mistura-se farinha de arroz ou outros gêneros baratos, assim vendidos a preços altos; até mesmo resíduos de sabão são misturados a outras substâncias e vendidos no açúcar. Mistura-se chicória ou outros produtos de baixo preço ao café moído; ao café não moído, dando-se-lhes forma de grãos, também se misturam outros artigos. Também é frequente misturar-se ao cacau uma finíssima terra escura que, banhada em gordura de carneiro, deixa-se mesclar facilmente com o cacau verdadeiro. O chá vem misturado com folhas de ameixeira e outros vegetais, ou então folhas de chá já servidas são recuperadas, tostadas em alta temperatura sobre placas de cobre para que retomem a cor e vendidas em seguida. A pimenta é adulterada com cascas de nozes moídas etc. O vinho do Porto é literalmente falsificado (com corantes, álcool

etc.), uma vez que se bebe mais na Inglaterra do que todo o Porto produzido em Portugal. E o tabaco é mesclado a substâncias de toda espécie, qualquer que seja a forma sob a qual é posto à venda.[a]

(Posso acrescentar que, em virtude da falsificação geral do tabaco, universalmente difundida, alguns dos mais respeitados tabaqueiros de Manchester declararam publicamente, no verão passado, que nenhuma firma poderia subsistir sem adulterar o produto e que nenhum cigarro com preço inferior a três *pence* é composto apenas por tabaco.)

É evidente que, as adulterações não se limitam aos gêneros alimentícios e eu poderia citar mais uma dúzia delas – entre outras, a prática infame de misturar gesso ou argila à farinha. Recorre-se à fraude na venda de toda sorte de produtos: flanelas e peças de roupas são esticadas para que pareçam maiores e encolhem à primeira lavagem; cortes de tecido são vendidos como se tivessem uma largura de duas ou três polegadas a mais; a louça recebe uma camada tão fina de esmalte que praticamente não é esmaltada e lasca com facilidade – e mais um sem número de expedientes vergonhosos, *tout comme chez nous*[b].

No entanto, são os operários que pagam o ônus principal desses logros. O rico não é enganado porque pode pagar os preços altos dos grandes estabelecimentos comerciais, que devem zelar por seu bom nome e prejudicariam a si mesmos se vendessem mercadorias de baixa qualidade ou adulteradas; o rico, acostumado à boa mesa, tem o paladar apurado e descobre a fraude com mais facilidade. Todos os gêneros falsificados, ou até envenenados, destinam-se ao pobre, ao operário – para quem uns poucos centavos representam muito, que tem de comprar muitas coisas com pouco dinheiro, que não tem o direito nem a possibilidade de avaliar a qualidade, mesmo porque nunca dispôs da oportunidade de educar seu gosto. Ele deve procurar as pequenas lojas, onde muitas vezes pode comprar a crédito, lojas que, em função de seu pequeno capital e de suas desvantagens diante dos atacadistas, estão impossibilitadas de vender mercadorias da mesma qualidade ao mesmo preço dos grandes estabelecimentos e que, por causa dos preços baixos que lhes pedem seus fregueses e da concorrência, são constrangidas a fornecer, intencionalmente ou não, produtos adulterados. Por outra parte, se, para um grande comerciante que investiu

---

[a] A fonte de Engels é a edição do *Liverpool Mercury*, de 9 de fevereiro de 1844; mas a citação não é literal: Engels resume o conteúdo da matéria publicada.

[b] Em francês, no original: "exatamente como entre nós".

em seu negócio um capital considerável, a descoberta de uma fraude pode significar a ruína, uma vez que perde crédito, para um pequeno varejista, que tem sua freguesia numa única rua, que lhe importa ser acusado de fraude? Se perde a credibilidade em Ancoats, muda-se para Chorlton ou Hulme, onde ninguém o conhece, e retoma a prática fraudulenta – ademais, a legislação pune apenas algumas falsificações, exceto se vierem acompanhadas de fraudes fiscais.

Mas não é só no que toca à qualidade que o operário inglês é logrado; também o é no que tange à quantidade. Em sua grande maioria, os pequenos comerciantes têm medidas e pesos adulterados e os relatórios policiais registram diariamente um número incrível de delitos desse gênero. Alguns excertos do *Manchester Guardian* revelam a que ponto esse tipo de fraude está generalizado nos bairros operários – observe-se que dizem respeito a um curto lapso de tempo e que, mesmo para esse período breve [a], não posso recorrer a *todas* as edições do jornal:

- edição de 16 de junho de 1884. Sessões do Tribunal de Rochdale: quatro merceeiros condenados a pagar multas de cinco a dez *shillings* por uso de pesos falsificados. Sessões do Tribunal de Stockport: dois merceeiros condenados a pagar multas de um *shilling*; um deles usava sete pesos falsificados e uma balança viciada; ambos já haviam sido advertidos;
- edição de 19 de junho. Sessões do Tribunal de Rochdale: multas a um merceeiro (cinco *shillings*) e a dois camponeses (dez *shillings*);
- edição de 22 de junho. Tribunal de Paz de Manchester: dezenove merceeiros condenados a pagar multas (de 2,5 *shillings* a 2 libras);
- edição de 26 de junho. Sessão do Tribunal de Ashton: catorze merceeiros e camponeses condenados a pagar multas (de 2,5 *shillings* a 1 libra). Sessão breve do Tribunal de Hyde: nove camponeses e merceeiros condenados a pagar multas de cinco *shillings,* mais as custas judiciais;
- edição de 6 de julho. Manchester: dezesseis merceeiros condenados a pagar multas de até dez *shillings*, mais as custas judiciais;
- edição de 13 de julho. Manchester: nove merceeiros condenados a pagar multas (de 2,5 a 20 *shillings*);
- edição de 24 de julho. Rochdale: quatro merceeiros condenados a pagar multas (de dez a vinte *shillings*);

---

[a] Engels recorrerá, nas próximas linhas, às edições do jornal publicadas entre junho e agosto de 1844.

- edição de 27 de julho. Bolton: doze merceeiros e hoteleiros condenados ao pagamento de custas judiciais;
- edição de 3 de agosto. Bolton: três merceeiros condenados a pagar multas (de 2,5 a 5 *shillings*);
- edição de 10 de agosto. Bolton: um merceeiro multado em cinco *shillings*.

As mesmas razões pelas quais os operários são as vítimas principais das fraudes na qualidade explicam que também o sejam no que toca às fraudes relativas à quantidade.

A alimentação habitual de cada operário varia naturalmente em função do salário. Os operários mais bem pagos, em especial os operários fabris, em cuja família todos os membros conseguem ganhar alguma coisa, têm – enquanto essa situação perdura – uma boa alimentação: carne todos os dias e, à noite, toucinho e queijo. Nas famílias que ganham menos, só há carne aos domingos ou, às vezes, em dois ou três dias da semana; em compensação, comem-se mais batata e pão. À medida que descemos na escala salarial, verificamos que a alimentação à base de carne se reduz a alguns pedaços de toucinho misturados à batata; descendo ainda mais, até o toucinho desaparece, permanecendo o queijo, a batata, o pão e o mingau de aveia (*porridge*); quando chegamos aos irlandeses, restam apenas as batatas como único alimento. Geralmente, a comida é acompanhada de um chá ligeiro, mesclado com um pouco de açúcar, leite ou aguardente. Na Inglaterra, e também na Irlanda, o chá é tido como uma bebida tão necessária e indispensável quanto, entre nós, o café – e, na casa onde não se toma chá, reina sempre a mais negra miséria.

Mas tudo isso só é verdade se o operário está empregado; desempregado, fica à mercê da sorte e come o que lhe dão, o que mendiga ou... o que rouba – e se não encontra nada, simplesmente morre de fome, como já dissemos. É fácil compreender que tanto a qualidade como a quantidade da alimentação dependem do salário e que, entre os operários mais mal pagos, em especial entre aqueles que têm uma família numerosa, a fome impera, mesmo em períodos nos quais há empregos. E o contingente de operários mal pagos é enorme. Principalmente em Londres, onde a concorrência entre os operários cresce na proporção direta do crescimento da população, essa categoria – que encontramos em todas as cidades – é imensa. Por isso, aí se recorre a todos os expedientes: cascas de batatas, restos de legumes, vegetais apodrecidos[16], tudo serve como alimento, recolhe-se tudo que pode conter um só átomo de substância comestível. Acontece com frequência que, acabando o salário semanal antes do fim da semana, nos últimos dias a família careça de alimentação ou tenha apenas o estritamente necessário para não morrer de fome. É claro que semelhante modo de vida só pode originar toda sorte de doenças; quando as enfermidades chegam, quando o homem – cujo trabalho sustenta a família e cuja atividade física exige mais alimentação e, por conseguinte, é o primeiro a adoecer –, quando esse homem adoece, é então que começa a grande miséria. E é então que se manifesta, agora de forma mais aguda, a brutalidade com a qual a sociedade abandona seus membros justamente quando mais precisam de sua ajuda.

À guisa de conclusão, resumamos os fatos.

As grandes cidades são habitadas principalmente por operários, já que, na melhor das hipóteses, há um burguês para dois, muitas vezes três e, em alguns lugares, quatro operários; esses operários nada possuem e vivem de seu salário, que, na maioria dos casos, garante apenas a sobrevivência cotidiana. A sociedade, inteiramente atomizada, não se preocupa com eles, atribuindo-lhes o encargo de prover suas necessidades e as de suas famílias, mas não lhes oferece os meios para que o façam de modo eficaz e permanente. Qualquer operário, mesmo o melhor, está constantemente exposto ao perigo do desemprego, que equivale a morrer de fome e são muitos os que sucumbem. Por regra geral, as casas dos operários estão mal localizadas, são mal construídas, malconservadas, mal arejadas, úmidas e insalubres; seus habitantes são confinados num espaço mínimo e, na maior parte dos casos, *num único cômodo* vive *uma família inteira*; o interior das casas é miserável: chega-se mesmo à ausência total dos móveis mais indispensáveis. O vestuário dos operários também é, por regra geral, muitíssimo pobre e, para uma grande maioria, as peças estão esfarrapadas. A comida é frequentemente ruim, muitas vezes imprópria, em muitos casos – pelo menos em certos períodos – insuficiente e, no limite, há mortes por fome. A classe operária das grandes cidades oferece-nos, assim, uma escala de diferentes con-

---

[16] *Weekly Dispatch*, abril ou maio de 1844, de acordo com um relatório do doutor Southwood Smith acerca das condições dos pobres em Londres. [É provável tratar-se de uma edição de 5 de maio; o doutor Southwood Smith (cf. índice onomástico, p. 367) era bastante conhecido por suas pesquisas sobre as condições da vida dos pobres londrinos, e produziu vários relatórios – no marco de comissões oficiais – entre 1838 e 1840. (N.E.)]

dições de vida: no melhor dos casos, uma existência momentaneamente suportável – para um trabalho duro, um salário razoável, uma habitação decente e uma alimentação passável (do ponto de vista do operário, é evidente, isso é bom e tolerável); no pior dos casos, a miséria extrema – que pode ir da falta de teto à morte pela fome; mas a média está muito mais próxima do pior que do melhor dos casos. E essa escala não se compõe de categorias fixas, que nos permitiriam dizer que esta fração da classe operária vive bem, aquela mal, enquanto as coisas permanecem como estão; ao contrário: se, no conjunto, alguns setores específicos gozam de vantagens sobre outros, a situação dos operários no interior de cada segmento é tão instável que qualquer trabalhador pode ter de percorrer todos os degraus da escala, do modesto conforto à privação extrema, com o risco da morte pela fome – de resto, quase todos os operários ingleses têm algo a dizer sobre notáveis mudanças do acaso. São as causas de tudo isso que agora examinaremos mais de perto.

A concorrência

Na Introdução, vimos como, desde o início da revolução industrial, a concorrência deu origem ao proletariado: aumentando o salário dos tecelões, pelo crescimento da demanda de tecidos, ela induziu os camponeses-tecelões a abandonar a agricultura e dedicar-se apenas à tecelagem para ganhar mais. Vimos igualmente como o surgimento da grande exploração agrícola expropriou os pequenos camponeses, reduziu-os à condição de proletários e despejou a maioria deles nas cidades. Vimos como grande parte da pequena burguesia foi arruinada e também arremessada às fileiras do proletariado. Vimos como o capital se concentrou em poucas mãos e como a população se aglutinou nas grandes cidades. Por esses meios e modos, a concorrência – manifestando-se em toda a sua plenitude e livremente potenciada na indústria moderna – criou e desenvolveu o proletariado. Examinaremos agora sua influência sobre o proletariado já existente, mas antes precisamos estudar os resultados da concorrência dos trabalhadores entre si.

A concorrência é a expressão mais completa da guerra de todos contra todos que impera na moderna sociedade burguesa[a]. Essa guerra, uma guerra pela vida, pela existência, por *tudo* e que, em caso de necessidade, pode ser uma guerra de morte, não se trava apenas entre as diferentes classes da sociedade, mas também entre os diferentes membros dessas classes: cada um constitui um obstáculo para o outro e, por isso, todos procuram eliminar quem quer que se lhes cruze o caminho e tente disputar seu lugar. Os operários concorrem entre si tal como os burgueses. O tecelão que opera um tear

---

[a] No original engelsiano, *bürgerliche Gesellschaft*. Marx e Engels utilizaram a expressão tanto para denotar a *sociedade burguesa* como para indicar o que Hegel, na esteira dos ingleses e dos franceses do século XVIII, compreendeu como *sociedade civil*, ou seja, a sociedade tomada em suas relações puramente econômico-civis e, portanto, distinta do Estado, condensação das relações políticas.

mecânico concorre com o tecelão manual; o tecelão manual desempregado ou mal pago concorre com aquele que está empregado ou é mais bem pago e procura substituí-lo. Essa concorrência entre os trabalhadores, no entanto, é o que existe de pior nas atuais condições de vida do proletariado: constitui a arma mais eficiente da burguesia em sua luta contra ele. Daí os esforços do proletariado para suprimir tal concorrência por meio da associação e daí o furor da burguesia contra essas associações e seu grande júbilo a cada derrota que consegue impor-lhes.

O proletariado é desprovido de tudo – entregue a si mesmo, não sobreviveria um único dia, porque a burguesia se arrogou o monopólio de todos os meios de subsistência, no sentido mais amplo da expressão. Aquilo de que o proletariado necessita, só pode obtê-lo dessa burguesia, cujo monopólio é protegido pela força do Estado. Eis por que o proletariado, de direito e de fato, é escravo da burguesia, que dispõe sobre ele de um poder de vida e de morte. Ela lhe oferece os meios de subsistência, mas em troca de um "equivalente" – seu trabalho; e chega ao ponto de lhe dar a aparência de agir segundo sua própria vontade, de estabelecer livremente com ela um contrato, sem constrangimentos, como se o proletariado fosse o autor de seu próprio destino. Bela liberdade, que deixa ao proletariado, como alternativa à aceitação das condições impostas pela burguesia, a chance de morrer de fome, de frio, de deitar-se nu e dormir como animal selvagem! Belo "equivalente", cujo montante é inteiramente deixado ao arbítrio da burguesia! E se o operário for suficientemente louco para preferir morrer de fome a se submeter às "justas" propostas dos burgueses, seus *"superiores naturais"*[1]? Ora, é fácil encontrar um outro que as aceite, pois há muitos proletários no mundo e nem todos são insensatos o bastante para preferir a morte à vida.

Eis o que é a concorrência entre os proletários. Se *todos* os proletários afirmassem sua decisão de morrer de fome a trabalhar para a burguesia, esta seria obrigada a renunciar ao seu monopólio. Mas não é o que ocorre: essa possibilidade é praticamente irrealizável e, por isso, a burguesia prospera. Essa concorrência entre os operários tem apenas um limite: nenhum deles se dispõe a trabalhar por menos que o necessário para sua subsistência; se deve morrer de fome, não morrerá trabalhando. Obviamente, esse limite é relativo: uns têm necessidades maiores que outros; o inglês, que conserva um certo grau de civilidade, tem maiores exigências que o irlandês, que anda

---

[1] Expressão favorita dos industriais ingleses.

esfarrapado, come batatas e dorme numa pocilga. Mas isso não impede que o irlandês concorra com o inglês e reduza gradativamente o salário deste – e, assim, seu grau de civilidade – ao seu próprio nível. Certos trabalhos exigem um determinado grau de civilidade, e esse é o caso de quase todos os trabalhos industriais; por isso, é do próprio interesse da burguesia garantir um salário suficientemente alto para que o operário se mantenha nesse nível. O irlandês, recém-imigrado, alojado no primeiro estábulo que encontra e, mesmo quando encontra uma habitação suportável, quase sempre é logo expulso dela porque gasta tudo em bebida e não pode pagar o aluguel, será um mau operário fabril. Ao operário fabril é preciso garantir um salário que lhe permita educar os filhos para um trabalho regular – mas apenas o suficiente para que não possa dispensar o salário dos filhos e não faça deles algo mais que operários. E, também aqui, o limite mínimo do salário é relativo. Numa família em que todos trabalham, cada um pode contentar-se com um pagamento proporcionalmente menor e a burguesia, com vistas na redução dos salários, aproveitou-se largamente da oportunidade, propiciada pela mecanização, de empregar mulheres e crianças. Naturalmente, nem todas as famílias têm todos os seus membros em condições de trabalhar e uma família assim encontraria muitas dificuldades se aceitasse o mínimo salarial calculado para aquelas que têm todos os seus membros empregados. Por isso, o salário acaba por nivelar-se numa média, com base na qual uma família em que todos trabalham vive razoavelmente bem, ao passo que aquela que conta com poucos membros empregados vive bastante mal. Mas no pior dos casos, o operário, para subsistir, preferirá renunciar ao grau de civilidade a que estava habituado: preferirá morar numa pocilga a não ter teto, aceitará farrapos para não andar desnudo, comerá batatas para não morrer de fome. Preferirá, na esperança de dias melhores, aceitar metade do salário a sentar-se silenciosamente numa rua e morrer na frente de todo mundo, como já aconteceu com tantos desempregados. É esse pouco, quase nada, que constitui o mínimo de salário. E se há mais operários que aqueles que à burguesia interessa empregar, se, ao término da luta concorrencial entre eles, ainda resta um contingente sem trabalho, esse contingente deverá morrer de fome, porque o burguês só lhe oferecerá emprego se puder vender com lucro o produto de seu trabalho.

Essas indicações nos permitem compreender o que é o mínimo de salário. Quanto ao máximo, este é estabelecido pela concorrência entre os burgueses – já vimos que eles também concorrem entre si. O burguês só pode acrescer seu capital pelo comércio ou pela indústria e, nos dois casos, precisa de operários. Também precisa deles indiretamente se coloca seu capital a render juros porque, sem comércio e indústria, ninguém poderia pagar-lhe juros, ninguém poderia utilizar seu capital. Nesse sentido, é certo que o burguês precisa do proletário, não para sua existência imediata – poderia, para tanto, consumir seu capital –, mas para seu enriquecimento, na mesma medida em que se tem necessidade de um artigo de comércio ou de uma besta de carga. O proletário produz para o burguês as mercadorias que este vende com lucro; quando a procura dessas mercadorias aumenta a ponto de os operários, que concorrem entre si, terem todos trabalho e ainda faltarem trabalhadores, a concorrência entre eles cessa e é a vez de os burgueses concorrerem entre si. O capitalista que procura operários sabe muito bem que, com os preços em alta por consequência do aumento da demanda, pode obter lucros maiores e, por isso, preferirá pagar um salário um pouco superior a perder esse ganho – ele se servirá da salsicha para chegar ao presunto e, alcançando-o, deixará de bom grado a salsicha ao proletário. É assim que os capitalistas arranjam operários e o salário aumenta – mas nunca acima do que permite o crescimento da demanda. Se o capitalista, nesse caso disposto a sacrificar algo de seu ganho extraordinário, tiver de sacrificar alguma parcela de seu lucro ordinário, isto é, médio, ele evitará pagar salários maiores que o salário médio.

Podemos, então, definir o salário médio. Em condições médias – ou seja, quando nem operários nem capitalistas têm motivos para empreender a concorrência entre si, quando o número de operários é *exatamente* aquele que pode ser empregado para a produção das mercadorias demandadas –, o salário será um pouco superior ao mínimo. Em quanto o ultrapassará, isso depende das necessidades médias e do grau de civilidade dos operários. Se os operários estão habituados a consumir carne várias vezes por semana, os capitalistas deverão resignar-se a pagar-lhes um salário que lhes permita comprar tal alimento; não pagarão menos porque os operários, que não estão concorrendo entre si, não têm motivos para contentar-se com menos; e não pagarão mais porque, à falta de concorrência entre os capitalistas, não precisam oferecer vantagens adicionais para atrair operários.

Como já sugerimos, a determinação das necessidades médias e do grau de civilidade dos operários, dadas as complexas relações existentes na indústria inglesa moderna, é tarefa complicada, mesmo porque ela varia nas diferentes categorias de operários. Todavia, quase todos os trabalhos industriais exigem certa habilidade e regularidade, que requerem certo grau de civilidade; eis por que o salário médio deve ser tal que permita ao operário adquirir aquela habilidade e incorporar aquela regularidade. Por isso, o salário médio dos operários industriais é em geral mais alto que o dos simples carregadores, jornaleiros etc. e notavelmente mais alto que o dos operários agrícolas, em razão também, sem dúvida, da carestia dos meios de subsistência nas cidades.

Para falar com clareza: o operário é, de direito e de fato, um escravo da classe proprietária, da burguesia; é seu escravo a ponto de ser vendido como uma mercadoria e, tal como uma mercadoria, seu preço aumenta e diminui. Se a procura por operários cresce, seu preço sobe; se diminui, seu preço cai; e se a procura cai a ponto de um certo número de operários não ser vendável, eles ficam como que *em estoque* e, como não há emprego que lhes forneça meios para subsistir, morrem de fome. De fato, para usar a linguagem dos economistas, as somas gastas para mantê-los vivos não seriam "reproduzidas", seriam dinheiro jogado fora e ninguém faz isso com seu capital. Nessa medida, a teoria da população de Malthus está perfeitamente justificada. Toda a diferença com relação à escravatura declarada da Antiguidade consiste em que o operário moderno *parece* ser livre, uma vez que não é vendido de maneira definitiva, mas pouco a pouco, diariamente, semanalmente, anualmente – e não é vendido por um proprietário a outro, mas vende-se ele mesmo, porque não é escravo de um indivíduo, é escravo de toda a classe proprietária. No fundo, para o operário, as coisas não mudaram; se essa aparência de liberdade, por um lado, oferece-lhe certa liberdade *real*, por outro lhe traz a desvantagem de ninguém lhe garantir a sobrevivência, de poder ser despedido pelo patrão a qualquer momento e ser condenado à morte pela fome a partir do instante em que à burguesia não interesse mantê-lo vivo. Por seu turno, nesse estado de coisas, a burguesia está muito mais à vontade que no antigo escravismo, já que pode dispensar quando quiser sem perder nada do capital investido – e, ademais, obtém um trabalho muito mais barato que aquele obtido com escravos, como, para o conforto dos burgueses, bem o demonstra Adam Smith[2]. Donde toda razão assistir a este quando formula a tese segundo a qual:

---

[2] "Afirma-se que um escravo é utilizado à custa do seu senhor, enquanto um trabalhador livre é utilizado à sua própria custa. De fato, a utilização deste último, como a do primeiro, faz-se à custa de seu patrão. O salário pago a jornaleiros e a empregados de todas as espécies deve ser tal que garanta a eles reproduzir-se segundo a sua procura pela sociedade, procura ora crescente, ora estacionária, ora decrescente. No entanto, ainda que a utilização do trabalhador livre se faça à custa de seu patrão, ela custa a este muito menos que a de um escravo. O fundo destinado a reparar, se se pode dizer assim, ou substituir a utilização de um escravo é frequentemente gerido por um senhor desatento ou um escravo negligente." (Adam Smith, *Wealth of Nations* [A riqueza das nações], I, 8, p. 134 da edição em 4 volumes de McCulloch). [Nesta tradução, seguiu-se a citação de Engels; para uma versão mais rigorosa, cf. Adam Smith, *Inquérito sobre a natureza e as causas da riqueza das nações* (Lisboa, Fundação Calouste Gulbenkian, 1999, I), p. 199. (N.E.)]

a demanda de trabalhadores, assim como a demanda de qualquer outra mercadoria, regula sua produção, ou seja, a quantidade de indivíduos produzidos, uma vez que a acelera quando é muito lenta e a trava quando é muito rápida.[3]

Assim como a demanda de qualquer outra mercadoria! Se há poucos trabalhadores, o preço (isto é, o salário) sobe, os operários vivem melhor, os casamentos se multiplicam, aumentam os nascimentos, cresce o contingente de crianças, até que se produza o número suficiente de operários; se há muitos trabalhadores, o preço cai, vem o desemprego, a miséria, a fome e, em consequência, as epidemias, que varrem a "população supérflua". E Malthus, que posteriormente desenvolveu aquela afirmação de Smith, a seu modo tem razão ao sustentar que sempre há população supérflua, indivíduos demais no mundo – apenas equivocou-se de todo ao sustentar que há mais indivíduos do que aqueles que os meios de subsistência existentes podem alimentar. A população supérflua é produto da concorrência entre os trabalhadores, que obriga cada trabalhador a laborar cotidianamente até o limite de suas forças. Se um industrial pode empregar dez operários que trabalhem nove horas por dia e a jornada for estendida para dez horas, ele empregará só nove, deixando desocupado o décimo; e, num período em que a procura de operários não for grande, ele pode, ameaçando com a demissão, obrigá-los a trabalhar uma hora a mais pelo mesmo salário – desempregando o décimo operário e economizando seus gastos salariais. O que ocorre em pequena escala numa fábrica ocorre em grande escala numa nação. A concorrência recíproca que eleva ao máximo o desempenho de cada trabalhador, a divisão do trabalho, a introdução das máquinas e a utilização das forças naturais provocam o desemprego de um grande número de operários – e esses desempregados já não contam no mercado, não podem comprar nada e, consequentemente, as mercadorias que antes adquiriam têm reduzida a sua demanda; logo, não é preciso produzi-las e os operários que as fabricavam também são despedidos, deixam de contar no mercado e assim sucessivamente, sempre segundo o mesmo ciclo, ou melhor, seria sempre assim não fosse a intervenção de outros fatores.

De fato, os meios industriais supracitados, introduzidos com vistas no aumento da produção, em longo prazo provocam uma redução nos preços dos artigos produzidos e, consequentemente, um aumento de seu consu-

---

[3] Loc. cit. [Essa passagem encontra-se na p. 133 da edição citada por Engels; na edição Gulbenkian, referida na nota anterior, encontra-se na p. 198. (N.E.)]

mo, de modo tal que uma grande parte dos operários desempregados encontra afinal, depois de passar por um longo período de sofrimento, um lugar nos novos ramos da indústria. Se se acrescer a isso, como no caso da Inglaterra nos últimos sessenta anos, a conquista de mercados estrangeiros, o que provoca o aumento rápido e constante da demanda de produtos manufaturados, tem-se então, na mesma proporção, o aumento da demanda de trabalhadores e, com ela, o crescimento da população. Assim, ao invés de reduzir-se, a população do Império Britânico cresceu rapidamente e ainda cresce de modo constante – e, embora a indústria não cesse de se desenvolver e a demanda por operários continue aumentando, a Inglaterra, segundo a admissão de todos os partidos oficiais (*tories*, *whigs* e radicais), possui, apesar de tudo, uma população supérflua e excedente e, no conjunto, a concorrência *entre os trabalhadores* permanece maior que a concorrência *entre os patrões* para contratar operários.

A que se deve essa contradição? Deve-se à natureza mesma da indústria e da concorrência, bem como das crises comerciais delas derivadas. Dada a anarquia reinante na moderna produção e distribuição dos meios de subsistência, empreendidas não para a satisfação imediata das necessidades, mas para a obtenção do lucro, e dado o sistema em que cada um trabalha e enriquece sem se preocupar com os outros, é inevitável que a cada instante surjam perturbações. A Inglaterra, por exemplo, fornece as mais variadas mercadorias a uma grande série de países. Ainda que o industrial saiba a quantidade anual do consumo de um artigo em cada país, ele nunca sabe a magnitude dos estoques lá acumulados nem a quantidade exportada por seus concorrentes. Apenas as contínuas oscilações dos preços podem sugerir-lhe uma ideia aproximada das necessidades e dos estoques e assim ele é constrangido a expedir suas mercadorias às cegas; tudo se faz ao acaso, de modo irracional, mais ou menos fortuitamente. Basta uma pequena notícia favorável para que cada qual despache tudo que pode – e em pouco tempo aquele mercado está saturado de mercadorias, as vendas entravam, os capitais[a] não retornam, os preços caem e a indústria inglesa não pode oferecer trabalho a seus operários. No início do desenvolvimento industrial, esses estrangulamentos se limitavam a alguns ramos industriais e a alguns mercados; mas o resultado centralizador da ação da concorrência – lançando os operários desempregados de um ramo industrial para outros em que é mais fácil encontrar trabalho, transferindo para outros as mercadorias que

---

[a] Na edição de 1892, a palavra *Kapitalien* foi substituída por *Rückflüsse* (dividendos).

já não é possível escoar para determinado mercado – progressivamente fez convergir essas pequenas e limitadas crises numa única série de crises que se repetem periodicamente. Crises assim ocorrem comumente a cada cinco anos, depois de um breve período de prosperidade e de bem-estar geral; tanto o mercado interno quanto os externos se veem inundados de produtos ingleses que só lentamente podem se escoar; a atividade da indústria estagna em quase todos os ramos; os pequenos industriais e comerciantes, que não podem resistir ao atraso prolongado do retorno de seus capitais, entram em falência, enquanto os maiores suspendem seus negócios durante o pior momento, param suas máquinas ou as fazem operar apenas em "horário reduzido" (por exemplo, por meio dia); os salários caem, por causa da concorrência entre os desempregados, da redução do tempo de trabalho e da falta de vendas lucrativas; a miséria se generaliza entre os operários; as eventuais pequenas economias dos indivíduos são rapidamente devoradas; as instituições beneficentes se veem assoberbadas; o imposto para os pobres duplica, triplica e entretanto continua insuficiente; cresce o número de famintos; e de repente toda a massa da população "supérflua" revela sua impressionante magnitude. Isso dura algum tempo; os "supérfluos" safam-se como podem ou sucumbem; a beneficência e as leis sobre os pobres ajudam a prolongar vegetativamente a existência de muitos deles; outros encontram aqui e acolá, naqueles setores de trabalho mais afastados da indústria, menos suscetíveis à concorrência, alguma forma miserável de subsistência – e tão pouco basta ao homem para sobreviver por algum tempo! Pouco a pouco, a situação melhora; as mercadorias em estoque são escoadas e o desânimo geral reinante entre industriais e comerciantes impede que os mercados sejam rapidamente reabastecidos, mas enfim os preços se veem em alta e as notícias favoráveis que chegam de todas as partes estimulam a retomada das atividades.

Os mercados, em geral, ficam longe; antes que as novas importações cheguem a eles, a procura volta a crescer e, com ela, os preços; disputam-se as primeiras mercadorias a chegar, as primeiras vendas animam ainda mais o comércio; os carregamentos esperados prometem preços mais elevados e, na expectativa de novos aumentos, começa-se a proceder a compras especulativas, subtraindo assim ao consumo mercadorias que lhe estão destinadas precisamente no momento de maior necessidade – os especuladores fazem saltar ainda mais os preços, induzindo a novas importações. Todas essas notícias chegam à Inglaterra, os industriais retomam intensamente a produção, surgem novas fábricas, empregam-se todos os meios para aproveitar a conjuntura favorável. A especulação comparece, também aqui, com os mesmos efeitos que ocasiona nos mercados externos: faz saltar os preços e desvia as mercadorias do consumo, levando a produção industrial à extrema tensão; e então sobrevêm os especuladores "não solváveis" – que trabalham com capital fictício, vivem do crédito e se arruínam se não conseguem revender rapidamente –, lançando-se nessa caça desordenada e geral ao lucro, aumentando com sua paixão desenfreada a confusão e elevando vertiginosamente os preços e a produção. Trata-se de uma atividade frenética, que arrasta mesmo os indivíduos mais equilibrados e experientes: forjam, fiam e tecem como se devessem equipar de novo a humanidade inteira, como se tivessem descoberto milhões de novos consumidores na superfície da Lua.

Repentinamente, os especuladores "não solváveis" do ultramar, que necessitam de dinheiro muito depressa, começam a vender abaixo do preço do mercado; à sua primeira venda não se seguem outras, os preços flutuam, os especuladores atemorizados lançam suas mercadorias no mercado, o mercado se desequilibra, o crédito é afetado, uma firma depois da outra suspende os pagamentos, as falências sucedem-se e descobre-se que, no mercado e a caminho dele, a quantidade de mercadorias é três vezes maior que aquela demandada pelo consumo. As notícias chegam à Inglaterra, onde, todavia, continuou-se a produzir a pleno vapor – então, o pânico apodera-se dos espíritos, as falências no ultramar acarretam falências na Inglaterra, a paragem das vendas precipita na quebra outras empresas cujos estoques, por causa do medo, foram lançados no mercado e que, assim, potenciam o pânico. Eis o início de nova crise, que percorre as mesmas fases da anterior e, mais tarde, é seguida por outro período de prosperidade. O curso é sempre o mesmo: prosperidade, crise, prosperidade, crise – um ciclo eterno no qual se move, como dissemos, a indústria inglesa a cada cinco ou seis anos.

De tudo isso resulta que sempre, salvo nos curtos períodos de grande prosperidade, a indústria inglesa tem necessidade de uma reserva de trabalhadores desempregados precisamente para que possa produzir, durante os meses de maior atividade, a massa de mercadorias que o mercado reclama[a]. Essa reserva é mais ou menos numerosa conforme a situação do mercado determine ou não a ocupação de parte dela. E ainda que, nas condições de máxima atividade industrial, as zonas agrícolas, a Irlanda e setores menos

---

[a] Essa noção, que Marx vai conceitualizar como "exército industrial de reserva", não foi utilizada primeiramente por Engels; ela já aparece, por exemplo, num artigo publicado em junho de 1836 pelo *Northern Star*.

envolvidos pela retomada econômica possam fornecer por algum tempo um certo número de operários, estes constituem, de um lado, uma minoria e pertencem, de outro, à reserva, com a única diferença de que só quando ocorre um período de retomada se *prova* que eles fazem parte dela. Quando transitam para ramos da indústria mais prósperos, seus ex-patrões, a fim de reduzir o impacto de sua falta, aumentam a jornada de trabalho, empregam mulheres e trabalhadores mais jovens; e quando retornam, despedidos ao surgir uma nova crise, os que partiram constatam que seu posto de trabalho já está ocupado e que – pelo menos a maior parte deles – são supérfluos. Essa reserva – que durante as crises envolve uma enorme massa e, nos períodos que medeiam entre uma crise e outra, uma grande quantidade de trabalhadores – é a "população supérflua" da Inglaterra, que arrasta uma existência penosa, mendigando e roubando, varrendo ruas e recolhendo imundícies, transportando coisas com um carrinho de mão ou um burro, fazendo comércio ambulante ou biscates. Em todas as grandes cidades inglesas encontram-se multidões desses indivíduos que, como dizem os ingleses, "mantêm o corpo e a alma juntos" graças a pequenos ganhos ocasionais. São espantosos os expedientes a que esses indivíduos recorrem para ganhar qualquer coisa. Os varredores de rua (*cross sweeps*)[a] de Londres são conhecidos em todo o mundo; mas até pouco tempo atrás, também as ruas e calçadas de outras grandes cidades eram limpas por desempregados, contratados para esse fim pelas repartições encarregadas da assistência ou pelas autoridades responsáveis pela conservação das ruas; hoje, existe uma máquina que, diária e ruidosamente, limpa as ruas, tirando daqueles desempregados até mesmo esse meio de sobrevivência. Nas grandes vias que ligam as cidades e nas quais há muito movimento, encontra-se uma quantidade de indivíduos empurrando carrinhos de mão que, sob risco de atropelamento, circulam entre carroças e outros veículos de tração animal, recolhendo o esterco fresco dos cavalos para vendê-lo depois – para o que ainda pagam semanalmente alguns *shillings* à administração das estradas. Em muitas zonas, essa atividade é proibida, porque, não contendo a quantidade conveniente de esterco animal, o lixo recolhido pela administração não pode ser vendido como adubo. Afortunados são os "supérfluos" que conseguem arranjar um carrinho de mão e assim realizar alguns transportes; mais afortunados ainda são os que conseguem juntar dinheiro suficiente para comprar uma carroça e um burro – o animal terá de procurar comida

---

[a] Na edição de 1892, *crossing sweeps*.

por si mesmo ou receberá algum punhado de restos colhidos aqui e acolá, mas seu feliz proprietário ganhará um pouco de dinheiro.

A maior parte dos "supérfluos" dedica-se ao comércio ambulante. Especialmente nos sábados à noite, quando toda a população operária sai à rua, podem-se ver aqueles que vivem dessa atividade. Fitas, rendas, galões, laranjas, guloseimas, em resumo, todos os artigos imagináveis, são oferecidos por homens, mulheres e crianças. Mas também nos outros dias da semana veem-se circular ou parar nas ruas esses vendedores de laranjas, doces, *ginger beer* ou *nettle beer*[4]. Fósforos e coisas do gênero, cera, aparelhos para acender fogo etc. são igualmente artigos à venda. E ainda outros desempregados, os chamados *jobbers*[a], circulam pelas ruas em busca de qualquer trabalho ocasional; alguns deles conseguem trabalho por uma jornada, mas esses afortunados são poucos. Ouçamos o relato do reverendo W. Champneys, pastor no East End londrino:

> Em todas as manhãs de inverno, antes da alvorada, juntam-se, nas entradas de todas as docas de Londres, centenas de pobres que, na esperança de encontrar trabalho por um dia, esperam a abertura dos portões; depois que os mais jovens, os mais fortes e os mais conhecidos são contratados, centenas de outros retornam, desiludidos e humilhados, às suas miseráveis habitações.[b]

O que resta a essa gente – quando não encontra trabalho e não se dispõe a rebelar-se contra a sociedade – senão mendigar? Não há, pois, por que assombrar-se com o exército de pedintes, a maioria homens em condições de trabalhar, com o qual a polícia está constantemente em guerra. Mas a mendicância desses homens tem um caráter específico. Quase sempre errantes, em companhia da família, vão cantando pelas ruas versos lamurientos ou apelando à caridade dos passantes com um pequeno discurso; é surpreendente notar que esses mendigos se encontram em especial nos bairros operários e sobrevivem quase exclusivamente com as esmolas dos operários. Às vezes, toda a família se instala numa rua movimentada e deixa, sem nenhuma palavra, que o puro e simples espetáculo de sua mi-

---

[4] Duas bebidas gasosas e refrescantes, a primeira composta de água, açúcar e um pouco de gengibre, a segunda, de água, açúcar e urtigas, muito apreciadas pelos trabalhadores, especialmente os abstêmios.

[a] Indivíduos com pouca ou nenhuma qualificação, que trabalham por tarefa.

[b] O artigo de W. W. Champneys, "Metropolitan Misery" [Miséria metropolitana], sobre a situação dos portuários londrinos, apareceu primeiro no *Weekly Dispatch* e foi republicado pelo *Northern Star*, n. 338, edição de 4 de maio de 1844. Pastor anglicano e filantropo burguês, Champneys (1807-1875) criou uma "escola para pobres" e uma sociedade operária de ajuda mútua.

séria produza efeitos por si só. Também nesse caso só contam com a solidariedade dos operários, que sabem, por experiência, o que é a fome e que a todo momento podem encontrar-se na mesma situação – mesmo porque esse apelo mudo, e tão comovente, desenrola-se em especial nos bairros operários e nas horas em que os trabalhadores circulam, mas principalmente aos sábados à noite, quando as áreas operárias revelam nas ruas mais frequentadas os seus "mistérios" – de que a classe média procura afastar-se o mais possível. E quando um desses "supérfluos" tem coragem e paixão suficientes para rebelar-se expressamente contra a sociedade, respondendo com a guerra *aberta* à guerra *encoberta* que a burguesia lhe move, atira-se ao roubo, à pilhagem e ao assassinato.

Na Inglaterra e no País de Gales, de acordo com os relatórios de inspetores para a lei sobre os pobres, os "supérfluos" são em média 1,5 milhão; na Escócia, seu número não é minimamente conhecido, por causa da ausência de legislação sobre os pobres[a] – da Irlanda nós nos ocuparemos em particular. De resto, nesse 1,5 milhão só estão compreendidos aqueles que oficialmente recebem ajuda da assistência pública; exclui-se o enorme contingente daqueles que sobrevivem sem esse recurso derradeiro, aliás muito temido pelos pobres; acrescente-se, ainda, que boa parte desse 1,5 milhão pertence às áreas agrícolas e, por isso, não será considerada aqui.

É evidente que, numa crise, quando a miséria chega ao máximo, esse número aumenta sensivelmente. Tomemos, por exemplo, a crise de 1842 que, sendo a mais recente, foi também a mais violenta; de fato, a intensidade das crises cresce à medida que se reiteram, e a próxima, que eclodirá o mais tardar em 1847[b], será, com toda a probabilidade, ainda mais longa e violenta. Na crise de 1842, o imposto para os pobres, em todas as cidades, subiu a um nível até então sem precedentes. No caso de Stockport, sobre cada libra paga pelo aluguel de uma casa incidiam oito *shillings* de imposto para os pobres, de forma que ele representava, sozinho, 40% da quantia total dos aluguéis de toda a cidade; no entanto, ruas inteiras estavam desabitadas, a população reduziu-se em pelo menos vinte mil habitantes e podia-se ler nas portas das casas vazias: "Aluga-se Stockport" [*Stockport to let*]. Em Bolton, onde, nos anos normais, o montante dos aluguéis tributados com o imposto para os

---

[a] Engels equivoca-se: também na Escócia existia uma legislação sobre os pobres, ainda que diversa da inglesa.

[b] Na edição de 1887, acrescentou-se aqui uma nota de rodapé com a seguinte observação: "e ela eclodiu em 1847".

pobres chegava em média a 86 mil libras, caiu para 36 mil; em contrapartida, o número de pobres para socorrer subiu para 14 mil, ou seja, mais de 20% da população total. Em Leeds, a administração da assistência pública dispunha de um fundo de reserva de 10 mil libras, o qual, acrescido de 7 mil libras obtidas por meio de uma subscrição pública, esgotou-se rapidamente, antes até da crise atingir seu auge. Em todas as partes ocorreu o mesmo; um relatório sobre a situação das áreas industriais em 1842, baseado em dados fornecidos pelos industriais e preparado em janeiro de 1843 pelo Comitê da Liga contra a Lei dos Cereais[a], informa que o imposto para os pobres era então duas vezes maior que em 1839, mas que, no mesmo período de tempo, o número de necessitados havia triplicado ou até quintuplicado; que agora muitos postulantes à assistência pública pertenciam a classes sociais que antes jamais haviam solicitado ajuda; que os meios de subsistência de que a classe operária podia dispor eram no mínimo dois terços a menos em relação aos que dispunha em 1834-1836; que o consumo de carne havia caído muito, 20% em alguns locais, 60% em outros; que artesãos, ferreiros, pedreiros etc., que até então, mesmo nos períodos de crise mais grave, encontravam trabalho, agora também sofriam muito com a falta de trabalho e com os baixos salários; e que, ainda em janeiro de 1843, os salários continuavam caindo. E essas são informações dos industriais!

Operários desempregados, porque as fábricas estavam fechadas e os patrões não tinham empregos para oferecer, vagavam pelas ruas e mendigavam, sozinhos ou em grupos, pedindo ajuda aos transeuntes – mas os seus apelos não eram humildes, antes ameaçadores, por seu número, seus gestos e suas palavras. Isso se passou em todas as áreas industriais, de Leicester a Leeds, de Manchester a Birmingham. Aqui e ali eclodiram tumultos, como em julho, nas fábricas de cerâmica do North Staffordshire. Entre os trabalhadores havia uma grande efervescência que, por fim, explodiu em agosto, na insurreição geral das áreas industriais. Quando cheguei a Manchester, no final de novembro de 1842, ainda se podia ver, em todas as esquinas, grupos de operários desempregados, e muitas fábricas permaneciam fechadas. Nos meses seguintes, pouco a pouco esses ociosos involuntários desapareceram das ruas e as fábricas retomaram suas atividades.

Não é preciso descrever a miséria que se abate sobre os desempregados durante uma tal crise. O imposto para os pobres é absolutamente insuficien-

---

[a] Um resumo desse relatório foi publicado no *Manchester Guardian*, edição de 4 de fevereiro de 1843.

te; a beneficência dos ricos é uma gota de água no mar, cujo efeito desaparece num instante; a mendicância, quando muitos a exercem, serve a poucos. Se os pequenos comerciantes, na medida de suas possibilidades, não abrissem crédito – naturalmente, fazendo-se pagar com generosidade por esse favor mais tarde – aos trabalhadores durante esses tempos e se os mesmos não se ajudassem mutuamente tanto quanto possível, cada crise e a carestia que dela decorre ceifariam, pela fome, massas de "supérfluos". No entanto, como o período de maior depressão é geralmente breve – dura um ano, no máximo dois ou dois anos e meio –, a maioria dos "supérfluos" consegue sobreviver, ao preço de enormes privações. Mas, como veremos adiante, toda crise provoca indiretamente a morte de uma multidão de pessoas, por doenças etc. Por ora, devemos examinar outra causa da degradação que vitima os operários ingleses, causa que contribui incessantemente para aviltar ainda mais essa classe social.

A IMIGRAÇÃO IRLANDESA

Já aludimos, em várias passagens, aos irlandeses que vieram instalar-se na Inglaterra; devemos, agora, examinar mais de perto as causas e os efeitos dessa imigração.

O rápido desenvolvimento da indústria britânica não teria sido possível se a Inglaterra não dispusesse de uma reserva – a numerosa e pobre população da Irlanda. Os irlandeses, em sua terra, nada tinham a perder e, na Inglaterra, muito a ganhar; e desde que se difundiu na Irlanda a notícia de que, a oriente do canal de St. George, qualquer homem robusto tinha a possibilidade de encontrar um trabalho seguro e um bom salário, grupos de irlandeses atravessaram-no todos os anos. Calcula-se que até hoje imigraram mais de 1 milhão de pessoas e que, ainda agora, 50 mil chegam anualmente à Inglaterra. Quase todos os irlandeses se radicam nas áreas industriais, em especial nas grandes cidades, onde constituem a classe mais baixa da população. Assim, há 120 mil irlandeses pobres em Londres, 40 mil em Manchester, 34 mil em Liverpool, 24 mil em Bristol, 40 mil em Glasgow, 29 mil em Edimburgo[1]. Essas pessoas, que cresceram quase sem conhecer os benefícios da civilização, habituadas desde a infância a privações de toda a sorte, brutais, alcoólatras, pouco se importando com o futuro, chegam trazendo os seus costumes grosseiros para o seio de uma classe da população inglesa que, na verdade, não conta com nenhum estímulo para inclinar-se à cultura e à moralidade. Passemos a palavra a Thomas Carlyle[2]:

---

[1] Archibald Alison, *High Sheriff* de *Lanarkshire*, *The Principles of Population, and their Connection with Human Happiness* [As leis fundamentais da população e as suas relações com o bem-estar humano], 2 v., 1840. Alison, historiador da Revolução Francesa é, como seu irmão, o doutor W. P. Alison, um *tory* religioso.

[2] *Chartism*, p. 28, 31 e ss. [A obra em questão foi publicada em Londres, em 1840. (N.E.)]

Em todas as nossas ruas principais e secundárias, podemos ver os ferozes rostos *milesianos*[3], que exsudam falsa malícia, maldade, irracionalidade, miséria e escárnio. O carroceiro inglês, passando pelo *milesiano*, chicoteia-o, mas ele, amaldiçoando o inglês em sua língua, estende o chapéu pedindo uma esmola[a]. Ele representa o pior mal que este país tem de combater. Com seus farrapos e seus hábitos selvagens, está sempre pronto para qualquer trabalho que só exija braços fortes e espáduas largas, em troca de um salário que lhe permita comprar batatas. Para tempero, basta-lhe o sal; dorme, plenamente satisfeito, na primeira pocilga ou canil que encontra; aninha-se nos celeiros e usa trapos como roupa, cujo estado é tal que vesti-la ou despi-la é uma das operações mais difíceis, à qual só procede em dias de festa ou em ocasiões especiais. O saxão que, em tais condições, não pode trabalhar, permanece desempregado. O irlandês incivilizado, não por sua força, mas por sua grosseria, desloca o saxão nativo e apodera-se de seu lugar. E vive na sujeira e no desleixo, com sua violência e sua hipocrisia, verdadeiro fermento de degradação e de desordem. Quem quer que se esforce ainda por nadar, por viver à superfície, encontra aqui um exemplo de como o homem pode existir sem nadar, chafurdando no fundo... Quem não vê que a situação da massa mais humilde dos operários ingleses se aproxima cada vez mais à dos irlandeses, que concorrem com eles em todos os campos? Quem não verifica que qualquer trabalho que só exija força física e pouca habilidade é pago não pela escala inglesa, mas a um preço vizinho ao salário irlandês, ou seja, pouco mais do que é necessário "para meia ração da pior batata por trinta semanas ao ano" – e que a distância entre esses salários diminui cada vez que nos chega um navio da Irlanda?

Em tudo a razão assiste a Carlyle, exceto no que diz respeito à condenação exagerada e unilateral do caráter nacional dos irlandeses. Esses trabalhadores irlandeses, que pagam quatro *pence* para serem transportados – amontoados como gado na ponte do navio – para a Inglaterra, instalam-se em todas as partes. As piores habitações são, para eles, boas; não se preocupam com suas roupas, por mais esfarrapadas que estejam; desconhecem o uso de sapatos; as batatas constituem seu único alimento; o que sobra do que ganham, gastam em bebida. Por que essa gente precisaria de um salário alto? Em todas as grandes cidades, os irlandeses vivem nos piores bairros – onde quer que um bairro se distinga particularmente pela sujeira e pela ruína, pode-se ter a certeza de encontrar sobretudo esses rostos celtas, que à primeira vista se diferenciam das fisionomias saxônicas nativas, e de ouvir a cantilena dialetal e aspirada, com o sotaque que o verdadeiro irlandês nunca perde. Inúmeras vezes aconteceu-me

---

[3] Miles é o nome dos antigos reis celtas da Irlanda.

[a] Nessa passagem, Engels modifica o texto original de Carlyle, que é expressamente o seguinte: "O carroceiro inglês, passando [...], chicoteia o *milesiano* e o amaldiçoa em sua língua; o *milesiano* estende o chapéu...".

ouvir falar o céltico-irlandês nos bairros mais populosos de Manchester. A maior parte das famílias que moram nos porões é, quase sempre, de origem irlandesa. Em resumo, como observa o doutor Kay, os irlandeses descobriram o que é o mínimo de necessidades vitais e o vão ensinando aos operários ingleses. Trouxeram consigo a falta de higiene e o alcoolismo.

No que diz respeito à falta de higiene, que se tornou, entre os irlandeses, uma espécie de segunda natureza, ela não é tão deletéria nos campos, nos quais a população vive esparsa, mas é terrível e perigosa nas grandes concentrações urbanas. Tal como se habituou a fazer em sua terra, o *milesiano* joga todo o lixo e a sujeira diante de sua porta, provocando a formação de charcos e de montes de detritos que tornam imundos os bairros operários e irrespirável o ar. Como em sua terra, instala a pocilga ao lado da casa e, se não pode fazê-lo, instala o porco no lugar onde dorme. Essa maneira nova e anormal de criar esse animal nas grandes cidades é de origem exclusivamente irlandesa; o porco está para o irlandês assim como o cavalo está para o árabe, com a diferença de que o *milesiano* vende o animal quando está gordo a ponto de ser abatido; quanto ao resto, dorme e come com ele, seus filhos brincam com ele, montam-no e espojam-se com ele no lixo, como se pode verificar em todas as grandes cidades inglesas. E não é possível imaginar a sujeira e o desconforto que reinam no interior de sua casa. O irlandês não se acostumou a ter móveis: um monte de palha, alguns trapos completamente inúteis como roupas, eis a sua cama. Pedaços de madeira, uma cadeira quebrada e um velho caixote como mesa lhe bastam; uma chaleira, poucas panelas e tigelas de barro equipam a cozinha, que serve simultaneamente de sala de jantar e de quarto de dormir. Quando falta o combustível para o aquecimento, queima o que tiver à mão: caixas, batentes de portas e, supondo que existam, cadeiras e assoalho. Por outro lado, por que precisaria de mais espaço? Em seu país, seu casebre de palha e argila oferecia uma única peça, que bastava para todas as necessidades familiares; na Inglaterra, também um só cômodo as atende – assim, esse amontoado de pessoas num compartimento único, agora tão difundido, foi introduzido principalmente pela imigração irlandesa.

Um pobre diabo como esse deve experimentar pelo menos um prazer *qualquer*; a sociedade o excluiu de todos, exceto um – o de ir beber aguardente à taberna. Para o irlandês, a aguardente é a única coisa que torna a vida digna de ser vivida; a aguardente e, claro, seu temperamento desleixado e jovial; eis por que se entrega à bebida até a mais completa embriaguês. Tudo, no irlandês, favorece o alcoolismo: seu caráter meridional, frívolo, sua grosseria, que o situa quase ao nível de um selvagem, seu desprezo pelos prazeres mais elevados, que não sabe apreciar em função de sua rudeza, a falta de higiene e a miséria. A tentação é muito forte, ele não resiste e bebe todo o dinheiro que ganha. Como poderia ser diferente? Como pode a sociedade – que o relega a uma situação em que se tornará alcoólatra *quase por necessidade*, deixa-o embrutecer-se e não se preocupa com ele – acusá-lo quando, de fato, ele se torna um bêbado?

É contra esse concorrente que é obrigado a competir o operário inglês: um concorrente que ocupa o lugar mais baixo da escala social que pode existir num país civilizado e que, por isso, contenta-se com um salário inferior ao de qualquer outro trabalhador. Por isso, é inevitável, como Carlyle observou, que o salário do trabalhador inglês seja sempre mais reduzido em todos os setores em que o irlandês possa concorrer com ele. E tais setores são inúmeros: todos aqueles em que se exige pouca ou nenhuma habilidade. É verdade que o irlandês – instável, volúvel e beberrão – tem dificuldades para adaptar-se a trabalhos que exigem uma aprendizagem mais longa e a atividades mais regulares e constantes. Para tornar-se um operário-mecânico (na Inglaterra, todo trabalhador ocupado na fabricação de máquinas é um *mechanic*), ele teria, antes de mais nada, de assimilar a civilização e os costumes ingleses – em suma, deveria tornar-se substantivamente inglês. Mas em qualquer trabalho simples, menos preciso, que requeira mais força que habilidade, o irlandês é tão bom quanto o inglês. Por isso, justamente tais setores de trabalho foram invadidos pelos irlandeses, que se tornaram sobretudo tecelões manuais, serventes de pedreiro, carregadores, *jobbers* etc. e essa invasão contribuiu muito para reduzir os salários e aviltar o nível de vida dos trabalhadores.

Contudo, mesmo os irlandeses que se inseriram em outros tipos de trabalho e foram obrigados a civilizar-se carregam ainda as marcas de seu modo de vida anterior, exercendo sobre seus companheiros de trabalho ingleses uma influência degradante (sem falar da influência dos próprios círculos irlandeses). Com efeito, se considerarmos que, em cada grande cidade, um quinto ou um quarto dos operários são irlandeses, ou filhos de irlandeses que cresceram na sujeira irlandesa, não haverá razão para espanto quando verificarmos que, na existência do conjunto da classe operária – em seus costumes, em seu nível intelectual e moral, em suas características gerais –, estão assimilados muitos componentes irlandeses. E poderemos compreender como a indigna situação dos trabalhadores ingleses, gerada pela indústria moderna e suas consequências imediatas, foi ainda mais degradada pela concorrência irlandesa.

Resultados

Examinamos até aqui, com algum detalhe, as condições em que vive a classe operária inglesa das cidades; é tempo de extrair conclusões dos fatos estudados e cotejá-las com a realidade. Tratemos de ver em que se transformaram, nessas condições, os operários – que tipo de homens são, qual é sua situação física, intelectual e moral.

Quando um indivíduo causa a outro um dano físico de tamanha gravidade que lhe causa a morte, chamamos esse ato de homicídio[a]; se o autor sabe, de antemão, que o dano será mortal, sua ação se designa por assassinato[b]. Quando a sociedade[1] põe centenas de proletários numa situação tal que ficam obrigatoriamente expostos à morte prematura, antinatural, morte tão violenta quanto a provocada por uma espada ou um projétil; quando ela priva milhares de indivíduos do necessário à existência, pondo-os numa situação em que lhes é *impossível* subsistir; quando ela os constrange, pela força da lei, a permanecer nessa situação até que a morte

---

[a] No original alemão, *Totschlag*.
[b] No original alemão, *Mord*.

[1] Quando me refiro à sociedade, aqui e em outros lugares, enquanto comunidade responsável, com direitos e deveres, entenda-se que me refiro ao *poder da sociedade*, isto é, ao poder da classe que atualmente possui o poder político e social e que, portanto, também é responsável pela situação dos que não participam do poder. Essa classe dominante, na Inglaterra e nos outros países civilizados, é a burguesia. É desnecessário demonstrar aos meus leitores *alemães* que a sociedade – logo, a burguesia – tem o dever de proteger cada membro da sociedade pelo menos em sua simples existência, cuidar para que ninguém morra de fome. Se estivesse escrevendo para a burguesia inglesa, é claro que eu falaria de outro modo. [E agora isso já se passa, do mesmo modo, na Alemanha. No ano da graça de 1886, nossos capitalistas – pelo menos nesse plano – já se igualaram aos ingleses. (Acréscimo de Engels à nota, na edição de 1887. [N.E.])] [Como tudo mudou nestes 50 anos! Hoje, há burgueses na Inglaterra que admitem que a sociedade tem deveres para com todos os membros da sociedade; mas haverá alemães que pensem do mesmo modo? (Acréscimo de Engels à nota, na edição de 1892. [N.E.])]

(sua consequência inevitável) sobrevenha; quando ela sabe, e está farta de saber, que os indivíduos haverão de sucumbir nessa situação e, apesar disso, a mantém, então o que ela comete é assassinato. Assassinato idêntico ao perpetrado por um indivíduo, apenas mais dissimulado e pérfido, um assassinato contra o qual ninguém pode defender-se, porque não parece um assassinato: o assassino é todo mundo e ninguém, a morte da vítima parece natural, o crime não se processa por ação, mas por omissão – entretanto não deixa de ser um assassinato.

Cabe-me demonstrar que na Inglaterra a sociedade comete, a cada dia e a cada hora, o que a imprensa operária designa, a justo título, como *assassinato social*; que ela pôs os operários numa situação tal que não podem conservar a saúde nem viver muito tempo; que ela, pouco a pouco, debilita a vida desses operários, levando-os ao túmulo prematuramente. Terei de demonstrar ainda que a sociedade *sabe* o quanto essa situação é prejudicial à saúde e à vida dos operários e que, apesar disso, nada faz para amenizá-la. Para demonstrar que ela *conhece* as consequências de seu sistema e que, portanto, seu modo de agir não constitui um simples homicídio, mas um assassinato qualificado, bastar-me-á, para atestá-lo, citar documentos oficiais, relatórios parlamentares ou administrativos.

É evidente que uma classe que vive nas condições anteriormente descritas, desprovida dos meios para satisfazer as necessidades vitais mais elementares, não pode gozar de boa saúde nem chegar a uma idade avançada. Examinemos, porém, mais uma vez, os fatos, enfatizando a questão do estado sanitário dos operários.

A mera concentração da população nas grandes cidades já exerce uma influência deletéria. A atmosfera de Londres não pode ser tão pura e rica em oxigênio como a de uma região rural; 2,5 milhões de pessoas respirando e 250 mil casas amontoadas numa área de três ou quatro milhas quadradas consomem uma enorme quantidade de oxigênio que dificilmente se renova, uma vez que a arquitetura citadina não favorece a circulação do ar. O gás carbônico produzido pela respiração e pela combustão permanece nas ruas graças à sua densidade e porque as correntes principais dos ventos passam acima das casas. Os pulmões dos habitantes não recebem a porção adequada de oxigênio e as consequências são a prostração física e intelectual e uma redução da energia vital. Por isso, os habitantes das grandes cidades estão menos expostos às doenças agudas, particularmente do tipo inflamatório, que os moradores das áreas rurais, que respiram um ar livre e normal – mas, em contrapartida, os citadinos sofrem muito mais de doenças crônicas. E se a vida nas grandes cidades, em si mesma, já não é fator conveniente à saúde, imagine-se o efeito nocivo causado pela atmosfera anormal dos bairros operários, onde, como vimos, encontra-se reunido tudo que pode envenená-la. No campo, um charco estagnado junto à casa pode não ocasionar um dano prejudicial, uma vez que o ar circula livremente; o mesmo charco é inteiramente diverso numa grande cidade, entre ruelas e pátios que impedem qualquer corrente de ar. Toda matéria de origem animal e vegetal que se decompõe produz gases indiscutivelmente prejudiciais à saúde, gases que, à falta de livre circulação, necessariamente envenenam a atmosfera. O lixo e os charcos permanentes nos bairros operários das grandes cidades, justamente porque produzem esses gases patogênicos, representam um gravíssimo perigo para a saúde pública – e o mesmo deve dizer-se das emanações dos cursos de água poluídos.

Mas isso não é tudo. É verdadeiramente revoltante o modo como a sociedade moderna trata a imensa massa dos pobres. Ela os atrai para as grandes cidades, onde respiram uma atmosfera muito pior que em sua terra natal. Põe-nos em bairros cuja construção torna a circulação do ar muito mais difícil que em qualquer outro local. Impede-os de usar os meios adequados para se manterem limpos: a água corrente só é instalada contra pagamento e os cursos de água poluídos não podem ser utilizados para a higiene; compele-os a jogar na rua todos os detritos e as imundícies, toda a água servida e até mesmo os excrementos mais nauseabundos, para os quais não há outra forma de escoamento – enfim, obriga-os a empestear seus próprios locais de moradia. E nem isso lhe basta: acumula sobre eles todos os males possíveis. Se, em geral, a população das cidades já é demasiado densa, são os pobres os mais amontoados em espaços exíguos. Não contente com a atmosfera envenenada das ruas, encerra-os às dezenas em habitações de um único cômodo, de tal modo que o ar que respiram à noite é ainda mais sufocante. Oferece-lhes alojamentos úmidos, porões onde a água mina do chão ou mansardas de cujo teto ela goteja. Constrói-lhes casas que não permitem que o ar viciado circule. Fornece-lhes roupas de má qualidade ou farrapos e alimentos adulterados ou indigestos. Submete-os às mais violentas emoções, às mais bruscas oscilações entre medo e esperança e persegue-os como a uma caça, não lhes concedendo nunca um pouco de paz e de tranquilidade. Priva-os de todos os prazeres, exceto do sexo e da bebida – mas porque diariamente os faz trabalhar até o esgotamento de suas forças físicas e morais, esses dois únicos prazeres permitidos são degradados pelos piores excessos. E se os pobres resistirem a tudo isso, sobrevém uma crise que os transforma em desempregados e lhes retira o mínimo que até então a sociedade lhes destinara.

Dadas tais condições, como esperar que a classe mais pobre possa ser sadia e viva mais tempo? Que mais esperar, senão uma enorme mortalidade, epidemias permanentes e um progressivo enfraquecimento físico da população operária? Vejamos os fatos.

Testemunhos provindos de fontes as mais diversas confirmam que as habitações operárias nos piores bairros urbanos, somadas às condições gerais de vida dessa classe, provocam numerosas doenças. O artigo do *Artizan*, que citei mais atrás, afirma muito corretamente que as doenças pulmonares são a consequência inevitável dessa condição habitacional e, por isso, são particularmente frequentes entre os operários. A aparência de tísicos de tantas pessoas que se encontram pelas ruas é claro indicativo de que a péssima atmosfera de Londres, em especial nos bairros operários, favorece ao extremo o desenvolvimento da tuberculose. Percorrendo as ruas pela manhã, quando as pessoas se dirigem ao trabalho, ficamos assombrados com a quantidade de gente que parece meio ou completamente tísica. Nem mesmo em Manchester as pessoas têm esse aspecto – esses espectros lívidos, esguios e magros, de tórax estreito e olhos encovados, rostos inexpressivos, inermes, só em Londres sua quantidade me deixou chocado, embora se saiba que todos os anos a tuberculose provoque, nas cidades industriais do norte, verdadeira hecatombe. Além de outras doenças respiratórias e da escarlatina, o grande rival da tuberculose, causador de devastações entre os operários, é o tifo. Segundo relatórios oficiais sobre as condições sanitárias da classe operária[a], esse flagelo universal é provocado pelo péssimo estado das habitações operárias, a má ventilação, a umidade e a sujeira. Nessas informações, preparadas – é bom recordá-lo – pelos melhores médicos da Inglaterra, com base em relatos de outros médicos, afirma-se que um único pátio mal arejado, um único beco sem rede de esgoto, sobretudo quando os operários vivem amontoados e nas proximidades existem matérias orgânicas em decomposição, pode provocar a febre, e quase sempre a provoca. Essa febre tem as mesmas características em todas as partes, evoluindo especificamente, em quase todos os casos, para o tifo, que está presente nos bairros operários de todas as grandes cidades e mesmo em algumas ruas mal construídas e malconserva-

---

[a] Certamente Engels está se referindo aqui aos relatórios de 1838 do doutor Southwood Smith sobre Bethnal Green e Whitechapel, assim como ao estudo de Edwin Chadwick, *Report on the Sanitary Condition of the Labouring Population of Great Britain* [Relatório sobre a condição sanitária da população trabalhadora da Grã-Bretanha], de 1842.

das de pequenos centros; é nos piores bairros que o tifo se espalha, mas faz suas vítimas também em bairros mais favorecidos.

Em Londres, o tifo grassa há muito e a extrema violência de sua manifestação, em 1837, deu origem ao relatório oficial a que me refiro. Mas o relatório oficial do doutor Southwood Smith sobre o hospital londrino que trata de infecções mostra que, em 1843, o número de casos de tifo chegou a 1.462, ultrapassando em 418 o número mais alto registrado nos anos precedentes. Nas áreas úmidas e sujas dos bairros do leste, do norte e do sul de Londres, o tifo espalhou-se violentamente. Grande número de doentes eram trabalhadores vindos do campo que, durante a viagem e logo ao chegar, passaram por graves privações, dormindo meio nus e meio mortos de fome pelas ruas e sem encontrar trabalho – e assim contraíram o tifo. Essa gente chegou ao hospital num tamanho estado de fraqueza que foi preciso administrar-lhes uma considerável quantidade de vinho, conhaque, poções de amoníaco e outros estimulantes; 16,5% dos socorridos morreram[a]. Essa febre maligna grassa também em Manchester; nos piores bairros operários da cidade velha – Ancoats, Little Ireland etc. –, nunca desapareceu, mas aqui, como em geral nas cidades inglesas, não adquire a extensão que seria esperável. Em compensação, na Escócia e na Irlanda o tifo causa estragos com uma violência que supera a imaginação: em Edimburgo e em Glasgow, em 1817, quando do encarecimento dos preços, e em 1826 e em 1837, na sequência das crises comerciais, grassou com inusitada violência, diminuindo um pouco depois desses auges, que duraram cerca de três anos. Em Edimburgo, na epidemia de 1817, adoeceram cerca de 6 mil pessoas; na de 1837, cerca de 10 mil – a cada vez que voltava, a febre não só afetava mais pessoas como aumentava sua intensidade e o percentual de mortes[2]. No entanto, a fúria da doença em seus diferentes surtos parece uma brincadeira de criança perto do que se seguiu à crise de 1842. Na Escócia, um sexto de todos os pobres foi vitimado pela febre, que se propagou velozmente de uma localidade para outra, levada pelos mendigos errantes; não atingiu as classes médias e altas, mas em dois meses fez mais vítimas que nos doze anos precedentes. Em 1843, em Glasgow, 12%

---

[a] Aqui, Engels valeu-se de um texto publicado no *Northern Star*, n. 328, edição de 24 de fevereiro de 1844.

[2] Doutor Alison, *Management of the poor in Scotland*. [Engels extraiu essas informações das páginas 15 e 23-7 do trabalho de W. P. Alison, cujo título completo é *Observations on the Management of the Poor in Scotland, and his Effects on the Health of the Great Towns* (Observações sobre o tratamento dos pobres na Escócia e seus efeitos sobre a saúde nas grandes cidades), publicado em Edimburgo, em 1840. (N.E.)]

da população, ou seja, 32 mil pessoas contraíram a doença e, das afetadas, 32% morreram – comumente, o percentual de mortos em Manchester e em Liverpool é de 8%. A febre provoca crises no sétimo e no décimo-quinto dia; no curso desta última, o vitimado apresenta uma coloração amarela, o que, segundo nosso autor, demonstra que a causa da febre deve ser procurada também num estado psíquico de excitação e de angústia[3]. Essa febre epidêmica também é comum na Irlanda. Em 21 meses, entre 1817 e 1818, foram registrados 39 mil casos no hospital de Dublin e, no ano seguinte, os casos atingiram a cifra de 60 mil, segundo o *sheriff* Alison (no segundo volume de seus *Principles of population*)[a]; em Cork, o hospital registrou o atendimento, entre 1817 e 1818, a um sétimo da população; no mesmo período, em Limerick, a febre vitimou um quarto da população e 95% dos habitantes do *bairro pobre* de Waterford[4].

Quando evocamos as condições em que vivem os operários, quando nos lembramos do amontoamento de suas casas e do quão abarrotadas de pessoas elas são, quando recordamos que doentes e sadios dormem num único e mesmo cômodo, às vezes na mesma cama, ficamos surpresos pelo fato de uma doença tão contagiosa como o tifo não se propagar ainda mais. E quando pensamos nos parcos recursos médicos à disposição dos doentes, com pessoas abandonadas sem nenhum cuidado e ignorantes das prescrições dietéticas mais elementares, a mortalidade parece-nos baixa. O doutor Alison, que conhece perfeitamente essa doença, atribui sua causa diretamente às privações e à condição miserável dos pobres, tal como o relatório citado[b]; para ele, as privações e a insuficiente satisfação das necessidades vitais predispõem o organismo ao contágio e, em geral, determinam a gravidade da doença e sua rápida difusão. Ele demonstra que cada surto da febre, na Escócia e na Irlanda, foi provocado por um período de privações – uma crise

---

[3] Doutor Alison, em conferência na *British Association for the Advancement of Science* [Sociedade Inglesa para o Progresso da Ciência], em York, outubro de 1844. [A conferência a que Engels se refere foi publicada no volume VII, 1844, p. 316 e ss., do *Journal of the Statistical Society of London*, sob o título "Notes on the Report of the Royal Commissioners on the Operation of the Poor Laws in Scotland" (Notas sobre o Relatório dos Comissários Reais a respeito dos efeitos das Leis sobre os Pobres na Escócia). (N.E.)]

[a] A informação foi extraída por Engels da p. 80 do relatório mencionado na nota 1, p. 131.

[4] Doutor Alison, *Management of the Poor in Scotland*. [A informação foi extraída por Engels da p. 28. (N.E.)]

[b] Engels reporta-se, muito provavelmente, ao relatório de 1838 do doutor Southwood Smith.

comercial ou uma má colheita – e que a violência do flagelo atingiu quase exclusivamente a classe trabalhadora. Cabe sublinhar, de acordo com suas declarações, que a maioria dos que sucumbem ao tifo são pais de família, justamente os que mais fazem falta em suas casas; ele cita, ademais, médicos irlandeses que afirmam o mesmo.

Outras enfermidades têm sua causa imediata não nas condições habitacionais em que vivem os operários, mas em sua alimentação. Esta, já inadequada para os adultos, é totalmente imprópria para as crianças – e faltam aos operários os recursos e o tempo para proporcionar a seus filhos uma nutrição conveniente. É preciso referir também o costume, muito difundido, de dar às crianças aguardente, ou até ópio. Tudo isso concorre, além dos efeitos danosos das outras condições de vida sobre o desenvolvimento físico, para o aparecimento de muitas doenças do aparelho digestivo, que deixam sequelas para o resto da vida. Quase todos os operários têm o estômago afetado e, no entanto, são constrangidos a ater-se permanentemente à dieta que é, ela mesma, a causa de seus males. De resto, como poderiam conhecer as consequências de sua má alimentação? E mesmo que as conhecessem, como poderiam seguir uma dieta mais adequada sem que se alterassem suas condições de vida e de educação?

Já durante a infância, essa má alimentação causa doenças. A escrofulose é quase uma regra geral entre os trabalhadores, e pais escrofulosos têm filhos escrofulosos, principalmente se a causa originária da doença opera de novo sobre crianças que a hereditariedade predispôs a ela. Outra consequência da alimentação deficiente durante o período de crescimento é o raquitismo (doença inglesa cujos sintomas incluem protuberâncias nodosas nas articulações), muito frequente entre os filhos dos operários: a formação dos ossos torna-se lenta, o desenvolvimento do esqueleto é retardado e, ao lado de afecções raquíticas habituais, são comuns deformações nas pernas e na coluna vertebral. Não é preciso dizer a que ponto esses males são acentuados pelas vicissitudes a que os operários estão expostos em razão das flutuações do comércio, do desemprego e dos salários miseráveis em tempos de crise. A falta temporária de alimentação suficiente, que todo trabalhador experimenta pelo menos uma vez na vida, apenas agrava as consequências de uma alimentação normalmente má. Crianças que, no período em que a alimentação lhes é mais importante, só podem comer metade do que é necessário para matar a fome (e quantas nem isso comem durante as crises e, às vezes, nem mesmo nos períodos mais favoráveis), essas crianças se tornarão quase certamente fracas, escrofulosas e raquíticas – e já seu aspecto o demonstra. O abandono a que está condenada a grande maioria dos filhos dos trabalhadores deixa sequelas indeléveis e tem por consequência o enfraquecimento físico de toda a população operária. Se a isso acrescermos o vestuário pouco adequado dessa classe, que dificulta – quando não impossibilita – a proteção contra o frio, a necessidade de trabalhar até o limite da exaustão, a miséria da família que aumenta quando há doenças e a ausência habitual de qualquer assistência médica, teremos um quadro aproximado do estado de saúde dos trabalhadores ingleses. E não tratarei aqui das consequências nocivas típicas de certos ramos da indústria, devidas às atuais condições de trabalho.

Outros fatores debilitam a saúde de um grande número de operários. Todas as ilusões e tentações se juntam para induzir os trabalhadores ao alcoolismo. A aguardente é para eles a única fonte de prazer e tudo concorre para que a tenham à mão. O trabalhador retorna à casa fatigado e exausto; encontra uma habitação sem nenhuma comodidade, úmida, desagradável e suja; tem a urgente necessidade de distrair-se; precisa de *qualquer coisa* que faça seu trabalho valer a pena, que torne suportável a perspectiva do amargo dia seguinte. Fica acabrunhado, insatisfeito, sente-se mal, é levado à hipocondria; esse estado de ânimo se deve principalmente às suas más condições de saúde, à sua má alimentação e é exacerbado até o intolerável pela incerteza de sua existência, pela absoluta dependência do acaso e por sua incapacidade de pessoalmente fazer algo para dar alguma segurança à sua vida. Seu corpo enfraquecido pela atmosfera insalubre e pela má alimentação requer imperiosamente um estimulante externo; a necessidade de companhia só pode ser satisfeita numa taberna, porque não há nenhum outro lugar para encontrar os amigos. Nessas circunstâncias, como poderia o trabalhador deixar de sentir a atração da bebida, como poderia resistir à tentação do álcool? Em tais circunstâncias, ao contrário, a necessidade física e moral leva uma grande parte dos trabalhadores a sucumbir ao álcool. E, prescindindo das condições físicas que induzem o trabalhador a beber, o exemplo da maioria, a educação deficiente, a impossibilidade de proteger os mais jovens contra essa tentação, a frequente influência direta de pais alcoólatras (que oferecem aguardente aos próprios filhos), a certeza de esquecer, ainda que por algumas horas de embriaguez, a miséria e o peso da vida – esses e cem outros fatores que operam tão fortemente não nos permitem, na verdade, censurar aos operários sua inclinação para o alcoolismo. Nesse caso, o alcoolismo deixa de ser um vício de responsabilidade individual; torna-se um fenômeno, uma consequência necessária e inelutável de determinadas circunstâncias que agem sobre um sujeito que – pelo menos no que diz respeito a elas – não possui vontade própria, que se tornou – diante delas – um objeto; aqui, a responsabilidade cabe aos que fizeram do trabalhador um simples objeto. Assim como é inevitável que um grande número de operários se torne alcoólatra, também é inevitável que o alcoolismo provoque efeitos destrutivos sobre os corpos e os espíritos de suas vítimas, agravando todas as predisposições às doenças derivadas das condições gerais de vida dos operários e favorecendo ao máximo as enfermidades pulmonares e abdominais, sem esquecer a eclosão e a propagação do tifo.

Outra causa de males físicos para a classe operária reside, em caso de doença, na impossibilidade de contar com médicos competentes. É verdade que uma quantidade de instituições beneficentes procura reduzir essa dificuldade; o hospital de Manchester, por exemplo, socorre anualmente cerca de 22 mil pessoas, acolhendo-as ou oferecendo-lhes remédios e consultas – mas o que representa isso, numa cidade em que, segundo os cálculos de Gaskell[5], de cada quatro habitantes, três necessitariam, todos os anos, de assistência médica? Os médicos ingleses exigem altos honorários, que os trabalhadores não podem pagar e, por isso, ou não fazem nada ou são constrangidos a recorrer a charlatães e a seus produtos baratos que, a longo prazo, só lhes causam novas aflições. Todas as grandes cidades inglesas estão infestadas por esses charlatães que, com a ajuda de anúncios, cartazes e outros meios, procuram sua clientela entre as classes mais pobres. Além disso, estão à venda inúmeros medicamentos ditos *patenteados* (*patent medicines*) para todos os males possíveis e impossíveis, e que prometem todos, sem exceção, a cura de todas as doenças do mundo – pílulas de Morrison, pílulas vitais de Parr, pílulas do doutor Mainwaring e mil outras essências e bálsamos. Esses medicamentos raramente contêm substâncias nocivas, mas em muitos casos exercem efeitos negativos sobre o organismo, em especial quando ingeridos em doses grandes e repetidas; e como os anúncios avisam aos trabalhadores ignorantes que nunca fazem mal, não é de surpreender que estes os tomem em grande quantidade e a propósito de tudo e de nada. Não espanta que o fabricante das pílulas vitais de Parr venda semanalmente de 20 a 25 mil caixas dessa droga maravilhosa – recomendada para a prisão de ventre, a diarreia, a febre, a anemia e todos os males imagináveis. Assim como os camponeses alemães se submetiam, em certas estações do ano, ao tratamento com ventosas e sangrias, hoje os operários ingleses tomam seus remédios milagrosos, prejudicam a si

---

[5] *The Manufacturing Population of England*, cap. VIII. [A cifra, arredondada, é extraída da p. 8, que aponta 21.196 doentes para o ano de 1831. (N.E.)]

mesmos e deixam o dinheiro no bolso dos fabricantes das panaceias. Dentre elas, uma bastante perigosa, porque composta de substâncias opiáceas, notadamente o láudano, é vendida sob o nome *Cordial de Godfrey* (*Godfrey's Cordial*). Mulheres que trabalham em suas próprias casas e cuidam de seus filhos ou de filhos de outras costumam oferecer essa beberagem às crianças para que se mantenham tranquilas e, como muitas acreditam, para que cresçam fortes. Administrando-lhes a droga mal nascem, elas desconhecem os efeitos desse "fortificante" que, quanto mais a ele se torna habituado o organismo, mais necessário é o aumento das doses: quando o *Cordial de Godfrey* já não age, chegam a dar-lhes o láudano puro, comumente de quinze a vinte gotas – até que as crianças morrem. O *coroner* de Nottingham testemunhou, diante de uma comissão governamental[6], que *um único farmacêutico* confessou que, em um ano, utilizara, para preparar o *Cordial de Godfrey*, 6,5 quintais[a] de extrato à base de láudano. É fácil imaginar os efeitos desses tratamentos sobre as crianças: elas empalidecem, tornam-se débeis e, na maioria, morrem antes dos dois anos. O uso dessa droga é muito difundido em todas as grandes cidades e nas zonas industriais do reino britânico.

A consequência de tudo isso é o enfraquecimento físico geral dos operários. É raro encontrar entre eles – pelo menos entre os operários fabris, dos quais tratamos aqui e que trabalham quase sempre em ambientes fechados – homens robustos, vigorosos e de boa constituição. São quase todos frágeis, com ossatura angulosa, mas pouco resistente, magros, pálidos e seu corpo, excetuados os músculos exigidos pelo trabalho, apresenta-se flácido. Quase todos têm problemas gástricos, quase todos são mais ou menos hipocondríacos e seu humor é melancólico e irritadiço. Seu organismo debilitado tem poucas chances de resistir às doenças, que os vitimam com frequência – por isso, envelhecem prematuramente e morrem jovens. Provam-no irrefutavelmente as estatísticas de mortalidade.

---

[6] *Report of Commission of Inquiry into the Employment of Children and Young Persons in Mines and Collieries and in the Trades and Manufactures in wich Numbers of them work together, not being included under the Terms of the Factories' Regulation Act* [Relatório da comissão de inquérito sobre o emprego de crianças e jovens nas minas e hulheiras, bem como nas oficinas e manufaturas em que grande número deles trabalham, mas que não estão submetidas às disposições da lei sobre a regulamentação das fábricas]. First and Second Reports. Grainger's Report, second Report. Citado apenas como *Children's Employment Commission's Report*. Trata-se de um dos melhores relatórios oficiais, contendo uma enorme massa de fatos preciosos, embora assustadores. O primeiro relatório foi publicado em 1841, o segundo dois anos mais tarde.

[a] Quintal é uma antiga medida de peso que equivale a 60 kg.

A situação da classe trabalhadora na Inglaterra

De acordo com o relatório do oficial superior do registro civil, G. Graham[a], a mortalidade anual em toda a Inglaterra e no País de Gales é ligeiramente inferior a 2,5%, ou seja, a cada ano, morre 1 entre 45 homens[7]. Pelo menos era essa a média dos anos 1839-1840; no ano seguinte, a mortalidade baixou um pouco: 1 óbito para 46 habitantes. Mas, nas grandes cidades, o quadro é diferente. Tenho diante de mim estatísticas oficiais (*Manchester Guardian*, 31 de julho de 1844) segundo as quais, nas grandes cidades, a mortalidade seria de: em Manchester (incluindo Salford e Chorlton), 1 óbito para cada 32,72 habitantes (excluindo Salford e Chorlton, 1 para 30,75); em Liverpool (incluindo o subúrbio de West-Derby), 1 para 31,90 (excluindo West-Derby, 1 para 29,90) – enquanto que em todos os outros distritos listados (Cheshire, Lancashire e Yorkshire, e estes compreendem numerosos distritos rurais e semirrurais, além de cidadezinhas), com uma população total de 2.172.506 pessoas, a mortalidade média foi de 1 óbito para cada 39,80 habitantes[b]. A que ponto são desfavorecidos os operários que vivem nas cidades é o que demonstram os dados sobre mortalidade relativos a Prescott, no Lancashire, distrito habitado por mineiros de carvão e que, pela insalubridade própria do trabalho nas minas, situa-se, no que diz respeito à saúde, bem abaixo das regiões rurais; no entanto, os mineiros em questão residem no campo e a mortalidade entre eles é de 1 óbito para cada 47,54 habitantes, ou seja, inferior em quase 2,5% à media geral da Inglaterra. Todas essas indicações se baseiam nos registros de mortalidade de 1843.

A mortalidade é ainda mais alta nas cidades da Escócia: em Edimburgo, em 1838-1839, chegou a 1 óbito para cada 29 habitantes e, em 1831, somente na cidade velha, 1 para 22. Já em Glasgow, de acordo com o doutor Cowan ("Vital Statistics of Glasgow")[c], a média é de 1 para 30 desde 1830 e, em certos anos, de 1 para 22 ou 24.

---

[a] Na Inglaterra, era *oficial superior* (*registrer general*) o ministro do Interior do reino, na medida em que respondia pelo registro civil. Sir James Robert George Graham (1792--1861), político inglês, ministro do Interior dos governos *tories* entre 1841 e 1846.

[7] *Fifth Annual Report of the Registrer General of Births, Deaths and Marriages* [Quinto relatório anual do oficial superior do registro civil sobre os nascimentos, óbitos e casamentos]. [A informação foi retirada das p. 1 e 15 dessa fonte, datada de 1843. (N.E.)]

[b] Esses dados não são inteiramente exatos, uma vez que os números da população tomados como referência são de 1841, ao passo que os óbitos são de 1843.

[c] O trabalho de Robert Cowan, médico, "Vital Statistics of Glasgow, illustrating the Sanitary Condition of the Population" [Estatísticas de vida em Glasgow, ilustrativas da condição sanitária da população], apareceu em outubro de 1840 no *Journal of the Statistical Society of London*, v. III, p. 257-92.

Uma larga documentação comprova que, dessa sensível redução da duração média de vida, a principal vítima é a classe operária e que a média de todas as classes é melhorada pela baixa mortalidade nas classes altas e médias. Um dos testemunhos mais recentes é o do médico P. H. Holland, de Manchester, que, por encargo oficial, inspecionou os arredores (Chorlton-on-Medlock)[8]. Ele subdividiu as ruas e as casas em três classes e encontrou as seguintes diferenças de mortalidade:

		Mortalidade
Ruas de 1ª classe: casas	1ª classe	1 para 51
	2ª classe	1 para 45
	3ª classe	1 para 36
Ruas de 2ª classe: casas	1ª classe	1 para 55
	2ª classe	1 para 38
	3ª classe	1 para 35
Ruas de 3ª classe: casas	1ª classe	sem dados
	2ª classe	1 para 35
	3ª classe	1 para 25

De várias outras tabelas elaboradas por Holland depreende-se que a mortalidade nas *ruas* de 2ª classe é 18% mais alta e, nas de 3ª classe, 68% mais alta que nas ruas de 1ª classe; que a mortalidade nas *casas* de 2ª classe é 31% mais alta e, nas de 3ª classe, 78% mais alta que nas casas de 1ª classe; e que, nas ruas miseráveis que receberam melhoramentos, a mortalidade reduziu-se em 25%. Ele termina seu trabalho com uma observação muito sincera, em se tratando de um burguês:

> Quando verificamos que em algumas ruas a mortalidade é quatro vezes mais alta que em outras, e que é, em certas categorias de ruas, duas vezes mais elevada que em outras; quando, ademais, verificamos que ela é invariavelmente mais baixa nas ruas bem conservadas, não podemos deixar de concluir que, todos os anos, um grande número de nossos semelhantes, centenas de nossos vizinhos mais próximos, estão sendo mortos [*destroyed*] por falta das mais elementares precauções.

---

[8] Cf. *Report of Commission of Inquiry into the Stage of large Towns and populous Districts, first Report, Appendix* [Relatório da Comissão de Inquérito sobre a situação das grandes cidades e distritos populosos, primeiro relatório, apêndice], 1844. [Os dados foram extraídos das p. 202-7. (N.E.)]

O relatório sobre as condições sanitárias das classes trabalhadoras contém dados que confirmam esse fato. Em Liverpool, em 1840, a duração média de vida era de 35 anos para as classes altas (*gentry, professional men*[a] etc.), de 22 anos para os homens de negócios e os artesãos abastados e de apenas 15 anos para os operários, os jornaleiros e os servidores domésticos[b]. Os relatórios parlamentares contêm um grande número de indicações análogas.

As estatísticas da mortalidade revelam níveis altíssimos, principalmente por causa das mortes entre as crianças pequenas da classe operária. O delicado organismo de uma criança é o que oferece a menor resistência aos efeitos deletérios de um modo de vida miserável; o abandono a que frequentemente se vê exposta quando os pais trabalham, ou quando um deles morre, logo faz sentir seu impacto – e, portanto, não pode ser razão de espanto se, por exemplo, em Manchester, conforme um relatório que já citamos, mais de 57% dos filhos de operários morrem antes de completar 5 anos, ao passo que essa taxa é de 20% para os filhos das classes mais altas e, nas zonas rurais, a média é de 32%[9]. O artigo do *Artizan*, tantas vezes citado, oferece a esse respeito indicações mais precisas, quando compara as percentagens de óbitos devidos a certas doenças que vitimam crianças nas cidades e nos campos, demonstrando que: as epidemias são em geral três vezes mais mortíferas em Manchester e em Liverpool que nos distritos rurais; nas cidades, as doenças do sistema nervoso são cinco vezes mais numerosas que no campo, e as do aparelho digestivo, mais de duas vezes; nas cidades, as doenças pulmonares matam duas vezes e meia mais que no campo; nas cidades, as mortes de crianças causadas por varíola, sarampo, coqueluche e escarlatina são quatro vezes maiores que no campo; nas cidades, as mortes por hidrocefalia são três vezes mais numerosas que no campo e as motivadas por convulsões, dez vezes. Para citar mais uma autoridade reconhecida, transcrevo um quadro elaborado pelo doutor Wade[10], com base no relatório da comissão parlamentar sobre as fábricas:

---

[a] Pequena nobreza, profissionais.
[b] E. Chadwick, op. cit., p. 159.
[9] *Factories Inquiry Commission's Report*, "Report of Dr. Hawkins on Lancashire" [Relatório da comissão de inquérito sobre as fábricas. "Relatório do doutor Hawkins sobre o Lancashire"], v. 3, que cita como fonte o doutor Roberton, "a principal autoridade de Manchester no campo da estatística". [Engels cometeu aqui um pequeno erro: o relatório não aponta que "*mais de 57% dos filhos dos operários morrem antes de completar 5 anos*" e sim "*cerca de 54%*". (N.E.)]
[10] John Wade, *History of the Middle and Working Classes* [História das classes médias e trabalhadoras] (3. ed., Londres, 1835). [Para o quadro em questão, Wade valeu-se dos *Parliamentary Papers* (Documentos parlamentares), 1831-1832, v. 15, n. 706. (N.E.)]

Em 10 mil pessoas, morrem com	Menos de 5 anos	5 a 19 anos	20 a 39 anos	40 a 59 anos	60 a 69 anos	70 a 79 anos	80 a 89 anos	90 a 99 anos	Mais de 100 anos
Cond. de Rutland, dist. rural salubre	2.865	891	1.275	1.299	1.189	1.428	938	112	3
Cond. de Essex, dist. agrícola pantanoso	3.159	1.110	1.526	1.413	963	1.019	630	77[a]	3
Cid. de Carlysle, antes do surgimento de fábricas (1779-1787)	4.408	911[b]	1.006	1.201	940	826	533	153	22
Cid. de Carlysle, depois da instalação de fábricas	4.738	930	1.261	1.134	677	727	452	80	1
Preston, cid. industrial	4.947	1.136	1.379	1.114	553	532	298	38	3
Leeds, cid. industrial	5.286	927	1.228	1.198	593	512	225	29	2

Para além das várias doenças aqui mencionadas, que são a consequência necessária dos modernos abandono e opressão padecidos pela classe pobre, outros fatores contribuem para aumentar a mortalidade entre as crianças pequenas. Em muitas famílias, a mulher, assim como o homem, trabalha fora de casa, do que resulta a ausência de cuidados com as crianças, que ficam trancadas nas habitações ou, contra pagamento, sob a custódia de outras pessoas. Não estranha, pois, que centenas dessas crianças percam a vida nos mais diversos acidentes. Em nenhum lugar como nas grandes cidades inglesas tantas crianças são esmagadas por cavalos ou carroças, morrem por causa de quedas, se afogam ou se queimam. Particularmente comuns são os casos de morte devidos a queimaduras graves, por fogo ou água fervente;

---

[a] Esse é o número correto, transcrito erroneamente (177) nas edições de 1845 e 1892.
[b] Esse é o número correto, transcrito erroneamente (921) nas edições de 1845 e 1892.

nos meses de inverno, em Manchester, verifica-se um caso desses por semana; muitos ocorrem em Londres, raramente noticiados pelos jornais – mas tenho nas mãos um exemplar do *Weekly Dispatch*, de 15 de dezembro de 1844, onde se lê que, na semana de 1º a 7 de dezembro, aconteceram *seis* acidentes desse gênero. Essas pobres crianças, que morrem de forma tão horrível, na verdade são vítimas de nossa desordem social e da classe proprietária interessada na manutenção dessa desordem e, paradoxalmente, não sabemos se essa morte dolorosa e terrível não constitui um benefício, que poupa a essas crianças uma vida de miséria e privação, rica em sofrimento e pobre em alegria. Eis o ponto a que chegamos na Inglaterra, onde a burguesia, que sabe todos os dias pelos jornais o que está ocorrendo, mantém-se inteiramente despreocupada. Burguesia que não poderá queixar-se quando, apoiado na documentação oficial ou não que citei e que ela *deve* conhecer, eu a acuso abertamente de assassinato social. Das duas, uma: ou toma as providências necessárias para remediar esse espantoso estado de coisas ou entrega à classe operária a administração dos interesses públicos. Mas a ela, que não tem nenhuma vontade de aceitar a segunda solução, falta o vigor para implementar a primeira – porque permanece burguesia e não se liberta de seus preconceitos de classe. E se se dispuser, para escapar à minha acusação, agora que já tombaram centenas de milhares de vítimas, a tomar finalmente algumas mesquinhas medidas de precaução para o futuro, promulgando um *Metropolitan Building Act*[a] (com o qual se submete a algumas restrições a escandalosa concentração de habitações) ou, orgulhosamente, a se decidir por medidas sanitárias que, sem atacar as raízes do mal, pouco vão além das prescrições mais elementares dos serviços de higiene, nem assim ela se reabilitará. A burguesia inglesa só tem duas alternativas: prosseguir em seu reinado, carregando sobre os ombros a acusação de assassinato social e *apesar dessa acusação*, ou abdicar em favor da classe operária. Ela tem preferido, até hoje, a primeira solução.

Passemos agora das condições físicas às condições intelectuais dos trabalhadores. Na medida em que a burguesia só lhes concede o mínimo vital indispensável, compreende-se que no plano cultural só lhes propicie aquilo que atenda aos seus interesses burgueses – o que, na verdade, não é muito.

Na Inglaterra, os meios de instrução, comparados à população, são incrivelmente limitados. As poucas escolas que funcionam durante a semana

---

[a] Lei sobre as edificações metropolitanas, legislação especial para Londres, relativa às construções, aprovada pelo Parlamento em 1844.

para os trabalhadores só podem ser frequentadas por uma pequena minoria e, além do mais, são péssimas: grande parte dos professores (operários que já não podem trabalhar e pessoas ineptas, que só se dedicam ao ensino para sobreviver) não possui os mais rudimentares conhecimentos, não dispõe da formação moral necessária ao educador e, ademais, as escolas não estão sujeitas a qualquer controle público. Aqui também impera a livre concorrência e, como sempre, a vantagem é dos ricos, ao passo que aos pobres, justamente para quem a concorrência *não* é livre e que não possuem as condições para realizar avaliações, cabem seus efeitos daninhos. Não existe, em parte alguma, a instrução obrigatória; esta foi introduzida apenas formalmente nas fábricas, como veremos, e quando o governo, na sessão legislativa de 1843, pretendeu fazer dessa formalidade uma realidade, a burguesia industrial manifestou-se vigorosamente contrária – quanto aos trabalhadores, eles apoiaram a iniciativa de maneira categórica. Por outro lado, boa parte das crianças trabalha durante a semana, nas fábricas ou em casa, o que não lhes permite ir à escola. E as escolas noturnas, a que deveriam comparecer os que trabalham durante o dia, têm poucos alunos, que, aliás, tiram pouco proveito delas. De fato, seria um despropósito pedir a jovens operários, estafados por doze horas de trabalho, que ainda fossem às aulas das oito às dez da noite – aqueles que vão, dormem a maior parte do tempo, como foi constatado por centenas de testemunhos no *Children's Employment Report* [Relatório sobre o trabalho infantil]. Criaram-se, é verdade, escolas dominicais, mas elas carecem de professores qualificados e só são úteis àqueles que já frequentaram a escola tradicional; o intervalo entre dois domingos é longo demais para que uma criança sem nenhuma instrução não esqueça na segunda lição o que deveria ter aprendido sete dias antes. A *Children's Employment Commission* [Comissão sobre o trabalho infantil] afirma expressamente que nem as escolas tradicionais nem as dominicais atendem às necessidades nacionais e seu relatório aduz, para sustentar a afirmação, inúmeras provas. Esse relatório arrola exemplos da ignorância encontrada na classe operária inglesa, exemplos que não seriam esperáveis nem mesmo em países como a Espanha ou a Itália. Não poderia ser diferente: a burguesia tem muito mais o que temer do que esperar da instrução dos operários – em seu fabuloso orçamento de 55 milhões de libras, o governo reserva à instrução pública a ínfima quantia de 40 mil libras. E os meios de instrução ingleses seriam ainda mais miseráveis, não fora o fanatismo das seitas religiosas, cuja ação é tão nefasta quanto útil pelas melhorias que realiza aqui e acolá.

Assim, a Igreja anglicana criou suas *National Schools* [escolas nacionais] e cada seita mantém escolas próprias, com o único objetivo de conservar em seu seio os filhos de seus fiéis e, se possível, arrebatar de suas concorrentes, aqui e ali, uma pobre alma infantil. Por isso, a religião, e justamente o aspecto mais estéril da religião, a polêmica, torna-se o centro da instrução, saturando-se o espírito das crianças com dogmas incompreensíveis e filigranas teológicas; precocemente, a criança é estimulada ao ódio sectário e ao fanatismo – enquanto toda a instrução racional, intelectual e moral é negligenciada de forma vergonhosa. Repetidamente, os operários exigiram do Parlamento uma instrução pública inteiramente laica, deixando a religião aos cuidados dos clérigos das várias seitas; até hoje, porém, nenhum ministério concedeu nesse terreno. E isso se compreende: o ministro é um criado obediente da burguesia e esta se divide numa infinidade de seitas; mas cada seita só consente em instruir o trabalhador se, ao mesmo tempo, obrigá-lo a tomar a vacina contra os perigos da instrução – vacina que são os dogmas particulares da própria seita. Na medida em que, até hoje, essas seitas continuam a disputar a supremacia, a classe operária permanece sem instrução. E, entretanto, os industriais gabam-se de ter ensinado a ler a grande maioria dos trabalhadores – o problema está no conteúdo que se atribui a "ler". O relatório da *Children's Employment Commission* esclarece: aquele que conhece o alfabeto afirma saber ler. O industrial contenta-se com isso. E se pensamos na complexidade da ortografia inglesa, que transforma a leitura numa verdadeira arte, cuja prática demanda um longo estudo, então consideramos compreensível a ignorância reinante entre os operários: poucos deles sabem escrever – aliás, muitas "pessoas instruídas" não escrevem corretamente. Não se ensina a escrever nas escolas dominicais da Igreja anglicana e dos *quakers* (e, creio, em várias outras seitas) "porque essa é uma ocupação muito profana para o domingo".

O tipo de instrução oferecido aos trabalhadores pode ser avaliado com a ajuda de alguns exemplos, extraídos do relatório da *Children's Employment Commission*, que, infelizmente, não engloba a indústria fundada no sistema fabril. Declara o comissário Grainger:

> Em Birmingham, a totalidade das crianças que interroguei é de todo desprovida do que se poderia chamar, mesmo remotamente, de instrução útil. Ainda que na maioria das escolas só se ensine religião, também nesse terreno demonstraram uma completa ignorância.

Informa o comissário Horne:

> Em Wolverhampton encontrei, entre outros, os seguintes casos: uma menina de onze anos frequentara o curso semanal e a escola dominical, mas "nunca

ouvira falar de um outro mundo, do céu ou de outra vida"; um rapaz, de dezessete anos, não sabia quanto era dois vezes dois e nem mesmo depois de lhe colocarem as moedas na mão soube dizer quantos *farthings*[a] há em dois *pence*; alguns rapazes nunca ouviram falar de Londres ou de Willenhall, ainda que essa localidade fique a uma hora de distância de Wolverhampton, onde residem, e tenha com ela relações constantes; muitos nunca tinham ouvido o nome da rainha, assim como ignoravam os nomes de Nelson, Wellington e Bonaparte; é curioso notar que os mesmos que não sabiam de São Paulo, Moisés ou Salomão, estavam bem informados sobre a vida, os feitos e o caráter de Dick Turpin, o salteador, e de Jack Sheppard, o ladrão especialista em fugas[b]; um jovem de dezesseis anos não sabia o resultado de dois vezes dois, nem quanto valem quatro *farthings*; outro, de dezessete anos, afirmou que dez *farthings* equivalem a dez *pence* e meio; e ainda outro, de dezesseis anos, respondeu a algumas perguntas muito simples de modo rápido: "não sei nada de nada" (*he was ne judge o' nothin'*) (*Horne Report*, Appendix [Relatório Horne, Apêndice], parte II, Q. 18, n. 216, 217, 226, 233 etc.).

Jovens que foram atormentados durante quatro ou cinco anos por dogmas religiosos permaneceram tão informados quanto antes de entrar nas escolas dominicais:

[um jovem] que frequentou regularmente a escola dominical por cinco anos não sabia quem fora Jesus Cristo, ainda que tenha ouvido esse nome; mas nunca escutara nada sobre os doze apóstolos, Sansão, Moisés, Aarão etc. (ibidem, *evid.*, p. q. 39, I. 33).

E outro:

frequentou a escola dominical por seis anos e sabia quem fora Jesus Cristo: morreu crucificado, vertendo seu sangue para salvar nosso Salvador. Nunca ouvira falar de São Pedro ou São Paulo (ibidem, p. q. 36, I. 46).

E um terceiro:

frequentou por sete anos diversas escolas dominicais; só lê palavras simples em livros elementares; ouvira falar dos apóstolos e, sem saber se o eram São Pedro ou São João, tinha certeza de que um deles fora são João Wesley [fundador do Metodismo] (ibidem, p. q. 34, I. 58).

Para a pergunta "Quem foi Jesus Cristo?", Horne obteve, entre outras, as seguintes respostas: "Adão", "um apóstolo", "o filho do Senhor do Salvador" (*he was the Saviour's Lord's son*) e, dos lábios de um rapaz de dezessete anos: "Um rei de Londres, há muitos, muitos anos".

---

[a] Entre parênteses, Engels esclareceu o valor de um *farthing*: um quarto de *penny*.
[b] Richard (*Dick*) Turpin (1706-1739) e John (*Jack*) Sheppard (1702-1724), ambos enforcados em Londres.

Em Sheffield, o comissário Symons mandou que os alunos de uma escola dominical lessem – nenhum deles foi capaz de relatar o que tinham lido ou dizer quem eram os doze discípulos de que falava o texto recém-lido. Depois de perguntar a todos os alunos sobre os apóstolos, sem obter uma resposta correta, Symons ouviu um rapazola exclamar com segurança: "Eu sei, senhor. Eram os leprosos" (*Symons Report*, Appendix [Relatório Symons, Apêndice], parte I, p. E 22 e ss.).

As informações recolhidas nos relatórios que dizem respeito aos distritos da indústria cerâmica e do Lancashire dão conta de casos análogos.

Está visto o que a burguesia e o Estado fizeram pela instrução e pela educação da classe operária. Felizmente, as condições em que vive essa classe são tais que proporcionam uma educação prática que tanto substitui o ensino escolar ineficiente quanto torna inócuo o efeito pernicioso das confusas ideias religiosas em que está mergulhada, cultura prática que coloca os trabalhadores à frente do movimento nacional na Inglaterra. A necessidade leva o homem a inventar e, mais importante, a pensar e a agir. O operário inglês, que lê mal e escreve pior, sabe bem, no entanto, quais são seus interesses e os interesses nacionais, sabe quais são os interesses particulares da burguesia e o que tem a esperar dela. Se não sabe escrever, sabe falar, e falar em público; se não conhece operações aritméticas, sabe o bastante de noções econômicas para refutar e desmascarar um burguês que defende a abolição das leis sobre os cereais; e se, para ele, apesar dos esforços dos clérigos, as questões celestiais permanecem obscuras, estão esclarecidas as questões práticas dos problemas terrenos, políticos e sociais. Mais adiante, teremos oportunidade de tratar disso; vejamos agora a caracterização moral de nossos operários.

É claro que a instrução moral, em todas as escolas inglesas vinculada à educação religiosa, não pode ser mais eficiente que esta. Os princípios elementares que regulam as relações entre os homens – princípios tornados extremamente confusos dada a situação social, a guerra de todos contra todos – só podem permanecer ainda mais obscuros e estranhos ao operário inculto quando lhe são expostos por meio de dogmas religiosos incompreensíveis e impostos mediante mandamentos arbitrários e injustificados. Todas as fontes admitem expressamente – sobretudo as ouvidas pela *Children's Employment Commission* – que as escolas praticamente não contribuem para a moralidade da classe operária. A burguesia inglesa é tão estúpida, tão grosseira e tão limitada por seu egoísmo que nem sequer se dá o trabalho de inculcar nos operários a moral moderna, que ela mesma criou em seu próprio interesse e para sua própria defesa! Até mesmo a tutela de seus próprios interesses parece fatigante a essa burguesia preguiçosa e cada vez mais indolente, até isso lhe parece supérfluo. Chegará um tempo, sem dúvida, em que ela se arrependerá de sua negligência – mas já será tarde. O que ela não pode, todavia, é lamentar se os operários ignoram essa moral e não a seguem.

A classe dominante não descura e despreza os trabalhadores apenas física e intelectualmente, mas também moralmente. A única atenção que dedica aos trabalhadores consubstancia-se na lei, que os controla de modo a que não se aproximem muito dela. Em seus embates, ela se vale – como para os animais irracionais – de *um único* recurso: o látego, a força bruta, que, sem persuadir, somente intimida. Tratados como bestas, não surpreende que os operários se transformem em verdadeiros animais ou só possam salvaguardar a consciência e o sentimento da própria humanidade através de um ódio feroz, de uma permanente revolta interior contra a burguesia dominante. Eles só são homens na medida em que se rebelam contra a classe dominante; tornam-se animais quando se ajustam pacientemente ao seu jugo, quando procuram tornar sua vida agradável sob esse jugo, ao invés de tentar destruí-lo.

Considerando o que a burguesia fez pela educação da classe operária e as condições em que vive esta última, não podemos absolutamente reprovar aos trabalhadores o rancor que nutrem contra a classe dominante. A educação moral, que não é oferecida aos operários nas escolas, não lhes é propiciada em nenhum outro momento de sua vida – nem mesmo *aquela* educação moral que, aos olhos da burguesia, tem algum valor. A posição social e o meio ambiente do operário incitam-no fortemente à imoralidade. Ele é pobre, sua vida não tem atrativos, quase todos os prazeres lhe são negados, os rigores da lei para ele não são nada de terrível; então, por que ele deveria refrear seus desejos, por que deveria deixar ao rico o gozo de seus bens sem apropriar-se de uma parte deles? Quais são as razões que o operário tem para *não* roubar? É muito bonita a frase: "A propriedade é sagrada"; ela soa como música aos ouvidos burgueses, mas, para quem nada possui, esse caráter sagrado desaparece automaticamente. O deus deste mundo é o dinheiro. O burguês toma do operário o dinheiro e, assim, faz dele praticamente um ateu. Nada de estranho existe, portanto, se o proletário põe seu ateísmo em prática e deixa de respeitar a santidade e o poder do deus terreno. E quando a pobreza do proletário cresce a ponto de privá-lo dos meios necessários à sobrevivência, quando desemboca na miséria e na fome, cresce ainda mais a tendência ao desprezo por toda a ordem social. Muitos burgueses já sabem disso: Symons observa que a miséria tem sobre o espírito os mesmos efeitos deletérios do alcoolismo sobre o corpo[11] e o *sheriff* Alison explica detalhadamente às classes proprietárias quais são as consequências da opressão social sobre os proletários[12]. A miséria só permite ao operário escolher entre deixar-se morrer lentamente de fome, suicidar-se ou obter aquilo de que necessita onde encontrar – em outras palavras, roubar. Não espanta o fato de a maioria preferir o furto ao suicídio ou à morte por fome. Sem dúvida, há entre os operários muitos indivíduos suficientemente moralistas para, mesmo na extrema privação, não roubar; esses morrem de fome ou se suicidam. O suicídio, que no passado foi um invejável privilégio das classes altas, está atualmente na moda na Inglaterra até entre os proletários e muitos pobres diabos se matam na única alternativa que lhes resta para escapar à miséria.

Entretanto, mais desmoralizante que a miséria é, para os operários, a insegurança de sua vida, a necessidade de viver cada dia com um salário sem saber o que lhe acontecerá na manhã seguinte – em suma, aquilo que faz deles *proletários*. Nossos pequenos camponeses alemães também são, em sua maioria, pobres e necessitados, mas não são – como os proletários – tão sujeitos ao acaso; têm, pelo menos, algo de estável. O proletário, por seu turno, que só possui de seu os próprios braços, que consome à noite o que ganhou durante o dia, que está inteiramente sujeito ao acaso, que não tem nenhuma garantia futura de assegurar-se os meios mais elementares de subsistência – em função de uma crise ou de um capricho do patrão pode ficar desempregado –, está reduzido à condição mais revoltante, mais desumana que se pode imaginar. O escravo, pelo menos, tinha assegurada sua existência graças ao interesse do seu senhor; o servo da gleba, pelo menos, dispunha de um pequeno pedaço de terra, do qual vivia; ambos tinham garantida, pelo menos, a sobrevivência pura e simples; mas o proletário está abandonado a si mesmo e, ao mesmo tempo, está impossibilitado de empregar sua força de modo a valer-se dela para viver. Tudo o que o proletário pode fazer para melhorar sua condição assemelha-se a uma gota no oceano diante das vicissitudes a que está exposto e sobre as quais carece do mínimo poder. Ele sofre todas as combinações possíveis das circunstâncias e deve ser grato à sorte se, por algum tempo, conseguir

---

[11] *Arts and Artisans*. [A observação encontra-se nas p. 147-8, mas o qualificativo "deletérios" foi introduzido por Engels. (N.E.)]

[12] *The Principles of Population*, v. II, p. 196-7.

salvar sua pele. Como seria de esperar, seu caráter e seu modo de vida se adaptam a tais circunstâncias. No meio desse turbilhão, ou ele procura salvar sua humanidade – e só pode fazê-lo rebelando-se[13] contra a burguesia, contra a classe que o explora tão impiedosamente e depois o abandona à sua sorte, contra a classe que busca obrigá-lo a permanecer nessa situação indigna de um homem – ou ele renuncia à luta contra as condições em que vive, considerando-a inútil, e procura, na medida do possível, aproveitar-se dos momentos favoráveis. Não lhe adianta economizar, porque, na melhor das hipóteses, só consegue juntar o dinheiro para se alimentar durante algumas semanas – e, se ficar desempregado, certamente será por mais tempo. É-lhe praticamente impossível adquirir de forma duradoura uma propriedade – e, se o conseguisse, deixaria de ser um proletário e um outro ocuparia seu lugar. Quando dispõe de um bom salário, o que pode fazer, senão gastá-lo? Na Inglaterra, o burguês se espanta e escandaliza com a vida que os operários se dão nos períodos em que os salários estão altos; no entanto, é perfeitamente natural e lógico que eles gozem a existência quando podem, ao invés de acumular um pecúlio que de nada lhes servirá e que, ao fim, será roído pelas traças e pela ferrugem, isto é, pela burguesia. Mas semelhante existência é, como nenhuma outra, moralmente degradante. O que Carlyle diz dos fiandeiros de algodão vale para todos os operários industriais ingleses:

> Seus negócios florescem hoje, amanhã periclitam; é um perpétuo jogo de azar e, por isso, vivem como jogadores, hoje na abundância, amanhã na privação. Devora-os uma insatisfação sombria, o sentimento mais miserável que pode habitar no peito humano. O comércio inglês, com suas convulsões e oscilações de impacto mundial, com seu imenso e proteiforme demônio do vapor, tornou incertos todos os rumos que eles poderiam seguir, como se um feitiço os encantasse: bens supremos para o homem, como a sobriedade, a firmeza, a continuidade serena, são estranhos para eles... Para eles, o mundo não é um lugar hospitaleiro, mas um cárcere de tormentos terríveis e rebeliões estéreis, ódio e rancor para consigo mesmos e para com os outros. Será este um mundo verdejante, florido, criado e governado por Deus ou, ao contrário, um Tophet[a] sombrio e efervescente, cheio de gases de vitríolo, poeiras de algodão, algazarra de tabernas, cóleras e tormentos do trabalho, criado e governado por um demônio?[14]

E, mais adiante, na página 40:

---

[13] Veremos, mais adiante, como o reconhecimento da liberdade de associação na Inglaterra tornou legal a rebelião do proletário.

[a] Do hebraico: "vale de cultos idólatras, infernais".

[14] *Chartism*, p. 34 e ss.

A situação da classe trabalhadora na Inglaterra

> Se a injustiça, a infidelidade à verdade, à realidade e à ordem da natureza fossem o único mal sobre a terra e a consciência do sofrimento da injustiça fosse o único sentimento intoleravelmente doloroso, nossa pergunta fundamental sobre a situação dos operários seria: tudo isso é justo? E, sobretudo: o que pensam eles mesmos acerca da justiça de tudo isso? Suas palavras são uma resposta suficiente e suas ações o são ainda mais... Indignação, súbito[a] e vingativo impulso à rebelião contra as classes superiores, respeito cada vez menor em face das ordens das autoridades terrenas, fé sempre declinante nas doutrinas das autoridades espirituais – tal é o estado de espírito geral das classes inferiores. Pode-se deplorar esse estado de espírito, pode-se reprimi-lo, mas não se pode deixar de reconhecer que ele existe realmente naquelas classes, que tudo isso é muito triste e que, se nada mudar, sobrevirá uma catástrofe.

Carlyle tem toda razão no que diz respeito aos fatos e absolutamente nenhuma quando reprova o ódio feroz dos operários contra as classes altas. Esse ódio, essa ira, é, ao contrário, a demonstração factual de que os operários sentem a desumanidade de sua situação, de que eles não se deixarão reduzir ao nível de bestas de carga e de que um dia se libertarão do jugo da burguesia. Podemos comprová-lo mediante o exemplo daqueles que não compartilham dessa cólera; ou se submetem humildemente à sua sorte, vivendo melhor ou pior uma honrada vida privada, não se importando com os problemas do mundo, ajudando a burguesia a tornar mais fortes os grilhões dos trabalhadores e agarrando-se firmemente às concepções espirituais anacrônicas do período pré-industrial; ou então se deixam levar pelo destino e jogam com ele, perdem interiormente a firmeza que já perderam exteriormente, pensam apenas no dia de hoje, embebedam-se e vivem atrás de mulheres. Em ambos os casos, são semelhantes a animais, embora os últimos sejam aqueles que mais contribuem para "o rápido crescimento do vício" que tanto escandaliza a burguesia – a ela mesma, que originou suas causas.

Uma outra fonte da imoralidade dos trabalhadores reside no fato de eles serem os condenados do trabalho. Se a atividade produtiva livre é o máximo prazer que conhecemos, o trabalho forçado é o tormento mais cruel e degradante. Nada é mais terrível que fazer todos os dias, da manhã até a noite, um trabalho de que não se gosta. E quanto mais sentimentos humanos tem o operário, tanto mais odeia seu trabalho, porque sente os constrangimentos que implica e sua inutilidade para si mesmo. Afinal, por que trabalha? Pelo prazer de criar? Por um instinto natural? Nada disso: trabalha apenas por

---

[a] O texto inglês registra *sullen* (sombrio); Engels provavelmente leu *sudden* (súbito).

dinheiro, por uma coisa que nada tem a ver com o trabalho mesmo; trabalha porque é forçado a trabalhar, um trabalho exaustivo, em longas jornadas, um trabalho ininterruptamente monótono que, só por isso, para quem conserva sentimentos humanos, desde as primeiras semanas se torna uma tortura. E, ademais, a divisão do trabalho multiplicou os efeitos embrutecedores do trabalho forçado. Na maior parte dos ramos da indústria, a atividade do operário reduz-se a uma miserável e mecânica manipulação, que se repete, minuto a minuto, ano a ano[15]. Quais sentimentos e quais capacidades humanas pode conservar à altura dos trinta anos aquele que desde jovem trabalhou doze ou mais horas por dia, fabricando cabeças de pregos ou limando rodas dentadas e vivendo nas condições de um proletário inglês? A introdução do vapor e das máquinas não altera isso. A atividade do operário tornou-se menos pesada e o esforço muscular foi reduzido, mas o próprio trabalho, facilitado, foi levado ao extremo da monotonia. Ele não permite ao operário nenhuma possibilidade de atividade espiritual e, no entanto, absorve-lhe a atenção a ponto de impedi-lo de pensar em qualquer outra coisa. A condenação a semelhante trabalho, que toma do operário todo tempo disponível, que mal o deixa comer e dormir, que não lhe permite fazer exercícios físicos e desfrutar da natureza, sem falar da ausência de atividade intelectual – a condenação a um tal trabalho não rebaixa o homem à condição animal? Também aqui, esta é a alternativa para o operário: resignar-se à sua sorte, tornar-se um "bom" trabalhador, servir "fielmente" aos interesses da burguesia – e, nesse caso, torna-se realmente um animal – ou resistir, combater tanto quanto possa por sua dignidade humana – o que só lhe é possível lutando contra a burguesia.

E a todas essas causas que originaram uma profunda decadência dos costumes entre a classe operária soma-se mais outra, que intervém para difundi-la e levá-la ao extremo: a concentração da população. Os escritores da burguesia inglesa pedem socorro contra a influência corruptora das grandes cidades – esses Jeremias às avessas se lamentam não pela destruição das cidades, mas por seus efeitos. O *sheriff* Alison atribui às grandes cidades quase todos os males; a mesma argumentação é levada ao limite pelo doutor Vaughan, que escreveu o livro *The Age of Great Cities*[a]. É compreensível. Em todas as outras

---

[15] Devo, aqui também, dar à burguesia a palavra, para que fale por mim? Escolherei apenas uma obra, que todos podem ler: *Wealth of Nations*, de Adam Smith, v. 3, livro 5, cap. 1, p. 297.

[a] O título completo da obra é *The Age of Great Cities in its relation to intelligence, morals and religion* [A era das grandes cidades e sua relação com a inteligência, a moral e a religião].

causas que exercem uma ação funesta sobre o corpo e o espírito dos operários, está presente de modo muito direto o interesse da classe proprietária; se esses escritores dissessem: *A miséria, a insegurança, o excesso de trabalho e o seu caráter forçado destroem o corpo e o espírito do operário,* todos, inclusive eles mesmos, seriam obrigados a concluir: *Então, tratemos de dar aos pobres a propriedade, asseguremos-lhes a existência, promulguemos leis contra o trabalho excessivo* – mas é exatamente isso o que a burguesia não pode admitir. Não pode admitir que a indústria, da qual tira seus lucros, gerou as grandes cidades; e, por isso, aceita a ideia de que as grandes cidades se desenvolveram por si mesmas e que as pessoas se instalaram nelas por livre vontade, ideia que lhe permite atribuir todos os males a essa causa aparentemente inevitável. Na realidade, as grandes cidades apenas se limitam a desenvolver mais rápida e completamente um mal já existente em germe; Alison, pelo menos, ainda tem humanismo suficiente para reconhecê-lo – não é um burguês perfeito, industrial e liberal, é um *tory*, semievoluído como burguês e, por isso, às vezes vê coisas em face das quais os verdadeiros burgueses se comportam como cegos. Ouçamo-lo:

> É nas grandes cidades que o vício espalha suas tentações e a lascívia, as suas teias; nas grandes cidades, o erro é encorajado pela esperança da impunidade e a preguiça nutre-se de exemplos inumeráveis. É aqui, nestes grandes núcleos de corrupção humana, que se encontram indivíduos perversos e dissolutos que fogem da simplicidade da vida rural, é aqui que eles encontram as vítimas de sua perversidade e os ganhos que os recompensam dos perigos que enfrentam. A virtude é desvalorizada e vegeta na sombra, os crimes aumentam porque dificilmente são descobertos e as perversões têm como recompensa o prazer imediato. Quem à noite percorrer St. Giles, as vielas de Dublin ou os bairros pobres de Glasgow verificará isso e se espantará não porque haja tantos crimes no mundo, mas, ao contrário, porque os há tão poucos... A maior causa da corrupção nas grandes cidades é a natureza contagiosa do mau exemplo, bem como a dificuldade de escapar à sedução do vício posta em contato direto e cotidiano com as gerações mais jovens. Os ricos não são, *eo ipso*[a], melhores: na mesma situação, não resistiriam às tentações. A infelicidade particular dos pobres é que são *obrigados* a viver no meio de todas as imagens do vício e de todas as tentações de prazeres proibidos... A causa da degradação moral está na demonstrada impossibilidade de ocultar os encantos do vício aos jovens pobres das grandes cidades.

Depois de uma longa descrição de costumes, continua nosso autor:

> Tudo isso não provém de uma depravação anormal do caráter, mas da natureza quase irresistível das tentações a que estão expostos os pobres. Os ricos, que condenam o comportamento dos pobres, provavelmente cederiam

---

[a] Em latim, no original: "em si mesmos".

com a mesma rapidez à influência de causas análogas. Existe um grau de miséria e uma imposição do pecado a que a virtude raramente pode resistir e a que a juventude, especificamente, não consegue se contrapor. Em tais circunstâncias, o progresso do vício é quase tão seguro e rápido quanto o do contágio físico.

E, em outra passagem:

> Quando as classes superiores, em seu próprio interesse, reúnem grandes massas de trabalhadores num espaço exíguo, o contágio do vício propaga-se rápida e inevitavelmente. As classes inferiores, dado seu nível atual de educação religiosa e moral, ao cederem diante das tentações que as cercam, não podem ser mais condenáveis que quando *contraem o tifo*.[16]

Isso basta! O semiburguês Alison revela aqui, ainda que em termos pouco claros, a influência nefasta que as grandes cidades exercem sobre a formação moral dos operários. Um outro burguês – mas, este, um burguês completo, um homem caro à Liga contra a Lei dos Cereais –, o doutor Andrew Ure, mostra-nos o outro aspecto da questão[17]. Ele revela como a vida nas grandes cidades facilita as conspirações entre os operários e confere poder ao povo. Se os operários não forem educados – vale dizer, educados na obediência à burguesia –, considerarão as coisas de modo unilateral, apenas do ponto de vista de um egoísmo sinistro e serão facilmente corrompidos por demagogos astutos e chegarão até ao ponto de olhar com inveja e hostilidade seu *melhor benfeitor*, o capitalista sóbrio e empreendedor. Aqui, a única solução é a boa educação; à falta dela, necessariamente sobrevirão a catástrofe nacional e outros horrores, uma vez que será impossível impedir uma revolução dos operários.

São perfeitamente justificados os temores do nosso burguês. Se por um lado a concentração da população é favorável e estimulante para as classes proprietárias, por outro torna ainda mais rápido o desenvolvimento dos operários. Os trabalhadores começam a sentir-se, em sua totalidade, como uma classe; descobrem que, fracos individualmente, unidos constituem uma força; o terreno é propício para sua autonomização em face da burguesia, para a formação de concepções próprias dos operários e adequadas à sua posição no mundo; eles começam a dar-se conta de que são oprimidos e adquirem importância política e social. As grandes cida-

---

[16] *Principles of Population*, v. II, p. 76 e ss., p. 135.

[17] *Philosophy of Manufactures* [Filosofia da manufatura] (Londres, 1835). Mais adiante, vamos nos referir a essa importante obra; os passos citados encontram-se na p. 406 e ss.

des são o berço do movimento operário: foi nelas que, pela primeira vez, os operários começaram a refletir sobre suas condições e a lutar; foi nelas que, pela primeira vez, manifestou-se o contraste entre proletariado e burguesia; nelas surgiram as associações operárias, o cartismo e o socialismo. As grandes cidades deram forma aguda à doença do corpo social que, no campo, apresentava-se cronicamente – e, desse modo, revelaram com clareza, simultaneamente, sua natureza e a maneira correta de superá-la. Sem as grandes cidades e seu influxo estimulante para o desenvolvimento da inteligência pública, os operários ainda estariam longe do ponto em que se encontram hoje. Nas grandes cidades foram destruídos os últimos vestígios das relações patriarcais entre os operários e seus patrões, processo que a grande indústria, multiplicando os operários sujeitados por um só burguês, levou à culminação. É claro que a burguesia lamenta tudo isso, e com razão: sob as antigas relações, o burguês sentia-se bastante seguro diante de uma rebelião de operários. Explorava-os e dominava-os à vontade e, em troca, essa gente simples oferecia-lhe obediência, e mais gratidão e afeto quando o burguês somava ao salário um pouco de cordialidade, que nada lhe custava – fazendo-o aparentemente sem qualquer obrigação, por pura bondade e bom coração quando, na verdade, nada disso representava nem um décimo do que lhe devia. Como burguês individual, inserido numa situação que não criara, na medida em que fazia algo, cumpria parte de seu dever; mas, como membro da classe dominante, que pelo simples fato de *exercer o poder* é responsável pelas condições do conjunto da nação e pela tutela do interesse geral, nada fez do que deveria ter feito em virtude de sua posição social e, além disso, explorou toda a nação em proveito próprio. Sob as relações patriarcais que ocultavam hipocritamente a escravidão do operário, este permanecia apenas como simples indivíduo, morto de espírito, ignorando por completo seus próprios interesses. Somente quando se afastou do patrão e tornou-se estranho a ele, quando pôde perceber que os únicos laços que os uniam eram os do interesse privado, do lucro, quando a cordialidade aparente, que não resiste à mínima prova, foi dissolvida, somente então o operário começou a compreender sua posição e seus interesses e a desenvolver-se de modo independente; só então deixou de ser escravo da burguesia em seus pensamentos, em seus sentimentos e na manifestação de sua vontade. E, para tanto, contribuíram decisivamente a grande indústria e as grandes cidades.

Outro fator que exerceu enorme influência sobre o caráter do operário inglês foi a imigração irlandesa, de que já falamos. De uma parte, como vimos, ela degradou os operários ingleses, aviltou sua civilidade e agravou sua situação; mas, de outra, colaborou para alargar o fosso entre operários e burgueses e, assim, apressou o andamento da crise que se avizinha. Na verdade, a evolução da doença social que afeta a Inglaterra é semelhante à de uma doença física: desenvolve-se segundo certas leis e tem suas crises, a última das quais, a mais violenta, decide o destino do enfermo. E como a nação inglesa não pode sucumbir à crise final, mas dela deve emergir renovada e regenerada, cabe ver como positivo tudo que agrava a doença. Nesse sentido opera aquela imigração, que traz para a Inglaterra e para sua classe operária o caráter apaixonado e vivaz dos irlandeses. Sob muitos aspectos, os irlandeses relacionam-se com os ingleses assim como os franceses com os alemães e a mescla do temperamento irlandês, mais leve, mais emotivo, mais caloroso, com o temperamento inglês, tranquilo, perseverante, refletido, há de ser, a longo prazo, proveitosa para as duas partes. O egoísmo brutal da burguesia inglesa estaria muito mais enraizado na classe operária se o caráter irlandês, generoso ao limite da abnegação, fortemente dominado pelos sentimentos, não atenuasse, seja pela mistura de raças, seja pelas relações cotidianas, o caráter inglês, frio e racional.

Tudo isto posto, não nos surpreenderá constatar que, a pouco e pouco, a classe operária inglesa tornou-se um povo completamente diferente da burguesia inglesa. A burguesia tem mais afinidade com todas as nações da Terra do que com os operários que vivem a seu lado. Os operários falam uma língua diferente, têm outras ideias e convicções, outros costumes e outros princípios morais, outra religião e outra política, diferentes das da burguesia. São dois povos em tudo diferentes e tanto que parecem de raças diversas. No continente, até hoje só um é conhecido: a burguesia – e, contudo, é o outro, constituído pelo proletariado, o mais importante para o futuro da Inglaterra[18].

Mais adiante, teremos ocasião de falar sobre o caráter público dos trabalhadores ingleses, tal como se exprime nas associações e nos princípios políticos; por agora, queremos apenas mencionar a ação que os fatores já enumerados exercem sobre seu caráter privado. Na vida cotidiana, o operário é muito mais humano que o burguês. Assinalei anteriormente como os mendigos quase só costumam apelar aos operários e que, de um modo ge-

---

[18] Essa ideia de que a grande indústria dividiu os ingleses em duas nações diferentes foi, como se sabe, expressa mais ou menos na mesma época por Disraeli, no romance *Sybil, or the Two Nations* [Sybil ou as duas nações]. [Nota de Engels à edição de 1892. (N.E.)]

ral, os trabalhadores contribuem muito mais que os burgueses na ajuda aos pobres. Esse fato – de resto verificável diariamente – é comprovado, entre outros, por Parkinson, prelado de Manchester:

> Os pobres ajudam-se mutuamente muito mais que os ricos ajudam aos pobres. Posso convalidar minha afirmação com o testemunho do doutor Bardsley, um de nossos médicos mais antigos, mais corajosos, mais observadores e mais humanos. Ele declarou em público que a soma total do que os pobres anualmente dão uns aos outros ultrapassa aquela que, também anualmente, os ricos doam para fins assistenciais.[19]

Em muitos outros domínios, porém, o humanismo dos operários manifesta-se do mesmo modo. Experimentando pessoalmente uma vida penosa, são capazes de sentir compaixão pelos que têm dificuldades. Para os operários, qualquer homem é um ser humano; para os burgueses, o operário é menos que um homem. Por isso, os operários são mais sociáveis, mais amáveis; para eles, o dinheiro vale unicamente pelo que permite comprar, ao passo que, para o burguês, o dinheiro possui um valor particular, intrínseco, o valor de um deus, o que transforma o burguês num vulgar e sórdido "homem do dinheiro". O operário, que desconhece esse sentimento em relação ao dinheiro, é, pois, menos cúpido que o burguês, que vive para ganhar dinheiro e vê na acumulação de riqueza o único sentido de sua vida. É por isso que o operário tem uma mentalidade mais aberta, dispõe de um juízo mais agudo sobre os fatos e não vê tudo, como o faz o burguês, pelo prisma do interesse. As debilidades de sua educação preservam-no dos preconceitos religiosos – não os compreende e não se preocupa com eles e, assim, desconhece o fanatismo de que a burguesia é prisioneira; se professa alguma religião, fá-lo formalmente, sem qualquer base teórica; na prática, vive só para este mundo, no qual procura uma existência segura. Todos os escritores burgueses concordam em afirmar que os operários não têm religião e não vão à igreja; quando muito, praticam-na os irlandeses, os mais idosos e, ainda, os semiburgueses: vigilantes, contramestres e semelhantes. Mas, entre a massa operária, o que encontramos é quase sempre uma absoluta indiferença pela religião ou, quando muito, um vago deísmo, pouco elaborado para servir para algo que não sejam frases ou um difuso medo em face

---

[19] *On the present Condition of the Labouring Poor in Manchester etc.* [Da situação atual dos trabalhadores pobres de Manchester etc.], pelo rev. Rd. Parkinson, cônego de Manchester (3. ed., Londres, 1841, panfleto). [O texto de Richard Parkinson (1797-1858), clérigo e publicista filantrópico, foi ligeiramente modificado por Engels. (N.E.)]

de palavras como infiel (*infidel*) ou ateu (*atheist*). Os clérigos de todas as seitas são muito malvistos pelos operários, embora sua influência sobre eles tenha desaparecido apenas nos últimos tempos – hoje, as coisas chegaram a tal ponto que a simples expressão: "É um padre!" (*He is a parson!*) basta para excluir um clérigo da tribuna de uma reunião pública. Tal como suas condições de existência, a ausência de educação religiosa e de instrução contribui para tornar os trabalhadores, comparados aos burgueses, menos preconceituosos, mais livres dos rígidos princípios tradicionalistas e das opiniões pré-fabricadas. O burguês está atolado até o pescoço em seus preconceitos de classe, sufocado pelos princípios que lhe inculcaram desde a infância; não há nada a fazer com ele: é substantivamente um conservador, mesmo que sob o manto liberal – seus interesses estão atrelados à ordem existente e é radicalmente contra qualquer movimento. Os burgueses estão perdendo sua posição à frente do desenvolvimento histórico, substituídos pelos operários, primeiro de direito e, depois, de fato.

Tudo isso, bem como a atividade pública dos operários daí resultante, e que examinaremos mais adiante, constitui os aspectos positivos do caráter dessa classe; os negativos também podem ser resumidos de forma breve e decorrem igualmente das causas que já indicamos. As principais censuras que a burguesia faz aos operários relacionam-se à embriaguez, ao desregramento nas relações sexuais, à rudeza e à falta de respeito pela propriedade. O fato de os operários se embebedarem não pode espantar a ninguém. O *sheriff* Alison afirma que em Glasgow, todas as noites de domingo, 30 mil operários se embriagam e, certamente, esse número não é exagerado; informa que nessa cidade, em 1830, havia uma taberna para cada doze imóveis e, em 1840, uma para cada dez; e anota ainda que, na Escócia, em 1823, foram pagos tributos sobre o álcool relativos a 2.300.000 galões[a] de aguardente e, em 1837, a 6.620.000 galões e que, na Inglaterra, para os mesmos anos, relativos respectivamente a 1.976.000 e 7.875.000[20]. Os decretos de 1830 sobre a cerveja, que facilitaram a abertura de cervejarias – as chamadas *jerry shops*, a cujos proprietários era facultada a venda para consumo no próprio local (*to be drunk on the premises*) –, favoreceram também a propagação do

---

[a] Um galão equivale a 4,456 litros.

[20] *Principles of Population*, passim. [Esse enorme aumento é parcialmente fictício: uma vez que os tributos sobre o álcool foram reduzidos mais de 30% na Escócia (1823) e na Inglaterra (1826), os camponeses declararam um certo número de alambiques clandestinos. Por outra parte, os números citados não dizem respeito necessariamente à produção alcoólica, mas à produção tributada. (N.E.)]

alcoolismo ao colocar, por assim dizer, uma taberna em cada porta. Em quase todas as ruas, encontram-se várias cervejarias desse gênero e, no campo, onde quer que haja uma aglomeração de duas ou três casas, certamente existe uma *jerry shop*. Mas existem também, em grande número, as *hush shops*, tabernas clandestinas, sem licença, assim como destilarias igualmente ilegais, no coração das grandes cidades e nos bairros afastados, raramente visitados pela polícia, que produzem enormes quantidades de aguardente. Gaskell[a], em obra citada anteriormente, avalia o número de destilarias clandestinas, apenas de Manchester, em mais de cem, às quais corresponde uma produção anual de pelo menos 156 mil galões; ademais, há em Manchester mais de mil tabernas (proporcionalmente ao número de imóveis, portanto, não menos que em Glasgow). O panorama é o mesmo em todas as outras grandes cidades. E quando pensamos que, além das consequências habituais do alcoolismo, homens e mulheres de todas as idades, mesmo crianças, até mulheres com filhos pequenos nos braços, encontram-se nas tabernas com as vítimas mais degradadas do regime burguês, ladrões, escroques, prostitutas, quando pensamos que é comum as mães darem álcool aos pequenos que ainda têm nos braços, não podemos deixar de reconhecer que a frequência a esses locais favorece a degradação. É principalmente nos sábados à noite, quando os salários são pagos e o trabalho termina um pouco mais cedo, quando a classe operária sai de seus bairros miseráveis e se lança às ruas principais, que se pode constatar a embriaguez em toda a sua crueza – nessas noites, raramente se sai em Manchester sem encontrar uma multidão de bêbados, cambaleantes ou jazendo nas valetas; nos domingos, embora em menor escala, a cena se repete. E quando o dinheiro acaba, os alcoólatras vão à primeira casa de penhor que encontram (há muitas dessas casas em todas as cidades importantes: mais de sessenta em Manchester, e dez a doze numa única rua de Salford, Chapel Street) e deixam ali tudo que lhes resta. Roupas domingueiras, louças e móveis – quando os há – são retirados em grandes quantidades das casas de penhor no sábado para, quase sempre, voltar para lá antes da quarta-feira, até que um azar qualquer torne impossível uma nova retirada e, um a um, esses objetos se tornem propriedade do usurário, a menos que este já não queira adiantar um só centavo sobre mercadorias usadas e deterioradas. Quem pôde constatar em pessoa a extensão do alcoolismo entre os operários ingleses acredita facilmente

---

[a] As informações que Engels, nesse ponto, extrai da obra de P. Gaskell (op. cit.) estão nas p. 117-24 e 349-51.

em lorde Ashley[21], segundo o qual essa classe gasta ao ano cerca de 25 milhões de libras em bebidas alcoólicas, e podemos imaginar o agravamento da situação material, o terrível debilitamento da saúde física e moral e a destruição dos vínculos familiares resultantes disso. As sociedades antialcoólicas fazem muito, mas que milagre podem realizar uns poucos milhares de militantes abstêmios (*teetotallers*) em face de milhões de trabalhadores? Quando o padre Mathew, o apóstolo irlandês da temperança, percorre as cidades inglesas, muitas vezes de trinta a sessenta mil trabalhadores fazem o *pledge* (voto pela abstenção), mas poucas semanas depois já o esqueceram. Por exemplo: se, em Manchester, contarmos as pessoas que nos últimos três ou quatro anos juraram não beber mais, teremos mais gente que os habitantes da cidade e, contudo, não verificaremos uma redução do alcoolismo.

Além da intemperança no consumo de bebidas alcoólicas, o desregramento sexual constituiu o vício principal de numerosos operários ingleses. Também este é uma consequência inevitável das condições de vida de uma classe abandonada a si própria, mas desprovida de meios para utilizar sua liberdade de modo apropriado. A burguesia, ao mesmo tempo em que a cumulou de penas e sofrimentos, só lhe deixou dois prazeres – a bebida e o sexo – e a consequência é que os trabalhadores concentram aí todas as suas paixões, entregando-se a eles com excessos e de maneira desenfreada. Quando os homens são postos numa situação que só convém aos animais, não lhes restam mais alternativas que rebelar-se ou chafurdar na animalidade. E a ninguém menos que à burguesia assiste o direito de reprovar aos trabalhadores sua grosseria sexual: ela participa decididamente no desenvolvimento da prostituição – das 40 mil prostitutas que todas as noites enchem as ruas de Londres[22], quantas não são sustentadas pela virtuosa burguesia? E quantas não devem a obrigação em que se veem de vender o corpo aos passantes para viver a um bom burguês que as seduziu?

No fim das contas, todos os defeitos dos operários se reduzem à busca desenfreada do prazer, à falta de precaução e previdência, à recusa em se submeter à ordem social e, de um modo mais geral, à incapacidade de sacrificar a satisfação do momento por uma vantagem mais distante. Mas o que há de surpreendente nisso? Uma classe a que, mediante seu árduo trabalho, só se tornam acessíveis uns poucos e miseráveis prazeres materiais,

---

[21] Sessão da Câmara dos Comuns, de 28 de fevereiro de 1843.

[22] *Sheriff* Alison, op. cit., v. I. [A referência na p. 147 não fala exatamente em 40 mil prostitutas, mas sim em "30 a 40 mil jovens raparigas de costumes dissolutos". (N.E.)]

pode essa classe deixar de lançar-se cegamente a eles? Uma classe de cuja instrução ninguém cuida, submetida a todos os caprichos da sorte, que não tem a menor chance de uma vida segura, como pode essa classe ter motivos para ser previdente, para levar uma vida "equilibrada" e, em vez de aproveitar o presente, preparar-se para uma gratificação futura que, em seu caso, dada sua posição sempre instável, é absolutamente incerta? Pode-se exigir de uma classe que suporta todos os inconvenientes da ordem social, sem se beneficiar de nenhuma de suas vantagens, pode-se exigir dela algum respeito para com essa ordem social, que necessariamente lhe aparece como hostil? Na verdade, é pedir demasiado. A classe operária, porém, não pode escapar a essa ordem social enquanto ela subsistir – e o operário que individualmente se põe contra ela é sempre mais prejudicado.

É essa ordem social, por exemplo, que torna quase impossível ao operário a vida familiar. Não é possível a vida em família numa casa inabitável, suja, inapropriada até como abrigo noturno, mal mobiliada, raramente aquecida, onde a chuva penetra com frequência, com cômodos cheios de gente e imersos numa atmosfera sufocante. O homem trabalha todo o dia, assim como a mulher e talvez os filhos mais velhos, todos em lugares diferentes e só se veem à noite – e, ademais, há a tentação da bebida. Como pode, nessas circunstâncias, haver vida familiar? E, no entanto, o operário tem de viver em família, não pode escapar a ela e essa necessidade traz consigo desacordos e brigas que afetam de modo moralmente negativo os cônjuges e, pior, os filhos. A negligência diante dos deveres familiares, especialmente no que diz respeito aos cuidados com os filhos, é comum entre os trabalhadores ingleses e as grandes culpadas são as instituições da sociedade atual. E quem pode esperar que crianças e jovens que crescem como selvagens, em meios degradados e com pais muitas vezes também eles degradados, quem pode esperar que se tornem adultos moralmente bem formados? De fato, as exigências que o burguês, do alto de sua olímpica autossatisfação, faz ao operário são demasiado ingênuas.

O desprezo pela ordem social manifesta-se com a maior clareza em sua mais extrema expressão, o crime. Quando as causas que concorrem para degradar moralmente o operário atuam com mais força e impacto do que de hábito, é tão certo ele tornar-se um criminoso como é certo que a água passa do estado líquido ao gasoso se aquecida a 80° Réaumur[a]. Sob a ação brutal e embrutecedora da burguesia, o operário transforma-se numa coisa

---

[a] Medida de temperatura; 80° Réaumur equivalem a 100° Celsius.

tão desprovida de vontade como a água e, como esta, submete-se às leis da natureza com a mesma inevitabilidade – num certo ponto, qualquer liberdade, para ele, deixa de existir. É por isso que, na Inglaterra, a criminalidade aumentou em paralelo ao aumento do proletariado e hoje, no mundo, a nação inglesa detém o primado da delinquência. As "estatísticas da criminalidade" publicadas anualmente pelo Ministério do Interior mostram que, na Inglaterra, o crescimento da criminalidade se processa com uma incrível velocidade. Eis, apenas na Inglaterra e no País de Gales, o número de prisões por crimes *penalmente qualificados*:

1805 .... 4.605
1810 .... 5.146
1815 .... 7.818[a]
1820 .... 13.710
1825 .... 14.437
1830 .... 18.107
1835 .... 20.731
1840 .... 27.187
1841 .... 27.760
1842 .... 31.309

Ou seja, em 37 anos, as prisões se multiplicaram por sete[b]. Em 1842, 4.497 dessas prisões (isto é, mais de 14% do total) foram efetuadas somente no Lancashire e 4.094 (isto é, mais de 13% do total) no Middlesex (Londres inclusive); vê-se, portanto, que dois distritos, que compreendem grandes cidades com um enorme proletariado, concentram mais de 25% da criminalidade nacional, embora sua população esteja longe de constituir 25% do total de habitantes do país. As mesmas estatísticas demonstram que, para quase todos os crimes cometidos, deve-se procurar a autoria entre o proletariado; com efeito, em 1842, em média, 32,35% dos delinquentes não sabiam ler nem escrever, 58,32% mal sabiam ler e escrever, 6,77% sabiam ler e escrever e 0,22% tinham recebido uma instrução mais avançada (de 2,34% deles não se pôde registrar o grau de instrução). Na Escócia, a criminalidade cresceu de forma ainda mais rápida: se, em 1819, foram efetuadas 89 prisões por

---

[a] As edições de 1845 e 1892 indicam, erradamente, 7.898.
[b] Os números de Engels referem-se às *prisões*; as condenações foram, em geral, inferiores em dois terços.

crimes penalmente qualificados, em 1837 elas chegaram a 3.126 e, em 1842, a 4.189. No Lanarkshire, onde o próprio *sheriff* Alison redigiu o respectivo relatório, em trinta anos a população duplicou, mas, no mesmo período, a criminalidade cresceu seis vezes mais depressa que ela: duplicou a cada cinco anos e meio. A maioria dos crimes, como em todos os países civilizados, constituem-na delitos contra a propriedade – a necessidade, portanto, é a sua causa, porque não se rouba aquilo que se possui. A relação entre os delitos contra a propriedade e a população, que, no período em que Gaskell escrevia, nos Países Baixos era de 1 para 7.140 e na França de 1 para 1.804, era na Inglaterra de 1 para 799; a relação entre os crimes contra a pessoa e a população era de 1 para 28.904 nos Países Baixos, 1 para 17.573 na França e 1 para 23.395 na Inglaterra; nesta, a proporção do número de crimes em geral com relação à população era, nos distritos rurais, de 1 para 1.043 e, nos industriais, de 1 para 840[23]; hoje, na Inglaterra, essa relação é de 1 para 660[24] – e o livro de Gaskell apareceu exatamente há dez anos!

Na verdade, dados como esses são mais que suficientes para induzir qualquer pessoa, até mesmo um burguês, a refletir e a preocupar-se com as consequências de um tal estado de coisas. Se a corrupção e a criminalidade continuarem a crescer nessa proporção nos próximos vinte anos – e se, nos próximos vinte anos, a indústria inglesa tornar-se menos próspera que atualmente, aquele crescimento se acelerará –, qual será o resultado? Já hoje vemos a inteira desagregação da sociedade; é impossível ler os jornais sem constatar, sobre bases inequívocas, a erosão de todos os vínculos sociais. Entre os vários jornais ingleses que tenho ao alcance da mão, tomo um ao acaso: o *Manchester Guardian*, de 30 de outubro de 1844, que dá notícias dos últimos três dias. Ele não se empenha em oferecer informações precisas de Manchester, limitando-se aos casos mais interessantes: numa fábrica, lutando por um aumento de salário, os operários interromperam o trabalho, sendo obrigados a retomá-lo pela intervenção do juiz de paz; em Salford, alguns rapazes cometeram roubos e um comerciante falido tentou enganar seus credores. As notícias sobre os arredores são mais detalhadas: em Ashton, dois roubos, um arrombamento e um suicídio; em Bury, um furto; em Bolton, dois roubos e uma fraude tributária; em Leigh, um fur-

---

[23] *The Manufacturing Population of England*, cap. X. [Os dados encontram-se na p. 285 da obra que Engels cita. (N.E.)]

[24] Dividiu-se o número de habitantes (cerca de 15 milhões) pelo número de acusados de crimes (22.733).

to; em Oldham, uma paralisação de trabalho por reivindicação salarial, um furto, uma rixa entre irlandeses, um chapeleiro que não pertencia à associação operária maltratado por seus membros, um filho que agrediu a própria mãe; em Rochdale, várias rixas, uma agressão à polícia, um furto numa igreja; em Stockport, descontentamento de operários por causa dos salários, um furto, uma fraude, uma rixa, um homem que maltratou a mulher; em Warrington, um roubo e uma rixa; em Wigan, um roubo e mais um furto numa igreja. O que vem nos jornais londrinos é bem pior: fraudes, furtos, agressões e querelas familiares são abundantes – tenho à mão um número do *Times*, de 12 de setembro de 1884, que reporta os acontecimentos de um só dia e menciona: um roubo, uma agressão à polícia, a condenação do pai de uma filha ilegítima a dar-lhe pensão alimentícia, o abandono de uma criança pelos pais e o envenenamento de um homem pela mulher.

Fatos análogos encontram-se em todos os jornais da Inglaterra. Nesse país, a guerra social é declarada: cada um se defende e luta individualmente contra todos; quanto a saber se os outros, seus inimigos declarados, devem ser golpeados ou não, isso depende de um cálculo egoísta para determinar o que lhe é particularmente mais vantajoso. Já ninguém pensa em acertar de maneira pacífica as coisas com o próximo: todos os conflitos são objetos de ameaças, recorrendo-se aos tribunais ou buscando-se justiça com as próprias mãos. Em suma, cada um vê em seu próximo um inimigo que é preciso tirar da frente ou, quando muito, um instrumento a ser explorado para seus próprios fins. E essa guerra, como o provam as estatísticas da criminalidade, torna-se cada dia mais violenta, mais aguda, mais implacável; os inimigos, gradativamente, dividem-se em dois campos que se enfrentam: de um lado, a burguesia e, de outro, o proletariado. Essa guerra de todos contra todos e do proletariado contra a burguesia não deve surpreender a ninguém, porque é apenas a efetivação do princípio imanente à livre concorrência. Mas é surpreendente o fato de a burguesia, sobre a qual se acumulam a cada dia novas e ameaçadoras nuvens que prenunciam tempestades, permanecer tranquila e indiferente; é surpreendente que, lendo diariamente os jornais, a burguesia não manifeste – não direi indignação diante do quadro social – sequer temor em face das consequências que dele podem derivar, da explosão generalizada daquilo que se expressa isoladamente na criminalidade. Por isso mesmo é que ela é a burguesia: de seu ponto de vista, não pode dar-se conta dos fatos e, menos ainda, de suas consequências. Surpreende mesmo como os preconceitos de classe e as opiniões preconceituosas arraigadas nas mentes possam conduzir toda uma classe de homens a um grau tão acentuado – eu diria mesmo louco – de cegueira. Entretanto, vejam-no ou não os burgueses, o desenvolvimento da nação prossegue em seu curso e, numa bela manhã, a classe proprietária ver-se-á diante de uma surpresa que nem sequer em sonhos imagina.

OS DIFERENTES RAMOS DA INDÚSTRIA: OS OPERÁRIOS FABRIS EM SENTIDO ESTRITO

Se quisermos, agora, examinar um a um, com mais cuidado, os principais setores do proletariado inglês, devemos começar, de acordo com o princípio que expusemos anteriormente (cf. p. 63), pelos operários fabris, isto é, aqueles cobertos pela legislação sobre as fábricas. Essa legislação regula a duração do trabalho nas fábricas onde se fiam ou tecem a lã, a seda, o algodão e o linho, utilizando força hidráulica ou vapor e envolve, por isso mesmo, os ramos mais importantes da indústria inglesa. A classe de operários que vive desse trabalho representa o núcleo mais numeroso, mais antigo, mais inteligente e mais enérgico dos operários ingleses e também, exatamente por isso, o mais combativo e o mais odiado pela burguesia. Esses operários fabris, e especialmente aqueles que processam o algodão, estão à frente do movimento operário, assim como seus patrões, e especialmente os industriais do Lancashire, estão à frente da agitação burguesa.

Na Introdução, vimos que a população que trabalha nos ramos mencionados foi arrancada de suas condições anteriores de vida pelo surgimento de novas máquinas. Não nos pode surpreender, portanto, o fato de que sobre ela tenham sido mais intensos e duradouros os impactos do progresso das invenções mecânicas. A história da indústria algodoeira, tal como se pode estudá-la em Ure[1], Baines[2] e outros mais, ilustra devidamente os novos aperfeiçoamentos, que em sua maior parte se estenderam aos outros ramos industriais supracitados. Praticamente em toda parte, o trabalho manual foi substituído pela ação mecânica, quase todas as operações se processam à

---

[1] *The Cotton Manufacture of Great Britain* [A manufatura do algodão na Grã-Bretanha], por A. Ure, 1836.
[2] *History of the Cotton Manufacture of Great Britain* [História da manufatura do algodão na Grã-Bretanha], por E. Baines, 1835.

base da energia hidráulica ou da força do vapor e a cada ano se introduzem mais melhorias.

Numa ordem social organizada, tais aperfeiçoamentos seriam uma ótima coisa; porém, num regime em que reina a guerra de todos contra todos, uns poucos indivíduos se apossam das vantagens que deles derivam e subtraem à maioria os seus meios de subsistência. Qualquer aperfeiçoamento das máquinas põe alguns operários na rua e quanto mais importante é o progresso, maior é a parcela da classe jogada no desemprego; assim, todo aperfeiçoamento mecânico tem, para um bom número de operários, os mesmos efeitos de uma crise comercial, gerando miséria, sofrimentos e crime. Vejamos alguns exemplos. Já a primeira invenção, a *jenny* (cf. *supra*, p. 48), acionada por *um só* operário, fornecia pelo menos seis vezes mais produto que uma roda de fiar trabalhando em tempo igual – cada nova *jenny* punha cinco operários no desemprego. A *throstle*, que era bem mais produtiva que a *jenny* e, como ela, também exigia um só operário, fez muito mais desempregados. A *mule*, que, por sua vez, exigia um número ainda menor de operários em relação ao produto, ocasionou o mesmo efeito; e todo aperfeiçoamento da *mule*, isto é, cada aumento do número de fusos, diminuiu o número de operários exigidos. Esse aumento do número de fusos da *mule* é relevante porque, por sua causa, multidões de trabalhadores ficaram desempregados: se, outrora, um fiandeiro auxiliado por crianças (*piecers*) podia acionar 600 fusos, hoje ele pode controlar de 1.400 a 2 mil fusos em duas *mules*, o que faz que dois fiandeiros adultos e um certo número de auxiliares (*piecers*) por eles ocupados sejam postos na rua. E mais: desde que, num número importante de fiações, foram introduzidos os fiadores automáticos (*self-actors*), a função do fiandeiro desapareceu, completamente deslocada pelas máquinas.

Tenho à mão um livro, de autoria de James Leach, um dos mais notórios dirigentes dos cartistas de Manchester[3]. Esse homem trabalhou durante anos em diversos ramos da indústria, em fábricas e em minas e eu o conheço pessoalmente: é um homem de valor, digno de confiança e capaz. Dada sua posição no partido, teve à sua disposição preciosas informações sobre

---

[3] *Stubborn facts from the factories, by a Manchester Operative. Published and dedicated to the Working Classes by Wm. Rasleigh* [Fatos irrefutáveis sobre as fábricas, por um operário de Manchester. Publicado e dedicado às classes trabalhadoras por William Rasleigh] (Londres, Ollivier, 1844), p. 28 e ss. [Poucos foram os estudiosos que, como Engels, identificaram o autor desse panfleto, publicado anonimamente, mas sob o patrocínio de um membro do Parlamento (Rasleigh). (N.E.)]

inúmeras fábricas, colhidas pelos próprios operários e que, em seu livro, submeteu a tratamento estatístico, pelo qual ficamos sabendo que, em 1829, em 35 fábricas, havia mais 1.083 fiandeiros empregados pela *mule* do que em 1842, embora, nesse período, o número de fusos tenha aumentado em mais 99.429 unidades. Ele menciona 5 fábricas nas quais não há um único fiandeiro, já que nelas só operam *self-actors*. Enquanto o número de fusos cresceu em 10%, o de fiandeiros reduziu-se em mais de 60%. E, acrescenta Leach, desde 1841 foram introduzidos tantos aperfeiçoamentos, mediante a duplicação das séries de fusos (*double decking*), que, nas fábricas em questão, de lá até hoje, metade dos fiandeiros perdeu o emprego; numa fábrica onde ainda recentemente havia 80 fiandeiros, só restam 20: os outros foram despedidos ou ficaram reduzidos a um trabalho quase infantil, com o salário correspondente. As coisas, segundo sua descrição, são idênticas em Stockport: ali, em 1835, havia 800 fiandeiros empregados, dos quais, em 1843, apesar do grande desenvolvimento dessa indústria nos últimos oito ou nove anos, não restavam mais que 140. Aperfeiçoamentos também foram introduzidos nas máquinas de cardar, e eles desempregaram a metade dos operários do ramo; numa fábrica, máquinas mais avançadas foram instaladas, quatro dos oito empregados foram despedidos e o patrão reduziu de oito para sete *shillings* o salário dos que ficaram. Passou-se o mesmo na tecelagem: o tear mecânico estendeu-se sucessivamente a todos os setores da tecelagem manual e como produz muito mais, podendo um único operário encarregar-se de dois teares mecânicos, também aqui um grande número de trabalhadores ficou sem trabalho. E é a mesma coisa em todos os ramos da indústria, na fiação do linho e da lã e no entrelaçamento da seda; o tear mecânico começa a estender-se para ramos da tecelagem da seda e da lã – só em Rochdale há mais teares mecânicos que manuais na tecelagem da flanela e de outros tecidos de lã.

Diante de tudo isso, a burguesia argumenta que os aperfeiçoamentos introduzidos nas máquinas, que reduzem os custos de produção, permitem oferecer as mercadorias a preço mais baixo e que um tal preço provoca o aumento do consumo a um nível que propicia aos trabalhadores desempregados logo reencontrar trabalho nas novas fábricas que se abrem. Não há dúvida de que a burguesia tem plena razão quando afirma que, em certas condições favoráveis ao desenvolvimento industrial, toda redução do preço das mercadorias, *cuja matéria-prima custe pouco*, faz crescer o consumo e estimula a abertura de novas fábricas; mas, quanto ao resto, todas as suas palavras não passam de mentiras. Ela finge ignorar que, para que as consequências da redução dos preços se façam sentir, é preciso esperar anos até que as novas fábricas sejam construídas. Nada diz sobre o fato de os aperfeiçoamentos mecânicos, deslocando cada vez mais para as máquinas o trabalho que exige esforços, transformarem o trabalho de homens adultos em simples vigilância, que pode ser executada por uma mulher frágil ou mesmo por uma criança, o que eles efetivamente fazem pela metade ou por um terço do salário de um operário – ou seja, a burguesia esconde o fato de que os homens adultos são cada vez mais afastados da indústria *e não são novamente ocupados* com o aumento da produção industrial. Também dissimula o fato de ramos inteiros da indústria desaparecerem ou se modificarem a tal ponto que passam a exigir uma nova aprendizagem. Trata de ocultar aqui o aspecto de que tanto se gaba quando é discutida a proibição do trabalho infantil, ou seja, que o trabalho fabril, para ser bem executado, deve ser aprendido na primeira infância e antes dos dez anos (cf., por exemplo, *Factories Inquiry Commission Report*, passim). Nunca menciona que o aperfeiçoamento das máquinas se opera continuamente e que, se o operário consegue inserir-se num novo setor de trabalho (supondo que isso seja possível), logo será deslocado, perdendo, consequentemente, aquele pouco de segurança que ainda lhe restava para ganhar o pão. Na realidade, a burguesia limita-se a tirar proveito do aperfeiçoamento das máquinas; nos primeiros anos, quando as velhas máquinas ainda operavam e as inovações ainda não estavam generalizadas, ela teve uma ótima oportunidade para acumular dinheiro – e seria pedir-lhe muito que visse igualmente as consequências funestas dos progressos mecânicos.

A burguesia também nega rotundamente que máquinas aperfeiçoadas reduzam os salários, como os operários sempre afirmaram. Ela argumenta que, apesar do aumento da produtividade ter efetivamente reduzido o *salário por peça*, no conjunto o salário semanal aumentou, em vez de diminuir, e a situação dos operários, longe de piorar, melhorou. Nesse ponto, não é fácil ver o que realmente ocorre, porque quase sempre os operários se referem à redução do *salário por peça*. Contudo, é verdade que em diversos ramos da indústria o salário semanal diminuiu. Os operários denominados *fiandeiros finos* (vinculados à fiação mecânica de fio fino) recebem de fato um salário alto, de trinta a quarenta *shillings* por semana, porque têm uma associação forte que defende seus salários e porque seu trabalho exige uma aprendizagem penosa; ao contrário, os fiandeiros de fio grosso, que sofrem a concorrência das máquinas automáticas (*self-actors*) – que não podem ser empregadas para os fios finos –, e cuja associação se viu enfraquecida com a introdução dessas máquinas, têm um salário muito baixo. Um fiandeiro de tear de fusos (*mule*) declarou-me que não ganha mais de 14 *shillings* por semana – isso corrobora afirmações de Leach, segundo o qual fiandeiros de fio grosso em diversas fábricas recebiam menos de 16,5 *shillings* por semana e que um fiandeiro que ganhava há três anos 30 *shillings* hoje não recebe mais que 12,5 *shillings* e que, no ano passado, em média, ganhou ainda menos. É provável que o salário das mulheres e das crianças não tenha baixado tanto, pela única razão de que, desde o princípio, ele nunca foi alto. Conheço muitas mulheres, viúvas com filhos, que com muito trabalho mal ganham oito a nove *shillings* por semana – e quem conhece os preços dos gêneros de primeira necessidade na Inglaterra admitirá comigo que, com um tal salário, elas, com suas famílias, não podem viver decentemente. De qualquer modo, é uma afirmação *unânime* de todos os operários que, em geral, os salários diminuíram com o aperfeiçoamento das máquinas; igualmente, em todas as reuniões de operários dos distritos industriais, eles afirmam que a argumentação dos industriais burgueses, segundo a qual a introdução das máquinas melhorou a situação dos trabalhadores, não passa de uma despudorada mentira. Contudo, mesmo que *fosse* verdade que apenas o salário relativo, o salário por peça, tenha diminuído, permanecendo inalterado o salário absoluto, aquele ganho semanalmente, a que conclusão se deveria chegar? Que os trabalhadores deveriam observar tranquilamente os senhores industriais a encher os bolsos e a extrair todos os lucros com os aperfeiçoamentos mecânicos, sem lhes ceder a mínima parte?

A burguesia, em sua luta contra os trabalhadores, também chega a esquecer os mais elementares princípios de sua economia política. Ela, que jura sobre Malthus, objeta, ansiosa, aos operários: *Como, sem as máquinas, os milhões de habitantes que aumentaram a população da Inglaterra encontrariam trabalho*[4]*?* Enorme tolice – como se a burguesia não soubesse muito bem que sem as máquinas e o desenvolvimento industrial subsequente esses "milhões" não teriam vindo ao mundo nem crescido! O *único* ganho que as máquinas trouxeram aos operários foi demonstrar-lhes a necessidade de uma reforma social que as faça trabalhar não *contra eles*, mas *a seu favor*. Esses burgueses tão sábios apenas devem perguntar às pessoas que, em Manchester e em outros lugares, varrem as ruas (é verdade que se trata de fenômeno passageiro, uma vez que já se inventaram e

---

[4] É o que pergunta, por exemplo, o senhor Symons, em *Arts and Artisans*. [Engels refere-se à passagem das p. 154-5 da fonte citada. (N.E.)]

introduziram máquinas para fazê-lo^a) ou que nelas vendem sal, fósforos, laranjas ou fitas, ou ainda que nelas são obrigadas a mendigar, devem perguntar-lhes o que faziam antes – e, de muitas, receberão a seguinte resposta: *Trabalhava numa fábrica e as máquinas me jogaram no desemprego.*

Nas condições sociais vigentes, as consequências de todos os aperfeiçoamentos mecânicos são desfavoráveis aos operários, e o são em alto grau: qualquer máquina nova provoca desemprego, miséria e infortúnio e, num país como a Inglaterra, onde já se encontra permanentemente uma "população excedente", a perda do trabalho é, na maioria dos casos, o que de pior pode acontecer a um operário. Ademais, é brutal o efeito esgotador e enervante que causa nos operários, cuja situação é sempre precária, a insegurança sobre sua condição, acarretada pelo incessante progresso mecânico e pela ameaça do desemprego. Para escapar ao desespero, o operário tem dois caminhos: a revolta interior e exterior contra a burguesia ou então o alcoolismo, a degradação. E os operários ingleses valem-se de ambos: a história do proletariado inglês inclui centenas de revoltas contra as máquinas e a burguesia, e inclui também a dissolução moral da qual já falamos. Esse é, sem dúvida, um outro aspecto do desespero.

Os mais oprimidos são aqueles operários obrigados a concorrer com uma nova máquina, cujo emprego está em fase inicial. O preço das mercadorias que eles produzem é regulado pelo preço daquelas produzidas pela máquina, e como esta opera a custos menores, os operários que concorrem com ela são os mais mal pagos. A mesma situação se repete com os operários que trabalham com máquinas antigas postas em concorrência com máquinas novas e aperfeiçoadas. É compreensível: quem, senão os operários, deve sofrer com as consequências? O industrial não quer pôr sua velha máquina de lado, não quer nenhum ônus; se nada pode contra a máquina morta, pode tudo contra o operário vivo, esse bode expiatório universal da sociedade. Entre os operários em concorrência com as máquinas, encontram-se na pior situação os tecelões manuais da indústria do algodão. Têm o salário mais baixo: mesmo trabalhando ao máximo, não ganham mais que dez *shillings* por semana. O tear mecânico vem conquistando todos os setores da tecelagem e, ademais, a tecelagem manual, embora transbordante de operários, é o último refúgio de todos os trabalhadores expulsos dos outros ramos. É por isso que um tecelão manual se julga um felizardo se, em média e trabalhan-

---

^a As máquinas a que se refere Engels, introduzidas por volta de 1842, foram retiradas desse serviço menos de seis anos depois – os varredores eram menos dispendiosos.

do de catorze a dezoito horas diárias, consegue ganhar de seis a sete *shillings* por semana. Por outro lado, a maior parte deles trabalha em locais úmidos: essa é uma condição para que o fio não se rompa a todo momento, mas é também porque a pobreza do operário não lhe permite alugar uma casa melhor; assim, a maioria das instalações onde eles trabalham não dispõe de qualquer tipo de assoalho. Estive em várias habitações de tecelões manuais, em pátios e ruelas miseráveis, geralmente porões; em muitos casos, meia dúzia de tecelões, alguns casados, viviam juntos numa única habitação, com dois cômodos de trabalho e um dormitório para todos; sua alimentação consiste quase só de batatas, algumas vezes um mingau de aveia (*porridge*), leite muito raramente e carne quase nunca; grande número deles é de irlandeses ou seus descendentes. E esses pobres tecelões, os primeiros a serem atingidos pelas crises e os últimos a se livrarem delas, servem de pretexto à burguesia em sua resistência aos ataques ao sistema fabril! Eis que ela proclama, triunfante: "Vejam: a esses pobres tecelões falta tudo, enquanto os operários das fábricas vivem bem. Julguem agora o sistema fabril!"[5]. Como se não fossem exatamente o sistema fabril e as máquinas, dele constitutivas, os responsáveis pela vergonhosa redução do nível de vida dos tecelões manuais, e como se a burguesia não o soubesse tão bem como nós! Mas trata-se aqui do interesse da burguesia e, por isso, ela não tem nenhum escrúpulo e recorre às mentiras e à hipocrisia.

Examinemos mais de perto, agora, a progressiva eliminação do homem adulto da fábrica mediante o emprego das máquinas. Tanto na fiação quanto na tecelagem, a partir da introdução das máquinas, o trabalho humano consiste principalmente – já que as máquinas fazem todo o resto – na reparação dos fios que se rompem; esse trabalho não exige força física, apenas dedos ágeis. Então, não só os homens são dispensáveis, como, por outra parte, o maior desenvolvimento dos músculos e da ossatura das mãos tornam-nos menos aptos para esse trabalho que as mulheres e as crianças – por isso, estão quase todos excluídos desse tipo de trabalho. Quanto mais a atividade dos braços e os esforços musculares vêm sendo substituídos, mediante a introdução das máquinas, da força hidráulica ou do vapor, tanto menos se necessita de homens, deslocados por mulheres e crianças que, além de serem mais hábeis que os homens, recebem salários menores. Nas fiações, encontramos nas *throstles* apenas mulheres e meninas; nas *mules*, um fiandeiro, homem adulto

---

[5] Cf., por exemplo, o doutor Ure, *Philosophy of Manufactures*. [Na obra citada, a passagem referida encontra-se nas p. 353-4. (N.E.)]

Friedrich Engels

(que desaparece com o emprego da *self-actor*), e vários *piecers* para reparar os fios, na maioria das vezes mulheres e crianças, às vezes jovens de dezoito a vinte anos e, mais raramente, um fiandeiro mais velho que perdeu seu emprego anterior[6]. No tear mecânico trabalham principalmente mulheres de quinze a vinte anos; há também alguns rapazes, mas estes raramente conseguem permanecer ali depois dos 21 anos. Nas máquinas que preparam o fio para a tecelagem, também só se encontram mulheres; os poucos homens que ali estão apenas limpam e afiam as máquinas de cardar. De resto, as fábricas empregam uma grande quantidade de crianças para tirar e repor bobinas (*doffers*) e alguns homens adultos como vigilantes, um mecânico e um maquinista para as instalações do vapor e também marceneiros, porteiros etc. Mas o trabalho propriamente dito é executado por mulheres e crianças – fato negado pelos industriais: no último ano, publicaram densas estatísticas tentando provar que as máquinas não substituem os homens. Depreende-se dos números divulgados que, do conjunto dos operários fabris, pouco mais da metade (52%) são do sexo feminino e cerca de 48% do sexo masculino e que, do total de ocupados, mais da metade tem mais de dezoito anos[a]. Até aqui, tudo bem – mas o que os senhores industriais não nos dizem é a proporção, nos adultos, entre homens e mulheres e é aqui que reside a questão; ademais, é evidente que incluíram em suas contas mecânicos, marceneiros e todos os homens adultos que têm alguma ligação com a fábrica, provavelmente até mesmo secretários etc.; eles tudo fazem para não revelar a inteira verdade objetiva. Em resumo, se suas estatísticas, eivadas de dados manipulados ou errôneos, cheias de artifícios e cálculos de médias, impressionam o leigo, nada demonstram a quem conhece o assunto, exceto o esforço para ocultar os pontos mais importantes; elas terminam por mostrar, unicamente, a avidez cega e a desonestidade desses industriais.

Extrairemos, do discurso com que lorde Ashley apresentou à Câmara dos Comuns, em 15 de março de 1844, a moção pela jornada de dez horas, alguns dados relativos à idade e ao sexo dos operários – dados que só se referem a uma parte da indústria inglesa e, por outro lado, não foram desmentidos pe-

---

[6] "O sistema de pagamentos atualmente é caótico em alguns setores de trabalho da indústria do algodão no Lancashire; há centenas de jovens, entre os vinte e os trinta anos, empregados como *piecers* ou algo parecido, ganhando não mais que oito ou nove *shillings* por semana, enquanto, no mesmo local, meninos de treze anos ganham cinco *shillings* semanais e moças de dezesseis a vinte anos ganham de dez a doze *shillings* por semana" (*Relatório do inspetor de fábricas L. Horner*, outubro de 1844).

[a] Engels valeu-se aqui do *Liverpool Mercury*, edição de 26 de abril de 1844, e do *Manchester Guardian*, edição de 1º de maio de 1844.

A situação da classe trabalhadora na Inglaterra

los industriais. Dos 419.590[a] operários fabris do Império Britânico, em 1839, 192.887 (isto é, quase a metade) tinham menos de 18 anos e 242.296 eram do sexo feminino, dos quais 112.192 com menos de 18 anos. De acordo com os mesmos números, 80.695 dos operários do sexo masculino têm menos de 18 anos e 96.599[b] são adultos, ou seja, 23%, portanto *nem um quarto do total*. Nas fábricas que processam algodão, do conjunto do pessoal, 56,25% eram mulheres; nas fábricas de lã, de seda e de linho esse percentual era, respectivamente, de 69,50%, 70,50% e 70,50%. Bastam essas cifras para mostrar o deslocamento dos trabalhadores do sexo masculino; mas é suficiente entrar em qualquer fábrica para confirmá-lo. A consequência necessária é a subversão da ordem existente que, precisamente porque é imposta, tem implicações deletérias para os operários. Sobretudo, o trabalho das mulheres desagrega completamente a família – com a mulher trabalhando diariamente doze ou treze horas na fábrica e com o homem também ocupado, na mesma fábrica ou em outro lugar, quais podem ser os resultados para as crianças? Crescem sem cuidados, como ervas daninhas, são entregues à guarda alheia por 1 *shilling* ou 1,5 *shilling* por semana – e pode-se imaginar qual o tratamento que lhes é reservado. É por isso que, nas cidades industriais, multiplicam-se de modo alarmante os acidentes de que as crianças, por falta de cuidados, são vítimas; com referência a elas, as estatísticas do obituário de Manchester indicam (conforme a *Factories Inquiry Commission*, Relatório do doutor Hawkins, p. 3), para um período de 9 meses, 69 mortes por queimaduras, 56 por afogamento, 23 em consequência de quedas, 67[c] por causas diversas, num total de 215[d] acidentes fatais[7] – enquanto em Liverpool, que não é uma cidade industrial, ocorreram, em 12 meses, apenas 146 acidentes fatais. Estão fora desses números, para as duas cidades, os acidentes ocorridos nas minas de carvão, e cabe notar que o *coroner* de Manchester não tem autoridade sobre Salford, sendo a população dos dois distritos mais ou menos a mesma. O *Manchester Guardian* reporta, em quase todas as suas edições, um ou mais casos de morte por queimaduras. O fato de a mortalidade infantil em geral

---

[a] As edições de 1845 e 1892 transcrevem erroneamente o número 419.560.
[b] As edições de 1845 e 1892 transcrevem erroneamente o número 96.569.
[c] Nas edições de 1845 e 1892, esse número aparece erroneamente como 77.
[d] Nas edições de 1845 e 1892, esse número aparece erroneamente como 225.
[7] Em 1843, dentre os acidentados conduzidos ao hospital de Manchester, 189 – repito, 189 – casos eram de vítimas de queimaduras. Não se diz quantos desses casos foram fatais. [Trata-se apenas de crianças e os números referem-se ao período entre 25 de junho de 1842 e 25 de julho de 1843. (N.E.)]

ter aumentado por causa do trabalho das mães é indubitável e confirmado por dados incontestáveis. As mulheres, em sua maioria, voltam à fábrica três ou quatro dias após o parto e, naturalmente, deixam o bebê em casa; na hora das refeições, correm até lá para amamentá-lo e comer algo – e não é difícil imaginar em que condições ocorre esse aleitamento! Lorde Ashley resume as declarações de algumas operárias:

> M. H., de vinte anos, tem duas crianças; a menor é um bebê, que fica aos cuidados do mais velho; ela sai para a fábrica pouco depois das cinco horas da manhã e retorna às oito da noite; durante o dia, o leite escorre-lhe dos seios, ensopando-lhe o vestido. M. W. tem três crianças; sai de casa por volta das cinco horas da manhã de segunda-feira e só retorna no sábado, às sete horas da noite; no seu regresso, tem tanto a fazer pelas crianças que não pode se deitar antes das três horas da manhã; às vezes, a chuva parece molhar-lhe até os ossos e ela trabalha nesse estado; afirma: "Meus seios me causam dores terríveis e com frequência escorrem a ponto de me deixarem molhada".

O emprego de narcóticos para manter as crianças sossegadas é favorecido por esse sistema infame e, na verdade, está muito disseminado nos distritos industriais – o doutor Johns, chefe do registro civil do distrito de Manchester, considera que esse costume é a causa principal dos numerosos casos de morte por convulsão.

O trabalho da mulher na fábrica necessariamente desagrega a família, desagregação que, nas condições sociais vigentes, elas mesmas baseadas na família, tem as mais nefastas consequências morais para os cônjuges e para as crianças. A mãe que não tem tempo para ocupar-se do filho, que em seus primeiros anos não pode dedicar-lhe os cuidados mais elementares, que mal pode vê-lo, não pode ser para ele uma verdadeira mãe: torna-se-lhe indiferente, trata-o sem amor e solicitude, como a uma criança estranha. Por seu turno, crianças que crescem nessas condições mais tarde serão incapazes de vida familiar, não se sentirão à vontade na família que vierem a constituir porque conheceram apenas uma vida solitária – e acabarão contribuindo para a destruição da família, fenômeno já comum entre os operários ingleses. Efeitos desagregadores tem também o trabalho das crianças: quando conseguem ganhar mais do que seu sustento custa aos pais, começam a dar-lhes uma certa quantia pela alimentação e pela casa e ficam com o resto, o que ocorre muitas vezes a partir dos catorze ou quinze anos (Power, *Report on Leeds* [Relatório sobre Leeds]; Tufnell, *Report on Manchester* [Relatório sobre Manchester], relatório sobre as fábricas, p. 17 e ss.). Em suma, os filhos se autonomizam, considerando a casa paterna como uma pensão, que pode ser trocada por qualquer outra se não lhes agrada.

A situação da classe trabalhadora na Inglaterra

Em muitos casos, a família não se desagrega com o trabalho da mulher, mas se desorganiza: é a mulher que mantém a casa, o homem desempregado cuida das crianças e da vida doméstica. Isso é muito frequente: em Manchester, contam-se às centenas os homens condenados ao trabalho doméstico. É fácil imaginar a justificada exasperação provocada nesses operários por essa emasculação de fato e seus resultados na inversão das relações familiares, tanto mais quanto as outras relações sociais permanecem inalteradas. Tenho comigo a carta que um operário inglês, Robert Pounder (se a burguesia quiser conversar com ele, tem aqui o endereço: Baron's Buildings, Woodhouse Moor-Side, Leeds), remeteu a Oastler e cuja ingenuidade só parcialmente a tradução para o alemão permite trazer ao leitor – pode-se verter tudo, menos o peculiar dialeto do Yorkshire. Ele conta como um outro operário, seu conhecido, viajando em busca de trabalho, procurou um velho amigo em St. Helen, no Lancashire:

> Enfim, senhor, ele o encontrou e quando chegou à sua casa, esta era, veja bem, um porão úmido e baixo. A descrição que fez dos móveis foi a que se segue: duas cadeiras velhas, uma mesa redonda com três pés, um caixote; não havia cama, apenas um monte de palha seca num canto, com um pano sujo por cima e dois pedaços de madeira no fogo, e quando meu pobre amigo entrou, o infeliz Jack estava sentado junto ao fogo e o que fazia? Veja bem: remendava as meias de sua mulher com agulha e fio e quando viu seu velho amigo entrar tentou esconder o que fazia, mas Joe, assim se chama meu amigo, viu tudo e perguntou: "Jack, que diabo, que estás fazendo, onde está tua mulher? É este teu trabalho?" e o pobre Jack teve vergonha e disse: "Não, sei bem que este não é meu trabalho, mas minha pobre mulher está na fábrica, tem de sair às cinco e meia da manhã e trabalha até às oito da noite e quando chega à casa está tão cansada que não pode fazer nada e tenho de fazer o que puder no lugar dela porque não tenho trabalho, procuro trabalho há três anos e não encontro e não encontrarei pelo resto da vida" e depois deixou cair uma lágrima. "Ah, Joe", disse ele, "aqui nas vizinhanças há muito trabalho para as mulheres e para as crianças, mas não para os homens, é mais fácil encontrar cem libras na rua que trabalho. Eu nunca acreditei que tu ou outro pudessem me ver remendando as meias da minha mulher, porque isso é um mau trabalho, mas veja que ela quase não se aguenta em pé. Eu tenho medo que ela adoeça e depois não sei o que acontecerá com a gente. Há muito tempo é ela que mantém a família e eu é que sou a mulher, é um trabalho mau, Joe" e chorava amargamente dizendo: "Nem sempre foi assim". "Jack", disse Joe, "se não tens trabalho há tanto tempo, como vives?" e Jack respondeu: "Eu te direi, fiz como pude, mas foi tudo muito difícil, tu sabes. Quando eu casei com Mary tinha trabalho e sabes que não sou preguiçoso" e Joe disse: "Eu sei" e Jack continuou: "Tínhamos uma boa casa com móveis e Mary não precisava trabalhar, eu podia trabalhar pelos dois, mas o mundo mudou e Mary tem de trabalhar e eu tenho de ficar aqui, cuidar das crianças e cozinhar, porque

quando a pobre chega em casa está esgotada. Sabes, Joe, é duro para quem se acostumou diferente" e Joe disse: "Sim, meu velho, é duro" e Jack começou de novo a chorar e disse que se pudesse não teria se casado nem nascido, que quando se casou com Mary nunca pensou que isso poderia acontecer e disse: "Tenho chorado muito" e quando Joe ouviu isso, meu senhor, me disse que amaldiçoou e mandou ao diabo todas as fábricas e os fabricantes e o governo com todos os palavrões que aprendeu desde jovem nas fábricas.

Pode-se imaginar uma situação mais paradoxal e absurda que a descrita nessa carta? E, no entanto, essa situação, que tolhe o caráter viril do homem e a feminilidade da mulher, sem oferecer ao homem uma verdadeira feminilidade e à mulher uma verdadeira virilidade, essa situação que degrada de modo infamante os dois sexos e o que há de humano neles, essa situação é a consequência última de nossa tão decantada civilização, o último resultado dos esforços de inúmeras gerações para melhorar suas vidas e as de seus descendentes! Ou devemos desesperar inteiramente da humanidade, de suas aspirações e de seus empenhos, ao ver que todo nosso sofrimento e nosso trabalho conduziram a resultados que nos escarnecem ou devemos admitir que, até hoje, a sociedade humana procurou a felicidade por caminhos errados.

Temos de reconhecer que uma tal subversão na situação dos sexos deriva necessariamente do fato de eles estarem colocados, desde o princípio, numa posição falsa diante do outro. Se a supremacia da mulher sobre o homem, inevitavelmente provocada pelo sistema fabril, é inumana, a do homem sobre a mulher, tal como existia antes, também o era. Se a mulher pode hoje, como antes podia o homem, reclamar a supremacia porque contribui com a maior parte, quando não com a totalidade, dos bens comuns da família, segue-se inevitavelmente que essa comunidade familiar não é verdadeira nem racional, pois que um de seus membros ainda pode reclamar por ter dado um contributo maior. Se a família da sociedade atual se desagrega, essa desagregação mostra justamente que, no fundo, não é o amor familiar que constitui seu vínculo substantivo, mas sim o interesse privado, necessariamente conservado nessa falsa comunidade de bens[8]. Situações semelhantes verificam-se entre filhos que sustentam os pais desempregados, quando

---

[8] Dados fornecidos pelos industriais indicam quão numerosas são as mulheres casadas que trabalham nas fábricas: em 412 fábricas do Lancashire, trabalham 10.721 mulheres casadas; de seus maridos, apenas 5.314 trabalhavam em fábricas; 3.927 exercem outra ocupação, 821 estavam desempregados e de 659 não se tinham informações. Portanto, para cada fábrica, em média, dois homens, quando não três, vivem do trabalho da mulher.

não pagam a eles sua manutenção, como já observamos anteriormente. Em seu relatório sobre as fábricas, o doutor Hawkins atesta que essa situação é comum e de conhecimento público em Manchester. Tal como no caso citado mais acima da mulher, aqui são os filhos os donos da casa, do que dá um exemplo lorde Ashley (em seu discurso na sessão da Câmara dos Comuns, de 15 de março de 1844). Um pai repreendeu as duas filhas porque tinham ido a uma taberna e elas declararam que estavam fartas de serem mandadas: "Vai para o diabo! Nós é que te sustentamos" [*Damn you, we have you to keep!*]; dispostas a guardar para si o que obtêm do trabalho, deixaram a casa paterna, abandonando o pai e a mãe à própria sorte.

As mulheres solteiras que cresceram nas fábricas não estão em melhor situação que as casadas. Naturalmente, uma menina que desde os nove anos trabalha numa fábrica não tem a possibilidade de familiarizar-se com as tarefas domésticas e é por isso que as operárias fabris são, nesse domínio, completamente inexperientes e incapazes de se tornarem boas donas de casa. Não sabem costurar, cozinhar ou lavar, desconhecem as atividades mais elementares da vida doméstica e ignoram totalmente como lidar com crianças – o relatório da *Factories Inquiry Commission* oferece dezenas de exemplos e o doutor Hawkins, inspetor para o Lancashire, conclui (p. 4 do relatório):

> As jovens casam-se precoce e levianamente; carecem de meios, tempo e ocasião para aprender os deveres mais elementares da vida familiar e, mesmo que os conhecessem, uma vez casadas não teriam condições de atender a esses deveres. A mãe, todo dia, por mais de doze horas, fica longe do filho, que é entregue aos cuidados de uma jovem ou de uma mulher mais velha, que cobram por isso. Além do mais, quase nunca a habitação do operário fabril é uma casa confortável (*home*), frequentemente é um porão privado de utensílios para cozinhar, lavar ou costurar, um lugar onde falta tudo que poderia tornar a vida agradável e civilizada. Por esses e outros motivos, mas principalmente para que as crianças tenham mais possibilidades de sobrevivência, só posso desejar e esperar que chegue o dia em que as mulheres casadas sejam excluídas das fábricas.[a]

Para mais exemplos e testemunhos, confira o *Factories Inquiry Commission Report* [Relatório da Comissão de Investigação sobre as Fábricas] (Cowell, *evid.* p. 37, 38, 39, 72, 77, 50; Tufnell, *evid.* p. 9, 15, 45, 54 etc.). Mas isso não é

---

[a] O texto original do doutor Hawkins é ligeiramente diferente em seu parágrafo final: "Por esses e outros motivos, mas sobretudo para uma melhor defesa da vida infantil, não posso deixar de exprimir minha esperança de que venha um tempo em que as mulheres casadas sejam muitíssimo menos empregadas nas fábricas".

tudo – mais graves ainda são as consequências morais do trabalho das mulheres nas fábricas. A inevitável e compulsória proximidade física de indivíduos de ambos os sexos e de idades variadas, que não receberam nenhuma formação intelectual e moral, amontoados num único espaço de trabalho e a promiscuidade que daí resulta não constituem certamente as condições mais indicadas para o desenvolvimento do caráter feminino. O industrial, mesmo se está atento a essa realidade, só pode intervir quando ocorre algo de escandaloso; mas não pode impedir e, menos ainda, oferecer alternativas à influência constante, menos visível, exercida por caracteres dissolutos especialmente sobre os mais jovens – e essa influência é a mais nefasta. A linguagem empregada nas fábricas foi definida nos depoimentos aos inspetores que as investigaram em 1833 como "indecente", "corrompida", "suja" etc. (Cowell, *evid.* p. 35, 37 e muitas outras passagens). O fenômeno é, em menor escala, o que verificamos nas grandes cidades: a concentração excessiva da população tem o mesmo efeito sobre as mesmas pessoas, seja numa grande cidade, seja numa pequena fábrica. Se a fábrica é pequena, maior é a promiscuidade e mais inevitáveis são as relações. As consequências não se fazem esperar. Uma testemunha de Leicester afirma que preferia mandar a filha para a mendicância a deixá-la numa fábrica, que esta é um verdadeiro inferno e que a maioria das prostitutas da cidade devia à fábrica a sua condição (Power, *evid.* p. 8); uma outra, de Manchester, declara "ter condições de afirmar que três quartos das jovens operárias entre catorze e vinte anos já não são virgens" (Cowell, *evid.* p. 57). O inspetor Cowell afirma que, em geral, o nível moral dos operários fabris situa-se abaixo do nível médio dos trabalhadores (p. 82) e o doutor Hawkins opina (*Report*, p. 4):

> Não é possível expressar numericamente uma avaliação da moralidade sexual, mas, considerando minhas observações diretas e o juízo geral daqueles com quem falei, assim como o teor dos testemunhos oferecidos, a influência da vida na fábrica sobre a moralidade da juventude feminina parece justificar um ponto de vista muito pessimista.

De resto, compreende-se que a servidão na fábrica, como qualquer outra e mais que qualquer outra, confira ao patrão o *jus primae noctis*[a]. O industrial é o senhor do corpo e dos encantos de suas operárias. A ameaça de demissão é uma razão suficiente em 90%, senão em 99%, dos casos para anular qualquer resistência das jovens que, ademais, não têm muitos motivos para

---

[a] Direito à primeira noite; pretenso direito dos senhores feudais de ter relações com as esposas de seus vassalos ou dependentes na noite de núpcias.

preservar sua castidade. Se o industrial não tem escrúpulos (e o relatório da comissão de fábricas relata vários exemplos do gênero), sua fábrica é, ao mesmo tempo, seu harém. O fato de nem todos os industriais fazerem uso de seu "direito" não altera a situação das moças; de qualquer maneira, nos inícios da indústria manufatureira, na época em que a maior parte dos industriais eram novos ricos, ignorantes e sem respeito à hipocrisia social, não renunciavam nunca a desfrutar desse "direito adquirido".

Para julgar adequadamente os efeitos do trabalho fabril sobre as condições físicas das mulheres, antes é necessário considerar o trabalho das crianças e a natureza do próprio trabalho. Desde os começos da nova indústria, as crianças foram empregadas nas fábricas. No início, em função das pequenas dimensões das máquinas (que, logo em seguida, cresceram), eram praticamente só as crianças que trabalhavam nelas; os fabricantes buscavam-nas nas casas de assistência à infância pobre, que as alugavam em grupos, por um certo número de anos, na condição de "aprendizes". Alojadas coletivamente e uniformizadas, eram naturalmente escravas do patrão, que as tratava de forma bárbara e brutal. A partir de 1796, a opinião pública pronunciou-se contra esse revoltante sistema, através do doutor Percival e de sir R. Peel (pai do atual primeiro-ministro e ele mesmo dono de um cotonifício), e de um modo tão enérgico que, em 1802, o Parlamento votou uma lei sobre os aprendizes (*Apprentice Bill*) que pôs termo aos abusos mais clamorosos[a]. Gradualmente se fez sentir a concorrência dos trabalhadores livres e o sistema de aprendizes desapareceu. A pouco e pouco, as fábricas vieram a ser construídas cada vez mais nas cidades, em edifícios mais adequados e com máquinas mais aperfeiçoadas; cresceu a oferta de trabalho para adultos e jovens e, assim, o número de crianças empregadas reduziu-se proporcionalmente, ao mesmo tempo em que se começou a trabalhar numa idade ligeiramente mais alta – desde então, é raro empregarem-se crianças com menos de oito ou nove anos. Em seguida, como veremos, o Poder Legislativo ainda teve de intervir várias vezes para proteger as crianças contra a rapacidade da burguesia.

A alta taxa de mortalidade que se verifica entre os filhos dos operários, especialmente dos operários fabris, é uma prova suficiente da insalubridade do ambiente em que transcorrem os primeiros anos de sua vida. Esse am-

---

[a] Essa lei, concernente apenas às fábricas que processavam algodão e lã, proibia o trabalho noturno das crianças e limitava sua jornada de trabalho a doze horas; como não previa nenhum sistema de controle, foi amplamente desrespeitada pelos industriais.

biente influi sobre as crianças que sobrevivem, evidentemente com menor efeito que o exercido sobre suas vítimas fatais. Nos casos mais benignos, determina uma predisposição às doenças ou um atraso no desenvolvimento, donde um vigor físico inferior ao normal. O filho de um operário de fábrica, que cresce na miséria, entre privações e necessidades, exposto à umidade, ao frio, aos nove anos está muito menos apto ao trabalho que uma criança que se desenvolveu em condições mais sadias. Aos nove anos, vai para a fábrica, trabalhando diariamente seis horas e meia (antes, oito horas e, outrora, de doze a catorze e, às vezes, mesmo dezesseis) até a idade de treze anos; a partir de então, e até os dezoito anos, trabalhará doze horas por dia. Aos fatores de enfraquecimento físico junta-se, pois, o trabalho. Não negaremos que uma criança de nove anos, mesmo filha de um operário, pode suportar um trabalho cotidiano de seis horas e meia sem que daí resultem para seu desenvolvimento efeitos nefastos *visíveis* e manifestamente imputáveis a esse trabalho; mas tem-se de admitir que em nenhuma hipótese a permanência na fábrica, com sua atmosfera sufocante, úmida, por vezes muito quente, é favorável à sua saúde. De qualquer maneira, é dar prova de irresponsabilidade sacrificar à cupidez de uma burguesia inescrupulosa os anos de vida de uma criança que deveriam ser consagrados exclusivamente ao seu desenvolvimento físico e intelectual, privando-a da escola e do ar livre para que seja explorada pelos senhores industriais. A burguesia nos objeta: "Se não empregássemos as crianças nas fábricas, elas estariam em condições de vida desfavoráveis ao seu desenvolvimento" e, em geral, isso é verdade. Mas, no fundo, essa argumentação significa simplesmente que a burguesia, primeiro, coloca os filhos dos operários numa situação insustentável e, depois, explora essa situação em seu proveito. A burguesia invoca um fato, pelo qual é tão responsável como o é pelo sistema fabril, para justificar o crime que comete hoje por meio do crime que cometeu ontem. E se a legislação sobre as fábricas não lhes atasse minimamente as mãos, verificaríamos como esses "bondosos" e "humanos" burgueses tomariam a defesa dos trabalhadores, esses mesmos burgueses que construíram suas fábricas pensando apenas em favorecer os operários... Vejamos rapidamente como esses senhores se comportavam antes de serem fiscalizados pelos inspetores de fábrica, valendo-nos de um testemunho reconhecidamente válido, ou seja, o relatório da *Factories Inquiry Commission*, de 1833.

O relatório da Comissão Central constata que: os fabricantes raramente empregavam crianças de cinco anos, com frequência as de seis anos, muitas vezes as de sete anos e, na maior parte dos casos, as de oito ou nove anos;

a jornada de trabalho durava de catorze a dezesseis horas (não incluídos os horários de refeição); os fabricantes permitiam que os vigilantes maltratassem, inclusive espancando, as crianças e, muitas vezes, eles mesmos o faziam. Dá notícia do caso de um industrial escocês que, a cavalo, perseguiu um operário fugitivo de dezesseis anos, agarrou-o e trouxe-o de volta, espancando-o com um enorme chicote e fazendo-o correr à velocidade do cavalo (Stuart, *evid.* p. 35); nas grandes cidades, onde a resistência operária era maior, tais casos não eram frequentes. Aquela jornada tão longa de trabalho, porém, não bastava à avidez dos capitalistas; era preciso obter, por quaisquer meios, o máximo retorno sobre o capital investido em máquinas e edifícios: por isso, os fabricantes introduziram o infame sistema do trabalho noturno. Em algumas fábricas, havia dois grupos de operários para operá-las continuamente: um grupo trabalhava doze horas ao dia e outro, doze horas à noite. Não é difícil imaginar as consequências dessa permanente supressão do repouso noturno, que nenhum sono diurno pode substituir, sobre o estado físico das crianças, e mesmo dos jovens e dos adultos – dela resultou, inevitavelmente, uma superexcitação nervosa e um esgotamento do corpo, que se acresceram ao enfraquecimento físico preexistente. Ademais, ela aumentou o estímulo ao alcoolismo e ao desregramento sexual; um industrial declarou (Tufnell, *evid.* p. 91) que, durante os dois anos em que sua fábrica funcionou dia e noite, dobrou o número de nascimentos de filhos ilegítimos e que a corrupção se generalizou a tal ponto que ele acabou por renunciar ao trabalho noturno[a]. Processos bárbaros foram utilizados por outros industriais: para fazer trabalhar muitos operários por trinta a quarenta horas a fio, *e várias vezes por semana*, criavam equipes de substitutos que não assumiam o conjunto do trabalho, mas apenas substituíam aqueles operários que se estafavam completamente. Os relatos da Comissão sobre essa barbárie e suas consequências ultrapassam tudo que foi possível conhecer nesse domínio. Horrores como os narrados pela Comissão não têm comparação – e, apesar disso, a burguesia recorre continuamente ao testemunho da Comissão *em seu próprio favor*. As consequências de crimes como os relatados pela Comissão não se fizeram esperar: os inspetores informam que se defrontaram com inúmeros estropiados, que deviam seu aleijão exclusivamente à excessiva duração da jornada de trabalho. A enfermidade

---

[a] Na fonte citada por Engels, essa declaração não é atribuída ao industrial, mas a seu filho; e este não fala explicitamente na renúncia ao trabalho noturno, embora o contexto de suas afirmações autorize tal conclusão.

que os acometeu, determinando a deformação da coluna vertebral e das pernas, foi objeto da observação de Francis Sharp, de Leeds, membro do Colégio Real de Cirurgia:

> Antes de chegar a Leeds, nunca constatei essa singular deformação das partes inferiores do fêmur. Inicialmente, pensei tratar-se de raquitismo; mas o grande número de pacientes que chegavam ao hospital de Leeds, a incidência da doença numa idade (oito a catorze anos) em que os jovens geralmente não são mais sujeitos ao raquitismo e, enfim, o fato de a enfermidade só ter se manifestado a partir do emprego dos jovens nas fábricas, isso me levou a logo mudar de opinião. Até o presente, já examinei cerca de cem desses casos e posso afirmar, categoricamente, que são consequência do excesso de trabalho. Tanto quanto sei, todos os casos eram apresentados unicamente por crianças empregadas em fábricas e elas próprias veem no trabalho a origem de seu mal. O número de casos de escoliose da coluna vertebral que constatei, provocada evidentemente por uma longa permanência numa posição ereta, não deve ser inferior a trezentos" (doutor Loudon, *evid.* p. 12-13).

Vão na mesma direção as palavras do doutor Hey, médico que por dezoito anos trabalhou no hospital de Leeds:

> São muito frequentes, nos operários fabris, as deformações da coluna vertebral: algumas são consequência do simples excesso de trabalho[a]; outras, efeito do trabalho muito prolongado[b] sobre uma constituição originariamente débil ou debilitada pela má nutrição. [...] O estropiamento parece ser mais frequente que esta doença: joelhos torcidos para dentro, tendões do tornozelo relaxados e distendidos e curvamento dos ossos longos das pernas. Particularmente as extremidades destes ossos compridos apresentavam-se deformadas e hipertrofiadas – os pacientes vinham de fábricas nas quais eram frequentes longas jornadas de trabalho. (Doutor Loudon, *evid.* p. 16.)

Os cirurgiões Beaumont e Sharp, de Bradford, manifestaram-se no mesmo sentido. Os relatórios dos inspetores Drinkwater, Power e doutor Loudon contêm uma enorme quantidade desses exemplos, contemplados também, com menor frequência, nos relatórios de Tufnell e do doutor sir David Barry (Drinkwater, *evid.* p. 69; dois irmãos: p. 72, 80, 146, 148, 150; dois irmãos: p. 155 e várias outras; Power, *evid.* p. 63, 66, 67; dois casos: p. 68; três casos: p. 69; dois casos em Leeds: p. 29, 31, 40, 43, 53 e ss.; doutor Loudon, *evid.* quatro casos: p. 4, 7; p. 8, vários casos etc.; sir D. Barry, p. 6, 8, 13, 21, 22, 44, 55 três casos etc.; Tufnell, p. 5, 16 etc.). Os inspetores para o Lancashire – Cowell, Tufnell e o doutor Hawkins – negligenciaram qua-

---

[a] No depoimento original do doutor Hey: "[...] consequências do simples trabalho [...]".

[b] As palavras *muito prolongado* não constam do depoimento original do doutor Hey.

se inteiramente esse aspecto das consequências médicas do sistema fabril, ainda que o distrito não tenha o que invejar ao Yorkshire quanto ao número de estropiados. Poucas vezes andei por Manchester sem cruzar com três ou quatro aleijados, acometidos dessa deformação da coluna e das pernas que pude observar inúmeras vezes; conheço pessoalmente um estropiado, portador das características descritas pelo doutor Hey, que foi mutilado em Pendleton, na fábrica do senhor Douglas, industrial que ainda hoje desfruta, entre os operários, de reputação pouco invejável por impor jornadas de trabalho extremamente longas, que atravessavam noites inteiras. Não é difícil identificar de imediato, entre os aleijados, aqueles que foram estropiados dessa maneira – todos têm o mesmo aspecto: os joelhos curvados para dentro e para trás, os pés voltados para dentro, as articulações deformadas e grossas e, frequentemente, a coluna desviada para a frente ou para o lado. Mas são os industriais filantropos do distrito de Macclesfield, especializados em seda, que, parece, têm a maior responsabilidade nisso, inclusive porque empregam em suas fábricas crianças muito pequenas, de cinco ou seis anos. O inspetor Tufnell recolheu, entre muitos, o depoimento de um chefe de seção, Wright (p. 26), cujas duas irmãs foram estropiadas do modo mais horrível e que se dera ao trabalho de contar o número de estropiados em várias ruas, algumas delas as mais limpas e bonitas de Macclesfield: dez em Townley Street, cinco em George Street, quatro em Charlotte Street, quinze em Watercots, três em Bank Top, sete em Lord Street, doze em Mill Lane, dois na Great George Street, dois na Casa dos Pobres, um em Park Green e dois na Pickford Street – e que ouvira, das famílias de todos, que o estropiamento resultou do excesso de trabalho nas fábricas onde se processava a seda. Na página 27 cita-se o caso de um rapaz que estava tão mutilado que nem podia subir uma escada e mencionam-se casos de mocinhas com deformações nas costas e nos quadris.

O trabalho excessivo provoca também outras deformações, principalmente os pés chatos, de que sir D. Barry encontrou numerosos casos (por exemplo, p. 21 e ss., dois casos) e que são frequentemente referidos pelos médicos e cirurgiões de Leeds (Loudon, p. 13, 16 etc.). Quando uma alimentação melhorada, uma constituição física mais robusta e outros fatores preservam os jovens desses efeitos mais bárbaros da exploração a que estão sujeitos, o que se constata, no mínimo, são dores constantes nas costas, quadris e pernas, tornozelos inchados, ulcerações nas coxas e na panturrilha. Esses males são generalizados entre os operários; os informes de Stuart, de Mackintosh e de sir D. Barry contêm centenas de exemplos; pode-se afirmar que não há operário que não apresente qualquer um deles; nos outros informes, sua incidência é atestada por vários médicos. Os relatórios referentes à Escócia mostram de modo irrefutável, graças a inúmeros exemplos, que o trabalho prolongado por 13 horas provoca, nos operários de ambos os sexos, entre 18 e 22 anos, pelo menos, as mesmas consequências, seja nas fiações do linho de Dundee e Dunfermline, seja nas indústrias algodoeiras de Glasgow e Lanark.

Todos esses males são explicáveis sem dificuldades pela natureza do trabalho fabril, que, de acordo com os industriais, é "leve" – é precisamente essa característica que o torna mais estafante que qualquer outro, porque os operários são obrigados *a permanecer de pé durante todo o tempo*. Sentar-se é proibido: aquele que se apoiar num parapeito de janela ou num caixote é logo punido. A contínua posição ereta, esse prolongado estar de pé, exerce uma constante pressão mecânica da parte superior do corpo sobre a coluna, os quadris e as pernas, provocando obrigatoriamente os efeitos supramencionados. É verdade que a permanente posição ereta não é necessária ao trabalho – em Nottingham, chegou-se a instalar bancos na seção de dobagem (o que acarretou a redução daqueles males e também a extensão da jornada); mas numa fábrica em que o operário se estafa exclusivamente em proveito do burguês e, portanto, não está muito interessado em fazer bem o trabalho, ele provavelmente utilizaria bancos e assentos de um modo que não conviria ao industrial; assim, para evitar possíveis perdas do capitalista, o operário sacrifica a integridade de seu corpo[9].

A prolongada e contínua permanência de pé, associada à atmosfera – em geral, má – própria das fábricas, produz o exaurimento das forças físicas e ocasiona mais males genéricos que doenças singulares. Habitualmente, a atmosfera própria das fábricas é ao mesmo tempo úmida e quente (mais quente que o necessário) e, se a ventilação não for *muito* boa, insalubre, pesada e pobre em oxigênio, carregada de pó e vapores do óleo das máquinas, que suja e penetra o piso; por causa do calor, os operários vestem-se sumariamente, tão sumariamente que sentiriam frio se a temperatura ambiente não se mantivesse alta e, por isso, a menor corrente de ar é desagradável e os operários preferem trabalhar com as janelas fechadas (o que se explica, também, porque o enfraquecimento progressivo que diminui as funções do organismo reduz o calor animal que o corpo fornece ao ambiente externo).

---

[9] Numa fiação de Leeds também foram introduzidos bancos (Drinkwater, *evid.* p. 85).

A situação da classe trabalhadora na Inglaterra

Nessas circunstâncias – de que fazem parte as bruscas mudanças de temperatura, provocadas na fábrica por um súbito arejamento ou na saída do trabalho, quando o trabalhador enfrenta um frio gélido ou uma chuva de que não se pode proteger –, compreende-se por que os operários são vítimas de contínuos resfriados.

E se se leva em conta que, com tudo isso, o trabalho fabril não solicita e não faz exercitar integralmente nenhum músculo do corpo (exceto dos membros inferiores) e não requisita nenhuma atividade que possa frear o exaurimento por ele causado, antes desestimulando qualquer movimento que dê vigor aos músculos e elasticidade ao corpo; se se leva em conta que, desde a juventude, faltam absolutamente aos trabalhadores quaisquer condições para exercícios ao ar livre, então não há nenhuma razão para espanto em face da afirmação praticamente unânime dos médicos, em seus relatórios sobre as fábricas, segundo a qual encontraram nos operários uma notável falta de resistência às doenças, um estado depressivo geral que afeta todas as funções vitais e um progressivo debilitamento das energias espirituais e físicas. Escutemos, primeiramente, sir D. Barry:

> As influências danosas, para os operários, do trabalho fabril derivam de: 1) a obrigatoriedade de compatibilizar mecanicamente o ritmo de seus esforços físicos e espirituais ao ritmo de operação de uma maquinaria movimentada por forças contínuas e regulares; 2) a permanência em uma posição ereta por períodos de tempo anormalmente prolongados e que se sucedem muito rapidamente; 3) a privação do sono (devida a uma longa jornada de trabalho, a dores nas pernas e a um mal-estar físico geral)[a]. A isso cabe aduzir as condições de locais de trabalho com tetos muito baixos, insalubres, poeirentos ou úmidos, com uma atmosfera demasiado quente, que determina uma incessante sudorese. É por isso que os jovens em particular, com poucas exceções, perdem rapidamente a rósea frescura da infância e tornam-se mais pálidos e mais magros que os outros jovens de sua idade. Mesmo o aprendiz do tecelão manual, que está descalço junto ao tear sobre o chão de argila do local de trabalho, conserva um aspecto melhor, porque, ao menos, pode caminhar um pouco numa área aberta. Mas a criança que trabalha na fábrica não tem nenhum momento livre e só sai ao ar livre para comer. Todos os fiandeiros adultos são pálidos e emaciados, têm distúrbios de apetite e digestão. Como todos estão nas fábricas desde a juventude e é difícil, ou melhor, impossível encontrar entre eles homens bem desenvolvidos e de constituição robusta, pode-se concluir que seu trabalho é sumamente danoso para o desenvolvimento do organismo masculino. As mulheres suportam muito melhor esse trabalho. (Sir D. Barry, *General Report* [Relatório geral].)

---

[a] O esclarecimento entre parênteses foi acrescentado por Engels.

É verdade que as mulheres o suportam, mas, como veremos, elas também têm suas doenças. Na mesma direção, exprime-se Power:

> Posso afirmar com segurança que o sistema fabril criou, em Bradford, um grande número de estropiados [...] e que as consequências de um trabalho excessivo sobre o organismo não se manifestam apenas em deformações físicas, mas, de um modo muito mais geral, no desenvolvimento incompleto, na atrofia muscular e na debilidade da constituição física. (Power, *Report*, p. 74.)

E também F. Sharp, de Leeds, cirurgião[10] que já citamos:

> Quando me transferi de Scarborough para Leeds, impressionou-me o fato de as crianças daqui possuírem geralmente um aspecto tão pálido, além de terem músculos muito menos firmes que as de Scarborough e arredores. Notei ainda que, para sua idade, muitas crianças eram excepcionalmente pequenas... Constatei inúmeros casos de escrofulose, doenças pulmonares, afecções mesentéricas e má digestão que, como médico, não tenho a menor dúvida em afirmar que são provocados pelo trabalho nas fábricas. Penso que o trabalho prolongado debilita a energia nervosa do organismo e prepara o terreno sobre o qual se desenvolvem muitas doenças. Se não fosse o afluxo perene de pessoas do campo, a espécie dos operários de fábrica em pouco tempo estaria completamente degenerada.

Não é diferente o sentido das palavras de Beaumont, cirurgião de Bradford:

> Em meu juízo, o sistema de trabalho nas fábricas provoca um enfraquecimento particular de todo o organismo e torna as crianças extremamente vulneráveis seja às epidemias, seja às doenças esporádicas [...] Considero, sem qualquer dúvida, que a ausência de uma adequada regulamentação sobre a ventilação e a limpeza das fábricas é uma das causas principais dessa particular vulnerabilidade ou tendência às afecções patológicas que tão frequentemente constatei no exercício de minhas atividades.

E este é depoimento de William Sharp Jr.[a]:

> 1) Pude observar, nas condições mais favoráveis, os efeitos do sistema fabril sobre a saúde das crianças (como médico da fábrica de Wood, em Bradford, a melhor equipada da região)[b]; 2) tais efeitos, decisivamente e em larga escala, mesmo naquelas condições favoráveis, são os mais danosos; 3) em 1842[c], fui obrigado a tratar três quintos do total de crianças que

---

[10] Os chamados cirurgiões (*surgeons*) concluem seus estudos universitários como os médicos diplomados (*physicians*) e, normalmente, unem a prática da medicina à da cirurgia. Em geral, e por diversos motivos, são mais procurados que os médicos.

[a] Na edição de 1892 esse depoimento é erroneamente atribuído ao doutor Kay.

[b] As palavras entre parênteses são de Engels.

[c] Na edição de 1845, erradamente, aparece 1832.

trabalhavam na fábrica de Wood; 4) o efeito mais danoso é tornar os organismos, se não deformados, débeis e doentios; 5) em tudo isso, verificou-se uma sensível melhoria quando a jornada de trabalho das crianças foi reduzida, em Wood, para dez horas.

Por seu turno, o próprio inspetor doutor Loudon, que cita esses depoimentos, afirma:

> Considero estar demonstrado claramente que as crianças são obrigadas a trabalhar em jornadas cruel e irracionalmente longas e que inclusive os adultos estão sobrecarregados com um trabalho que nenhum ser humano pode suportar. As consequências são que muitos morrem prematuramente, outros sofrem por toda a vida os efeitos de uma constituição deficiente e que, fisiologicamente falando, são fundados os temores de ver nascer gerações debilitadas pela constituição debilitada dos sobreviventes.

E, finalmente, a propósito de Manchester, o doutor Hawkins:

> Creio que a maior parte dos viajantes se impressiona com a baixa estatura, a magreza e a palidez da maioria das pessoas que encontram em Manchester, sobretudo os operários de fábrica. Nunca vi, em nenhuma cidade da Grã-Bretanha ou da Europa, semelhante diferença, no que toca à estatura e à cor da pele, entre uma população determinada e a média da população nacional. Surpreende como as mulheres casadas são desprovidas de todas as particularidades da mulher inglesa [...] Confesso que, em geral, os rapazes e moças que trabalham nas fábricas de Manchester e que me foram apresentados tinham uma aparência sofrida e eram muito pálidos; nas expressões de seus rostos, não vi nada do que habitualmente constitui a agitação, a vivacidade e a alegria da juventude; muitos me declararam que nunca desejaram, num sábado à noite ou num domingo, passear ao ar livre, preferindo ficar em casa para descansar.

Uma outra passagem do relatório de Hawkins deve ser transcrita aqui já que, embora só parcialmente referida ao nosso assunto deste momento, cabe, por sua pertinência, no conjunto de nossa argumentação:

> A intemperança, os excessos e a imprevidência em face do futuro são os principais defeitos da população operária, mas é fácil compreender que tais maus hábitos resultam do sistema moderno, *do qual derivam quase inevitavelmente*. Todos reconhecem que a má digestão, a hipocondria e a fraqueza geral são males que afetam largamente as pessoas dessa classe; depois de doze horas de um trabalho monótono, é muito natural que se procure um estimulante qualquer; mas quando, além disso, a pessoa está afetada por um dos estados doentios mencionados, ela recorre depressa e continuadamente às bebidas alcoólicas.

O relatório oferece centenas de exemplos que comprovam plenamente esses depoimentos de médicos e inspetores. Centenas de fatos atestam que

Friedrich Engels

o desenvolvimento normal dos jovens operários é impedido pelo trabalho; entre muitos exemplos, Cowell refere-se ao peso de 46 alunos de uma escola dominical[a], todos com 17 anos: os 26 que trabalhavam em fábricas pesavam em média 104,5 libras; os outros 20, mesmo filhos de operários, mas que não estavam em fábricas, pesavam em média 117,7 libras. Um dos mais importantes líderes patronais na luta contra os operários – Robert Hyde Greg, suponho – chegou a afirmar, certa feita, que, se as coisas não mudassem, logo os operários das fábricas do Lancashire se transformariam em pigmeus[11]. Um tenente responsável pelo recrutamento afirmou (Tufnell, p. 59)[b] que os operários fabris são pouco aptos para o serviço militar; parecem excessivamente magros e fracos e muitos não passam pelo exame médico; em Manchester, dificilmente encontrou homens com 5 pés e 8 polegadas de altura – a maioria mal chegava a 5 pés e 6-7 polegadas, ao passo que, nos distritos rurais, a maior parte dos recrutas atendeu à estatura exigida (a medida inglesa é menor que a prussiana e a diferença é de cerca de 2 polegadas em cada 5 pés).

Em consequência de tudo isso, os homens envelhecem prematuramente. A maior parte deles está incapacitada para o trabalho quando chega aos 40 anos; poucos se mantêm aptos até os 45 anos e quase nenhum aos 50. Além da debilidade física geral, opera aqui uma específica perda da visão, resultante do trabalho na *mule* – nesse caso, o operário força excessivamente a vista, mantendo o olhar fixo sobre uma longa série de finos fios que correm em paralelo. Em 1.600 operários ocupados num grupo de fábricas de Harpur e Lanark, somente 10 tinham mais de 45 anos; em 22.094 operários de um grupo de fábricas de Stockport e Manchester, apenas 143 tinham mais de 45 anos – destes, 16 mantinham seu trabalho a título de favor pessoal e 1 executava o trabalho de uma criança. Uma lista com 131 fiandeiros não incluía mais que 7 com idade superior a 45 anos e, no entanto, esses 131 foram recusados pelo fabricante a quem pediam emprego porque "estavam muito velhos". Em 50 fiandeiros desempregados em Bolton, apenas 2 tinham mais de 50 anos e a média de idade dos outros não chegava a 40 anos, mas todos estavam desempregados por causa de sua idade avançada! Um grande industrial, o senhor Ashworth, numa carta a lorde Ashley, admite que por volta dos 40 anos os

---

[a] Em seu relatório, Cowell menciona duas, não uma, escolas dominicais.

[11] Essa afirmação não provém do relatório sobre as fábricas. [A afirmação reproduzida por Engels foi, muito provavelmente, extraída do discurso pronunciado, na sessão de 15 de março de 1844, na Câmara dos Comuns, por lorde Ashley, que a citou. (N.E.)]

[b] No relatório de Tufnell lê-se, em vez de tenente, sargento.

fiandeiros já não são capazes de produzir uma quantidade suficiente de fio e que, por isso, são "às vezes" despedidos; ele classifica como "gente velha" operários de 40 anos[12]! No relatório de 1833, o inspetor Mackintosh observou:

> Embora eu estivesse preparado para isso, dado o modo como os jovens são empregados, foi muito difícil para mim acreditar na idade que os operários me diziam ter, tão prematuramente eles envelhecem.

O cirurgião Smellie, de Glasgow, que atende principalmente a operários fabris, também afirma que, para estes, quarenta anos já constitui uma idade avançada (*old age* – Stuart, *evid.* p. 101); testemunhos análogos encontram-se em Tufnell (*evid.* p. 3, 6)[a], Hawkins (*Report*, p. 4; *evid.* p. 11)[b] etc. Em Manchester, esse precoce envelhecimento dos operários é tão comum que qualquer deles com quarenta anos parece ser dez ou quinze anos mais velho, ao passo que, nas classes proprietárias, com a mesma idade, homens e mulheres – desde que não bebam demais – conservam um bom aspecto[13].

Os efeitos do trabalho nas fábricas sobre o organismo feminino são particulares. As deformações físicas, consequência de um trabalho muito prolongado, são ainda mais graves nas mulheres: deformações na bacia, seja por uma má posição dos ossos da bacia ou por seu desenvolvimento defeituoso, seja por desvios na parte inferior da coluna vertebral, manifestam-se geral e frequentemente como resultantes do excessivo trabalho fabril. Em seu relatório, observou o doutor Loudon:

> Embora eu não tenha verificado nenhum caso de deformação ou de qualquer afecção na bacia, sua incidência é tal que todo médico tem de considerá-las como prováveis consequências do trabalho prolongado imposto às crianças e essa consideração, ademais, é atestada por profissionais que desfrutam da máxima credibilidade no campo da medicina.[c]

---

[12] Essas informações foram extraídas do discurso de lorde Ashley (sessão da Câmara dos Comuns, 15 de março de 1844).

[a] No texto de Engels, em vez das páginas 3 e 6, aparecem, equivocadamente, as páginas 3, 9, 15.

[b] No texto de Engels, em vez da página 11, aparece, equivocadamente, a página 14.

[13] Um relatório patronal da época, citado pelo *Manchester Guardian* (1º de maio de 1844), reconhece que poucos operários passam dos cinquenta anos, mas conclui que, nessa idade, os operários já economizaram dinheiro suficiente para se aposentar ou se tornar comerciantes!

[c] Essa transcrição de Engels, de fato, resume o texto de Loudon, que é o seguinte: "Embora não se tenha apresentado nenhum caso de bacia deformada, veias varicosas e úlceras em mulheres de menos de 25 anos, nem de nenhuma das outras moléstias que foram descritas, o fato é que tais distúrbios são de tal monta que todo médico deve considerá-los prováveis consequências em jovens que trabalham, em muitos casos,

O fato de as operárias fabris terem trabalhos de parto muito mais difíceis que as outras mulheres é atestado por inúmeras parteiras e médicos, bem como o fato de abortarem com mais frequência (por exemplo, doutor Hawkins, *evid.* p. 11 e 13). Além de as mulheres sofrerem o debilitamento físico geral comum a todos os operários fabris, quando grávidas elas são obrigadas a trabalhar *até quase o momento do parto* – evidentemente, se deixam de trabalhar muito antes, correm o risco de se verem substituídas e postas na rua e, além do mais, perderiam o salário. É frequente que mulheres que trabalharam até tarde num dia tenham o parto na manhã seguinte e não é incomum que a criança nasça na própria fábrica, entre as máquinas – e se os senhores burgueses não veem nisso nada de extraordinário, talvez suas mulheres me concedam a admissão de que obrigar uma grávida a trabalhar de pé e a abaixar-se e a levantar-se inúmeras vezes durante doze ou treze horas (e, no passado, ainda mais) até o momento do parto é uma crueldade inqualificável, uma barbaridade infame. Mas isso não é tudo: as mulheres sentem-se muito felizes se, após o parto, podem passar duas semanas sem trabalhar – muitas retornam à fábrica oito dias depois, e algumas três ou quatro, para trabalhar *em turno completo*. Certa feita, ouvi um industrial perguntar a um contramestre: "Fulana ainda não voltou?"; diante da resposta negativa, prosseguiu: "Há quanto tempo teve o filho?"; diante da informação "oito dias", comentou: "Já podia ter vindo há tempo. Aquela ali" – e indicou uma operária – "só costuma ficar em casa três dias". Compreende-se: o medo do despedimento, o pavor do desemprego que significa miséria, obriga a operária a retornar ao trabalho rapidamente, não obstante sua fraqueza e suas dores; o interesse do industrial não lhe permite um puerpério adequado. Assim como os operários, as operárias também não têm o direito de adoecer e deixar o trabalho para recuperar-se; se o tivessem, o industrial teria de parar uma máquina ou incomodar sua nobre cabeça para proceder a uma substituição temporária – e, antes que isso ocorra, ele despede a operária. Ouçamos (Cowell, *evid.* p. 77):

> Uma jovem sentia-se muito mal, dificilmente conseguia fazer seu trabalho. Pergunto-lhe: "Por que não pede licença para ir para casa?". Responde ela: "Ah, senhor, o patrão nisso é muito intransigente, se nos ausentamos por um quarto da jornada ele pode nos despedir".

---

quase quarenta horas consecutivas duas vezes por semana ou, nos dias em que não há trabalho noturno, de doze a catorze horas diárias; ademais, isso é atestado por homens de inquestionável valor profissional e moral".

Ouçamos mais (sir D. Barry, *evid.* p. 44): Thomas MacDurt, operário, está com febre, "mas não pode ficar em casa mais de quatro dias, senão arrisca-se a ser mandado embora".

É assim em praticamente todas as fábricas. O trabalho ao qual estão obrigadas as jovens provoca-lhes, em seu período de crescimento, uma série de perturbações. Para algumas, particularmente as mais bem alimentadas, o calor reinante nas fábricas acelera seu desenvolvimento físico, de tal maneira que entre os doze e os catorze anos já estão completamente formadas. Roberton, o já citado ginecologista e mencionado no relatório sobre as fábricas como "principal autoridade", informa no *North of England Medical and Surgical Journal* [Jornal de Medicina e Cirurgia do Norte da Inglaterra] que examinou uma menina de onze anos que não só estava completamente desenvolvida, como até mesmo já engravidara e que é comum, em Manchester, jovens de quinze anos serem mães. Em tais casos, o calor das fábricas opera como o calor dos países tropicais e, como ocorre nestes, o desenvolvimento muito precoce tem como preço um envelhecimento e um enfraquecimento orgânicos também precoces. Todavia, há igualmente muitos casos de um desenvolvimento sexual feminino retardado; os seios formam-se tardiamente ou não se formam (exemplos oferecidos por Cowell, p. 35); a menstruação apresenta-se aos dezessete ou dezoito anos, às vezes aos vinte ou não se apresenta nunca (doutor Hawkins, *evid.* p. 11; Loudon, p. 14 etc.; e sir D. Barry, p. 5 etc.); os relatos médicos são unânimes em constatar que são frequentes as menstruações irregulares, acompanhadas de fortes dores e de outros males, particularmente a anemia.

Os filhos dessas mulheres, especialmente as que trabalharam durante a gravidez, não podem ser robustos. Ao contrário, sobretudo em Manchester, são qualificados pelos relatos como muito débeis. Somente Barry afirma que são sadios, mas observa que, na Escócia, onde fez sua parte na investigação da Comissão, *quase nenhuma mulher casada trabalhava nas fábricas*; ademais, lá, à exceção de Glasgow, quase todas as fábricas se localizam no campo, o que contribui favoravelmente para a saúde. Os filhos dos operários que, na cidade, são pálidos e sofrem de escrofulose, nas redondezas de Manchester têm boa aparência; mas, por volta dos nove anos, são enviados para as fábricas, empalidecem e logo deixam de distinguir-se das crianças da cidade.

Alguns tipos de trabalho fabril têm consequências particularmente nocivas. Na maioria das fiações de algodão e linho, especialmente nas seções onde a matéria é cardada e penteada, o ar é carregado de poeira filamentosa que produz afecções pulmonares – alguns organismos podem suportar essa atmosfera, outros não. Mas o operário não tem escolha: é obrigado a aceitar trabalho onde exista, quer seus pulmões estejam bem ou não. Os efeitos mais comuns da inspiração dessa poeira são os escarros de sangue, a respiração ofegante e sibilante, dores no peito, tosse, insônia, todos os sintomas da asma e, nos piores casos, a tuberculose pulmonar (cf. Stuart, p. 13, 70, 101; Mackintosh, p. 24 etc.; Power, sobre Nottingham e Leeds[a]; Cowell, p. 33 etc.; Barry p. 12 – cinco casos numa só fábrica –, 17, 44, 52, 60 etc.; Loudon, p. 13 etc.). Especialmente nociva é a fiação úmida do linho, executada por moças e crianças: a água salta dos fusos, encharca as roupas e deixa molhado o piso; o mesmo ocorre, embora em menor medida, nas seções de dobagem do algodão: o resultado são resfriados crônicos e afecções pulmonares. Se a maioria dos operários fabris tem a mesma voz fraca e rouca, têm-na todos aqueles que trabalham na fiação úmida do linho e na dobagem. Stuart, Mackintosh e sir D. Barry condenam asperamente a insalubridade desse trabalho e a despreocupação que os industriais revelam diante de suas consequências para as jovens que o executam. Outro efeito da fiação do linho, derivado da natureza mesma do trabalho, manifesta-se em deformações características da espádua, notadamente uma saliência na omoplata direita. Essa maneira de fiar, assim como o trabalho sobre o algodão na *throstle*, ocasiona também deformações no joelho, de que o operário se serve para travar os fusos quando tem de atar os fios rompidos. A constante necessidade de inclinar-se e a baixa altura das máquinas, nos dois tipos de trabalho, acarreta em geral um crescimento anormal da estrutura óssea; na seção da fábrica de tecidos de algodão em que trabalhei em Manchester e onde operam as *throstles*, não vi uma só jovem bem constituída e bem proporcionada – eram todas pequenas, atarracadas, disformes, em uma palavra, defeituosas de corpo.

Além de todas essas enfermidades e deformações, há outros fatores que causam grandes danos físicos aos operários. O trabalho em meio às máquinas está sujeito a numerosos acidentes mais ou menos graves, cuja consequência é a incapacidade parcial ou total do operário para seu trabalho[14]. Muito frequente é o esmagamento de uma falange ou mesmo de um dedo; menos comum, mas ocorrente, é metade da mão, a própria mão ou um braço ficarem presos nas engrenagens e serem esmagados. De tais

---

[a] As referências sobre Nottingham estão nas p. 15-7 e sobre Leeds na p. 37.

[14] Ainda aqui, os capitalistas tratam de arranjar desculpas: no relatório patronal há pouco citado, asseguram que, de 850 acidentes registrados, apenas 29 foram devidos às máquinas.

acidentes, mesmo os menos graves, geralmente resulta o tétano, que provoca a morte. Em Manchester, pode-se ver, além dos muitos deformados, um grande número de operários mutilados: falta a uns parte do braço ou todo o braço, a alguns o pé, a outros uma porção da perna – é como se estivéssemos em meio a um exército que regressa de uma batalha. Mas a parte mais perigosa nas instalações fabris são as correias que transmitem a força motriz do eixo para as diferentes máquinas (sobretudo se dotadas de argolas, o que pouco a pouco vai desaparecendo): quem é apanhado por essas correias é levado com a rapidez de um raio, tem o corpo lançado ao teto, depois cai com tal violência que morre instantaneamente, não raro ficando sem nem um só osso intacto. Entre 12 de junho e 3 de agosto de 1844[a], o *Manchester Guardian* relata os seguintes acidentes *graves* (os outros nem sequer são mencionados): em 12 de junho, um menino, em Manchester, que ficara com a mão presa numa engrenagem, morre de tétano; em 15 de junho[b], um rapaz, de Saddleworth, apanhado por uma roda dentada, morre completamente esmagado; em 29 de junho, um homem de Greenacres Moor, perto de Manchester, que trabalhava numa fábrica de máquinas, é arrastado para baixo de uma pedra de afiar, tem duas costelas quebradas e ferimentos graves; em 24 de julho, morre em Oldham uma jovem, apanhada por uma correia que a fez girar cinquenta vezes! – não lhe restou um só osso inteiro; em 27 de julho, uma jovem cai na *blower*[15] e morre em consequência dos ferimentos; em 3 de agosto, morre, em Dukinfield, um operário torneiro arrastado por uma correia, com todas as costelas fraturadas. Somente no ano de 1843, o hospital de Manchester teve de tratar de 962 feridos e mutilados por máquinas, ao passo que o número total de acidentes de todas as espécies foi de 2.426, ou seja, em cada 5 acidentes registrados, 2 são causados pelas máquinas. E é preciso aduzir que, nesses registros, não entram os acidentes ocorridos em Salford nem aqueles tratados fora do hospital, por médicos particulares. Nesses acidentes, acarretem ou não a incapacidade para o trabalho, os industriais, na melhor das hipóteses, pagam os honorários dos médicos e, quando são excessivamente generosos, o salário do trabalhador durante o tratamento – o destino posterior do operário, se não mais puder trabalhar, é um problema que não lhes diz respeito.

---

[a] No texto de Engels, equivocadamente, em vez de 1844, aparece 1843.
[b] No texto de Engels, equivocadamente, em vez de 15, aparece 16.
[15] A primeira máquina pela qual passa o algodão bruto.

Friedrich Engels

Sobre essa questão, o relatório sobre as fábricas afirma: o industrial, em todos os casos, deveria ser responsabilizado, porque as crianças não têm condições de ser prudentes e os adultos, sem dúvida em sua própria defesa, sê-lo-iam se fosse possível. Mas os autores do relatório, sendo burgueses, não poderiam deixar de se contradizer e, depois daquela afirmação, perdem-se numa série de tagarelices acerca da "temeridade culpável" (*culpable temerity*) dos operários. Era de esperar, mas pouco importa, pois a questão é clara: se as crianças *não têm condições de ser prudentes*, o trabalho infantil deve ser proibido; quanto aos adultos, na medida em que *não são* suficientemente cautelosos, das duas, uma: ou são como as crianças e não dispõem do nível de instrução que lhes permita compreender a gravidade dos riscos (e quem é culpado por isso, se não a burguesia, que os mantém numa condição em que *não podem* instruir-se?) ou as máquinas são perigosas e devem ser equipadas com dispositivos de proteção (precaução que cabe à burguesia); adicionalmente, há a possibilidade de os operários sofrerem pressões – têm de trabalhar num ritmo acelerado, têm de trabalhar excessivamente – que lhes parecem mais importantes que os cuidados que deveriam tomar e, também aqui, a culpa é dos burgueses. Sabe-se, por exemplo, que muitos acidentes ocorrem porque os operários querem limpar as máquinas enquanto elas estão em movimento. Por que fazem isso? Porque o burguês impõe ao operário limpá-las em suas horas de descanso, quando estão paradas, e naturalmente o operário não quer sacrificar seu pouco tempo de descanso: para ele, cada hora de liberdade é tão preciosa que prefere enfrentar duas vezes por semana um perigo mortal a entregar essa hora ao burguês. Basta exigir do industrial que permita que o operário limpe as máquinas durante o horário de trabalho para que nenhum operário tenha a ideia de limpá-las em movimento. Em síntese, em todos os casos a culpa, em última instância, recai sobre o industrial, ao qual pelo menos se deveria exigir que pagasse uma pensão vitalícia ao operário definitivamente incapacitado para o trabalho ou, em caso de morte, que prestasse socorro à sua família. Nos primeiros tempos da era industrial, os acidentes eram proporcionalmente mais numerosos que hoje, porque as máquinas eram menos aperfeiçoadas, menores, mais mal dispostas no local de trabalho e desprovidas de proteção. Entretanto, como revelam os dados recolhidos, sua magnitude é ainda suficientemente importante para que se formulem sérias dúvidas sobre um estado de coisas que permite tantas mutilações e ferimentos, provocados em proveito de uma só classe, e que deixa tantos operários diligentes na miséria e na fome em consequência de um acidente sofrido no serviço e por culpa da burguesia.

Uma bela lista de doenças, provocadas unicamente pela repugnante cupidez da burguesia! Mulheres incapacitadas para procriar, crianças aleijadas, homens exauridos, membros quebrados, gerações inteiras doentes, debilitadas e desgastadas – e tudo isso exclusivamente para encher os bolsos da burguesia! E tudo isso é pouco diante de atos singulares de barbaridade: sabe-se de crianças arrancadas nuas da cama pelos vigilantes, que as empurram a socos e pontapés para as máquinas, a que chegam com as roupas ainda debaixo do braço (Stuart, p. 59 e ss.); sabe-se de crianças mantidas acordadas no trabalho mediante pauladas; sabe-se de uma criança que, adormecendo após as máquinas pararem e sobressaltada por um vigilante, fazia, de olhos fechados, os gestos mecânicos do trabalho; sabe-se de crianças que, exaustas para voltarem para casa, escondiam-se sob a lã na seção de secagem e eram postas para fora somente a golpes de chibata; sabe-se de centenas de crianças que, exauridas, chegam à casa e nem sequer têm vontade de comer e adormecem antes de ir para a cama, ainda durante a oração que fazem. Quando, no relatório da Comissão que investigou as fábricas, toma-se conhecimento de tudo isso, e de centenas de outras infâmias e horrores, tudo declarado sob juramento, confirmado por vários testemunhos, exposto por pessoas que os próprios inspetores qualificam como dignas de fé, quando lembramos que esse é um relatório "liberal", um relatório da burguesia, preparado para rebater o relatório precedente dos *tories* e para demonstrar a integridade dos industriais, quando consideramos que os próprios inspetores estão do lado da burguesia e só a contragosto relatam esses fatos, então como não indignar-se, como não encolerizar-se contra essa classe que, travestida de humanidade e de altruísmo, importa-se exclusivamente em encher os bolsos *à tout prix*[a]?

Mas escutemos o que nos diz a burguesia, pelos lábios de seu servo preferido, o doutor Ure. Em sua *Philosophy of Manufactures*, nas p. 277 e ss., ele anota que, quando se predica aos operários que seu salário não é proporcional ao seu sacrifício, destrói-se o bom relacionamento entre operários e patrões; ao contrário, dever-se-ia recomendar-lhes zelo e diligência, alegria pelos ganhos do patrão, porque então poderiam tornar-se contramestres, diretores e, por fim, sócios, ao mesmo tempo em que – ó sabedoria, falas com a doçura da pomba![b] – "aumentariam a procura de trabalho no mercado"!

---

[a] Em francês, no original: "a qualquer preço".
[b] Trata-se de um verso de Goethe, extraído do poema "Adler und Taube" [A águia e a pomba], de 1774.

Friedrich Engels

Segundo o doutor Ure:

> se não reinassem tantas ideias erradas e tanta agitação no meio operário, *o sistema de fábrica teria se desenvolvido ainda mais rapidamente e de maneira mais vantajosa*.[a]

Seguem-se longas jeremiadas sobre numerosos atos de insubordinação dos trabalhadores e, a propósito de uma greve de operários mais bem pagos, os fiandeiros de *fios finos*, esta afirmação inocente:

> Sim, precisamente seu alto salário lhes permitiu manter um comitê de greve e lhes propiciou contrair uma hipertrofia nervosa devida a uma dieta muito rica e excessiva para o seu trabalho (p. 298)![b]

Vejamos agora como esse burguês descreve o trabalho infantil:

> Visitei várias fábricas em Manchester e em seus arredores e jamais vi crianças maltratadas, submetidas a castigos corporais ou mesmo que estivessem de mau humor. Pareciam todas alegres (*cheerful*) e espertas, tendo prazer (*taking pleasure*) em empregar seus músculos sem fadiga e *dando livre vazão* à vivacidade própria da infância. O espetáculo do trabalho na fábrica, longe de despertar-me pensamentos tristes, foi, para mim, sempre *reconfortante*. Era *delicioso* (*delightful*) observar a agilidade com que reuniam os fios rompidos em cada recuo do carreto da *mule* e vê-las, depois de segundos de atividade com seus dedinhos delicados, *divertirem-se* muito a descansar nas posições que mais lhes davam prazer, até que a atividade recomeçasse. O trabalho desses elfos velozes parecia um *jogo,* que executavam com a encantadora destreza que um longo treinamento lhes conferira. Conscientes de sua própria habilidade, comprazaim-se em mostrá-la a qualquer visitante. Nenhum sinal de cansaço: à saída da fábrica, imediatamente se punham a brincar num espaço livre vizinho com o mesmo ardor de crianças que saem da escola (p. 301).[c]

Mas é claro! O movimento de todos os músculos é uma necessidade para o corpo simultaneamente enrijecido e entorpecido. Ure deveria esperar um pouco para verificar se após alguns minutos essa excitação momentânea não desapareceria. Ademais, ele só pode ter feito suas observações *por volta do meio-dia*, depois de cinco ou seis horas de trabalho; nunca observaria tal coisa à noite!

Quanto às condições de saúde dos operários, esse burguês tem o incrível descaramento de invocar como testemunho de seu excelente estado aquele relatório de 1833 que utilizamos e do qual extraímos mil passagens, e de

---

[a] Os itálicos são de Engels.
[b] Andrew Ure referia-se aqui a uma greve realizada em 1818.
[c] Os itálicos são de Engels.

tentar provar, com a ajuda de citações isoladas e descontextualizadas, que entre os proletários não se encontram traços de escrofulose e que o regime de trabalho no sistema fabril os preserva de doenças agudas (o que é verdadeiro), mas omitindo, naturalmente, o fato de, em troca, penalizá-los com todas as doenças crônicas. Pode-se compreender a impudência com que nosso amigo Ure se permite mistificar o público inglês com as mentiras mais grosseiras se recordarmos que o referido relatório se constitui de três alentados volumes *in folio* e nenhum burguês bem alimentado pensará em recorrer a eles. Veja-se como ele avalia a legislação de 1833[a] sobre as fábricas, votada pela burguesia liberal e que, como veremos, impôs aos industriais tão somente limitações absolutamente indispensáveis. Em seu juízo, essa lei, em particular no que toca à instrução obrigatória, é uma medida absurda e despótica diretamente dirigida contra os industriais; por sua causa, afirma ele, todas as crianças abaixo dos doze anos ficaram desempregadas, com a seguinte consequência: elas, assim privadas de seu fácil e útil trabalho, ficaram sem receber qualquer educação – *expulsas das calorosas seções de fiação para a friagem do mundo*, só subsistem pela mendicância e pelo roubo, num triste contraste entre a existência na fábrica, que lhes melhorava continuamente a vida, e a escola dominical! Sob o verniz da filantropia, essa legislação agravou os sofrimentos dos pobres e só pode constranger profundamente – ou, no limite, paralisar – os esforços dos industriais *conscienciosos* (p. 405, 406 e ss.).

Ora, os efeitos deletérios do sistema fabril chamaram a atenção geral desde os seus primórdios. Já mencionamos a lei sobre os aprendizes, de 1802; mais tarde, por volta de 1817, Robert Owen, futuro fundador do socialismo inglês e naquele tempo industrial em New Lanark (Escócia), por meio de petições e comunicações, começou a instar o poder executivo no sentido de promover garantias legais para a proteção da saúde dos operários, especialmente das crianças. O falecido sir Robert Peel e outros filantropos juntaram-se a ele e tamanha pressão fizeram que chegaram a aprovar sucessivamente as leis sobre as fábricas em 1819[b], 1825 e 1831 – as duas primeiras nunca aplicadas, a última apenas parcialmente[c]. A lei de 1831, baseada num proje-

---

[a] Aqui, outro lapso de Engels: no original, em vez de 1833, anotou 1834.
[b] Outro lapso de Engels: em vez de 1819, ele anotou 1818.
[c] A lei de 1819 proibia o emprego de crianças com menos de nove anos na fiação e tecelagem do algodão; proibia também o trabalho noturno para aquelas entre nove e dezesseis anos, limitando a jornada de trabalho a doze horas, sem contar as interrupções para as refeições – mas como os industriais podiam regular as pausas segundo sua conveniência,

to de sir J. C. Hobhouse, estabeleceu, nas fábricas de algodão, a proibição do trabalho noturno (das sete e meia da noite às cinco e meia da manhã) para menores de 21 anos e determinou, para os menores de 18 anos, a jornada máxima de trabalho de doze horas (aos sábados, nove horas) – mas também essa lei serviu de pouco, já que os trabalhadores não podiam testemunhar contra o patrão sem serem imediatamente despedidos. Nas grandes cidades, nas quais a agitação entre os operários era maior, aqui e ali se fizeram acordos entre os grandes industriais para que a lei fosse aplicada; apesar disso, foram muitos os fabricantes, como os instalados no campo, que não a cumpriram.

Entrementes, os operários começaram a reivindicar, e sempre mais insistentemente, uma lei das dez horas – uma lei que proibisse todos os menores de dezoito anos trabalhar mais de dez horas. As associações operárias, através da agitação, convocaram toda a população trabalhadora a sustentar essa demanda e a fração humanitária dos *tories*, então liderada por Michael Sadler, incorporou-a e apresentou-a ao Parlamento. Sadler obteve a nomeação de uma comissão parlamentar encarregada de promover um inquérito sobre as fábricas e ela entregou seu relatório à sessão legislativa de 1832. Esse relatório era nitidamente parcial, preparado exclusivamente por inimigos do sistema fabril e para servir a fins partidários – Sadler, levado por sua nobre paixão, deixou-se enredar pelas afirmações mais absurdas e insensatas; por seu próprio modo de formular as questões, induziu a respostas que, se é certo que continham parte de verdade, revelavam-na de modo unilateral e distorcido. Confrontados com um relatório que os apresentava como monstros, os industriais se indignaram e exigiram, por seu turno, uma investigação oficial; eles sabiam que, *nesse momento*, um inquérito e um relatório exatos só lhes poderiam ser úteis, sabiam que o controle do Estado estava com os *whigs*, autênticos burgueses com os quais tinham as melhores relações e que, por princípio, eram hostis a qualquer imposição de limites à indústria. Conseguiram, para tanto, designar uma comissão composta apenas por burgueses liberais, que apresentou precisamente o relatório a que tantas vezes fiz referência nas páginas precedentes. Trata-se de um relatório que se aproxima, se comparado àquele da comissão de Sadler, um *pouco* mais da verdade, mas suas distorções, naturalmente, vão na direção opos-

---

a jornada era de catorze horas ou mais. A lei de 1825 estabelecia que as interrupções não podiam, no conjunto, ser superiores a hora e meia, de forma a que a jornada não ultrapassasse treze horas e meia. Como nenhuma dessas leis contemplou qualquer meio de controle de sua aplicação, em geral os industriais não as respeitaram.

ta. A cada página, patenteia-se a simpatia pelos industriais, a desconfiança diante do relatório de Sadler e a hostilidade em face dos operários que se organizam autonomamente e dos defensores da lei das dez horas; jamais reconhece aos operários o direito a uma existência humana, a atividades independentes e a opiniões próprias; censura-os pretextando que, ao defenderem a lei das dez horas, estavam mais preocupados consigo mesmos do que com a proteção das crianças; aos operários que reivindicam mais ativamente, chama-os demagogos, maus elementos e mal-intencionados etc. Em suma, é a favor da burguesia; no entanto, não é capaz de inocentar os industriais – é obrigado a debitar-lhes uma tal quantidade de infâmias que acaba por justificar plenamente a agitação em defesa da lei das dez horas, o ódio dos operários contra os fabricantes e até mesmo os duros juízos emitidos pela comissão precedente. Nesse particular, há apenas uma diferença: enquanto o relatório de Sadler acusa os industriais de uma aberta e descarada brutalidade, neste a brutalidade aparece exercida, na maior parte dos casos, sob a máscara da civilização e da filantropia. E tanto é verdade que o doutor Hawkins, inspetor médico para o Lancashire, desde a primeira linha de seu relatório declara-se defensor da lei das dez horas! E o próprio inspetor Mackintosh confessa que seu relatório não expressa a inteira verdade, porque foi muito difícil convencer os operários a testemunhar contra seus patrões e porque estes (de resto pressionados pela agitação reinante entre os operários a mostrar-se mais flexíveis) frequentemente se preparavam para a chegada dos inspetores[a], mandando limpar as fábricas, reduzindo o ritmo das máquinas etc. Os patrões, principalmente no Lancashire, recorreram ao truque de apresentar os contramestres aos inspetores como se fossem "operários", para que eles testemunhassem os sentimentos humanitários dos industriais, a salubridade do trabalho e a indiferença, quando não a hostilidade, dos trabalhadores diante da lei das dez horas. Mas esses contramestres já não são verdadeiros operários: trânsfugas de sua classe, em troca de um salário mais alto puseram-se a serviço da burguesia e lutam contra os operários, defendendo os interesses dos capitalistas; seu interesse coincide com o da burguesia e, por isso, os operários odeiam-nos quase como aos próprios industriais. Apesar de tudo, esse relatório basta para revelar completamente a vergonhosa brutalidade com que a burguesia das fábricas trata seus operários, para denunciar toda a infâmia e toda a ferocidade do sistema industrial de exploração. Nada é mais revoltante do que ver, nesse

---

[a] Na edição de 1845, erro evidente: "chegada dos industriais".

relatório, de um lado, o largo elenco de doenças e mutilações causadas pelo excesso de trabalho contraposto, de outro lado, ao frio cálculo da economia política do industrial, que tenta demonstrar estatisticamente que ficaria arruinado – e, com ele, toda a Inglaterra – se o impedissem de continuar estropiando, ano após ano, tantas e tantas crianças. Só mesmo a linguagem impudente do senhor Ure, há pouco citado, poderia ser mais revoltante, se não fosse demasiado ridícula.

Consequência desse relatório foi a lei sobre as fábricas de 1833[a], que proibiu (exceto na indústria da seda) o trabalho de menores de 9 anos, limitou a duração do trabalho das crianças entre 9 e 13 anos a 48 horas semanais ou, no máximo, a 9 horas diárias, a dos jovens entre 14 e 18 anos a 69 horas semanais ou, no máximo, a 12 horas diárias, estabeleceu um intervalo mínimo de uma hora e meia para as refeições e, mais uma vez, proibiu o trabalho noturno para todos os menores de 18 anos. Ao mesmo tempo, a lei instituía uma frequência escolar obrigatória diária de 2 horas para todos os menores de 14 anos e tornava passível de sanção o industrial que empregasse crianças sem um certificado do médico da fábrica que atestasse sua idade ou sem o certificado de frequência escolar passado pelo professor; em contrapartida, o industrial estava autorizado a reter, do salário da criança, a título de pagamento do professor, um *penny* por semana. Por outro lado, nomearam-se médicos de fábrica e inspetores, que poderiam visitar a qualquer momento a fábrica, ouvir sob juramento os operários e denunciar ao juiz de paz casos de violação da lei. É essa a lei contra a qual o doutor Ure se lança tão veementemente!

A lei, e sobretudo a nomeação de inspetores, teve por efeito a redução da jornada de trabalho para a média de doze a treze horas e a substituição das crianças no limite do possível. Assim, desapareceram significativamente alguns dos males mais visíveis: as deformações físicas passaram a atingir principalmente os organismos mais débeis e as consequências deletérias do trabalho passaram a revelar-se de modo menos impressionante. Contudo, no relatório sobre as fábricas existem numerosos testemunhos segundo os quais, mesmo naquelas fábricas que operavam nas condições prescritas pela lei de sir J. C. Hobhouse (isto é, com jornadas de doze ou, no máximo, treze horas), continuaram a manifestar-se males relativamente menos graves,

---

[a] Engels refere-se aqui à lei sobre as fábricas (*Factory Act*) aprovada em 1833 e em vigor a partir de 1º de maio de 1834. Restrita à indústria têxtil, limitava a jornada de trabalho dos adultos a quinze horas e previa controles e inspeções – mas os industriais encontraram meios de burlá-la, valendo-se, por exemplo, de um complicado sistema de turnos.

tais como inchaços nos tornozelos, dores e fraqueza nas pernas, quadris e coluna vertebral, varizes, úlceras nos membros inferiores, debilidade geral, muitos problemas abdominais, vômitos, inapetência alternada a uma fome incontrolável, má digestão, hipocondria e afecções pulmonares, provocadas pela poeira e pela atmosfera asfixiante das fábricas etc. (especialmente nesse ponto, deve-se comparar o relatório sobre Glasgow com o referente a Manchester). Esses males continuaram a existir após a lei de 1833[a] e ainda hoje arruínam a saúde da classe operária. Na realidade, conferiu-se à brutal sede de lucro da burguesia uma forma hipócrita e civilizada e fez-se com que os industriais, a quem a força da lei impediu que prosseguissem cometendo infâmias piores, obtivessem, em troca, motivos aparentes para magnificar complacentemente seu simulado espírito humanitário – isso foi tudo: se hoje uma nova comissão realizasse um inquérito sobre as fábricas, verificaria que as coisas pouco mudaram. No que diz respeito à instrução obrigatória, ela praticamente não saiu do papel, porque o governo não providenciou a abertura de boas escolas; a instrução de que se encarregaram os industriais não teve melhor sorte: eles contrataram como professores operários inativos, com os quais as crianças passam duas horas diárias, cumprem formalmente a lei e nada aprendem. Mesmo os relatórios dos inspetores de fábrica – que se limitavam estritamente à sua tarefa, isto é, a fazer respeitar a lei – fornecem provas suficientes para concluir que os males supraindicados persistem forçosamente. Os inspetores Horner e Saunders, em seus relatórios de outubro e dezembro de 1843, declaram que um grande número de industriais daqueles ramos de produção onde o trabalho infantil pode ser dispensado ou substituído pelo de adultos ainda obrigam crianças a trabalhar de catorze a dezesseis horas ou mais – entre elas, há muitos jovens de idade ligeiramente superior à prevista na lei. Outros violam deliberadamente a lei, reduzindo as horas de descanso e obrigando as crianças a jornadas muito mais longas que as permitidas, e nem se preocupam com possíveis denúncias, porque a multa eventual é muito pequena em comparação com os ganhos que obtêm com a violação da lei; especialmente em períodos nos quais os negócios prosperam, os industriais são muito tentados a esse tipo de comportamento.

Mas, entre os trabalhadores, a agitação em favor das dez horas não tinha fim; em 1839 ela estava a pleno vapor e, substituindo o falecido Sadler, lorde Ashley chegou à Câmara dos Comuns e, com ele, Richard Oastler,

---

[a] Aqui, repete-se o lapso já indicado: em vez de 1833, Engels anotou 1834.

ambos *tories*. Este último, que levou sem descanso a agitação aos distritos industriais, como já fazia no tempo de Sadler, era particularmente amado pelos operários – estes o chamavam de *bom velho rei* ou de *rei das crianças das fábricas* e não existe, em nenhum distrito industrial, criança que não o conheça e adore e que não venha ao seu encontro, em cortejo com muitas outras, quando ele passa por sua cidade. Oastler opôs-se energicamente à nova lei sobre os pobres e, por isso, foi preso por dívidas a instâncias de um certo senhor Thornhill[a], cujas terras administrava e a quem devia dinheiro. Muito prontamente, os *whigs* ofereceram-se com insistência para pagar sua dívida e favorecê-lo de muitos modos, desde que ele renunciasse à oposição à lei sobre os pobres. Foi inútil: Oastler não aceitou, permaneceu na prisão e de lá divulgou seus *The Fleet Papers* [Cartas de Fleet][b] contra o sistema fabril e a lei sobre os pobres.

O governo *tory* constituído em 1841 interessou-se novamente pela lei sobre as fábricas. O ministro do Interior, sir James Graham[c], propôs, em 1843, uma lei que limitava o trabalho infantil a seis horas e meia e tornava mais rigorosa a frequência escolar – a parte mais importante do projeto dizia respeito à criação de escolas melhores. Essa lei não vingou em virtude da oposição dos *Dissenters*[d]: embora a obrigatoriedade da instrução não se estendesse ao ensino religioso, toda escola era colocada sob a autoridade da Igreja oficial e como a Bíblia deveria constituir para todos o livro comum de leitura – e, pois, a religião a base de toda a educação –, os *Dissenters* sentiram-se ameaçados; uniram-se aos industriais e aos liberais e os operários (divididos sobre a questão religiosa) permaneceram inativos. Essa oposição à lei conseguiu reunir uma petição com quase 2 milhões de assinaturas, ainda que fosse derrotada nas grandes cidades industriais (por exemplo, Salford e Stockport) e em outras (Manchester) e a oposição, temendo os operários, apenas atacasse alguns pontos de lei. Mas Graham intimidou-se e retirou o conjunto de sua proposição.

No ano seguinte, o ministro, deixando de lado os parágrafos relativos à escola, voltou a propor, para substituir as disposições vigentes, apenas que a duração do trabalho das crianças entre oito e treze anos fosse limita-

---

[a] No texto de Engels, equivocadamente grafado senhor Thornley.
[b] Opúsculos semanais que Oastler, sob a forma de cartas dirigidas a Thornhill, publicou nos três anos (1841-1844) em que esteve na prisão, situada na Fleet Street.
[c] Cf., *supra*, nota a, p. 145.
[d] Protestantes que não obedeciam à Igreja nacional anglicana.

da a seis horas e meia diárias, restando-lhes livre a manhã ou a tarde, e a dos jovens entre treze e dezoito anos e a das mulheres em doze horas; mas propôs medidas para restringir as transgressões à lei, até então muito frequentes. Mal lançou sua proposta, a agitação em defesa da lei das dez horas recomeçou com vigor inédito. Oastler fora libertado (um grande número de seguidores e uma coleta entre operários permitiram-lhe pagar as dívidas) e mergulhou na batalha com toda a sua energia. Nesse entretempo, os defensores da lei das dez horas aumentaram na Câmara dos Comuns, novas adesões de todos os lados cresceram com petições a favor dela e, em 19 de março de 1844, lorde Ashley, contando com 179 votos contra 170, conseguiu aprovar uma resolução segundo a qual a palavra "noite", na lei sobre as fábricas, deveria significar o período compreendido entre as seis horas da tarde e as seis da manhã – de modo que, sendo proibido o trabalho noturno, a jornada de trabalho limitava-se a doze horas, incluídas as pausas para alimentação e, sem elas, a dez horas. O governo não aceitou o resultado, sir James Graham ameaçou com a demissão do Ministério e, em nova votação, a Câmara rejeitou, por maioria insignificante, tanto as doze quanto as dez horas. Graham e Peel afirmaram que apresentariam uma nova proposta e, se esta fosse rejeitada, sua demissão; a nova proposta era precisamente a lei anterior das doze horas, apenas modificada adjetivamente, e a mesma Câmara dos Comuns, que em março rejeitara suas principais disposições, em maio aceitou-a sem modificar uma vírgula! As razões de tudo isso residem em que a maioria dos defensores da lei das dez horas era de *tories*, que prefeririam evitar a queda de seu governo a derrubar a lei; quaisquer que tenham sido os motivos, porém, com essas votações absolutamente contraditórias a Câmara dos Comuns atraiu para si o profundo desprezo dos operários e demonstrou, da maneira mais flagrante, a urgência de sua reforma, exigida pelos cartistas – três de seus membros, que antes haviam votado contra o governo, depois mudaram seus votos e o salvaram! Em todas as votações, o bloco da oposição votou *a favor* do Ministério e o bloco da situação votou *contra* ele[16].

As propostas supracitadas de Graham, concernentes, respectivamente, à jornada de seis horas e meia e doze horas para as duas categorias de operários, foram então transformadas em lei e graças a elas, e também às res-

---

[16] Sabe-se que, na mesma sessão, a Câmara dos Comuns também se cobriu de ridículo na questão do açúcar, a propósito da qual primeiro votou contra e logo depois, quando o "chicote governamental" foi utilizado pelo Ministério, votou a favor.

trições à recuperação das horas perdidas (quando as máquinas se avariam ou quando falta energia hidráulica por causa da neve ou da seca) e a outras limitações menos importantes, tornou-se quase impossível prolongar a duração do trabalho por mais de doze horas. De resto, não há dúvidas de que a lei das dez horas será aprovada proximamente. É claro que praticamente todos os industriais são contra ela – podem-se contar nos dedos das mãos aqueles que a aceitam; contra ela, mobilizaram todos os meios lícitos e ilícitos e, com isso, apenas atiçaram ainda mais o ódio dos trabalhadores. A lei será aprovada: aquilo que os operários *querem de fato*, acabarão por conquistar – e eles demonstraram, na última primavera, que de fato querem a lei das dez horas. Os argumentos econômicos dos industriais, de que a lei das dez horas implicará aumento dos custos de produção e, por consequência, impedirá a indústria inglesa de concorrer com a indústria estrangeira, redução dos salários etc., contêm *elementos* de verdade, mas servem apenas para demonstrar que a potência industrial da Inglaterra somente pode ser conservada impondo-se aos trabalhadores um tratamento bárbaro, que destrói a saúde de gerações inteiras e as deixa numa situação social, espiritual e física miserável. Se a lei das dez horas fosse uma providência exclusiva e única, certamente a Inglaterra estaria arruinada; mas como necessariamente implicará outras transformações, que conduzirão a Inglaterra por caminhos completamente diversos dos até aqui seguidos, sua aprovação representará um progresso.

Vejamos agora um outro aspecto do sistema fabril que é mais difícil de eliminar com imposições legislativas que as doenças causadas por ele. Já analisamos o tipo geral de trabalho e temos condições de avançar novas conclusões. Vigiando máquinas ou atando fios rompidos, o operário não desenvolve uma atividade que lhe exige esforço mental, mas, por outro lado, esse tipo de trabalho o impede de ocupar a mente com outros pensamentos. Vimos que, ao mesmo tempo, esse trabalho não estimula a atividade física, o desenvolvimento muscular. Na verdade, não se trata de um trabalho autêntico, mas de puro tédio, mortificante e enervante – o operário fabril está condenado a consumir nesse tédio todas as suas energias físicas e espirituais: a partir dos oito anos, seu trabalho consiste em entediar-se dia a dia. Não pode ausentar-se por um minuto sequer: a máquina a vapor funciona ininterruptamente, as engrenagens, as correias e os fusos zumbem e tilintam sem parar em seus ouvidos e se quiser afastar-se por um momento, logo aparece o contramestre com seu caderno de multas. E o operário sente que essa condenação a ser enterrado vivo na fábrica, a vigiar infinitamente uma máquina infatigável, é a mais penosa das torturas, que, de resto, o debilita e embrutece física e espiritualmente. Não se poderia inventar um método melhor para embrutecer o homem que o trabalho fabril; se os operários de fábrica conseguiram, apesar de tudo, não apenas salvar sua inteligência, mas ainda desenvolvê-la e aguçá-la, foi exclusivamente por sua revolta contra sua sorte e contra a burguesia. Essa revolta é o único pensamento e o único sentimento que se podem cultivar durante o trabalho – e quando não se tornam dominantes entre os operários, sobrevém a inevitável consequência do alcoolismo e, em geral, daquilo a que habitualmente se chama degradação moral. Se o enfraquecimento físico e as doenças generalizadas como efeitos do sistema fabril já bastavam ao inspetor Hawkins para deduzir como inevitável a degradação moral, o que concluir quando a eles se juntam o embrutecimento espiritual e as circunstâncias supramencionadas? Ninguém pode surpreender-se, pois, com o fato de o alcoolismo e os excessos sexuais terem alcançado, sobretudo nas cidades industriais, a amplitude que já referimos anteriormente[17].

Por outra parte, a escravidão que a burguesia impõe ao proletariado revela-se em toda a sua evidência no regime fabril. Aqui, de direito e de fato, cessa toda liberdade. O trabalhador deve chegar à fábrica às cinco e meia da manhã; se se atrasa por alguns minutos, é multado; se o atraso é superior a dez minutos, não pode entrar até a hora da primeira pausa para comer e assim perde um quarto do salário da jornada (embora o período em que não trabalhou corresponda a duas horas e meia de uma jornada de doze horas). Come, bebe e dorme sob o comando de outrem. Só lhe concedem o tempo estritamente necessário para a satisfação de suas necessidades mais urgentes. Ao patrão pouco se lhe dá se mora perto ou longe: a sirene tirânica da fábrica arranca-o da cama, apressa seu café e seu almoço. E, na fábrica, o pa-

---

[17] Escutemos mais um juízo competente: "Se o exemplo dos irlandeses for vinculado ao incessante trabalho de toda a classe que processa o algodão, não nos assombraremos com sua terrível degradação moral. Um trabalho contínuo e fatigante, que prossegue dia após dia, ano após ano, não é adequado ao desenvolvimento das capacidades intelectuais e morais dos homens. A morna rotina de um trabalho desgastante e sem fim (*drudgery*), no qual se repete sempre e infinitamente o mesmo processo mecânico, assemelha-se ao suplício de Sísifo – o peso do trabalho, como o da rocha, recai sempre sobre o operário exausto. Por causa do eterno trabalho que exige sempre os mesmos músculos, a mente não assimila novos conhecimentos e não desenvolve atividades intelectuais; a inteligência dormita numa inércia obtusa, ao passo que a parcela menos nobre da nossa natureza experimenta um grande desenvolvimento. Condenar o homem a semelhante trabalho significa cultivar nele inclinações animalescas: ele se torna indiferente, desdenha os estímulos e os hábitos que distinguem sua espécie, negligencia as comodidades e as alegrias mais nobres da vida, sobrevive na miséria e na sujeira, alimenta-se mal e desperdiça o que lhe resta na intemperança" (doutor J. Ph. Kay, op. cit.). [A passagem transcrita encontra-se nas p. 7-8 da fonte citada. (N.E.)]

trão é o legislador absoluto. Determina, a seu bel-prazer, os regulamentos; altera os contratos conforme sua vontade e, quando introduz as cláusulas mais absurdas, o operário ouve dos tribunais: "Você é livre para decidir, só deve aceitar os contratos que lhe interessarem. Mas agora que subscreveu livremente esse contrato, tem de cumpri-lo".

É assim que o operário tem de suportar a ironia do juiz de paz, que é um burguês, e da lei, imposta pela burguesia. Sentenças desse gênero são comuns. Em outubro de 1844, os trabalhadores do industrial Kennedy, de Manchester, paralisaram o trabalho. Kennedy denunciou-os, invocando o regulamento da fábrica, que proibia que mais de dois operários de cada seção se afastassem do trabalho ao mesmo tempo! O tribunal deu-lhe ganho de causa e respondeu aos operários nos termos que acabei de reproduzir no parágrafo anterior (*Manchester Guardian*, edição de 30 de outubro)[a]. Vejamos, como exemplos, algumas das cláusulas dos regulamentos impostos nas fábricas:

1. os portões da fábrica serão fechados dez minutos depois do início do trabalho e ninguém poderá entrar antes da hora da primeira pausa. Quem estiver ausente durante esse lapso de tempo pagará uma multa de três *pence* por tear;
2. todo tecelão de tear mecânico que se ausentar enquanto as máquinas estiverem em movimento pagará uma multa de três *pence* por cada hora e cada tear sob sua responsabilidade; todo aquele que se ausentar da seção, sem a licença do contramestre, pagará multa idêntica;
3. todo tecelão que não estiver de posse da tesoura pagará multa de um *penny* por dia;
4. qualquer lançadeira, escova, galheta, roda, janela etc. quebrada será paga pelo tecelão;
5. nenhum tecelão tem o direito de deixar o emprego *sem aviso prévio de pelo menos uma semana*; o industrial – por mau trabalho ou má conduta – pode dispensar o tecelão *sem qualquer tipo de aviso prévio*;
6. qualquer operário que for surpreendido *conversando* com outro, *cantando* ou *assoviando* pagará multa de seis *pence*; a mesma multa será devida por quem se ausentar de seu posto durante o trabalho[18].

---

[a] Engels referiu-se a essa greve no penúltimo parágrafo do capítulo anterior (Resultados).

[18] James Leach, *Stubborn facts*..., cit., p. 9 e ss. e *Northern Star*, edição de 17 de agosto de 1844.

Tenho em meu poder outro regulamento de fábrica, segundo o qual se desconta do salário o equivalente a um quarto de hora por três minutos de atraso e a um quarto da jornada de trabalho por vinte minutos de atraso; quem não se apresenta antes da primeira pausa é multado em um *shilling* na segunda-feira e em seis *pence* nos outros dias etc. Trata-se do regulamento da Phoenix Works, de Jersey Street, em Manchester.

Poder-se-á objetar-me que regulamentos são indispensáveis para assegurar, numa grande fábrica, bem organizada, a coordenação necessária às diversas operações – algo como uma disciplina militar. É provável. No entanto, que regime social é este, que não pode existir sem uma tão vergonhosa tirania? Ou o fim justifica os meios ou tem-se o direito de concluir que, sendo os meios tão horríveis, o fim é-o igualmente. Quem foi soldado sabe bem o que significa estar subordinado, mesmo por um breve período, à disciplina militar[a]; mas os operários estão condenados, da infância à morte, a viver sob o látego físico e espiritual – sua escravidão é pior que a dos negros da América, porque vigiados ainda mais severamente. E ainda se pretende que vivam como homens, que nutram pensamentos e sentimentos humanos! Na verdade, isso só é possível se alimentarem o ódio mais ardente contra seus opressores, contra uma ordem social que lhes impõe uma situação que os degrada ao nível de máquinas!

Mais vergonhoso ainda é saber, segundo afirmam *todos* os operários, que muitos industriais aplicam as multas com o mais sistemático rigor, recorrendo a esse método para aumentar seus lucros com o que assim arrancam a trabalhadores que nada têm. Leach afirma que muitos operários, pela manhã, ao chegar aos portões das fábricas, encontram-nos fechados porque o relógio da fábrica está um quarto de hora adiantado; enquanto isso, um funcionário percorre as seções com o caderno de multas na mão, anotando as ausências. O mesmo Leach relata que, certa feita, contou pessoalmente 95 trabalhadores nessa situação: eram operários de uma fábrica cujo relógio, em relação aos relógios públicos da cidade, pela manhã estava *adiantado* e, à noite, *atrasado* em um quarto de hora. Também o relatório da Comissão que investigou as fábricas registra fatos análogos: numa fábrica, o relógio era atrasado durante as horas de trabalho, de modo a prolongar a jornada sem nenhuma compensação para os trabalhadores; em outra, a jornada era aberta e compulsoriamente prolongada por um quarto de hora; numa ter-

---

[a] Recorde-se que Engels prestou voluntariamente o serviço militar, engajando-se, em setembro de 1841, numa brigada de artilharia localizada em Berlim.

ceira, havia um relógio e um contador de giros do motor principal – quando as máquinas operavam devagar, a jornada era determinada pelo contador, de forma a que chegasse ao fim quando o número de giros registrado alcançava o total previamente calculado para doze horas; quando as máquinas operavam rapidamente, ou seja, quando tal número de giros era alcançado antes das doze horas, a jornada era medida pelo relógio, exigindo-se que os operários cumprissem suas tarefas até a décima segunda hora; o inspetor acrescenta que conheceu algumas moças que, aí empregadas e obrigadas a suportar esse regime, preferiram abandonar-se à prostituição a sofrer tamanha tirania (Drinkwater, *evid.* p. 80).

Retornando às multas: Leach testemunha que, por várias vezes, viu mulheres em adiantado estado de gravidez serem multadas em seis *pence* por terem se sentado por um momento, durante o trabalho, para descansar. As multas relativas ao mau trabalho são aplicadas de modo inteiramente arbitrário; as mercadorias são examinadas no depósito e o chefe do controle anota as multas numa lista *sem sequer ouvir o operário*, que só fica sabendo que foi multado quando recebe o salário – mas então, quase sempre, a mercadoria já foi vendida ou, de qualquer forma, está fora de seu alcance. Leach tem em seu poder uma dessas listas de multas cujas folhas, se alinhadas, medem 10 pés de comprimento, com multas que totalizam 35 libras, 17 *shillings* e 10 *pence*; ele conta que, na fábrica onde essa lista foi feita, um novo chefe de controle do depósito foi despedido porque multava pouco e, assim, privava o industrial de acrescer semanalmente 5 libras (34 táleres) ao seu lucro (*Stubborn facts...*, p. 13-17). E repito que conheço Leach pessoalmente e o considero um homem absolutamente sério, incapaz de mentir.

Mas o operário é escravo do patrão sob muitos aspectos. Se ao rico senhor lhe agrada a mulher ou a filha do operário, basta-lhe um aceno para constrangê-la a sacrificar seus encantos. Se o industrial deseja encher de assinaturas uma petição inspirada nos interesses da burguesia, é suficiente fazê-la correr nas seções da fábrica. Se quer decidir uma eleição parlamentar, obriga os operários que são eleitores a comparecer às urnas para votar a favor do burguês, de boa ou má vontade. Se pretende a maioria numa assembleia pública, libera os operários meia hora mais cedo que de hábito e coloca-os em lugar visível da tribuna, de onde possa controlá-los.

E a tudo isso é preciso acrescentar duas instituições que contribuem, com particular eficácia, para sujeitar os operários ao industrial: o *truck system* e o *cottage system*. Com a primeira expressão, os operários designam o pagamento de salário em mercadorias, forma de pagamento que outrora era muito difundida na Inglaterra. "Para comodidade do operário e para protegê-lo dos altos preços praticados pelos merceeiros", o industrial abria um armazém onde vendia todo tipo de artigos; para que os operários não comprassem em outros locais a preço melhor – uma vez que, no armazém da fábrica (*tommy shop*), as mercadorias eram vendidas 25% a 30% mais caras –, entregava-lhes não dinheiro, mas um vale, no valor do salário, para adquirir aquilo de que necessitavam em seu próprio armazém. O descontentamento geral em face desse sistema infame deu origem ao *Truck Act* de 1831, que declarou nulo, ilegal e passível de multa o pagamento em gêneros[a]; no entanto, essa lei (como, aliás, a maioria das leis inglesas) não foi efetivamente aplicada em todas as partes; teve vigência nas cidades, mas no campo, direta ou indiretamente, o *truck system* ainda predomina e é muito difundido na cidade de Leicester. Tenho em meu poder cerca de uma dezena de condenações por esse delito, pronunciadas entre novembro de 1843 e junho de 1844, reportadas pelo *Manchester Guardian* e pelo *Northern Star*. É claro que, hoje, o *truck system* não é praticado abertamente; a maioria dos operários recebe seu salário em dinheiro – mas não faltam meios aos industriais para obrigá-los a comprar na *tommy shop*. Por isso mesmo, não é fácil descobrir os industriais que praticam esse sistema, uma vez que, mesmo pagando em dinheiro, burlam a lei através de muitos estratagemas; veja-se o *Northern Star* de 27 de abril de 1844[b], que publica a carta de um operário de Holmfirth (perto de Huddersfield, Yorkshire), acerca de um industrial chamado Bowers:

> É quase impossível imaginar que o maldito *truck system* ainda subsista tão largamente como em Holmfirth e que não se encontre ninguém com coragem suficiente para enquadrar o industrial que o pratica. Aqui, uma grande quantidade de bravos tecelões manuais sofre muito com esse sistema diabólico. Eis uma pequena amostra, dentre muitas, dos procedimentos dos nobres membros da seita dos livre-cambistas[19]. Há um fabricante amaldiçoado em toda a região pela infâmia que comete com seus pobres tecelões: se estes fabricam uma peça que vale 34 ou 36 *shillings*, paga-lhes 20 em dinheiro e o

---

[a] Na edição de 1845, por erro evidente, em lugar de "pagamento em gênero" aparece "pagamento em salário".

[b] Na edição de 1845, aparece erroneamente, em lugar de 1844, o ano de 1843.

[19] Alusão aos partidários da Liga contra as Leis dos Cereais. [As leis relativas aos cereais, que procuravam limitar ou proibir a importação de grãos, foram implantadas na Inglaterra a partir de 1815, beneficiando os grandes proprietários fundiários (*landlords*). A burguesia industrial lutou contra essas leis, sob a consigna da liberdade de comércio – a Liga contra as Leis dos Cereais (*Anti-Corn Law League*) foi fundada em 1838, em Manchester, por Richard Cobden (1804-1865) e John Bright (1811-1889) – e conseguiu sua abolição em 1846. (N.E.)]

resto em tecido e roupas, com preços 40% a 50% mais altos que em outros estabelecimentos e ainda por cima mais ordinárias! Mas, como diz o Mercúrio do livre-cambismo[20], os operários não são obrigados a aceitá-las, eles podem fazer o que quiserem. Certamente! Mas a verdade é que, se não as aceitarem, morrerão de fome. Se quiserem mais de vinte *shillings* em dinheiro, esperarão de oito a quinze dias por um novo pedido; se aceitarem os vinte *shillings* e as mercadorias, trabalham imediatamente. É isso o livre-câmbio. Diz lorde Brohom (Brougham)[a] que, na juventude, devemos economizar algo para, na velhice, não ter de recorrer à Caixa dos Pobres; devemos também economizar as mercadorias ordinárias que nos entregam como salário? Se esse conselho não viesse de um lorde, diríamos que a cabeça de quem o formulou é tão ordinária quanto as mercadorias que recebemos como a paga por nosso trabalho. Quando começaram a surgir os jornais não autorizados, muitas pessoas de Holmfirth – Blyth, Estwood e outros – os denunciaram à polícia; agora, onde estão elas? É que, aqui, a história é outra: nosso fabricante, que utiliza o pagamento em gêneros, pertence ao piedoso livre-cambismo, vai duas vezes à igreja no domingo, confessa devotamente ao pastor que não fez o que deveria fazer, que fez o que não deveria fazer, que não há nada de bom em nós, mas nosso bom Deus terá piedade de nós (palavras da litania anglicana)[b], sim, terá piedade de nós até amanhã, para que possamos pagar aos nossos tecelões com mercadorias ordinárias.

O *cottage system* parece muito mais inocente – e, de fato, sua criação o foi –, porém contribui com igual eficácia para a escravidão do operário. Especialmente no campo, faltam habitações para os operários nas proximidades das fábricas; frequentemente, o industrial constrói as habitações necessárias, e o faz de bom grado, pois o capital assim empregado rende bons lucros. Se os proprietários das casas alugadas aos operários obtêm cerca de 6% de seu capital por ano, pode-se calcular no dobro o que recebem os industriais por suas habitações: enquanto suas fábricas funcionam, sempre têm inquilinos que pagam pontualmente; eles não correm os dois riscos que os outros proprietários enfrentam: casas vazias e aluguéis atrasados. Como todos os aluguéis são calculados de forma a cobrir tais riscos, ao cobrar de seus trabalhadores o mesmo aluguel que os outros proprietários, o industrial faz um ótimo negócio à custa de seus operários, com 12% a 14% de lucro. É uma injustiça que o industrial, estendendo sua atividade à locação de imóveis, tenha um lucro maior (que pode chegar ao dobro) que o dos outros proprie-

---

[20] Alusão ao jornal burguês-radical *The Leeds Mercury*.

[a] O nome correto, acrescentado parcialmente por Engels entre parênteses, do personagem citado é Henry Peter Brougham (1778-1868), lorde Brougham e Vaux, político e jurista, *tory*.

[b] O acréscimo entre parênteses é de Engels.

tários e, ao mesmo tempo, os impeça de concorrer com ele nesse domínio. A injustiça é ainda maior porque o industrial, cuja riqueza é adquirida em detrimento dos operários, tem esses ganhos extraídos da bolsa de proletários que devem economizar tostões (mas *eles* já estão acostumados com isso). A injustiça, porém, torna-se infâmia quando o industrial – e isso ocorre com frequência – *obriga* seus trabalhadores, sob a ameaça de despedimento, a habitar as casas que aluga, cobrando-lhes um aluguel mais alto ou, até mesmo, obrigando-os a pagar por casas em que não moram! O *Halifax Guardian*, citado pelo liberal *Sun*, afirma que centenas de operários, em Ashton-under-Lyne, Oldham e Rochdale, são obrigados por seus patrões a pagar o aluguel das casas, quer as habitem ou não[21]. O *cottage system* é generalizado nas áreas industriais localizadas no campo; criou inúmeros núcleos e em quase todos o industrial não sofre a concorrência de ninguém, de modo que pode calcular o aluguel a cobrar sem levar em conta nada mais que seu arbítrio. E que poder esse sistema confere aos industriais em seus conflitos com os operários! Se estes entram em greve, basta aos industriais despejá-los das casas com um aviso prévio que não ultrapassa oito dias – ao fim dos quais os trabalhadores não estão apenas desempregados: estão sem abrigo, tornam-se vagabundos e caem na mira da lei, que, sem dó, os põe na prisão por um mês.

Esse é o sistema fabril, descrito tão detalhadamente quanto permite o espaço de que disponho, e tão objetivamente quanto consentem os heroicos cometimentos da burguesia contra os operários, diante dos quais não se pode permanecer indiferente – aqui, a indiferença seria um crime.

Comparemos agora a situação do inglês livre de 1845 com a do saxão servo da gleba sob o chicote dos barões normandos por volta de 1145. O servo era *glebae adscriptus*, isto é, preso à terra; o mesmo ocorre com o operário livre, através do *cottage system*. O servo devia ao senhor o *jus primae noctis*, isto é, o direito à primeira noite; o operário livre deve ao patrão não só o direito à primeira noite, mas o direito a *qualquer noite*. O servo não tinha o direito de adquirir nenhuma propriedade: a que adquiria, podia ser tomada pelo senhor; também o operário livre, que nada possui, não consegue adquirir nenhuma propriedade por causa da concorrência e o industrial, através do *truck system*, faz o que nem o barão normando fazia: arroga-se o direito de administrar

---

[21] *Sun*, diário londrino, fim de novembro de 1844. [As referências mais precisas são: *Halifax Guardian*, edição de 4 de novembro de 1843, e *Northern Star*, edição de 25 de novembro de 1843. (N.E.)]

diariamente aquilo de que o operário extrai imediatamente o sustento de sua vida. As relações entre o servo da gleba e o senhor da terra eram reguladas pelos costumes ou por leis, que eram observadas porque correspondiam aos costumes; as relações entre o operário livre e seu patrão são reguladas por leis que *não são observadas* porque não correspondem aos costumes nem aos interesses do patrão. O proprietário da terra não podia arrancar o servo da gleba, nem podia vendê-lo sem esta e como, em quase todas as partes, vigia o regime do morgadio e não o do capital, era praticamente impossível vendê--los; a burguesia moderna obriga o operário a vender a si próprio. O servo era escravo do pedaço de terra em que nascia; o operário é escravo das mais elementares necessidades vitais e do dinheiro sem o qual não pode satisfazê--las – ambos, o servo e o operário, são escravos de uma *coisa*. O servo da gleba tinha sua existência garantida pela organização da sociedade feudal, que assegurava a cada um seu lugar; o operário livre não tem garantia de nada, porque só tem seu lugar na sociedade quando a burguesia precisa dele – caso contrário, é como se não existisse. O servo sacrificava-se ao senhor em tempo de guerra; o operário fá-lo em tempo de paz. O senhor era um bárbaro, que considerava o servo um animal; o patrão é um civilizado, que considera o operário uma máquina. Em suma, ambos, servo da gleba e operário, estão mais ou menos no mesmo plano e se há alguma desvantagem em sua posição, esta cabe ao operário livre. Ambos são escravos, mas enquanto a escravidão de um é franca, aberta, a do outro é pérfida, hipocritamente dissimulada aos seus olhos e aos olhos de todos, é uma servidão teológica, pior que a antiga. Os *tories* filantropos tinham razão quando qualificaram os operários fabris como *white slaves* – escravos brancos. Mas a servidão hipocritamente dissimulada reconhece, pelo menos exteriormente, o direito à liberdade; ela se inclina perante a opinião pública amante da liberdade e o progresso histórico realizado sobre a antiga escravidão reside precisamente no fato de que o *princípio* da liberdade se impôs – e os oprimidos saberão fazer com que esse princípio se torne realidade.

Para concluir, quero evocar algumas estrofes de um poema que exprime a opinião dos próprios operários sobre o sistema fabril. Escrito por Edward P. Mead[a], de Birmingham, expressa bem o estado de ânimo daqueles trabalhadores:

---

[a] Mead, poeta vinculado ao movimento operário, publicava especialmente no *Northern Star*; o poema evocado por Engels veio à luz na edição de 11 de fevereiro de 1843 (n. 274), sob o título "The steam king" [O rei vapor]. Ao reproduzir o poema, Engels omitiu duas de suas estrofes.

*Existe um rei, um príncipe furioso,
não a imagem sonhada pelo poeta,
um tirano cruel, bem conhecido dos escravos brancos.
Esse rei impiedoso é o vapor.*

*Ele tem um braço, um braço de ferro,
e, embora só o tenha a um,
há nesse braço uma força mágica
que destruiu a milhões.*

*É feroz como Moloch, seu antepassado,
que por um tempo viveu no vale de Himmon:
fogo ardente são suas entranhas
e crianças seu repasto.*

*Seus sacerdotes, desumanos,
sequiosos de sangue, cheios de soberba e fúria,
guiam – ó vergonha! – sua mão gigantesca
e transformam em ouro o sangue.*

*Esmagam no pó o direito do homem
pelo amor do ouro vil, seu deus,
divertem-se com a dor das mulheres
e gargalham com as lágrimas dos homens.*

*É música para seus ouvidos
o grito de agonia dos pobres que lutam contra a morte.
Esqueletos de virgens e de crianças
enchem os infernos do Rei Vapor.*

*O inferno na terra! Espalham morte
pelo reino, desde que reina o Vapor,
assassinando ao mesmo tempo
o corpo e o espírito dos homens.*

*Morte, pois, ao rei Vapor, esse Moloch impiedoso!
Ó milhares de trabalhadores, todos,
atem-lhe as mãos ou nossa terra
logo ele levará à ruína!*

Friedrich Engels

> *E seus sátrapas ferozes, os orgulhosos barões das fábricas,*
> *locupletados de ouro e manchados de sangue,*
> *a cólera do povo deve liquidá-los,*
> *como haverá de liquidar seu deus monstruoso.*[22]

---

[22] Careço de tempo e de espaço para deter-me sobre as réplicas dos industriais às acusações que, nos últimos doze anos, lhes foram dirigidas. Nem haveria razão para isso, uma vez que eles estão cegos por seus interesses. Nas páginas precedentes, aqui e acolá, algumas réplicas foram refutadas e o pouco que eu gostaria de acrescentar resume-se aos parágrafos seguintes.

Você vem a Manchester para conhecer a situação da Inglaterra. Vem, naturalmente, munido de boas recomendações para contatar gente *respeitável*. É apresentado a alguns dos fabricantes liberais mais conhecidos – gente como Robert Hyde Greg, Edmond Ashworth, Thomas Ashton, entre outros. Formula algumas observações sobre a situação dos operários e comunica-lhes seu objetivo. O fabricante compreende e sabe bem o que fazer. Ele o leva à sua fábrica no campo – o senhor Greg a Quarry Bank (Cheshire), o senhor Ashworth a Turton (perto de Bolton), o senhor Ashton a Hyde. Ele o fará visitar um esplêndido edifício, bem construído, às vezes até provido de ventiladores; chamará sua atenção para as áreas de trabalho bem arejadas e amplas, para as belas máquinas e, aqui e ali, para um operário de aspecto sadio. Depois, vai oferecer-lhe uma farta refeição e propor-lhe conhecer as habitações dos operários; leva-o aos *cottages*, limpos, agradáveis e entra num ou noutro, claro que apenas nas de contramestres, mecânicos etc., a fim de que você possa ver "famílias que vivem *exclusivamente* da fábrica" (é que, na casa das outras, você poderia descobrir que só têm emprego a mulher e os filhos, restando ao homem remendar meias). A presença do fabricante impede-o de fazer perguntas indiscretas e você encontra as pessoas todas bem pagas, instaladas com algum conforto, saudáveis graças ao ar do campo e então você começa a pôr em questão suas exageradas ideias acerca da miséria e da fome dos operários. O que você vai continuar ignorando é que o *cottage system* torna os operários escravos, que ali perto pode haver um armazém da fábrica (*tommy shop*); as pessoas não expressarão seu ódio ao fabricante – porque ele está presente. Pode ser até que ele tenha aberto uma escola, uma igreja, um salão de leitura; você visitará essas instalações, mas não saberá que ele se serve da escola para habituar as crianças à submissão, que ele só tolera no salão de leitura materiais que defendem os interesses da burguesia e despede os trabalhadores que para lá levam jornais ou livros cartistas e socialistas. Você tem diante dos olhos uma idílica situação patriarcal, a vida dos contramestres, a vida que a burguesia *promete* aos operários que aceitam também a condição de escravos espirituais.

Essas "fábricas rurais" são sempre o cavalo de batalha dos industriais porque os inconvenientes do sistema fabril, especialmente os de ordem sanitária, estão nelas parcialmente eliminados em função do espaço aberto e do meio geográfico e porque a servidão *patriarcal* do operário subsiste aí por mais tempo – e é sobre elas que o doutor Ure entoa seus ditirambos. Mas cuidado! Se os operários se põem a pensar com a própria cabeça, tornando-se cartistas, então desaparece de um golpe essa afeição paterna do industrial. De resto, se você quiser visitar os bairros operários de Manchester, se quiser conhecer o pleno desenvolvimento do sistema fabril numa *cidade industrial*, espere sentado pela ajuda desses ricos burgueses! Esses senhores ignoram o que querem seus operários e em que condições vivem – não sabem porque não podem querer sabê-lo: temem conhecer aquilo que os perturbaria ou os constrangeria a agir contra seus próprios interesses. Mas isso não tem a menor importância: o que os operários têm a fazer, saberão fazê-lo sozinhos.

Os outros ramos da indústria

Se tivemos de nos deter longamente na descrição do sistema fabril pelo fato de ele constituir uma criação inteiramente nova da era industrial, é possível, em troca, tratar mais rapidamente da situação dos operários de outros ramos, porque a estes se aplica, total ou parcialmente, o que foi dito sobre os proletários industriais em geral e sobre o sistema fabril em particular. Podemos nos limitar assim a analisar em que medida o sistema fabril penetrou nos outros ramos e quais são, por outro lado, suas peculiaridades.

Os quatro ramos industriais a que se refere a lei sobre as fábricas remetem à produção de tecidos para vestuário. Será oportuno, portanto, começar imediatamente pelos operários aos quais essas fábricas fornecem a matérias-prima – em primeiro lugar, os tecelões de meias de Nottingham, Derby e Leicester. O *Children's Employment Report* observa, a respeito desses operários[a], que a longa duração da jornada de trabalho (imposta pelos baixos salários), juntamente com o sedentarismo prolongado e a sobrecarga de esforço dos olhos (derivada da própria natureza do trabalho), produzem na maior parte dos casos uma predisposição geral às doenças e, em particular, um enfraquecimento da visão. Sem uma iluminação muito forte, o trabalho noturno é quase impossível e, por isso, habitualmente os tecelões se valem de bolas de vidro para concentrar a luz, que então afeta de maneira negativa os olhos – por volta dos quarenta anos, quase todos são obrigados a usar óculos. As crianças, ocupadas na bobinagem e na confecção das bainhas, sofrem efeitos deletérios à sua saúde e à sua constituição física; trabalham desde os seis ou sete anos, dez a doze horas por dia, em pequenos espaços e sob uma atmosfera asfixiante; muitas desmaiam durante o trabalho, debilitam-se a ponto de não conseguir realizar as tarefas domésticas mais

---

[a] Na fonte citada por Engels, as referências pertinentes aparecem nas p. 134-6.

banais e tornam-se tão míopes que têm de usar óculos desde a infância. Os inspetores constataram sintomas de escrofulose em muitas delas e os industriais recusam-se, em geral, a contratar para suas fábricas os jovens que se ocuparam desse tipo de trabalho, dada a fraqueza que apresentam. As condições em que vivem e trabalham essas crianças são qualificadas como "uma afronta a um país cristão" e solicita-se a adoção de leis que as protejam (Grainger, *Report. Appendix* [Relatório. Apêndice], parte 1, f. 16ª, p. 132-42). O relatório sobre as fábricas acrescenta que os produtores de meias são os operários mais mal pagos de Leicester: ganham seis ou, num esforço excepcional, sete *shillings* semanais, por um trabalho de dezesseis a dezoito horas diárias. Outrora, chegavam a ganhar 20 a 21 *shillings* por semana, mas a introdução de teares maiores os arruinou; a grande maioria ainda trabalha com os teares antigos, primitivos, e só com muita dificuldade enfrenta a concorrência do novo maquinário; também aqui o progresso significa um ônus para o trabalhador. Apesar de tudo isso, anota o inspetor Power, os produtores de meias orgulham-se de sua *liberdade*: não têm uma *sirene de fábrica* a comandar seu tempo de comer, dormir e trabalhar. A situação dessa categoria de operários, no que toca ao salário, não é melhor que em 1833, data em que a Comissão para as fábricas forneceu essas indicações; responde por isso a concorrência dos operários da Saxônia que, também eles, mal conseguem sobreviver – suplantam os ingleses em quase todos os mercados estrangeiros e, mediante mercadorias inferiores, às vezes no próprio mercado inglês. Deverá o operário da Saxônia alegrar-se com o fato de a sua própria fome esfaimar também os operários ingleses e continuar a jejuar orgulhosa e alegremente em nome da maior glória da indústria alemã, uma vez que a honra da Alemanha exige que sua tigela tenha sopa só até a metade? Sem dúvida, são belas a concorrência e a "emulação entre as nações"! Numa edição de dezembro de 1843, encontramos no *Morning Chronicle* – de novo um órgão liberal, o jornal da burguesia *par excellence*[a] – algumas cartas de um tecelão produtor de meias de Hinckley sobre a situação de seus companheiros de trabalho[b]. Entre outras referências, ele informa que 50 famílias, 321 pessoas no total, vivem do trabalho em 109 teares; cada tear rende, em média, 5 *shillings* e 1/6, com cada família, também em média, fazendo 11 *shillings* e 4 *pence* por semana; dessa soma, 5 *shillings* e 10 *pence*

---

[a] Em francês no original: "por excelência".

[b] *Morning Chronicle*, edições de 1º e 9 de dezembro de 1843; a primeira dessas cartas foi reproduzida no *Northern Star* de 9 de dezembro de 1843.

são destinados ao pagamento do aluguel da casa, do tear, do carvão, da iluminação, do sabão e das agulhas, de tal forma que para a alimentação cabem 1,5 *penny* diários por pessoa (15 *pfennings* prussianos) – e não resta nada para o vestuário. Escreve o trabalhador: "Nenhum olhar pode ver, nenhum ouvido pode escutar e nenhum coração pode experimentar sequer a metade do sofrimento suportado por essa pobre gente".

Não têm camas ou só têm uma, quando precisam de várias; as crianças andam esfarrapadas e descalças; com lágrimas nos olhos, os homens dizem: "Há tanto, tanto tempo não temos carne que até esquecemos do seu gosto"; e alguns trabalham aos domingos, o que é imperdoável para a opinião pública, pois o barulho do tear espalha-se pela vizinhança; um deles se explica:

> Olhem para os meus filhos e não me façam mais perguntas. A miséria me obriga a isso: não quero e não posso ouvir meus filhos chorarem por um pouco de pão sem tentar todos os meios honestos de ganhá-lo. Na segunda-feira passada, acordei às duas horas da manhã e trabalhei até quase meia-noite e, nos dias seguintes, das seis da manhã até as onze ou meia-noite. Não aguento mais e não quero morrer: agora, trabalho só até às dez da noite e, no domingo, recupero o tempo perdido.

Em relação a 1833, o salário não aumentou em Leicester, nem em Derby ou em Nottingham, mas o grave é que em Leicester, como vimos, é muito difundido o *truck system*. Não é motivo para surpresa, pois, que os tecelões de meias dessa região tenham participado de forma muito ativa nos movimentos operários e sua ação tenha sido particularmente eficiente, tanto mais que a maioria dos teares é em geral tocada por homens.

Na mesma região em que vivem os tecelões de meias encontra-se ainda o principal centro da fabricação de rendas. Nos três condados a que estamos nos referindo, existem no total 2.760 máquinas para o fabrico de rendas, ao passo que, em todo o resto da Inglaterra, elas chegam a apenas 786.

A fabricação de rendas tornou-se muito complexa, com uma divisão do trabalho extremamente rígida, que compreende um grande número de atividades. Em primeiro lugar, é preciso enrolar o fio nas bobinas, operação realizada especialmente por meninas de catorze anos ou mais (*winders*); depois, as bobinas são dispostas sobre as máquinas sobretudo por meninos de oito anos ou mais (*threaders*) que, em seguida, introduzem o fio em pequenas aberturas (cada máquina tem em média 1.800 dessas aberturas) e o direcionam de modo adequado; só então entra em cena o operário, que confecciona as rendas. Elas saem das máquinas na forma de uma peça larga, que crianças ainda menores, puxando os fios de junção, separam em longas tiras – essa operação se chama *running* ou *drawing lace* e, por isso, os que a realizam são designados como *lace-runners*; enfim, as rendas são aprontadas para a venda. Nem *winders* nem *threaders* têm horário de trabalho determinado, já que são requisitados apenas quando as bobinas da máquina estão livres – e como os operários trabalham também à noite, podem ser chamados à fábrica ou ao local onde o tecelão trabalha a qualquer hora. A irregularidade da ocupação, o trabalho noturno frequente e a desorganização da vida daí resultante provocam uma série de problemas físicos e morais, principalmente relações sexuais precoces e desregradas – ponto sobre o qual são convergentes todos os testemunhos. O próprio trabalho é muito prejudicial para os olhos; embora em geral não cause lesões permanentes nos *threaders*, provoca muitas inflamações oculares e, no momento do trabalho, dores, lágrimas e uma redução transitória da acuidade visual; mas, para as *winders*, está provado que o trabalho afeta gravemente os olhos: além de constantes inflamações da córnea, muitas vezes provoca cataratas e amauroses. O trabalho dos rendeiros é muito penoso porque, com o tempo, as dimensões das máquinas se tornaram maiores – a ponto de, atualmente e em quase todas as partes, utilizarem-se aquelas que exigem a operação de três homens, que se revezam de 4 em 4 horas; assim, elas funcionam sem parar e, a cada 24 horas, cada operário trabalha 8 horas. Compreende-se, pois, por que *winders* e *threaders* são requisitados a qualquer hora e tantas vezes à noite: as máquinas não podem ficar paradas por muito tempo – e, ademais, a introdução do fio em 1.800 aberturas ocupa 3 crianças por 2 horas. Muitas máquinas já são movidas pelo vapor, que assim substitui o trabalho dos homens; isto, mais o fato de o *Children's Employment Report* mencionar sempre, a propósito do trabalho infantil, "fábricas de rendas", permite concluir que recentemente o trabalho dos rendeiros se concentrou em grandes estabelecimentos ou que a utilização do vapor na fabricação das rendas se generalizou muito. Em qualquer dos casos, trata-se de um avanço do sistema fabril.

De qualquer forma, nesse setor, o trabalho mais nocivo é o dos *runners*, que são, em sua maioria, crianças pequenas, de sete anos, quando não de cinco ou quatro – o inspetor Grainger chegou a encontrar um menino de *dois anos* ocupado nesse trabalho. Seguir com os olhos um longo fio que, com a ajuda de uma agulha, deve ser retirado da trama logo que o desenho estiver concluído, é um trabalho muito fatigante para a vista, especialmente quando, como é comum, a jornada é de catorze a dezesseis horas. Na melhor das hipóteses, o resultado é uma grave forma de miopia; na pior, e a mais frequente, uma cegueira incurável que deriva da amaurose. Ademais, obrigadas a uma postura sempre encurvada, as crianças tornam-se fracas, têm a caixa torácica estreitada e a má digestão favorece a escrofulose; nas mocinhas, são generalizados os distúrbios uterinos; igualmente generalizado é o desvio da coluna vertebral – o que faz com os *runners* "sejam reconhecidos pelo modo de caminhar". As mesmas consequências, seja para a vista, seja para todo o organismo, derivam do trabalho consistente em bordar as rendas. Todos os médicos afirmam que a saúde das crianças ocupadas no bordado é gravemente afetada – são pálidas, magras, doentias, muito pequenas para a idade e mais vulneráveis que as outras em face de enfermidades. Os males mais comuns são: debilidade orgânica geral, desmaios frequentes, dores de cabeça, costas e quadris, taquicardia, náuseas, vômitos e inapetência, desvios da coluna vertebral, escrofulose e héctica. Particularmente o organismo feminino é lesionado: as moças queixam-se de anemia, partos difíceis e abortos (Grainger, *Report* [Relatório], *passim*). O mesmo funcionário da *Children's Employment Commission* relata que as crianças estão frequentemente esfarrapadas e são mal alimentadas, à base sobretudo de pão e chá, sendo comum ficarem sem carne durante meses. Quanto aos seus costumes, declara:

> Todos os habitantes de Nottingham, a polícia, o clero, os industriais, os operários e os próprios pais das crianças são unânimes em afirmar que o atual sistema de trabalho é um fator muito importante de imoralidade.*Threaders*, na maioria meninos, e *winders*, na maioria meninas, são chamados ao trabalho à mesma hora, muitas vezes no meio da noite, e como os pais não podem saber por quanto tempo ficarão fora de casa, essa é a melhor ocasião para iniciar relações pouco convenientes e vagabundear juntos depois do fim do trabalho. Essa é uma das causas principais da imoralidade que, segundo a voz pública, atingiu em Nottingham proporções escandalosas. Ademais, a calma e a tranquilidade das famílias desses meninos e meninas foram inteiramente sacrificadas por esse estado de coisas sumamente antinatural.

Um outro ramo da fabricação de rendas, com a utilização de bilros, é praticado nos condados – de resto, agrícolas – de Northampton, Oxford, Bedford e Buckingham, sobretudo por crianças e jovens e todos se queixam da má alimentação, que raramente inclui carne. O trabalho, em si mesmo, é insalubre: crianças e jovens laboram em pequenos cômodos mal arejados, sempre sentados e curvados sobre os bilros. Para manter o corpo nessa posição fatigante, as meninas usam um corpete de madeira, o que, dada a sua pouca idade, numa altura em que os ossos não estão inteiramente formados, e aliado à postura curvada, deforma-lhes o externo e as costelas, provocando o atrofiamento do tórax. A maior parte delas morre tuberculosa, depois de sofrer durante certo tempo com diversos distúrbios digestivos ocasionados pelo sedentarismo numa atmosfera asfixiante. Praticamente não recebem nenhuma educação (sobretudo moral) e são fascinadas pelos ornamentos – em consequência de ambos os fatores, seus costumes são deploráveis e a prostituição entre elas é quase epidêmica (*Children's Employment Commission, Burns Report* [Relatório Burns]).

É esse o preço que a sociedade paga para oferecer às belas damas da burguesia o prazer de usar rendas – e não é razoável? Somente alguns milhares de operários cegos, somente algumas filhas de operários tuberculosas, somente uma geração doente e raquítica que transmitirá suas enfermidades aos seus descendentes – mas o que isso importa? Nada, absolutamente nada: nossa burguesia, indiferente, afastará de seus olhos o relatório da comissão governamental e suas mulheres e filhas continuarão normalmente a enfeitar-se com rendas. De fato, é admirável, na Inglaterra, a serenidade da burguesia!

Um grande número de operários, no Lancashire, no Derbyshire e na parte ocidental da Escócia, está ocupado na fabricação de tecidos de algodão estampados. Em nenhum ramo da indústria inglesa o maquinismo alcançou resultados tão brilhantes, mas em nenhum outro acarretou tamanha opressão sobre o trabalhador. A utilização de cilindros gravadores, acionados pelo vapor e capazes, graças a uma recente invenção, de estampar simultaneamente quatro a seis cores, suplantou de todo o trabalho manual, como as máquinas igualmente já o fizeram na fiação e na tecelagem do algodão – mas o número de operários desempregados pelos novos processos de estamparia supera aquele que se registrou na produção de tecidos. Apenas um homem, com a ajuda de uma criança, faz com a máquina o trabalho que outrora exigia duzentos operários: uma só máquina fornece, por minuto, 28 jardas (80 pés) de tecido estampado. Consequentemente, os estampadores encontram-se numa situação muito grave. Em 1842, os condados de Lancaster, Derby e Chester produziam (segundo a petição que os estampadores de algodão enviaram à Câmara Alta) 11 milhões de peças de tecido de algodão estampado – 100 mil fabricadas inteiramente à mão, 900 mil fabricadas por máquinas com auxílio da estamparia manual e 10 milhões produzidas inteiramente à máquina, estampando de uma a seis cores. Como as máquinas são de invenção recente e vêm sempre mais aperfeiçoadas, o número de estampadores manuais é muito superior em relação à demanda de trabalho e boa parte deles (a petição afirma que se trata de um quarto do total) está desempregada; os outros se ocupam por um, dois ou no máximo três dias por semana e são muito mal pagos. Leach informa que, numa estamparia (Deeply Dale, perto de Bury, no Lancashire), os estampadores manuais ganhavam, em média, não mais que cinco *shillings* por semana (*Stubborn Facts...*, p. 47), embora ele registre que os operários que trabalham com máquinas sejam bem pagos.

As estamparias de tecidos de algodão estão completamente integradas ao sistema fabril; no entanto, não estão subordinadas às limitações legais a ele impostas. Produzem uma mercadoria sujeita às flutuações da moda e, portanto, não têm um horário de operação regular: se têm poucas encomendas, operam a meio tempo; se um de seus artigos entra na moda e os negócios vão bem, operam até às dez horas da noite, à meia-noite e, às vezes, sem parar. Nas vizinhanças da minha residência, em Manchester, havia uma estamparia que pela madrugada ainda estava iluminada, como verifiquei frequentemente ao voltar à casa muito tarde; ouvi dizer que o trabalho das crianças era tão exaustivo que elas escapavam, às escondidas, para aproveitar alguns instantes para descansar nas escadas de pedra ou em qualquer canto da entrada; como não tenho a *certeza jurídica* da veracidade da informação, omito aqui o nome da empresa. Quanto a esse tema, o relatório da *Children's Employment Commission* é evasivo, limitando-se a assinalar que, pelo menos na Inglaterra, as crianças andam bem vestidas e alimentadas (o que depende do salário dos pais), não têm nenhuma instrução e seu nível moral é muito baixo. Mas basta lembrar que essas crianças estão submetidas ao regime fabril para, levando em conta o que já dissemos a respeito, avançarmos sem mais delongas.

Pouco mais há a acrescentar acerca dos outros operários empregados na fabricação de tecidos para vestuário. Os *alvejadores* executam um trabalho extremamente insalubre, tendo de aspirar continuamente o cloro, substância das mais deletérias para os pulmões. O trabalho dos *tintureiros* é muito menos nocivo e, em alguns casos, até saudável, já que demanda a atividade de todo o corpo. Sabe-se pouco sobre os salários dessas categorias, o que é indicativo de que são superiores à média – se não o fossem, haveria registro de protestos. Os *aparadores de veludo*, muito numerosos (3 a 4 mil) em razão da grande demanda de veludo de algodão, sofreram indiretamente graves perdas com a expansão do sistema fabril. Os tecidos de veludo de algodão, antes produzidos em teares manuais, não apresentavam trama regular e exigiam mãos habilidosas para a operação de apara; agora, fabricados em teares mecânicos, apresentam trama regular e fios uniformemente paralelos, o que torna a operação de apara relativamente simples. Os operários desempregados pelas máquinas precipitaram-se para esse labor e a concorrência fez baixar os salários; os industriais, percebendo que mulheres e crianças podiam agora executar a apara, passaram a empregá-las, realinhando todos os salários conforme o nível do que é pago a mulheres e crianças – e centenas de homens foram despedidos. Os industriais perceberam também que esse tipo de trabalho lhes custaria menos em suas instalações que nos locais dos operários, cujos aluguéis indiretamente pagavam; assim, nas casas dos operários, os cômodos onde trabalhavam foram convertidos em quartos que alugam para moradia ou estão vazios e os operários perderam a liberdade de determinar seu horário de trabalho – agora, são escravos da sirene da fábrica. Um aparador de veludo, de aproximadamente 45 anos, disse-me lembrar-se ainda do tempo em que recebia 8 *pence* por jarda aparada, trabalho pelo qual lhe pagam hoje 1 *penny*; é verdade que atualmente apara um tecido mais regular, trabalha mais rápido, mas está longe de fazer em uma hora o dobro do que fazia antes; por isso, em relação ao que ganhava outrora, seu salário baixou em pelo menos um quarto. Leach oferece uma listagem (*Stubborn Facts...*, p. 35) dos salários pagos, em 1827 e em 1843, aos operários ocupados na produção de diferentes tecidos; salários por jarda de 4 *pence*, 2 *pence* e 1/4 e 2 *pence* e 3/4, em 1827, foram reduzidos, em 1843, respectivamente a 1,5 *penny*, 3/4 de *penny* e 1 *penny* e 3/8. De acordo com Leach, os ganhos semanais médios dos operários variaram da seguinte maneira: em 1827, 1 libra, 6 *shillings*, 6 *pence*; 1 libra, 2 *shillings*, 6 *pence*; 1 libra, 6 *shillings*, 6 *pence*; em 1843, 10 *shillings*, 6 *pence*; 6 *shillings*, 8 *pence*; 10 *shillings*; e há centenas de operários cujos salários não alcançam estas últimas cifras.

Já tratamos dos tecelões manuais que processam o algodão; os outros tecidos são produzidos quase exclusivamente por tecelões manuais, a maior parte dos quais, assim como os aparadores de veludo, sofreram graves perdas quando operários desempregados pela introdução das máquinas se lançaram em seu ramo. Ademais, os tecelões manuais que produzem esses tecidos estão, assim como os operários fabris, sujeitos a pesadas multas no caso de artigos defeituosos. Vejamos os *tecelões da seda*. O industrial Brocklehurst, um dos maiores fabricantes de seda de toda a Inglaterra, apresentou a uma comissão parlamentar extratos de seus livros, dos quais resulta que, pelos mesmos artigos pelos quais, em 1821, pagava salários de 30 *shillings*, 14 *shillings*, 3,5 *shillings*, 3/4 de *shilling*, 1 *shilling* e 1/12, 10 *shillings*, em 1831 não pagava mais, respectivamente, que 9 *shillings*, 7,5 *shillings*, 2 *shillings* e 1/4, 1/3 de *shilling*, 1/2 *shilling*, 6 *shillings* – e aqui *nenhum* aperfeiçoamento mecânico fora introduzido na produção. Mas o que o senhor Brocklehurst fez é algo que pode ser tomado como padrão para toda a Inglaterra. Os dados apresentados por ele indicam que o salário semanal médio de seus tecelões, feitos todos os descontos, caíram de 16,5 *shillings*, em 1821, para apenas 6 *shillings* em 1831. Desde então, os salários diminuíram ainda mais: tecidos (*single sarsnet*)[a] que em 1831 rendiam ao operário 1/3 de *shilling* (ou seja, 4 *pence*) por jarda, em 1843 eram pagos a apenas 2,5 *pence* e um grande número de tecelões de áreas rurais só consegue trabalho se aceitar de 1,5 *penny* a 2 *pence*. Não se deve esquecer ainda as reduções arbitrárias de salário. Todo tecelão a que se atribui a tarefa de uma urdidura, recebe com ela uma carta onde habitualmente está escrito que o trabalho será realizado entre tal e tal hora do dia; o tecelão que adoecer de modo a ter de suspender o trabalho deverá avisar ao escritório no máximo em três dias – sem esse aviso, o atraso na entrega não estará justificado; não será aceito como desculpa para atrasos o fato de não haver fio para a urdidura; para determinados defeitos (por exemplo, se num tecido de comprimento determinado houver mais fios de urdidura que o prescrito etc.), o desconto *nunca será inferior* à metade do salário; se o trabalho não for concluído no prazo fixado, será descontado um *penny* por cada jarda inconclusa. As reduções de salário com base nessa carta são tão significativas que, por exemplo, um homem que vá duas vezes por semana a Leigh (Lancashire) para receber suas tarefas deixa ao patrão, de cada vez, pelo menos quinze libras de multas – quem o diz é o próprio Brocklehurst, tido como um dos mais tolerantes. Antigamente, tais questões eram resolvidas com a mediação de um árbitro, mas como na maior parte das vezes os operários eram despedidos quando apelavam para ele, o costume foi abandonado e hoje o industrial age arbitrariamente: é, ao mesmo tempo, acusador, testemunha, juiz, legislador e executor. E se o operário recorre ao juiz de paz, dizem-lhe: *Ao aceitar a carta, você fez um contrato e deve honrá-lo* – exatamente o mesmo argumento usado com os operários fabris. De resto, o fabricante sempre obriga o operário a assinar um documento no qual este declara "estar de acordo com os descontos efetuados"; se o operário resiste a esse procedimento, todos os fabricantes da cidade logo ficam sabendo, como diz Leach:

> [que ele é um homem] que se revolta contra a ordem e a legalidade convalidadas nas cartas, que tem a impudência de duvidar da sabedoria dos que, como ele deveria saber, são seus superiores na sociedade (*Stubborn Facts...*, p. 37-40).

Naturalmente, os tecelões são *completamente* livres – o industrial não os obriga a aceitar as urdiduras e as cartas, mas diz-lhes, como Leach traduz

---

[a] Tafetá leve ou armezim.

em bom inglês: "Se não querem ser fritos na minha frigideira, podem saltar para a fogueira"[a].

Os tecelões de seda de Londres, especialmente em Spitalfields, há muito que se encontram de tempos a tempos na mais negra miséria e ainda hoje não têm nenhum motivo para se satisfazerem com sua sorte, como o demonstra sua entusiástica participação em todos os movimentos dos operários ingleses, particularmente os londrinos. A miséria que reinava entre eles foi a causa da febre que grassou na parte oriental de Londres, levando o Parlamento a criar a Comissão que investigou as condições sanitárias da vida da classe operária. Contudo, do último relatório do hospital que atende, em Londres, aos afetados por doenças contagiosas, pode-se depreender que tal febre não foi debelada.

Seguem-se aos tecidos para vestuário, como a segunda mercadoria mais importante produzida pela indústria inglesa, os produtos metalúrgicos. Sua fabricação tem seus centros principais em Birmingham, onde se produzem os artigos metalúrgicos mais finos, em Sheffield, onde estão as maiores cutelarias e no Staffordshire, especialmente em Wolverhampton, onde se fabricam os artigos mais comuns (fechaduras, pregos etc.). Para descrever a situação dos operários empregados nesse ramo industrial, começaremos por Birmingham.

A organização do trabalho em Birmingham conservou, como em geral em quase todos os locais onde se processam metais, algo do antigo caráter artesanal: opera-se através de pequenos patrões que, com seus aprendizes, trabalham em oficinas – às vezes, suas casas –; quando se faz necessária a força do vapor, opera-se em grandes estabelecimentos industriais que estão subdivididos em pequenas oficinas, alugadas aos pequenos patrões, que dispõem de um eixo acionado por uma máquina a vapor que, por sua vez, aciona as outras máquinas. Léon Faucher (autor de uma série de artigos sobre as condições dos operários ingleses, publicados na *Revue des deux mondes*[b], que demonstram que ele estudou a sério o problema e que são, certamente, melhores do que todos os escritos ingleses e alemães aparecidos

---

[a] Engels, logo depois de sua tradução, transcreve a versão de Leach: "If you don't like to be frizzled in my frying-pan, you can take a walk into the fire".

[b] A *Revue des deux mondes*, "quinzenário de história, política, literatura e arte", foi criada em Paris por Ségur-Dupeyron em 1829 e circulou até 1866. Os artigos mencionados de Léon Faucher (1803-1854, publicista liberal moderado, adversário dos socialistas) foram publicados em 1843 (v. 4) e em 1844 (v. 5, 6 e 7) e posteriormente coligidos nos dois volumes de seus *Estudos sobre a Inglaterra* (Paris, 1845).

A situação da classe trabalhadora na Inglaterra

até hoje) qualificou as relações aí estabelecidas, em contraste com as dominantes na grande indústria do Lancashire e do Yorkshire, como *démocratie industrielle*[a] e observou que esta não trouxe resultados muito positivos seja para os mestres, seja para os aprendizes. A observação é inteiramente correta porque os numerosos pequenos patrões sobrevivem com dificuldade, uma vez que seu lucro – que, em outras circunstâncias, seria embolsado por um único industrial – é regulado pela concorrência e repartido entre seus iguais. A tendência centralizadora do capital os esmaga: para cada um que enriquece, dez se arruínam e uma centena tem a sorte agravada pela pressão exercida pelo único rico, que pode vender a preços mais baixos que os praticados por eles. E quando, desde o início, têm de enfrentar a concorrência de grandes capitalistas, é claro que enfrentam enormes dificuldades. A sorte dos aprendizes, como veremos, não é melhor com os pequenos patrões que com os industriais; a única diferença é que, no primeiro caso, poderão com o tempo tornar-se pequenos patrões, conservando, pois, certa independência – vale dizer, a exploração que sofrem assume uma forma menos direta que nas fábricas. Os pequenos patrões não são nem verdadeiros proletários, porque em parte vivem do trabalho dos aprendizes e não vendem seu próprio trabalho[b], mas o produto acabado, nem verdadeiros burgueses, porque vivem essencialmente de seu próprio trabalho. Deve-se a essa particular posição intermediária o fato de os trabalhadores de Birmingham raramente terem aderido completa e abertamente ao movimento operário inglês. Politicamente, Birmingham é uma cidade radical, mas não claramente cartista.

Contudo, também nela encontramos um grande número de estabelecimentos que trabalham por conta de capitalistas e nos quais vige inteiramente o sistema fabril. Neles, a divisão do trabalho é muito avançada (por exemplo, na fabricação de agulhas) e a utilização do vapor permite o largo emprego de mulheres e crianças, cuja situação (conforme a *Children's Em-*

---

[a] Em francês, no original: "democracia industrial". Na p. 147 do segundo volume da obra mencionada na nota anterior, Faucher escreveu: "É a democracia industrial no estado doméstico e, em parte, patriarcal. Birmingham mostra-nos um fenômeno extraordinário, a democracia industrial numa grande cidade e nas oficinas que o vapor movimenta".

[b] Em seus primeiros escritos, Engels – assim como Marx – considera que o operário vende seu trabalho ao capitalista. Posteriormente, Marx precisou com rigor a relação estabelecida entre os capitalistas e os proletários, determinando-a com a categoria *força de trabalho*, exatamente o que o operário vende ao capitalista por um tempo limitado. Sobre essa questão, veja-se a introdução, redigida em 1891, de Engels ao texto marxiano *Trabalho assalariado e capital* (K. Marx e F. Engels, *Obras escolhidas em três volumes* [Rio de Janeiro, Editorial Vitória, 1961, v. I], p. 52-9).

ployment Commission) é exatamente a mesma reportada no relatório sobre as fábricas: mulheres que trabalham até o momento do parto, incapacitadas para se ocuparem das tarefas domésticas, abandono da casa e dos filhos, indiferença e até hostilidade em face da vida familiar e degradação moral – tudo isso paralelamente ao desemprego de homens, progressivo desenvolvimento da maquinaria, precoce emancipação dos jovens, homens mantidos pelas mulheres e pelos filhos etc. Aqui, as crianças são descritas como esfarrapadas e famélicas – diz-se que *a metade delas não sabe o que é comer até ficar sem fome* –, muitas vivem todo o dia com o pão que se compra com um *penny* (dez *pfennings* prussianos) ou não comem nada até o almoço; citam-se mesmo casos de crianças que não se alimentam absolutamente das oito horas da manhã às sete horas da noite. Frequentemente, as roupas que usam mal escondem sua nudez e muitas andam descalças até no inverno. São todas frágeis e pouco desenvolvidas para a idade e, crescidas, raramente se tornam robustas; e se levamos em conta que à precariedade dos meios para reproduzir sua energia física soma-se um longo e extenuante trabalho em ambientes fechados, não é difícil compreender por que tão poucos adultos em Birmingham são declarados aptos para o serviço militar. Diz um médico que examina recrutas: "Os operários são baixinhos, magros e dispõem de diminuta força física. Muitos deles apresentam deformações na caixa torácica ou na coluna vertebral".

Segundo um suboficial do serviço de recrutamento, os habitantes de Birmingham distinguem-se entre todos os outros pela baixa estatura, que geralmente não passa de 5 pés e 4 a 5 polegadas; de 613 que se apresentaram, só 238 foram declarados aptos. No que tange à instrução, remeto o leitor aos depoimentos e exemplos relativos aos distritos metalúrgicos, que mencionei anteriormente[a]; de resto, do *Children's Employment Report* resulta que, em Birmingham, mais da metade das crianças e jovens entre os cinco e os quinze anos não frequenta nenhuma escola e os que vão à escola transferem-se tanto de uma para outra que se torna impossível qualquer instrução adequada e, enfim, que muito cedo as crianças são tiradas das escolas para trabalhar. A partir do mesmo relatório, pode-se inferir que tipo de professores está nas escolas; perguntada se ensinava moral, uma professora respondeu: "*Não, por três* pence *semanais não podem me exigir isso*"; diante da mesma pergunta, vários professores nem sequer compreenderam seu significado e outros afirmaram que isso de modo nenhum fazia parte de suas tarefas; uma professora respon-

---

[a] Cf. capítulo Resultados, p. 135 e ss.

deu negativamente, mas declarou – e, ao fazê-lo, cometeu um grosseiro erro gramatical – que se empenhava em infundir bons princípios nas crianças. O inspetor encontrou, nas próprias escolas, desordem e balbúrdia permanentes. Compreende-se, consequentemente, por que o nível moral dos jovens é tão baixo: a metade de todos os delitos é cometida por pessoas com menos de 15 anos e *num só ano* pronunciaram-se 90 sentenças contra crianças de 10 anos, das quais 44 por graves delitos criminais. Segundo o mesmo inspetor, o desregramento sexual é generalizado e precoce (Grainger, *Report e evid.*).

Na região metalúrgica do Staffordshire, as coisas são ainda piores. Dada a rusticidade dos utensílios produzidos na região, a divisão do trabalho (salvo poucas exceções) não se desenvolveu, bem como a maquinaria e a utilização em escala considerável do vapor. Nessa área – Wolverhampton, Willenhall, Bilston, Sedgeley, Wednesfield, Darlaston, Dudley, Walsall, Wednesbury etc. – há poucas fábricas, mas numerosas pequenas forjas nas quais os mestres, pequenos patrões, trabalham sozinhos ou com a ajuda de um ou mais aprendizes, a seu serviço até completarem 21 anos. Se os pequenos patrões estão mais ou menos na mesma situação dos de Birmingham, os aprendizes em geral são muito mais desfavorecidos. A carne que lhes é oferecida ou provém de animais doentes, ou é carne e peixes putrefatos, ou é carne de vitela abatida antes do tempo ou ainda de porcos mortos por asfixia nos vagões de transporte – e esse procedimento não é apenas dos pequenos patrões, mas também dos fabricantes maiores, que têm entre trinta e quarenta aprendizes. Trata-se de costume que parece ser generalizado em Wolverhampton e suas consequências inevitáveis são infecções intestinais e outras doenças. Ademais, os jovens não se alimentam o suficiente e quase nunca têm outras roupas que as de trabalho, o que é um dos motivos pelos quais não frequentam a escola dominical. As habitações são miseráveis e sujas, favorecendo o aparecimento de doenças e, embora o trabalho não seja em geral insalubre, os jovens são baixos, pouco desenvolvidos, débeis e, em muitos casos, gravemente deformados. Em Willenhall, por exemplo, há um grande número de pessoas que, em virtude do permanente trabalho com a lima junto ao torno, são corcundas e têm *uma só perna* torta – chamam-na *hind leg* –, de forma que as pernas configuram um K; ademais, afirma-se que pelo menos um terço dos trabalhadores sofre de hérnia. Aqui, como em Wolverhampton, constatam-se numerosos casos de puberdade retardada, tanto nas moças – também elas trabalham nas forjas! – quanto nos rapazes, algumas vezes até os dezenove anos. Em Sedgeley e arredores, onde praticamente só se fabricam pregos, as pessoas vivem e trabalham em choupanas miseráveis, extremamente sujas, que mais parecem estábulos. Moças e rapazes já desde os dez ou doze anos manejam o martelo e só são considerados operários formados quando produzem mil pregos por dia. Para 1.200 pregos por dia, o salário é de 5 *pence* e 3/4; cada prego requer 12 marteladas e, como o martelo pesa 1 libra e 1/4, o operário tem de levantar 18 mil libras para ganhar esse salário de miséria. Com um trabalho tão árduo e uma alimentação tão insuficiente, é inevitável que o organismo dos jovens fique gravemente comprometido, atrofiado e frágil, como o atestam os informes dos inspetores. Já fornecemos indicações acerca da situação da instrução nessa zona, que se encontra num nível incrivelmente baixo: metade das crianças não frequenta sequer a escola dominical, a outra metade só o faz irregularmente; em comparação com outras regiões, são poucas as que sabem ler e pouquíssimas as que sabem escrever. Compreende-se: entre os sete e os dez anos, justamente quando poderiam frequentar a escola com aproveitamento, as crianças começam a trabalhar; ademais, os professores da escola dominical – ferreiros ou mineiros – em geral mal sabem ler, e de modo nenhum conseguem escrever seu próprio nome. O nível moral corresponde a esses meios de educação. Em Willenhall, segundo o juízo do inspetor Horne (apoiado em provas abundantes), os operários não têm nenhum senso moral. Ele verificou que, em geral, os jovens não se sentem ligados a seus pais por nenhum vínculo de dever ou de afeto. Mostravam-se tão incapazes de refletir sobre o que diziam, tão obtusos e embrutecidos, que afirmavam reiteradamente que eram bem tratados e viviam bem – quando eram obrigados a uma jornada de trabalho de doze a catorze horas, andavam esfarrapados e famintos e, além disso, eram objeto de surras que deixavam marcas por dias. Não concebiam nenhum outro modo de vida senão o que experimentavam, o de esgotar-se de manhã até a noite, quando só então lhes consentiam descansar; nem sequer compreendiam o sentido da pergunta, para eles descabida: "Estão cansados?" (Horne, *Report e evid.*).

Em Sheffield, o salário é melhor e, por conseguinte, são melhores as condições materiais dos operários. Entretanto, é preciso considerar que vários tipos de trabalho aí praticados se caracterizam por sua extrema insalubridade. Certas operações exigem que o operário mantenha as ferramentas permanentemente comprimidas contra o peito, o que lhes provoca a tuberculose; outras (por exemplo, a afiação das limas) comprometem o desenvolvimento geral do organismo e causam afecções abdominais; o corte de ossos (para cabos de facas) provoca dores de cabeça, distúrbios biliares e, nas moças, muito numerosas nesse trabalho, anemia. Contudo, o trabalho mais nocivo à saúde consiste em afiar lâminas e talheres que, em particular quando executado com pedra seca, acarreta inevitavelmente uma morte precoce. A insalubridade desse trabalho deriva em parte da postura encurvada que ele exige, comprimindo o peito e o abdome, mas sobretudo das partículas metálicas que, saltando abundantemente da afiação, saturam o ar que os operários respiram. Em média, os afiadores que trabalham com pedra seca não chegam aos 35 anos e os que trabalham com pedra úmida dificilmente ultrapassam os 45 anos. Diz o doutor Knight, de Sheffield:

> Para indicar, mesmo que de modo aproximado, o caráter nocivo dessa ocupação, só posso declarar que, entre os afiadores, os que vivem mais tempo são os alcoólatras, porque são os menos assíduos ao trabalho. Há, em Sheffield, cerca de 2.500 afiadores no total. Cerca de 150 (80 homens e 70 rapazes) afiam talheres e morrem entre os 28 e os 32 anos; os afiadores de navalhas, que trabalham tanto a seco como com pedra úmida, morrem entre os 40 e os 45 anos; os afiadores de facas de mesa, que só trabalham com pedra úmida, morrem entre os 40 e os 50 anos.[a]

O curso da doença – chamada de *asma dos afiadores* – é assim descrito pelo mesmo médico:

> Eles começam normalmente a trabalhar aos catorze anos e, se dispõem de uma boa constituição, raramente são vítimas de distúrbios antes dos vinte anos. É então que começam a se manifestar os sintomas de sua doença característica: ao menor esforço, subir uma escada ou caminhar rápido, perdem o fôlego; mantêm os ombros altos, para diminuir a sensação de um contínuo e crescente sufocamento; curvam-se para a frente e parecem mais à vontade na postura curva em que trabalham; sua tez torna-se amarelada, suas feições exprimem angústia, queixam-se de ter o peito oprimido, a voz enrouquece e tossem ruidosamente, respiram como se aspirassem o ar através de um tubo de madeira. De tanto em tanto, expectoram grande quantidade de poeira misturada ao catarro ou partículas esféricas ou cilíndricas envolvidas por ele. As hemoptises, a impossibilidade de permanecer deitados, os suores noturnos, as cólicas seguidas de diarreias, o emagrecimento anormal, com todos os sintomas habituais da tuberculose pulmonar, acabam por trazer-lhes a morte, depois de meses e mesmo de anos em que se arrastaram lentamente sem conseguir alimentar-se e alimentar[b] sua família com seu próprio traba-

---

[a] Essa citação, assim como a seguinte, Engels extraiu-as de artigos publicados pelo doutor Arnold Knight no *North of England Medical and Surgical Journal*, em agosto de 1830/ maio de 1831.

[b] Na edição de 1845, por erro óbvio de impressão, ao invés de *ernähren* (alimentar), consta *ernierigen* (humilhar).

lho. Devo acrescentar que todas as tentativas feitas até agora para prevenir ou curar a asma dos afiadores foram completamente inúteis.

Assim escrevia o doutor Knight há dez anos – desde então, aumentaram o número de afiadores e a violência da doença, mas tentou-se enfrentá-la revestindo as pedras de afiar e utilizando aspiradores para diminuir a poeira. Tais experiências, ainda que parcialmente, mostraram-se eficazes; porém os próprios afiadores as recusam e, em certos lugares, chegaram a destruir os equipamentos de proteção, temendo que atraíssem mais trabalhadores para o ofício, do que adviria uma baixa nos salários – são partidários de "uma vida curta, mas boa". O mesmo doutor Knight dizia aos afiadores que o procuravam, já com os primeiros sintomas dessa asma: "Se voltarem à pedra de afiar, caminharão para a morte", mas nunca foi ouvido: os operários, uma vez afiadores, agarravam-se ao ofício desesperadamente, como se tivessem vendido a alma ao diabo. O nível de instrução em Sheffield é baixíssimo; um clérigo que analisou estatísticas sobre ela concluiu que, entre 16.500 filhos de operários em condições de frequentar a escola, não mais que 6.500 sabiam ler[a]; isso se deve ao fato de as crianças, já aos sete anos ou, no máximo, aos doze, serem retiradas da escola e também ao fato de os professores serem péssimos (um deles fora condenado por furto e, depois de sair da prisão, não encontrara outro meio de ganhar a vida senão como professor!). A imoralidade dos jovens afigura-se em Sheffield maior que nas outras cidades (mas, na realidade, não se sabe a qual delas dar a palma pois, quando examinamos os relatórios, todas parecem merecê-la). Aos domingos, os jovens vadiam todo o dia pelas ruas, jogando a dinheiro ou atiçando brigas de cães, frequentam as tabernas em companhia de suas namoradas e, à noite, os casais vagueiam por zonas solitárias. Numa taberna visitada por um inspetor, havia cerca de quarenta a cinquenta jovens de ambos os sexos, quase todos com menos de dezessete anos, cada rapaz com sua moça; aqui se jogavam cartas, ali se cantava e dançava, todos bebiam; prostitutas profissionais circulavam entre eles – nenhum motivo para espanto: todos os depoimentos são unânimes em afirmar que relações sexuais precoces e desregradas, juntamente com a prostituição juvenil, são corriqueiras em Sheffield e envolvem indivíduos entre catorze e quinze anos. Crimes, inclusive de caráter brutal e selvagem, estão na ordem do dia: no ano anterior à chegada do inspetor, foi preso um bando, constituído especialmente por

---

[a] Aqui, Engels enganou-se: a afirmação não é de um clérigo, mas consta de um relatório do inspetor J. C. Symons relativo a Sheffield.

jovens, que se preparava para pôr fogo em toda a cidade – tinham um arsenal de mechas e matérias incendiárias. Mais adiante, veremos que também o movimento operário, em Sheffield, caracteriza-se por brutalidade similar (Symons, *Report e evid.*).

Além desses centros metalúrgicos principais, também há fábricas de alfinetes em Warrington (Lancashire), onde reinam entre os operários, principalmente entre as crianças, muita miséria, degradação moral e ignorância, e algumas fábricas de pregos na região de Wigan (Lancashire) e na parte oriental da Escócia – nesses distritos, a situação não difere daquela registrada nos relatórios referentes à região de Staffordshire. Mas, ainda no âmbito da metalurgia, falta-nos referir a *fabricação de máquinas*, localizada principalmente nas áreas industriais, com destaque para o Lancashire. Caracteriza-a o fato de as máquinas serem produzidas por máquinas, o que significa que está bloqueada a última saída para os operários despedidos dos outros ramos, isto é, encontrar emprego no fabrico de máquinas que os desempregaram. Também aqui, as máquinas de aplainar e perfurar, as máquinas que fabricam parafusos, porcas, rodas etc. e tornos mecânicos ocasionaram o desemprego de grande número de operários, que antes trabalhavam regularmente e tinham um bom salário – quem quiser pode vê-los deambulando pelas ruas de Manchester.

Ao norte da região siderúrgica do Staffordshire encontra-se uma zona industrial para a qual dirigiremos agora nossa atenção: a zona das *fábricas de cerâmica* (*potteries*), cujo centro principal é a comuna (*borough*) de Stoke, que compreende as localidades de Henley, Burslem, Lane End, Lane Delph, Coleridge, Langport, Tunstall e Golden Hill, totalizando 60 mil habitantes.

O *Children's Employment Report* registra que, em alguns setores da indústria cerâmica, por exemplo, a faiança, as crianças têm um trabalho relativamente fácil, realizado em instalações quentes e arejadas; em outros, porém, executam um trabalho duro e exaustivo, sem alimentação suficiente e roupas adequadas. Muitas crianças se queixam: "Não como direito, dão-me somente batata e sal, nunca como carne nem pão, não vou à escola, não tenho roupas"; "Hoje não tive nada para comer até o meio-dia, em casa não se almoça, como quase sempre batata com sal e pão, às vezes"; "Esta é toda a roupa que tenho, em casa não há roupa de domingo". Entre as crianças que executam um trabalho particularmente nocivo, merecem referência os *mould-runners*, que levam à instalação de secagem os moldes com os artigos produzidos e, após a secagem, devem providenciar o retorno dos moldes: vão e voltam durante todo o dia, carregando um peso excessivo para sua idade e têm sua fadiga consideravelmente acrescida pela elevada temperatura que reina na fábrica. Com raríssimas exceções, essas crianças são magras, pálidas, frágeis, pequenas e com precária constituição física; quase todas sofrem de distúrbios estomacais, vômitos, inapetência e muitas morrem por consumpção. Quase nas mesmas condições se encontram os jovens chamados *jiggers* (a designação vem de *jigger*, a roda que fazem girar). O trabalho mais insalubre, porém, é o realizado pelos operários que têm por tarefa mergulhar os produtos já prontos num líquido que contém grande quantidade de chumbo (às vezes também de arsênico) e por aqueles que têm de recolher as cerâmicas mergulhadas nessa solução. As mãos e as roupas desses operários – crianças e homens – estão sempre molhadas com esse líquido, que enfraquece a pele e fá--la escamar-se; o manuseio constante de peças ásperas causa-lhes feridas que frequentemente sangram e, com a pele já vulnerável, favorecem a absorção daquelas substâncias nocivas. Disso resultam dores violentas e graves doenças estomacais e intestinais, uma persistente prisão de ventre, cólicas, por vezes consumpções e, nas crianças, *com enorme frequência*, ataques de epilepsia. Entre os homens, é comum uma paralisia parcial dos músculos da mão, a *colica pictorum*[a] e a paralisia de outras partes do corpo. Uma testemunha relata que duas crianças que trabalhavam com ela nessa atividade morreram durante o trabalho, com convulsões; outra, que, quando rapaz, trabalhou dois anos como ajudante na mesma atividade, conta que inicialmente sentiu violentas dores no abdome, depois teve convulsões que o obrigaram a dois meses de cama e, desde então, os ataques tornaram-se mais frequentes e hoje *sofre convulsões epilépticas de dez a vinte vezes por dia* – tem o lado direito paralisado e, segundo os médicos, está incapacitado para o trabalho. Na seção de imersão de uma cerâmica, há quatro homens que sofrem com violentas cólicas e são epilépticos e onze jovens, alguns dos quais já epilépticos. Em síntese, essa terrível doença é quase sempre uma consequência desse tipo de trabalho – e, mais uma vez, para o maior lucro da burguesia! Nas seções onde se faz o polimento da faiança, a atmosfera está saturada de uma fina poeira de sílex, tão nociva ao aparelho respiratório quanto as partículas metálicas que os afiadores de Sheffield aspiram; aqui, os operários respiram com dificuldade, não conseguem conservar-se deitados, têm chagas na garganta e tossem violentamente e sua voz enrouquece a ponto de tornar-se inaudível. Também eles, todos, morrem tuberculosos. Quanto à instrução, tenho infor-

---

[a] Cólica dos pintores, doença típica de pintores que utilizam alvaiade.

mações de que na região das cerâmicas há um número relativamente grande de escolas que permitem que as crianças se instruam, mas estas não as aproveitam porque, desde muito cedo, vão para as fábricas e trabalham em turnos muito longos (geralmente doze horas ou mais); por isso, três quartos das crianças examinadas pelo inspetor não sabiam ler nem escrever e em todo o distrito reinava um grande índice de analfabetismo – crianças que, durante anos, frequentaram as escolas dominicais eram incapazes de distinguir uma letra de outra e, também em todo o distrito, a educação moral e religiosa, e não só a intelectual, apresentava nível muito baixo (Scriven, *Report e evid.*).

Igualmente na *fabricação do vidro* há tipos de trabalho que, se não parecem prejudicar os homens, são muito nocivos às crianças. O trabalho árduo, o horário irregular e sobretudo a elevada temperatura das instalações onde se produz o vidro (de 100° a 130° Fahrenheit)[a] provocam nas crianças uma fraqueza e um mal-estar gerais, um desenvolvimento anômalo e principalmente afecções oculares, doenças estomacais, doenças dos brônquios e reumatismos. Muitas crianças são pálidas, trazem os olhos irritados e perdem a visão por semanas, sofrem de náuseas violentas, vômitos, tosse, resfriados e dores reumáticas. Para recolher as peças dos fornos, as crianças passam por espaços nos quais o piso arde sob seus pés. Quanto aos sopradores do vidro, na maior parte dos casos morrem precocemente de fraqueza e doenças pulmonares (Leifchild, *Report*, apêndice, parte II, p. L 2 e ss., 11, 12; Franks, *Report*, apêndice, parte II, p. K 7 e 48; Tancred, *evid.*, apêndice, parte II, p. 176 etc., todos no *Children's Employment Report*).

Em geral, o mesmo relatório indica em todos os ramos da indústria a gradual, mas segura, penetração do sistema fabril, evidenciada especialmente pelo emprego de mulheres e crianças. Não creio que seja necessário, aqui, detalhar os progressos da maquinaria e o modo como acarretam o desemprego dos homens adultos. Essa lacuna pode facilmente ser preenchida por qualquer pessoa que tenha algum conhecimento da indústria – aqui, falta-me espaço para examinar cuidadosamente esse aspecto do atual sistema de produção, cujos resultados expus quando tratei do regime fabril. Em todas as partes se utilizam máquinas e, assim, destroem-se os últimos vestígios da autonomia do operário. Em todas as partes, a família desagrega-se por causa do trabalho feminino e infantil ou vê-se subvertida pelo desemprego do homem. Em todas as partes, o advento inelutável das máquinas subordina a indústria e, com ela, o operário ao grande capitalista. A centralização

---

[a] No texto de Engels: "de 300° a 330° Fahrenheit".

da propriedade[a] prossegue sem cessar, a divisão da sociedade em grandes capitalistas e operários que nada possuem torna-se hoje mais nítida. E o desenvolvimento industrial da nação avança, a passos gigantescos, para uma crise inevitável.

Já tive oportunidade de assinalar anteriormente que também no artesanato o poder do capital, unido por vezes à divisão do trabalho, produziu idênticos resultados, deslocando a pequena burguesia e confrontando grandes capitalistas e proletários desprovidos de tudo. Sobre tais artesãos, de fato há pouco a expor, porque tudo que lhes diz respeito está contido no que argumentamos sobre o proletariado fabril em geral; de resto, o trabalho e suas consequências sobre a saúde desses trabalhadores sofreu poucas modificações desde que se iniciou o movimento industrial. No entanto, os contatos com os operários fabris propriamente ditos, as pressões dos grandes capitalistas (que se tornaram muito mais sensíveis que as dos pequenos patrões, com os quais, apesar de tudo, os aprendizes mantinham relações pessoais), a influência da vida das grandes cidades e a redução dos salários induziram quase todos os artesãos a participar ativamente dos movimentos operários. Mais adiante trataremos disso; por agora, devemos mencionar uma categoria da população trabalhadora de Londres que merece particular atenção, dada a inaudita barbárie com que é explorada pela burguesia – trata-se das modistas e das costureiras.

É muito característico que a fabricação de artigos que servem de adorno às *damas da burguesia* acarrete graves danos à saúde das operárias nela ocupadas. Já vimos isso ao examinar a fabricação de rendas e temos agora mais uma demonstração desse fato, oferecida pelos negócios de moda de Londres. Os estabelecimentos ocupam grande número de moças – parece que cerca de 15 mil ao todo –, que vivem, comem e dormem no próprio local em que trabalham, na maioria originárias do campo e completamente escravizadas pelos patrões que as empregam. Durante a *alta estação* (*fashionable*), que dura 4 meses por ano, a jornada de trabalho, inclusive nos melhores estabelecimentos, atinge 15 horas e mesmo, se há encomendas urgentes, 18 horas; na maioria dos estabelecimentos, nesse período se trabalha sem horário determinado, de tal modo que as moças nunca têm mais de 6 horas (até mesmo 3 ou 4 e, no limite, 2 horas) em 24 horas para repousar e dormir – e, às vezes, trabalham 24 horas sem parar! O único limite para o trabalho é a efetiva incapacidade física de segurar a agulha entre os dedos nem que seja por mais um minuto. Já ocorreu a uma dessas indefesas criaturas passar nove dias

---

[a] Na edição de 1892: "centralização do capital".

seguidos sem trocar de roupa, só repousando por breves momentos sobre um colchonete, quando lhe davam a comida já cortada em pedaços, para que pudesse engoli-la o mais rapidamente possível. Para resumir, essas infelizes moças, submetidas ao chicote moral da escravidão moderna que é a ameaça do despedimento, são obrigadas a um trabalho tão contínuo e fatigante que nenhum homem robusto suportaria, quanto mais jovens frágeis de 14 a 21 anos. E isso, na atmosfera sufocante dos ateliês e também dos dormitórios, a postura encurvada, a alimentação insuficiente e indigesta, mais o trabalho prolongado e a falta de ar puro, provoca graves danos à saúde das moças. Os primeiros efeitos logo aparecem: abatimento, fraqueza, perda do apetite, dores nas costas e nos quadris e sobretudo dores de cabeça; depois vêm os desvios da coluna vertebral, as deformações nos ombros, o emagrecimento, os olhos congestionados, doloridos e lacrimosos, em breve afetados pela miopia, a tosse, a dispneia, a respiração ofegante e todos os distúrbios no desenvolvimento feminino. Em muitos casos, o esforço ocular deriva numa cegueira incurável, uma total disfunção visual; e quando os olhos resistem, a tuberculose encarrega-se de pôr um ponto final na breve e triste vida dessas modistas. Mesmo aquelas que abandonam a tempo esse trabalho não se livram dos ônus sobre sua constituição física: casadas, adoecem com frequência e dão à luz crianças muito frágeis. Todos os médicos ouvidos pelo inspetor (da *Children's Employment Commission*) afirmaram unanimemente que esse é o modo de vida mais indicado para destruir a saúde e provocar a morte prematura.

Com a mesma crueldade, ainda que não tão diretamente, são exploradas em Londres as costureiras de todos os tipos. As moças ocupadas na confecção de espartilhos fazem um trabalho duro, fatigante, nocivo para os olhos – e qual o seu salário? Ignoro-o; mas sei que o agenciador – aquele que recebe o material de quem faz as encomendas e por ele fica responsável e reparte o trabalho entre as costureiras, que executam a tarefa em casa – recebe 1,5 *penny* por peça (15 *pfennings* prussianos); daí, ele retira seu ganho, que não é inferior a meio *penny* e na bolsa da pobre costureira não entra mais, portanto, que 1 *penny*. As costureiras que fazem gravatas comprometem-se a trabalhar 16 horas diárias e recebem semanalmente 4,5 *shillings*, equivalentes a 1,5 táler, com os quais se pode comprar mais ou menos o que se compra com 20 *groschen* de prata na cidade mais cara da Alemanha[1]. A situação pior, todavia, é daquelas que confeccionam camisas:

---

[1] Cf. *Weekly Dispatch*, edições de 17 de março e de 25 de agosto de 1844.

por uma camisa comum, recebem 1,5 *penny* – até há pouco, recebiam de 2 a 3 *pence*; contudo, quando a Casa dos Pobres de St. Pancras, gerida por uma administração de *burgueses radicais*, começou a aceitar esse trabalho por 1,5 *penny*, essas desgraçadas mulheres tiveram de fazer o mesmo. Elas recebem 6 *pence* (ou seja, 5 *groschen* de prata) pela confecção de uma camisa mais fina, debruada, que pode ser feita numa jornada de 18 horas. O salário semanal dessas camiseiras chega, conforme o depoimento de trabalhadores e agenciadores, a 2,5 *shillings* a 3 *shillings*, se laborarem intensivamente até noite alta! Mas o cúmulo dessa escandalosa barbárie é o depósito que as costureiras devem deixar com o agenciador, para garantir em parte o material que lhes é confiado. Elas só podem fazê-lo – e os agenciadores sabem-no muito bem – empenhando parte desse material, que resgatam com prejuízo; se não conseguem resgatá-lo da casa de penhores, são levadas à barra do tribunal, como aconteceu a uma costureira em novembro de 1843[a]. Em agosto de 1844, uma infeliz que estava nessa situação, e não sabia o que fazer, jogou-se num canal e morreu afogada[b]. Essas costureiras, habitualmente, vivem em casas exíguas e miseráveis e trabalham amontoadas num único cômodo, no qual, no inverno, o único aquecimento é o calor de seus corpos. Sentadas, encurvadas, costuram das quatro ou cinco horas da manhã até a meia-noite, arruinando em poucos anos sua saúde e morrendo precocemente sem poder satisfazer as mais elementares necessidades da vida[2] – enquanto, diante de seus olhos, passam as esplêndidas carruagens da alta burguesia e, muito provavelmente, a dez passos dali, um dândi desprezível perde, numa única noite de jogo, mais dinheiro do que elas podem ganhar num ano inteiro.

Essa é a situação do proletariado industrial inglês. Para onde quer que nos voltemos, defrontamo-nos com miséria – permanente ou intermiten-

---

[a] Os jornais *Weekly Dispatch*, edição de 5 de novembro de 1843, e *Northern Star*, edição de 25 de novembro de 1843 – certamente compulsados por Engels –, noticiaram casos desse gênero.

[b] Esse suicídio – de Elisabeth Kendall, 19 anos – foi reportado pelo *Northern Star*, edição de 31 de agosto de 1844.

[2] Thomas Hood, o mais genial dos humoristas ingleses contemporâneos, cheio de sentimentos humanitários como todos os humoristas, mas com pouca força intelectual, publicou, em inícios de 1844, quando todos os jornais abordavam a miséria das costureiras, uma bela poesia, "The song of the shirt" [A canção da camisa], que arrancou das jovens burguesas muitas lágrimas piedosas, embora inúteis. Não disponho de espaço para transcrevê-la aqui; apareceu primeiro no *Punch* e depois em todos os jornais. Como, desde então, a situação das costureiras vem sendo discutida amplamente na imprensa, são desnecessárias referências mais específicas. [O poema referido por Engels não foi publicado em inícios de 1844, mas na edição do *Punch* relativa ao Natal de 1843. (N.E.)]

te –, doenças provocadas pelas condições de vida ou de trabalho, degradação moral; por todos os lados, o que vemos é a liquidação, a lenta – mas segura – destruição física e espiritual da natureza humana. Será esta uma situação duradoura?

Não, essa situação não pode e não vai perdurar. Os operários, a grande maioria do povo, não a querem – vejamos o que *eles* dizem sobre ela.

Os movimentos operários

Mesmo que deixe de lado as diversas provas aqui oferecidas, apoiadas em inúmeros exemplos específicos, o leitor haverá de conceder facilmente que os operários ingleses não podem estar felizes nas condições em que vivem; haverá de conceder que sua situação não é aquela em que um homem – ou uma classe inteira de homens – possa pensar, sentir e viver humanamente. Os operários devem, portanto, procurar sair dessa situação que os embrutece, criar para si uma existência melhor e mais humana e, para isso, devem lutar contra os interesses da burguesia enquanto tal, que consistem precisamente na exploração dos operários. Mas a burguesia defende seus interesses com todas as forças que pode mobilizar, por meio da propriedade e por meio do poder estatal que está à sua disposição. A partir do momento em que o operário procura escapar ao atual estado de coisas, o burguês torna-se seu inimigo declarado.

Ademais, o operário compreende, a cada instante, que o burguês o trata como uma coisa, como propriedade sua, e já essa razão basta para que ele assuma uma posição hostil à burguesia. Demonstrei – com a ajuda de centenas de exemplos (e outras centenas poderiam ser citadas) – que, nas circunstâncias atuais, o operário só pode salvar sua condição humana pelo ódio e pela rebelião contra a burguesia. E o modo por que protesta com a paixão mais violenta contra a tirania dos possuidores tem raízes na sua educação – ou melhor, na sua falta de educação – e na influência do ardente sangue irlandês, largamente infundido nas veias da classe operária inglesa. O operário inglês já não é mais um inglês, calculista e aferrado ao dinheiro como seus compatriotas proprietários; seus sentimentos se expressam mais plenamente – nele, a originária frieza nórdica foi compensada pela liberdade com que suas paixões se desenvolveram e o dominam. A educação intelectual, que tão fortemente estimula no burguês da Inglaterra o egoísmo, fazendo deste o eixo de sua vida e concentrando toda a sua energia afetiva na cobiça, essa educação falta ao operário e, por isso, suas paixões são vigorosas e arrebatadoras como as de outros povos. A nacionalidade inglesa está anulada entre os operários.

Se, como vimos, o operário só pode afirmar sua própria qualidade humana pela oposição contra todas as suas condições de vida, compreende-se que precisamente nessa oposição os operários se mostrem mais dignos, mais nobres e mais humanos. Veremos que, para isso, eles dirigirão todas as suas energias e esforços, inclusive aqueles voltados para a aquisição de um mínimo de cultura. É verdade que teremos de nos referir a casos de violência individual e mesmo de brutalidade, mas não podemos esquecer que, na Inglaterra, existe uma guerra social aberta e que, se a burguesia tem todo o interesse em conduzi-la hipocritamente, sob o manto da paz e até da filantropia, aos operários só pode favorecer a revelação das relações reais, só pode favorecer a destruição dessa hipocrisia. É necessário sublinhar, portanto, que mesmo os atos mais violentos de hostilidade dos operários contra a burguesia e seus servidores não são mais que a expressão aberta e sem disfarces daquilo que, às ocultas e perfidamente, a burguesia inflige aos operários.

A revolta dos operários contra a burguesia seguiu de perto o desenvolvimento da indústria e atravessou diversas fases. Não é este o lugar para indicar a importância histórica dessa luta para a evolução do povo inglês – reservo a abordagem dessa questão para um trabalho futuro; por agora, limitar-me-ei aos fatos puros e simples, na medida em que podem servir para caracterizar a situação do proletariado inglês.

A primeira forma, a mais brutal e estéril, que essa revolta assumiu foi o crime. O operário, vivendo na miséria e na indigência, via que os outros desfrutavam de existência melhor. Não podia compreender racionalmente porque precisamente ele, fazendo pela sociedade o que não faziam os ricos ociosos, tinha de suportar condições tão horríveis. E logo a miséria prevaleceu sobre o respeito inato pela propriedade: começou a roubar. Já vimos que o aumento da delinquência acompanhou a expansão da indústria e que, a cada ano, há uma relação direta entre o número de prisões e o de fardos de algodão consumidos.

Rapidamente, porém, os operários verificaram que o roubo não serve para nada. Os delinquentes, com suas ações, protestavam contra a ordem existente de forma isolada, individual; e todo o poder da sociedade se abatia sobre o indivíduo, esmagava-o com sua enorme potência. Ademais, o furto era a forma de protesto mais rudimentar e inconsciente; nunca foi a expressão geral da opinião pública dos operários, mesmo que estes o aprovassem tacitamente. A *classe* dos operários deu início à sua oposição à burguesia quando se rebelou violentamente contra a introdução das máquinas, nos primeiros passos do movimento industrial. Assim, os primeiros inventores – Arkwright e outros – foram perseguidos e suas máquinas destruídas; mais tarde, eclodiu uma série de revoltas contra as máquinas, numa sequência similar às agitações dos estampadores da Boêmia em junho de 1844[a]: fábricas foram demolidas e máquinas foram feitas em pedaços.

Mas essa forma de oposição era também isolada, limitada a determinadas localidades e dirigia-se contra um único aspecto da situação atual. Logo que os operários atingiam seu objetivo imediato, o poder da sociedade abatia-se violentamente sobre os responsáveis, agora inermes, e castigava-os à vontade, enquanto as máquinas continuavam a ser introduzidas. Tornava-se necessário encontrar uma forma nova de oposição.

Para tanto, foi relevante uma lei aprovada pelo velho Parlamento, anterior à reforma e controlado pela oligarquia *tory* – depois do *Reform Bill*[b], que sancionou legalmente a oposição entre proletariado e burguesia, com esta elevada à categoria de classe dominante, uma tal lei jamais passaria na Câmara Alta. A lei em questão, aprovada em 1824, anulava todas as disposições precedentes que, até então, proibiam aos operários associar-se para a defesa de seus interesses. Os operários conquistaram assim um direito que, até esta data, era um privilégio reservado à aristocracia e à burguesia: a *liberdade de associação*. Anteriormente, existiram sociedades secretas entre os operários, mas sem a obtenção de resultados significativos. Na Escócia, por exemplo, em 1812 (quem o relata é Symons, *Arts and Artisans*, p. 137 e ss.), uma associação secreta organizou uma greve geral dos tecelões de Glasgow; a greve repetiu-se em 1822 e, nessa oportunidade, dois operários – que não quiseram aderir à sociedade e, por isso, foram considerados traidores por seus membros – foram agredidos, jogaram-lhes vitríolo no rosto e ficaram cegos. Pouco antes, em 1818, a associação dos mineiros escoceses tivera força suficiente para organizar uma greve geral. Essas associações, que exigiam de seus membros juramentos de fidelidade e de segredo, dispunham de registros atualizados, caixas e controles financeiros e tinham ramificações regionais; no entanto, a clandestinidade em que se moviam impedia seu desenvolvimento.

---

[a] Trata-se das revoltas da Silésia e da Boêmia, já mencionadas por Engels no Prefácio (cf., *supra*, nota a, p. 42).

[b] Sobre a reforma operada pelo *Reform Bill* de 1832, cf., *supra*, nota a, p. 60.

Friedrich Engels

Quando, em 1824, os operários obtiveram o direito à livre associação, essas sociedades rapidamente se expandiram por toda a Inglaterra e tornaram-se fortes. Em todos os ramos de trabalho constituíram-se organizações semelhantes (*trade unions*), com o objetivo declarado de proteger o operário contra a tirania e o descaso da burguesia. Eram suas finalidades fixar o salário, negociar *en masse*[a], como *força*, com os patrões, regular os salários em relação aos lucros patronais, aumentá-los no momento propício e mantê-los em todas as partes no mesmo nível para cada ramo de trabalho; por isso, trataram de negociar com os capitalistas uma escala salarial a ser cumprida por todos e recusar empregos oferecidos por aqueles que não a respeitassem. Ademais, outras finalidades eram: manter o nível de procura do trabalho, limitando o emprego de aprendizes e, assim, impedir também a redução dos salários; combater, no limite do possível, os estratagemas patronais utilizados para reduzir salários mediante a utilização de novas máquinas e instrumentos de trabalho etc.; e, enfim, ajudar financeiramente os operários desempregados. Essa ajuda se efetua diretamente, com os fundos de caixa da associação, ou mediante um cartão de identificação, em que constam os dados do titular, que vai de localidade em localidade procurando trabalho e, em cada uma delas, apresentando-se aos seus companheiros, recebe deles indicações e apoio para conseguir emprego – os trabalhadores chamam a esse movimento migratório *the tramp* e, por isso, quem o faz é um *tramper*. Para colimar seus fins, a associação elege um presidente e um secretário, que recebem um estipêndio – porque é óbvio que não se pode esperar que os patrões deem emprego a esse tipo de operários –, e um comitê, que é responsável pelo recolhimento semanal das cotas e pelo bom uso do fundo com elas constituído. Quando foi possível e vantajoso, os operários de um mesmo ramo de trabalho de diferentes distritos uniram-se numa associação federada, organizando assembleias de delegados em datas fixas. Em alguns casos, tentou-se unir *numa só organização* de toda a Inglaterra os operários de um *mesmo* ramo e também houve tentativas – a primeira, em 1830 – de criar uma única associação geral de operários de todo o reino, com organizações específicas para cada categoria; mas esses experimentos foram raros e de curta duração, porque uma organização desse tipo só pode ter vida e eficácia à base de uma agitação geral de excepcional intensidade.

Vejamos agora os meios que essas associações costumam utilizar para a consecução de seus objetivos. Se um patrão, ou mais de um, recusa-se a

---

[a] Em francês, no original: "coletivamente".

A situação da classe trabalhadora na Inglaterra

pagar o salário fixado pela associação, esta o procura com uma delegação ou envia-lhe uma petição (como se vê, os operários sabem reconhecer o poder do industrial em seu pequeno Estado, a fábrica, da qual é senhor absoluto); se disso nada resulta, a associação ordena a suspensão do trabalho e os operários vão embora. Essa suspensão do trabalho (*turn-out* ou *strike*) é parcial, quando um ou alguns patrões se recusam a pagar o salário proposto pela associação, ou geral, quando a recusa provém de todos os patrões de um determinado ramo. Esses são os meios legais de que se pode valer a associação, desde que a suspensão do trabalho seja precedida de um aviso prévio – o que nem sempre acontece. Tais meios, no entanto, são extremamente limitados, porque há operários que não participam da associação e outros que, seduzidos pelas efêmeras vantagens que os burgueses lhes oferecem, dela se afastam. Sobretudo no caso de greves parciais, os industriais não têm dificuldades em recrutar dentre essas ovelhas negras um certo número de indivíduos (chamados *knobsticks*) e levar ao fracasso os esforços dos operários associados. Habitualmente, os *knobsticks* são ameaçados pelos membros da associação, insultados, maltratados e agredidos, em suma, são atemorizados de várias formas; e basta que um deles faça uma denúncia em tribunal contra um membro da associação, caracterizando o cometimento de um ato ilegal, para que a associação seja penalizada – é que a burguesia, tão amante da legalidade, ainda conserva o poder nas mãos – e tenha sua força vulnerabilizada.

    A história dessas associações é a história de uma longa série de derrotas dos trabalhadores, interrompida por algumas vitórias esporádicas. É natural que todos esses esforços não possam mudar a lei econômica segundo a qual o salário, no mercado de trabalho, é regulado[a] pela relação entre a demanda e a oferta. As associações são impotentes diante de todas as *grandes* causas que operam sobre essa relação: durante uma crise comercial, a própria associação deve reduzir o salário que exige ou desagregar-se; e, no caso de um crescimento importante da demanda de trabalho, não pode fixar um salário mais alto que aquele determinado pela concorrência entre os capitalistas. No entanto, no que tange a causas de menor magnitude, sua ação é eficaz. Se o industrial não esperasse uma oposição concentrada e maciça dos operários, para aumentar seus lucros ele reduziria, gradativamente e sempre, mais os salários; a luta concorrencial que trava com os outros industriais o constrangeria a isso e os salários rapidamente desceriam ao

---

[a] Na edição de 1892, "regulado" é substituído por "determinado" (*bestimmt*).

seu limite mínimo. Mas essa concorrência *entre os industriais* é, *em condições médias*, entravada pela oposição dos operários. Todo industrial já sabe muito bem que a consequência de uma redução dos salários, não justificada por circunstâncias com que se defrontem também seus concorrentes, é uma greve que lhe traz prejuízos – durante a duração da greve, seu capital fica inativo e suas máquinas se deterioram. E nesse caso, ademais, ele não tem a segurança de que poderá impor a redução salarial e sabe também que, se a impuser, seus concorrentes farão o mesmo, com o que reduzirão os preços de seus produtos e anularão as vantagens que obteve. Além disso, após uma crise, as associações frequentemente impõem um aumento de salário que, sem a sua intervenção, tardaria mais a efetivar-se: se o industrial resiste a aumentar os salários até o ponto em que não pode mais fazê-lo pela concorrência dos outros industriais, agora são os próprios operários que o pressionam quando o mercado de trabalho lhes é mais favorável – e, nessas condições, podem obrigá-lo a um aumento mediante uma greve.

Entretanto, como dissemos, as associações são impotentes diante das causas mais importantes que condicionam o mercado de trabalho. E quando estas esfaimam os operários, a greve se perde: pouco a pouco os operários aceitam trabalho sob quaisquer condições e, mesmo que o número deles seja pequeno, isso basta para anular a força da associação – os *knobsticks* e os estoques de mercadorias que ainda existem no mercado permitem à burguesia obviar as consequências negativas da greve sobre seus negócios. Os fundos da associação logo se esgotam, dado o grande número de operários que recorrem a ele; os merceeiros não tardam a negar o crédito, que inicialmente concediam a altos juros – e a necessidade obriga os operários a retornar ao jugo da burguesia. Os industriais, forçados pela oposição dos operários, são levados a evitar reduções salariais desnecessárias, mas os operários, por seu turno, consideram toda e qualquer diminuição dos salários, mesmo que determinada pelas condições econômicas, uma piora de sua situação que deve ser evitada de qualquer modo – por isso, a maior parte das greves termina mal para os operários.

É, pois, de se perguntar: por que os operários entram em greve, dada a evidente ineficácia de sua ação? Simplesmente porque *devem* protestar contra a redução do salário e mesmo contra a necessidade de uma tal redução; devem expressar claramente que, como homens, não podem adaptar-se às circunstâncias, mas, ao contrário, as circunstâncias devem adaptar-se a *eles*, os homens – porque sua omissão equivaleria à aceitação dessas condições de vida, ao reconhecimento do direito de a burguesia explorá-los durante os períodos de prosperidade e deixá-los morrer de fome nos períodos desfavoráveis. Os operários protestam porque ainda não perderam os sentimentos humanos – e protestam *desse modo* porque são ingleses, pessoas práticas, que expressam *na ação* o seu protesto; não são teóricos alemães, que, devidamente protocolado e posto *ad acta*[a] seu protesto, vão para casa dormir o sono tranquilo dos contestatários. Ao contrário, o protesto concreto dos ingleses tem sua eficácia: mantém em certos limites a avidez da burguesia e estimula a oposição dos operários contra a onipotência social e política da classe proprietária, ao mesmo tempo em que leva os trabalhadores a compreender que, para destruir o poder da burguesia, é preciso algo mais que associações operárias e greves.

Entretanto, essas associações e as greves que elas organizam adquirem uma importância específica na escala em que representam a primeira tentativa operária para *suprimir a concorrência* – o que pressupõe a consciência de que o poder da burguesia se apoia unicamente na concorrência entre os operários, isto é, na divisão do proletariado, na recíproca contraposição dos interesses dos operários tomados como indivíduos. As associações, ainda que de modo unilateral e limitado, confrontam-se diretamente com a concorrência, o nervo vital da ordem social vigente, e por isso constituem uma grave ameaça a essa ordem. Esse é o ponto mais nevrálgico que o operário poderia encontrar para dirigir seus ataques à burguesia e à inteira estrutura da sociedade. Uma vez suprimida a concorrência entre os operários, uma vez que todos se decidam a não mais deixar-se explorar pela burguesia, o reino da propriedade chegará ao fim. O salário depende da relação entre demanda e oferta, da conjuntura do mercado de trabalho, porque, até hoje, os operários deixaram-se tratar como coisas que se podem comprar e vender; quando decidirem não mais se deixar comprar e vender, quando se afirmarem como *homens* na determinação do valor efetivo do trabalho, quando demonstrarem que, além de força de trabalho, eles dispõem também de vontade, então toda a economia política moderna e as leis que regem o salário haverão de desaparecer. É claro que, se os operários se contentassem em apenas abolir a concorrência entre si, as leis que regem o salário voltariam a impor-se novamente; se se contentassem com isso, trairiam seu movimento atual e a mútua concorrência retornaria – por isso, não se contentarão. A necessidade os compele a destruir não uma *parte* da concorrência, mas a concorrência em geral, e é isso que farão. Já agora, os operários compreendem cada vez mais

---

[a] Em latim, no original: "nas atas".

o que lhes custa a concorrência; compreendem, melhor que os burgueses, que a concorrência entre os proprietários, que provoca as crises comerciais e oprime os trabalhadores, também precisa ser eliminada. E bem depressa saberão *como* fazê-lo.

É supérfluo assinalar que essas associações contribuem notavelmente para alimentar o ódio e a revolta dos operários contra a classe proprietária. Em períodos de particular agitação, elas dão origem, com ou sem o conhecimento de seus dirigentes, a ações isoladas, guiadas por uma paixão selvagem e irrefreável, que só se explicam por um ódio exacerbado até o desespero. Entre tais ações, sobressaem os casos já referidos de pessoas atacadas com vitríolo e uma série de outros, de que darei exemplos a seguir. Em 1831, em Hyde (perto de Manchester), o jovem industrial Ashton, por ocasião de uma violenta agitação operária, foi morto com um tiro quando atravessava uma campina à noite; não há dúvida de que se tratou de uma vingança operária, mas não se identificaram os culpados[a]. Não são incomuns as tentativas de incendiar ou explodir fábricas. Em 29 de setembro de 1843, uma sexta-feira, valendo-se de um tubo de ferro cheio de pólvora e com as extremidades tampadas, desconhecidos tentaram explodir as instalações do industrial Padgin, fabricante de serras, na Howard Street, em Sheffield; os prejuízos foram consideráveis[b]. No dia seguinte, 30 de outubro de 1843, a cutelaria do industrial Ibbetson, situada em Shales Moor, perto de Sheffield, sofreu atentado análogo; o senhor Ibbetson era particularmente odiado por participar ativamente dos movimentos burgueses e pelos baixos salários que pagava, empregando somente *knobsticks* e recorrendo às leis sobre os pobres em seu proveito (de fato, durante a crise de 1842, depois de forçar os operários a aceitar um salário miserável, denunciou os que o recusaram às autoridades encarregadas de distribuir auxílios como capazes de trabalhar e que, não o fazendo, viram-se impedidos de receber qualquer ajuda); a explosão causou muitos danos e todos os operários que observaram seus efeitos apenas lamentaram "que o estabelecimento não tivesse sido inteiramente destruído". Na sexta-feira seguinte, 6 de outubro de 1843, uma tentativa de incendiar a fábrica Ainsworth & Crompton, em Bolton, foi frustrada – era a terceira ou

---

[a] Aqui a fonte de Engels é P. Gaskell (*The Manufacturing Population of England...*, cit., p. 299), e há equívocos na informação: o processo decorreu em 1834 e, dos três implicados – Joseph e William Mosley e William Garside –, dois foram enforcados.

[b] O fato foi noticiado pelo *Northern Star*, edição de 7 de outubro de 1843.

quarta tentativa do gênero, num curto espaço de tempo, contra a mesma fábrica[a]. Na sessão do Conselho Municipal de Sheffield de 10 de janeiro de 1844, uma quarta-feira, o comissário de polícia apresentou um artefato explosivo – receptáculo de ferro fundido, carregado com quatro libras de pólvora e uma mecha que chegou a ser incendiada – encontrado na fábrica do senhor Kitchen, na Earl Street (Sheffield)[b]. A 21 de janeiro[c], um domingo, pacotes de pólvora lançados do exterior explodiram na fábrica de serras de Bentley & White, localizada em Bury, no Lancashire, causando grandes danos[d]. Em 1º de fevereiro de 1844, uma quinta-feira, um incêndio provocado destruiu as instalações da Soho Wheel, em Sheffield[e]. Como se vê, seis casos similares em quatro meses, todos com a marca da exasperação operária contra os patrões.

Não é preciso que eu diga quais são as condições sociais que fazem com que coisas como essas se tornem *possíveis*. Esses fatos demonstram claramente que na Inglaterra, mesmo em períodos de prosperidade, como nos fins de 1843, a guerra social é aberta e declarada – e a burguesia ainda não começou a refletir em seu significado! Mas o caso mais clamoroso é o dos *thugs de Glasgow*[1], processados nessa cidade entre 3 e 11 de janeiro de 1838. O processo revelou que a associação dos tecelões de algodão, que existia desde 1816, era excepcionalmente forte e organizada; os associados vinculavam-se sob juramento às decisões da maioria e durante cada greve operava um comitê secreto (desconhecido da grande maioria dos associados), que podia dispor livremente dos fundos. Esse comitê punha a prêmio a cabeça de *knobsticks* e de industriais particularmente odiados, além de fixar recompensas por incêndios a fábricas. Incendiou-se uma fábrica onde moças, na condição de *knobsticks*, substituíam homens na fiação e uma tal senhora MacPherson, mãe de uma dessas moças, foi assassinada – e dois dos assassinos, à custa da associação, fugiram para a América. Já antes, em 1820, foi ferido à bala um *knobstick* de nome MacQuarry, e o agressor

---

[a] Relatada pelo *Manchester Guardian*, edição de 11 de outubro de 1843.
[b] Relatado pelo *Times*, edição de 13 de janeiro de 1844, e pelo *Northern Star*, edição de 20 de janeiro de 1844.
[c] Por equívoco, "20 de janeiro" no texto de Engels.
[d] Relatado pelo *Manchester Guardian*, edição de 24 de janeiro de 1844.
[e] Relatado pelo *Sheffield and Rotherham Independent*, edição de 3 de fevereiro de 1844.
[1] Os *thugs* constituíam uma famosa tribo da Índia oriental, cuja única atividade era o assassinato de todos os estrangeiros que caíam em suas mãos, daí a designação dada a esses operários.

recebeu um prêmio de quinze libras da associação. Posteriormente, certo Graham foi baleado e o atirador ganhou vinte libras, mas foi identificado e recebeu a pena de desterro perpétuo. Enfim, em maio de 1837, por ocasião de uma greve nas fábricas de Oatbank e Mile End, eclodiram desordens no curso das quais uma dúzia de *knobsticks* foram duramente agredidos; no mês de julho seguinte, as desordens prosseguiram e outro *knobstick*, um certo Smith, foi tão esbordoado que quase morreu[a]; na sequência, as autoridades prenderam o comitê e abriu-se um inquérito de que resultou na condenação de seu presidente e dos principais membros a sete anos de deportação por participação em associação ilegal, maus-tratos a *knobsticks* e incêndio na fábrica de James e Francis Wood. Que dizem dessa história nossos bravos alemães[2]?

A classe proprietária (especialmente os industriais, que estão em contato direto com os operários) opõe-se com extrema violência às associações e procura incessantemente demonstrar aos operários sua inutilidade; e o faz recorrendo a argumentos que, válidos do ponto de vista da economia política, são por isso mesmo em parte falaciosos e não conseguem persuadir os operários. O zelo com que a burguesia se empenha nessa demonstração comprova que aqui estão em jogo seus interesses; mesmo prescindindo dos prejuízos imediatos decorrentes de uma greve, tudo que entra na bolsa do burguês sai necessariamente da bolsa do operário. E os operários, ainda que não soubessem claramente que suas associações

---

[a] Engels incorre aqui em pequena inexatidão: o *knobstick* foi baleado.

[2] "Que 'justiça feroz' (*wild justice*) deve arder no fundo do coração desses homens para, reunidos em assembleia e depois de fria reflexão, levá-los a julgar seu irmão de trabalho como desertor e traidor da causa de sua classe, a condená-lo a morrer como desertor e traidor e a justiçá-lo por meio de um carrasco secreto (posto que um juiz e um carrasco conhecidos não o fariam), como se o antigo *Femgerich* e o tribunal secreto da cavalaria revivessem assim, súbita e repetidamente ressuscitados ante os olhos estupefatos das pessoas, não mais envoltos em cotas de malha metálica, mas vestidos com veludo de algodão, reunindo-se não mais nas florestas da Vestfália, porém nas calçadas da Gallowgate de Glasgow! Um tal sentimento deve estar muito generalizado e *fortemente enraizado na multidão*, mesmo que só possa assumir essa forma extrema *entre alguns poucos*" (Carlyle, *Chartism*, p. 41). [O *Femgerich* era, no medievo alemão, um tribunal penal competente para emitir sentenças de morte; suas sessões, inspiradas em formas legadas pela tradição germânica, a partir de um certo momento tornaram-se secretas e o tribunal deixou de ater-se aos delitos cometidos para julgar também delitos hipotéticos ou prováveis – e suas sentenças podiam ser executadas por seus emissários no momento da prisão do condenado. Tais emissários, nos séculos XIV e XV, tornaram-se particularmente ativos na Vestfália, mas sua competência se estendia a todo o território do império. (N.E.)]

servem ao menos para travar o desejo dos patrões de reduzir os salários, continuariam a mantê-las na medida em que causam danos aos seus inimigos, os patrões. Na guerra, aquilo que prejudica a uma das partes favorece a outra – e como os operários estão em pé de guerra contra os patrões, aqui as coisas se passam exatamente como quando as grandes potências se entredevoram.

Entre todos os burgueses, o mais furioso dos adversários das associações operárias é, mais uma vez, nosso amigo doutor Ure. Ele espuma de ódio contra "os tribunais secretos" dos tecelões de algodão, os operários mais fortemente organizados, que se orgulham de paralisar o trabalho nas fábricas dos industriais mais recalcitrantes e de "arruinar assim o homem que, durante anos, lhes assegurou a vida". Fala de uma época em que "a mente criadora e o coração vivificante da indústria se tornaram escravos dos agitados membros inferiores" – é uma pena que os operários ingleses não se deixem encantar pela tua fábula como os plebeus romanos, ó novo Menenius Agrippa[a]! – e enfim conta esta bela história: os tecelões de fio grosso na *mule* abusaram de sua própria força até o limite tolerável; os altos salários, ao invés de induzi-los à gratidão para com o industrial e a uma educação intelectual (em ciências inócuas ou no máximo úteis à burguesia, é claro!), levaram-nos ao orgulho e criaram as condições para estimular o espírito de sedição no decurso de greves que, arbitrariamente, vitimaram um grande número de industriais; durante um desses lamentáveis períodos de rebelião, os industriais de Hyde, Dukenfield e arredores, preocupados em não perder mercados para franceses, belgas e americanos, procuraram a fábrica de máquinas de Sharp, Roberts & Co., conclamando a que o gênio inventivo do senhor Sharp[b] criasse um tear automático, de modo "a salvar os negócios da escravatura que os perturbava e da ruína que os ameaçava":

> Em poucos meses foi aprontada uma máquina que parecia dotada do cérebro, do sentimento e da sensibilidade de um operário experiente. Assim, *das mãos do Prometeu moderno, sob o comando de Minerva*, nasceu o "homem de ferro" – como lhe chamam os operários –, uma criatura destinada a restabelecer a ordem entre as classes industriais e a assegurar aos ingleses o domínio industrial. A notícia desse novo trabalho de Hércules espalhou o terror entre

---

[a] Em 494 a. C., o patrício Menenius Agrippa (romano falecido em 493 a. C.) teria dissuadido os plebeus revoltados contando-lhes uma fábula acerca das relações entre o estômago e os membros.

[b] No texto de Ure, o *gênio inventivo* não é Sharp, mas Roberts.

as associações operárias *e antes mesmo de saltar do berço, por assim dizer, estrangulou a hidra da anarquia.*ª

É com argumentação similar que Ure demonstra que a invenção da máquina de estampar de quatro ou cinco cores foi uma consequência da agitação entre os estampadores de tecidos de algodão, que a insubordinação dos tecelões que operavam teares mecânicos levou ao surgimento de uma máquina mais aperfeiçoada para a mercerização – e ele cita vários outros casos análogos³. E, poucas páginas antes, o mesmo Ure empenhou-se longamente na demonstração de que as máquinas são vantajosas para os operários! No combate às associações, aliás, ele não é voz solitária; no relatório sobre as fábricas, o senhor Ashworth, o industrial, e muitos outros não deixaram escapar nenhuma oportunidade para destilar sua ira contra elas. Esses sábios burgueses agem exatamente como certos governos e atribuem todos os movimentos que não compreendem à influência de agitadores mal-intencionados, de maus elementos, de demagogos, de desordeiros e de jovens; sustentam que os funcionários pagos das associações têm interesse em fazer agitação porque vivem disso – como se a burguesia não tivesse tornado necessário seu pagamento, na medida em que não lhes dá emprego!

A enorme frequência de greves é o melhor indicador do ponto a que chegou, na Inglaterra, a guerra social. Não se passa nem uma semana, quase nem um dia, em que não ocorra aqui ou acolá uma paralisação do trabalho: contra uma redução do salário, a propósito da recusa de um aumento, contra o emprego de *knobsticks*, pela recusa patronal de coibir abusos ou de melhorar instalações, contra a introdução de novas máquinas, enfim, por uma centena de causas. Essas greves são em geral pequenas escaramuças de vanguarda e, às vezes, combates mais importantes; não solucionam nada definitivamente, mas são a prova mais segura de que se aproxima o confronto decisivo entre o proletariado e a burguesia. Elas são a escola de guerra na qual os operários se preparam para a grande batalha, agora inevitável; são os pronunciamentos das distintas categorias de operários, consagrando sua adesão ao grande movimento proletário. Se

---

ª Engels reúne, no parágrafo anterior e nessa citação, passos que, no livro de Ure, encontram-se nas p. 282, 366-7 e 370. Recorde-se que, segundo o mito grego, Prometeu roubou aos deuses o fogo da vida para entregá-lo aos homens e foi condenado a padecer encadeado a uma rocha; Minerva, na mitologia romana, era a deusa da sabedoria; Hércules, na mitologia grega, era o herói, personificação da força e da pertinácia.

³ Cf. A. Ure, *The Philosophy of Manufactures*, p. 366 e ss.

examinarmos as edições dos anos mais recentes do *Northern Star*, o único jornal que noticia todos os movimentos operários, veremos que todos os operários das cidades e das indústrias que surgem no campo se uniram a associações e protestaram, intermitentemente, por meio de greves, contra a dominação da burguesia.

E as greves, como escola de guerra, têm uma eficácia insuperável – nelas se desenvolve a coragem própria dos ingleses. No continente, diz-se que os ingleses, particularmente os operários, são covardes, incapazes de realizar uma revolução porque não se entregam, como os franceses, às revoltas diárias, que, enfim, parecem adaptar-se tranquilamente ao regime burguês. Nada mais falso; os operários ingleses não ficam atrás de quaisquer outros no que toca à coragem e são tão pouco cordatos quanto os franceses – mas lutam de modo diverso. Os franceses, com um temperamento essencialmente político, empregam meios políticos na luta contra os males sociais; os ingleses, para os quais a política só existe em função de interesses, em função da sociedade burguesa, em vez de combater o governo, combatem diretamente a burguesia – e esse combate, por agora, só pode ser eficaz por via pacífica. A estagnação comercial e a miséria que se seguiu a ela em 1834 provocaram em Lyon a insurreição pela república; em Manchester, provocaram, em 1842, a greve geral pela *Carta do Povo*[a] e por aumentos salariais. Mas não é difícil compreender que uma greve exige coragem, e por vezes uma coragem e uma resolução maiores, mais firmes, que as reclamadas por uma rebelião. Na verdade, não é pouca coisa para um operário, que conhece a miséria por experiência, ir voluntariamente ao seu encontro, com a mulher e os filhos, e suportar fome e privações por dias e meses e permanecer, apesar de tudo, irredutível e inabalável. Que coisa é a morte, que coisa são as galés que ameaçam os revolucionários franceses, diante da visão cotidiana da família esfaimada, diante da certeza da vingança subsequente da burguesia, que os operários ingleses preferem a submeter-se ao jugo da classe proprietária? Mais adiante, veremos um exemplo dessa coragem tenaz e inflexível do operário inglês, que só cede à violência quando toda resistência se torna inútil e insensata – e é precisamente nessa calma pertinaz, nessa constante firmeza, que supera centenas de provas todos os dias, que o operário inglês desenvolve os aspectos mais admiráveis do seu caráter. Homens que suportam tanto sofrimento para fazer vergar um só burguês certamente têm condições de abater o poderio de toda a burguesia.

---

[a] Cf., *infra*, nota a, p. 262.

Friedrich Engels

Prescindindo de tudo isso, os operários ingleses, em várias ocasiões, demonstraram sua coragem. Se a greve de 1842 não teve grande resultados, isso ocorreu em parte porque os operários foram compelidos a ela pela burguesia e em parte porque os próprios operários não tinham consciência clara de seus objetivos nem estavam suficientemente unidos em relação a eles. Mas sempre comprovaram sobejamente sua coragem quando estavam em jogo objetivos *sociais* bem definidos. Sem falar da insurreição no País de Gales, em 1839, Manchester – durante minha estada, em maio de 1843 – foi palco de uma verdadeira batalha. Uma olaria (Pauling & Henfrey)[a] aumentara as dimensões dos tijolos sem elevar os salários e, naturalmente, vendia seu produto a preços mais altos. Os operários, aos quais era recusado qualquer aumento salarial, abandonaram a olaria e sua associação inscreveu-a na lista daquelas com as quais os trabalhadores não deveriam ter relações. Com enorme dificuldade, no entanto, a empresa conseguiu encontrar operários nos arredores; contra esses *knobsticks*, a associação utilizou primeiro a intimidação. A empresa contratou doze homens – antigos soldados ou policiais – para vigiar seu pátio, todos armados com espingardas. Logo que a intimidação se mostrou ineficaz, uma noite, por volta das dez horas, um grupo de operários oleiros, em formação de combate e com a primeira fila armada de espingardas, avançou para o pátio, que ficava a quatrocentos passos de um quartel de infantaria[4]. Os operários invadiram o pátio e, avistados pelos guardas, abriram fogo, destruíram os tijolos que ainda não tinham secado, derrubaram pilhas de tijolos já prontos, demoliram o que encontraram à sua passagem e penetraram no prédio, onde quebraram os móveis e maltrataram a mulher do vigia que lá morava. Nesse entretempo, os guardas protegeram-se atrás de uma sebe, por onde podiam disparar; quando os operários se encontraram diante de uma fornalha acesa, a luminosidade tornou-os alvos certos para os guardas – mas o combate continuou por mais de meia hora, até o esgotamento da munição dos operários e até que atingissem seu objetivo: a destruição de tudo o que havia para destruir. Só então os operários se retiraram, sob o fogo dos soldados que chegaram; eles foram em direção a Eccles (a três milhas de Manchester) e, no caminho, fizeram a chamada para identificar as baixas e, a seguir, dispersaram-se, naturalmente para cair nas

---

[a] Engels voltará a mencionar essa fábrica no texto "Dados suplementares sobre a situação da classe trabalhadora na Inglaterra. Uma greve inglesa", reproduzido nos Anexos deste volume.

[4] Na esquina de Cross Lane com Regent Road; cf. o mapa de Manchester. [Ver, neste volume, a p. 88. (N.E.)]

mãos de soldados que vinham de todas as partes. A quantidade de feridos deve ter sido alta, mas só se soube o número dos que foram presos a seguir; um deles fora ferido com três tiros (coxa, perna e ombro) e ainda assim se arrastou por mais de quatro milhas. Como se vê, trata-se de homens que dispõem de coragem revolucionária e não temem combates: trata-se de algo muito diverso do que se passa quando – e foi assim em 1842 – uma massa desarmada, que não sabe exatamente o que quer, vê-se inteiramente cercada por soldados e policiais numa praça; na verdade, nesse caso a massa nada teria feito se não fosse provocada pelos agentes do poder público, isto é, do poder da burguesia. Quando o povo está diante de um objetivo bem determinado, dá provas de grande coragem – como, por exemplo, no caso do assalto à fábrica Birley, que depois teve de ser protegida pela artilharia[a].

Aproveitemos o ensejo para dizer algumas palavras sobre o sacrossanto respeito que, na Inglaterra, se dedica à lei. É claro que, para o burguês, a lei é sagrada: trata-se de obra sua, votada com sua concordância, produzida para protegê-lo e garantir seus privilégios; ele sabe que, embora uma lei singular possa prejudicá-lo eventualmente, o conjunto da legislação assegura seus interesses e sabe, sobretudo, que o caráter sagrado da lei, a intangibilidade da ordem social consagrada pela participação ativa da vontade de uma parte da sociedade e pela passividade da outra, é o sustentáculo mais poderoso de sua posição social. O burguês encontra-se a si mesmo na lei, como se encontra em seu próprio deus – por isso, ele a considera sagrada e, também por isso, a borduna policial, que no fundo é a sua borduna, exerce sobre ele um efeito tranquilizador de admirável eficácia. Para o operário, as coisas se apresentam completamente diversas. O operário sabe muitíssimo bem – porque aprendeu várias vezes, por experiência direta e própria – que a lei é um látego produzido pelo burguês; por isso, se não for obrigado, não a cumpre. É ridículo afirmar que o operário inglês teme a polícia: em Manchester, leva corretivos todas as semanas e, no ano passado, chegou-se a assaltar um posto policial, num prédio protegido por portas de ferro e pesadas janelas. A força da polícia na greve de 1842, já o dissemos, consistiu basicamente na indecisão dos próprios operários.

Uma vez que os operários não respeitam a lei, mas apenas reconhecem sua força enquanto eles mesmos não dispõem da força para mudá-la, é mais que natural que avancem propostas para modificá-la, é mais que natural

---

[a] Eventos reportados pelo *Northern Star*, edições de 13 de agosto de 1842 e 27 de maio de 1843.

que, no lugar da lei burguesa, queiram instaurar uma lei proletária. A proposta do proletariado é a *Carta do Povo* (*People's Charter*), cuja forma possui um caráter exclusivamente político e exige uma base democrática para a Câmara Alta[a]. O *cartismo* é a forma condensada da oposição à burguesia. Nas associações e nas greves, a oposição mantinha-se insulada, eram operários ou grupos de operários isolados a combater burgueses isolados; nos poucos casos em que a luta se generalizava, na base dessa generalização estava o cartismo – neste, é toda a classe operária que se insurge contra a burguesia e que ataca, em primeiro lugar, seu poder político, a muralha legal com que ela se protege.

O cartismo nasceu do partido *democrático*, partido que nos anos oitenta do século passado desenvolveu-se *com o proletariado e, ao mesmo tempo, no proletariado*. Reforçando-se durante a Revolução Francesa, quando a paz foi restabelecida apresentou-se como partido *radical*, deslocando seus centros de Londres para Birmingham e Manchester. Aliando-se com a burguesia liberal, impôs aos oligarcas do antigo Parlamento o *Reform Bill*[b] e, desde então, vem se consolidando diante da burguesia sempre mais claramente como partido operário. Em 1838[c], uma comissão da Associação Geral dos Operários de Londres (*London Working Men's Association*), liderada por William Lovett, elaborou a *Carta do Povo*, cujos "seis pontos" são: 1) sufrágio universal para todos os homens maiores, mentalmente sadios e não condenados por crime; 2) renovação anual do Parlamento; 3) remuneração para os parlamentares, para que indivíduos sem recursos possam exercer mandatos; 4) eleições por voto secreto, para evitar a corrupção e a intimidação pela burguesia; 5) colégios eleitorais iguais, para garantir representações equitativas e 6) supressão da exigência (já agora apenas formal) da posse de propriedades fundiárias no valor de trezentas libras como condição para a elegibilidade – isto é, qualquer eleitor pode tornar-se elegível. Esses seis pontos, referidos exclusivamente à Câmara Baixa, são suficientes, por mais anódinos que possam parecer, para fazer ruir a Constituição inglesa e, com

---

[a] A *Carta do Povo* (*People's Charter*), em torno da qual convergiram os vários grupamentos operários já existentes (alguns provindos dos anos 1820), constituindo o *movimento cartista*, foi publicada em maio de 1838, com a reivindicação dos "seis pontos" que Engels resumirá em seguida. Em 1840 organizou-se a Associação Nacional pela Carta e os primeiros anos dessa década registraram o crescimento nacional do *movimento cartista*, que entrou em crise no decênio seguinte.

[b] Cf., *supra*, nota a, p. 60.

[c] As edições de 1845 e 1892, equivocadamente, registram 1835.

ela, a rainha e a Câmara Alta. O chamado elemento monárquico e aristocrático da Constituição só pode manter-se de pé na medida em que a burguesia tenha interesse em sua *aparente* conservação – ambos só existem aparentemente. Mas quando toda a opinião pública encontrar-se representada na Câmara Baixa, quando esta exprimir não só a vontade da burguesia, mas a de toda a nação, ela absorverá todo o poder, de modo que não restará nenhuma auréola à aristocracia e à rainha. O operário inglês não respeita lordes nem rainhas; o burguês, que não os leva em conta nas matérias substantivas, diviniza-os enquanto pessoas. O cartista inglês, politicamente, é um republicano, ainda que quase nunca empregue esse termo; simpatiza com os republicanos de todos os países, mas prefere qualificar-se como democrata. Ele é, porém, um republicano puro e simples: sua democracia não se restringe apenas ao plano político.

Mesmo sendo, desde o seu início, em 1835[a], um movimento essencialmente operário, o cartismo ainda não se distinguia nitidamente da pequena burguesia radical. O radicalismo operário caminhava no mesmo passo que o radicalismo burguês: a *Carta* era uma espécie de *scibboleth*[b] comum, celebravam juntos anualmente as suas *convenções nacionais* e pareciam constituir um único partido. Na época, a pequena burguesia, desiludida com o encaminhamento do *Reform Bill* e com o mau andamento dos negócios nos anos 1837-1839, apresentava-se belicosa e sanguinária e por isso aceitou de bom grado a violenta agitação dos cartistas. Na Alemanha, não se faz ideia da violência dessa agitação: exortou-se abertamente o povo a armar-se e mesmo a sublevar-se – chegou-se a fabricar lanças, como outrora, na Revolução Francesa; por volta de 1838, participava do movimento um certo Stephens, pastor metodista, que se dirigiu ao povo de Manchester, reunido em praça pública, nos seguintes termos:

> Vocês nada têm a temer da força do governo, dos soldados, das baionetas e dos canhões de que dispõem seus opressores; vocês possuem um meio muito mais poderoso, uma arma diante da qual baionetas e canhões são insuficientes – e um menino de dez anos pode utilizá-la: meia dúzia de fósforos e um feixe de palha embebida em alcatrão. Utilizem-na com coragem e verão que, contra essa arma, nada podem o governo e seus milhares de soldados.[5]

---

[a] Não é sem razão que Engels faz essa referência cronológica porque, à época, a emergência do cartismo estava diretamente vinculada à fundação (1835) da já mencionada *London Working Men's Association*.

[b] Do hebraico, aqui utilizado no sentido de "palavra de ordem".

[5] Já vimos como os operários tomaram essas palavras ao pé da letra.

Já então se manifestava o caráter peculiar, *social*, do cartismo operário. O mesmo Stephens, quando 200 mil pessoas se reuniram na colina Kersall-Moor, o *mons sacer* já referido de Manchester[a], arengava:

> O cartismo, meus amigos, não é uma questão política, que trata de obter para vocês o direito de voto etc. Não! O cartismo é uma *questão de garfo e faca*, a *Carta* significa habitação decente, comida e bebida boas, condições de vida dignas e jornada de trabalho reduzida.[b]

Desde esses anos, os movimentos contra a nova lei sobre os pobres e pela lei da limitação da jornada de trabalho a dez horas ligaram-se estreitamente ao cartismo. Em todos os comícios e reuniões da época, participa ativamente o *tory* Oastler e, além da petição nacional em favor da *Carta*, aprovada em Birmingham, circularam centenas de petições em prol da melhoria das condições sociais dos operários; em 1839, a agitação prosseguiu com idêntico vigor e quando, no fim do ano, ela começou a perder força, Bussey, Taylor e Frost investiram numa sublevação que eclodiria simultaneamente na Inglaterra setentrional, no Yorkshire e no País de Gales. Frost foi obrigado a precipitar seu intento, porque revelado por uma traição, e por isso fracassou; os conspiradores do norte souberam desse desfecho a tempo e puderam recuar. Dois meses mais tarde, em janeiro de 1840, eclodiram no Yorkshire, especialmente em Sheffield e em Bradford, as chamadas *revoltas policiais* (*spy outbreaks*)[c], e depois, pouco a pouco, a agitação decresceu. Enquanto isso, a burguesia voltou-se para projetos mais práticos e mais vantajosos para si, particularmente a legislação sobre os grãos; fundou-se em Manchester a *Liga contra as Leis dos Cereais* (*Anti-Corn Law League*)[d] e, na sequência, afrouxaram-se os vínculos entre a burguesia radical e o proletariado. Os operários bem cedo compreenderam que a derrogação da lei sobre os cereais lhes seria pouco vantajosa, ao passo que servia otimamente à burguesia e por isso foi impossível conquistar sua adesão a tal projeto.

Eclodiu, porém, a crise de 1842. A agitação retomou o nível de 1839, mas agora, sofrendo duramente com a crise, a rica burguesia industrial participou dela. A Liga contra as Leis dos Cereais – a associação criada pelos industriais

---

[a] Cf., *supra*, nota b, p. 87.
[b] *Northern Star*, edição de 29 de setembro de 1838.
[c] Tiveram essa designação confrontos entre operários e policiais; soube-se depois que eram causados por provocadores e terminaram com a prisão de dirigentes e militantes operários.
[d] Cf., *supra*, nota 19, p. 217.

manchesterianos – assumiu uma posição violenta e radical. Seus jornais e seus propagandistas utilizaram uma linguagem abertamente revolucionária – também porque, desde 1841, estava no poder o partido conservador. Como os cartistas haviam feito antes, agora os industriais apelaram expressamente para a revolta; quanto aos operários, os mais atingidos pela crise, estes não se mantiveram imobilizados, como prova a petição nacional desse ano, com seus 3,5 milhões de assinaturas. Os dois partidos radicais, que haviam se afastado, agora voltavam a aliar-se: em 14 de fevereiro de 1842[a], em Manchester, numa reunião de liberais e de cartistas, redigiu-se uma petição que reivindicava ao mesmo tempo a derrogação das leis sobre os cereais e a entrada em vigência dos seis pontos da *Carta* – no dia seguinte, essa petição foi adotada pelos dois partidos. A primavera e o verão transcorreram num clima de violenta agitação e miséria crescente. A burguesia estava decidida a aproveitar a crise, a miséria e a tensão geral para conquistar a derrogação das leis sobre os cereais; e dessa vez, como o poder estava nas mãos dos *tories*, dispunha-se a abandonar metade de sua legalidade: dispunha-se a fazer a revolução, mas com os operários – que os operários retirassem as castanhas do fogo e queimassem os próprios dedos em proveito da burguesia. De vários lados ressurgiu a ideia, lançada anteriormente (1839) pelos cartistas, de um *mês sagrado*: um mês de descanso para todos os operários; porém, agora, não eram os operários que pregavam uma greve geral, mas sim os industriais, que queriam fechar suas fábricas, lançar os operários nos distritos rurais sob o controle da aristocracia para, desse modo, compelir o Parlamento e o governo *tories* à abolição das leis sobre os cereais. Sem dúvida que isso provocaria uma sublevação, mas a burguesia, em segurança na retaguarda, poderia esperar o desfecho sem se comprometer inteiramente com ele.

No fim de julho de 1842, os negócios começaram a melhorar; e, *nesse período em que a conjuntura era favorável* (cf. os relatórios comerciais de Manchester e Leeds de fim de julho e princípio de agosto)[b], três empresas de Stalybridge reduziram os salários dos operários – eu não saberia dizer se por iniciativa própria ou de acordo com outros industriais, particularmente os da Liga. Duas delas, porém, recuaram; uma terceira, William Bailey & Brothers, manteve-se irredutível e, aos operários que protestavam, recomendou que fariam melhor se fossem passear por algum tempo. Os operários acolheram a proposta com

---

[a] No texto de Engels, por equívoco, consta a data 15 de fevereiro.
[b] Entre outras fontes, Engels valeu-se aqui das edições do *Manchester Guardian* de julho--agosto de 1842.

ironia, abandonaram a fábrica e percorreram a cidade conclamando todos os operários a suspender o trabalho. Em poucas horas as fábricas se esvaziaram e, em cortejo, os operários se dirigiram a Mottram Moor para realizar um comício. Isso foi em 5 de agosto; no dia 8, uma coluna de 5 mil homens deslocou-se para Ashton e Hyde, paralisaram aí todas as fábricas e minas de carvão e fizeram inúmeros comícios, nos quais não se tratou – como esperava a burguesia – da abolição das leis sobre os cereais, mas se pôs na ordem do dia "um salário digno por uma jornada de trabalho digna" (*a fair day's wages for a fair day's work*)[a]. Em 9 de agosto, dirigiram-se para Manchester, *onde as autoridades*, todas liberais, *não fizeram restrições à sua entrada*, e aí paralisaram as fábricas. No dia 11 estavam em Stockport, onde só encontraram resistência quando assaltaram a *Casa dos pobres*[b], essa dileta criatura burguesa; no mesmo dia, em Bolton, houve uma paralisação geral do trabalho e vários distúrbios, mas sem nenhuma oposição das autoridades. Em pouco tempo, a sublevação estendia-se à inteira região industrial, com a paralisação de todo trabalho (exceção feita às colheitas e à produção de alimentos).

Mas os operários sublevados permaneceram tranquilos. Foram conduzidos à sublevação sem querer; *contra toda a sua tradição*, os industriais não se opuseram à greve (exceto um, o *tory* Birley, de Manchester); a coisa toda começou sem que os operários tivessem um objetivo determinado. Se todos estavam de acordo em não se deixar matar em proveito dos industriais contrários às leis sobre os cereais, alguns queriam a aprovação da *Carta* e outros, considerando prematura essa reivindicação, pretendiam somente restabelecer os níveis salariais de 1840. Por isso, a insurreição se frustrou. Se desde o começo tivesse sido intencional e conscientemente uma insurreição operária, alcançaria êxito; mas essa massa lançada às ruas pelos patrões, sem desejar e sem finalidades claras, não poderia fazer nada. No entanto, a burguesia, que não moveu uma palha para tornar efetiva a aliança de 14 de fevereiro[c], logo compreendeu que os operários não pretendiam operar como um instrumento seu e que a incoerência de que dava provas ao abandonar sua postura "legal" constituía, para si, um perigo; por isso, retornou ao seu velho legalismo e pôs-se ao lado do governo, contra os operários que ela mesma estimulara e depois empurrara para a sublevação. Os burgueses e seus servidores fiéis

---

[a] Parece que essa palavra de ordem fora formulada antes pelo pastor J. R. Stephens (*Northern Star*, edição de 10 de novembro de 1838).

[b] Trata-se, de fato, de uma *workhouse*.

[c] Aqui, novamente, Engels escreve 15 de fevereiro.

constituíram uma polícia especial (até negociantes alemães de Manchester participaram disso) e desfilaram inutilmente pelas ruas, exibindo seus cassetetes e charutos. Já em Preston, a burguesia mandou disparar sobre o povo. E assim, de repente, a sublevação popular defrontou-se não apenas com a força militar do governo, mas com toda a classe proprietária. Os operários, que não tinham um objetivo determinado, dispersaram-se e o movimento chegou ao fim sem consequências graves. Na sequência, a burguesia acumulou infâmia sobre infâmia, tentou revestir-se de virgindade contrapondo à ação violenta do povo um horror que destoava inteiramente da linguagem revolucionária que exibira na primavera, atribuiu a sublevação aos "cabeças" cartistas etc., ela, que fez muito mais que eles para insuflar o movimento – e, com um cinismo sem par, retornou aos seus velhos princípios fundados no caráter sacrossanto da lei. Os cartistas, que pouco contribuíram para a sublevação, que diante dela procuraram tão somente o que a burguesia também procurava, isto é, aproveitar a ocasião, foram levados à barra dos tribunais e condenados – ao passo que a burguesia saiu da coisa sem prejuízos, vendendo com vantagens seus estoques durante a suspensão do trabalho.

Resultou da sublevação a separação definitiva entre o proletariado e a burguesia. Até então, os cartistas não haviam ocultado seu objetivo de conquistar a *Carta* por todos os meios, inclusive uma revolução; a burguesia, que agora compreendeu os riscos que para si representava qualquer transformação violenta, tratou de tapar os ouvidos para qualquer referência à "violência física" e de concentrar seus esforços exclusivamente na "violência moral", como se esta não implicasse direta ou indiretamente a ameaça de violência física. Esse foi o primeiro ponto da pauta de discrepâncias, mesmo que essencialmente superado com as posteriores declarações dos cartistas (tão dignos de fé quanto a burguesia liberal) de não querer apelar para a violência física. O segundo ponto, e o mais importante, fez o cartismo manifestar-se em toda a sua pureza – dizia respeito à lei sobre os cereais: sua abolição interessava não ao proletariado, mas à burguesia radical e, diante desse ponto, o cartismo dividiu-se em duas frações que, embora afirmando apoiar-se nos mesmos princípios políticos, eram radicalmente diferentes e inconciliáveis. Na Convenção Nacional de janeiro de 1843, em Birmingham[a], Sturge, representante da burguesia radical, propôs omitir a referência à *Car-*

---

[a] Provável equívoco cronológico de Engels, pois do que se tem notícia é de uma conferência entre delegados burgueses radicais e cartistas, realizada naquela cidade no fim de dezembro de 1842.

ta nos estatutos da Associação Cartista, sob o pretexto de que a palavra, por causa da insurreição, evocava violências revolucionárias – evocação que de resto existia havia muito, mas contra a qual, até aqui, o senhor Sturge nada objetara. Os operários recusaram a proposta, diante do que o bravo *quaker* abandonou a assembleia com uma minoria e, apenas com burgueses radicais, constituiu uma *Complete Suffrage Association* [Associação pelo sufrágio completo]. Aquelas evocações haviam se tornado tão molestas para esse burguês até havia pouco jacobino que ele trocou a expressão *sufrágio universal* por essa outra, ridícula, *sufrágio completo*! Os operários riram muito e seguiram seu próprio caminho. Desde então, o cartismo tornou-se um movimento puramente operário, depurado de todos os elementos burgueses. Os jornais "completos" (*Weekly Dispatch, Weekly Chronicle, Examiner* etc.) assumiram gradativamente o tom sonolento dos outros jornais liberais, defenderam o livre-cambismo, atacaram a lei das dez horas e todas as reivindicações exclusivamente operárias e, no fim das contas, deram poucas provas de radicalismo. Em todos os conflitos, a burguesia radical aliou-se aos liberais contra os cartistas e, de um modo geral, fez da questão da lei dos cereais (que, para os ingleses, é a questão da livre concorrência) sua principal preocupação. Sucumbiu, assim, ao poder da burguesia liberal e hoje desempenha um papel lamentável.

Os operários cartistas, por seu turno, participaram com ardor redobrado de todas as lutas do proletariado contra a burguesia. A causa da livre concorrência trouxe tantos ônus aos operários que passou a ser objeto de seu ódio profundo; seus defensores, os burgueses, são seus inimigos declarados. O operário só pode esperar desvantagens da plena liberdade de concorrência. Todas as suas reivindicações – a lei das dez horas, a proteção do operário contra o capitalista, um bom salário, a segurança de trabalho, a supressão da nova lei sobre os pobres, tudo o que pertence ao cartismo e que é tão importante quanto os "seis pontos", tudo isso colide diretamente com a livre concorrência e o livre-cambismo. Não pode surpreender a ninguém – exceto, naturalmente, à burguesia inglesa –, pois, que os operários nada queiram ouvir acerca da livre concorrência, do livre-cambismo, da abolição da lei sobre os cereais e, se são indiferentes quanto a esta, são extremamente hostis aos seus defensores. É justamente nessa última questão que o proletariado se distingue da burguesia, o cartismo do radicalismo, e um burguês jamais o compreenderá, porque jamais compreenderá o proletariado.

Mas também aqui se encontra a diferença entre a democracia cartista e todas as formas de democracia política burguesa até hoje existentes. O *cartismo tem uma natureza essencialmente social*ᵃ. Os "seis pontos", que tudo representam para a burguesia radical e que, quando muito, implicarão reformas constitucionais, para o proletário não são mais que meios: "O poder político é o nosso meio; a nossa finalidade é o bem-estar social" – essa é a palavra de ordem eleitoral claramente formulada pelos cartistas. Em 1838, somente para uma parte dos cartistas era verdade a *questão de faca e garfo* enunciada pelo pastor Stephens; em 1845, tornou-se verdade para todos – entre os cartistas, já não existe mais um só homem que seja apenas político. Mas se seu socialismo é ainda pouco desenvolvido, se até hoje seu principal instrumento na luta contra a miséria seja a proposta do parcelamento da propriedade fundiária (*allotment system*)ᵇ, já superada pelo desenvolvimento industrial (cf. a Introdução), se em geral a maior parte de suas proposições práticas (proteção aos operários etc.) são aparentemente reacionárias, elas, de um lado, por uma necessidade imanente, conduzirão ou à capitulação perante a concorrência, reproduzindo a situação existente, ou à sua eliminação; de outro lado, a atual condição ambígua do cartismo, a cisão que o diferenciou do partido puramente político, exige que se desenvolvam agora suas *características específicas*, que residem em sua natureza social. A aproximação ao socialismo será inevitável, sobretudo se a próxima crise, que se seguirá à atual fase favorável à indústria e ao comércio e que ocorrerá, no mais tardar, em 1847ᶜ (mas possivelmente já a partir do ano vindouro), superando todas as precedentes em termos de violência e intensidade, sobretudo, dizíamos, se a próxima crise, com a miséria que implicará, compelir os operários a priorizar as soluções sociais para além das políticas. Os operários acabarão por conquistar a *Carta* – mas até lá hão de compreender mais claramente que agora as coisas que poderão impor através dela.

A agitação socialista também progride. Levo em conta o *socialismo* inglês tão somente na medida em que tem influências sobre a classe operária. Os socialistas ingleses reivindicam a introdução gradual da comunidade de bens em "colônias"ᵈ de 2 mil a 3 mil pessoas, em que se praticam a indústria

---

ᵃ A edição inglesa de 1887, cuja tradução foi pessoalmente verificada por Engels, traz uma outra formulação: "O cartismo é essencialmente um movimento de classe".

ᵇ Engels alude aos planos de reforma agrária apresentados pelo dirigente cartista O'Connor.

ᶜ Na edição de 1892, Engels anotou: "e ela ocorreu na data prevista".

ᵈ Engels alude evidentemente às propostas de criação das *home colonies* de Robert Owen (cf. índice onomástico, p. 366).

e a agricultura, gozam-se de direitos iguais e igual instrução; propõem a simplificação das formalidades para o divórcio, a instituição de um governo racional, que garanta a plena liberdade de opinião, e a abolição das penas, que serão substituídas por um tratamento racional dos delinquentes – estas são suas propostas *práticas*; seus princípios teóricos não nos interessam aqui. O socialismo inglês provém de Owen, um industrial, e por isso, se substantivamente vai além da oposição entre burguesia e proletariado, na forma mostra-se muito indulgente para com a burguesia e muito injusto para com o proletariado.

Os socialistas são muito gentis e pacíficos; na medida em que só admitem como caminho para as mudanças a persuasão da opinião pública, acabam por reconhecer as condições existentes, mesmo deploráveis, como justificadas. Mas a forma atual de seus princípios é tão abstrata que jamais conseguirão convencer a opinião pública. Por outro lado, eles não se cansam de lamentar a degradação moral das classes inferiores, não consideram que a degradação moral da classe proprietária, provocada pelo interesse privado e pela hipocrisia, é bem pior e permanecem cegos a todos os elementos progressistas contidos na desagregação da ordem atual. Não compreendem o desenvolvimento histórico e, por isso, querem mergulhar imediatamente a nação nas condições do comunismo, sem o progresso da política até o ponto em que essa desapareça por si mesma[a]. Sabem por que o operário se indigna contra o burguês, mas consideram estéril essa cólera (que, de fato, é o único meio de fazer avançar os operários) e predicam uma filantropia e uma fraternidade universal inteiramente inócuas na situação contemporânea da Inglaterra. Só admitem o desenvolvimento psicológico, o desenvolvimento do homem abstrato, desligado de qualquer vínculo com o passado – embora o mundo inteiro (e, obviamente, cada homem singular) só exista com fundamento no passado. São muito dotados, muito metafísicos e pouco conclusivos. Recrutam-se parcialmente na classe operária, influem sobre frações muito reduzidas dela, porém as mais instruídas e mais firmes.

Em sua configuração atual, o socialismo não se tornará patrimônio comum da classe operária; será constrangido a recuar por um tempo à plataforma do cartismo. Mas o socialismo autenticamente proletário, erguido através do cartismo e depurado de componentes burgueses, tal como já se

---

[a] Nas edições inglesas de 1887 e 1892: "até o ponto em que essa transição se torne possível e necessária" (*up to the point at which this transition becomes possible and necessary*).

desenvolve hoje entre muitos socialistas e muitos dirigentes cartistas (que são quase todos socialistas)ª, assumirá com certeza, e em breve, um papel importante na história do povo inglês. O socialismo inglês, que em suas bases supera largamente o comunismo francês, embora lhe seja inferior no desenvolvimento[b], deverá retroceder por um momento à plataforma francesa, para depois superá-la; mas certamente, até lá, também os franceses terão progredido. O socialismo é, ao mesmo tempo, a expressão mais resoluta da irreligiosidade que reina entre os operários, irreligiosidade *inconsciente*, visto que exclusivamente prática, uma vez que com frequência os operários hesitam em admiti-la; mas, também aqui, a necessidade constrangerá os operários a abandonar uma fé que, e eles o compreendem cada vez mais claramente, serve apenas para enfraquecê-los e torná-los resignados ante a sua sorte, obedientes e servis à classe proprietária que os dessangra.

Verificamos, assim, que o movimento operário está dividido em duas frações: os cartistas e os socialistas. Os cartistas são de longe os mais atrasados[c] e menos evoluídos; mas são proletários autênticos, de carne e osso, e representam legitimamente o proletariado. Os socialistas têm horizontes mais amplos, apresentam propostas práticas contra a miséria, mas provêm originariamente da burguesia e, por isso, são incapazes de se amalgamar com a classe operária. A fusão do socialismo com o cartismo, a reconstituição do comunismo francês em moldes ingleses, será a próxima etapa e ela já está em curso. Quando estiver realizada, a classe operária será realmente senhora da Inglaterra. Até lá, o desenvolvimento político e social seguirá seu curso, favorecendo esse novo partido, esse progresso do cartismo.

As diversas frações operárias – membros das associações, cartistas e socialistas –, às vezes em unidade, às vezes isoladamente, fundaram por seus próprios meios uma grande quantidade de escolas e salões de leitura para elevar o nível cultural do povo. Todas as organizações socialistas, quase todas as cartistas e muitas associações profissionais possuem instituições desse gênero; nas escolas, oferece-se às crianças uma educação verdadeiramente proletária, livre das influências burguesas, e nos salões de leitura encontram-se quase exclusivamente livros e jornais proletários. Essas insti-

---

[a] Na edição de 1892, Engels apôs aqui a seguinte nota: "Naturalmente, socialistas em sentido lato, não no sentido oweniano da palavra".
[b] Nas edições inglesas de 1887 e 1892: "desenvolvimento teórico".
[c] Nas edições inglesas de 1887 e 1892: "os mais atrasados teoricamente".

tuições representam uma ameaça para a burguesia, que conseguiu manter fora do controle do proletariado organismos similares, como as *Mechanics' Institutions* [Instituições de mecânica][a], transformando-os em centros de difusão dos conhecimentos úteis aos seus interesses. Aí se divulgam elementos das ciências naturais, procurando desviar a atenção dos operários da oposição contra a burguesia e se lhes fornecem conhecimentos que eventualmente podem levá-los a invenções que tragam lucros aos burgueses; quanto às ciências naturais, seu conhecimento, pelo operário, é *atualmente* desprovido de utilidade, uma vez que ele nem sequer pode observar a natureza, vivendo na grande cidade e absorvido por uma jornada de trabalho tão prolongada. Nesses centros também se ensina economia política, cujo ídolo é a livre concorrência e da qual o operário só pode extrair uma conclusão: para ele, nada é mais razoável que resignar-se a morrer de fome silenciosamente. Nessas instituições, toda a educação é domesticada, dócil e servil diante da política e da religião dominantes; seu objetivo, por meio de prédicas constantes, é tornar o operário obediente, passivo e resignado diante de seu destino. A massa operária, naturalmente, não quer saber dessas escolas e dirige-se aos salões de leitura proletários, nos quais se discute aquilo que diretamente diz respeito às suas condições – em face dessa escolha, a burguesia, em sua autossuficiência, pronuncia seu *dixi et salvavi*[b] e afasta-se com desprezo de uma classe que prefere "as tiradas violentas de demagogos mal-intencionados a uma sólida cultura".

Mas os operários sabem apreciar "uma sólida cultura", desde que ela não venha trazendo de contrabando os interessados saberes da burguesia – provam-no as frequentes conferências sobre problemas das ciências naturais, da estética e da economia, assistidas por grande público e organizadas pelas instituições proletárias, particularmente as socialistas. Várias vezes vi operários, cujos casacos de veludo de algodão estavam muito puídos, discutirem geologia, astronomia e outros temas com argumentos superiores aos de qualquer burguês culto da Alemanha. Um fato é o melhor índice do nível

---

[a] Tratava-se de escolas noturnas para operários, que lhes forneciam noções de cultura geral e especialização técnica. As primeiras delas foram criadas em Glasgow (1824) e em Londres (1824). No início dos anos 1840, eram já mais de duzentas, situadas principalmente nas cidades industriais do Lancashire e do Yorkshire. Através do ensino que ofereciam, a burguesia formava os operários qualificados de que necessitava e ao mesmo tempo difundia as concepções ideológicas que lhe interessavam.

[b] A expressão latina completa é *Dixi et salvavi animam meam* ("Disse e salvei a minha alma").

cultural próprio alcançado pelo proletariado inglês: as modernas obras de filosofia, de política e de poesia, obras que marcam época, são lidas quase unicamente pelos operários. O burguês, amarrado às condições sociais vigentes e aos seus preconceitos, sente-se amedrontado diante de tudo que representa um progresso efetivo; o operário, ao contrário, tem os olhos bem abertos para obras desse gênero e as estuda com prazer e proveito. Especialmente os socialistas, nesse domínio, contribuíram vigorosamente para a educação do proletariado, traduzindo e divulgando os materialistas franceses – Helvétius, d'Holbach, Diderot etc. – em edições a preço econômico, ao lado dos melhores autores ingleses; também circulam apenas entre os proletários a *Vida de Jesus*, de Strauss, e a *Propriedade*, de Proudhon[a]. Shelley, o genial e profético Shelley, e Byron, com seu ardor sensual e sua amarga crítica à sociedade atual, contam a maioria de seus leitores entre os operários – os burgueses só recorrem a edições expurgadas, as *family editions* [edições familiares], modificadas ao gosto da hipócrita moral vigente. Os dois maiores filósofos práticos mais contemporâneos, Bentham e Godwin (especialmente este) são patrimônio quase exclusivo do proletariado – embora Bentham tenha seguidores na burguesia radical, só o proletariado e os socialistas extraíram dele elementos progressistas. Sobre essas bases, o proletariado criou uma literatura própria, constituída sobretudo por opúsculos e jornais e cujo conteúdo supera largamente a literatura burguesa – mas disso falaremos em outra ocasião.

Finalmente, uma observação: os operários fabris, em particular aqueles dos distritos onde se processa o algodão, constituem o núcleo do movimento operário. O Lancashire, especialmente Manchester, é a sede das associações operárias mais fortes, o centro do cartismo e a região onde se conta o maior número de socialistas. Quanto mais o sistema fabril penetra num ramo de trabalho, tanto mais ativamente os operários participam do movimento; quanto mais agudo se torna o contraste entre operários e capitalistas, tanto mais desenvolvida, tanto mais aguçada se torna a consciência proletária no operário. Os pequenos patrões de Birmingham também sofrem com as crises, como os operários, mas encontram-se numa incômoda posição intermediária entre o cartismo proletário e o radicalismo dos merceeiros. Mas, em geral, todos os operários da indústria estão hoje ganhos para uma ou outra forma de resistência ao capital e à burguesia

---

[a] Referência ao opúsculo *Qu'est-ce que la propriété?* [O que é a propriedade?], de Pierre-Joseph Proudhon (1809-1865), francês, socialista.

e são unânimes acerca de que, enquanto *working men* [homens trabalhadores] – título do qual se orgulham e vocativo utilizado usualmente nas reuniões cartistas –, constituem uma classe específica, com princípios e interesses e concepções próprios, em confronto com todos os proprietários; e, ao mesmo tempo, estão conscientes de que neles residem a força e a capacidade de desenvolvimento da nação.

O PROLETARIADO MINEIRO

O fornecimento de matérias-primas e de combustíveis a uma indústria tão colossal como a inglesa absorve um grande número de operários – mas, das matérias necessárias à indústria, com exceção da lã (que provém dos distritos agrícolas), a Inglaterra mesmo só produz minerais, metais e carvão mineral (hulha). Se a Cornualha possui ricas minas de cobre, estanho, zinco e chumbo, o Staffordshire, o norte do País de Gales e outros distritos fornecem grandes quantidades de ferro; e quase todo o norte e o oeste da Inglaterra, a Escócia central e algumas zonas da Irlanda dispõem abundantemente de carvão mineral[1].

Nas minas da Cornualha estão empregados cerca de 19 mil homens e 11 mil mulheres e crianças, parte nas galerias subterrâneas e poços, parte

---

[1] De acordo com o censo de 1841, o número de operários ocupados na indústria mineira da Grã-Bretanha (excluída a Irlanda) é o seguinte:

	Homens		Mulheres		TOTAL
Minas de	acima de 20 anos	abaixo de 20 anos	acima de 20 anos	abaixo de 20 anos	
Carvão	83.408	32.475	1.185	1.165	118.233
Cobre	9.866	3.428	913	1.200	15.407
Chumbo	9.427	1.932	40	20	11.419
Ferro	7.773	2.679	424	73	10.949
Estanho	4.602	1.349	68	82	6.101
Não especificadas	24.162	6.591	472	491	31.716
Total	**139.238**	**48.454**	**3.102**	**3.031**	**193.825**

Como nas minas de carvão e de ferro trabalham quase sempre as mesmas pessoas, parte dos trabalhadores das minas de carvão e parte considerável dos que trabalham na rubrica das minas não especificadas devem ser somadas aos ocupados nas minas de ferro.

na superfície – nas galerias, trabalham somente homens e crianças com mais de doze anos. As condições materiais desses trabalhadores, conforme o *Children's Employment Report*, são bastante toleráveis, e os ingleses gostam de se vangloriar da robustez e da audácia de seus mineiros da Cornualha, que exploram as entranhas da terra até abaixo do nível do fundo do mar. Mas o *Children's Employment Report* avalia de forma muito diversa a robustez desses trabalhadores. Em seu inteligente relatório, o doutor Barham mostra como a respiração, numa atmosfera pobre em oxigênio e saturada de poeira e de fumaça, produzidas pela pólvora dos explosivos utilizados nas minas, afeta negativamente os pulmões, provoca perturbações nas funções cardíacas e fragiliza os órgãos digestivos; constata ainda que o trabalho extenuante, e particularmente o descer e subir escadas (operação que, em algumas minas, mesmo para os jovens mais robustos, toma cerca de uma hora antes e depois do trabalho, para entrar e sair), agrava aqueles males. Por isso, homens que começam a trabalhar precocemente nas minas não atingem o desenvolvimento físico das mulheres que trabalham na superfície; muitos morrem ainda jovens, vítimas de tuberculose galopante, e outros na meia-idade, em razão da tuberculose lenta; é comum o envelhecimento precoce, que torna os homens ineptos para o trabalho entre 35 e 45 anos; e muitíssimos operários, passando quase sem transição do ar quente das galerias, depois de transpirar abundantemente na penosa subida das escadas, ao ar frio da superfície, contraem inflamações agudas nas vias respiratórias, de resto já vulneráveis, que levam habitualmente a consequências fatais. Já o trabalho na superfície – a trituração e a seleção do minério –, realizado por mulheres e crianças, é visto como salutar, uma vez que se desenvolve ao ar livre.

Na Inglaterra setentrional, nas fronteiras dos condados de Northumberland e Durham, encontram-se as importantes minas de chumbo de Alston Moor. Os informes relativos a essa região – especialmente o relatório do inspetor Mitchell, recolhido no *Children's Employment Report* – convergem com os da Cornualha. Aqui também se verifica a falta de oxigênio e o excesso de poeira e pólvora, de anidrido carbônico e gás sulfúrico nas galerias; em consequência, como na Cornualha, os mineiros têm baixa estatura e quase todos, aos trinta anos, sofrem de doenças pulmonares que, se eles continuam no mesmo trabalho (o que é a regra), transformam-se em tuberculose, o que reduz sensivelmente sua média de vida. Os mineiros dessa região vivem um pouco mais que os da Cornualha porque, ao contrário do que se passa ali, onde se desce às galerias aos doze anos, aqui os menores de dezenove anos não o fazem; no entanto, segundo as informações médicas, também aqui a maioria morre entre 40 e 50 anos. Entre 79 mineiros, cuja morte foi comunicada ao registro civil do distrito, e que em média faleceram aos 45 anos, 37 morreram de tuberculose e 6 de asma. Nas áreas mineiras circunvizinhas, Allendale, Stanhope e Middleton, a duração média de vida era, respectivamente, de 49, 48 e 47 anos e as mortes em consequência de doenças pulmonares representavam, respectivamente, 48%, 54% e 56% do total de óbitos. Cumpre sublinhar que esses dados se referem apenas aos mineiros *que começaram a trabalhar depois dos 19 anos*. Se compararmos esses números às chamadas "tábuas suecas de mortalidade" (utilizadas na Suécia para detalhar a taxa de mortalidade de todos os habitantes do país), que até hoje se consideram na Inglaterra as medidas mais exatas para aferir a duração média de vida da classe operária, veremos que, segundo tais tábuas, os indivíduos do sexo masculino que passam dos 19 anos atingem em média os 57,5 anos – donde se conclui que a vida dos mineiros do norte, em função do seu trabalho, é encurtada em média cerca de 10 anos. Não se esqueça, porém, que a estatística sueca serve como medida da duração de vida dos *operários*, oferecendo, pois, um quadro de probabilidades de vida nas condições já desfavoráveis do proletariado e, por consequência, indica uma duração de vida inferior à normal.

Nas áreas mencionadas, encontramos os albergues e dormitórios noturnos que já conhecemos nas grandes cidades, pelo menos no mesmo estado de repugnante sujeira e igualmente superlotados. Mitchell visitou um desses dormitórios, que media 18 pés de comprimento por 15 de largura e preparado para acolher 42 homens e 14 rapazes – isto é, 56 pessoas – em 14 leitos, a metade dos quais colocada sobre a outra, como num navio. Não havia janelas para a renovação do ar e, embora nas três noites anteriores ninguém tivesse dormido ali, o mau cheiro e a atmosfera eram tais que Mitchell não conseguiu suportá-los sequer por um instante. Imagine-se como será numa noite quente de verão, com 56 pessoas! E esse não é o porão de um navio negreiro americano, mas a habitação de "britânicos livres".

Passemos agora aos ramos mais importantes da indústria mineira inglesa, as minas de ferro e de carvão, examinadas conjuntamente pelo *Children's Employment Report* com a riqueza de detalhes exigida pela sua relevância. Praticamente toda a primeira parte do relatório se ocupa da situação dos operários que trabalham nessas minas. Todavia, como já descrevemos com minúcia a situação dos operários industriais, podemos abreviar, dados os limites deste livro, o panorama encontrado aqui.

Friedrich Engels

Nas minas de ferro e de carvão, exploradas por meio de métodos mais ou menos similares, trabalham crianças de quatro, cinco e sete anos, mas a maior parte delas tem mais de oito anos. São ocupadas no transporte dos minérios do local da extração até a galeria em que o material é puxado por carros tracionados por cavalos ou até o poço principal, e também na abertura e fechamento dos portões que separam as diversas seções da mina à passagem de homens e materiais. Desse último trabalho encarregam-se habitualmente as crianças menores, que ficam, por doze horas ao dia, sentadas sozinhas em corredores escuros, estreitos e quase sempre úmidos, fazendo intermitentemente exaustivos esforços que não anulam o efeito embrutecedor da inação obrigatória entre eles. Por seu turno, o transporte do carvão e do ferro constitui um trabalho extremamente duro: é preciso arrastar ou içar o minério em grandes recipientes sem rodas pelo chão irregular da galeria, sobre um piso enlameado ou alagado, frequentemente íngreme e através de corredores tão baixos que os operários têm de engatinhar – por isso, aqui se empregam meninos mais velhos ou moçoilas, às vezes em duplas, um puxando e o outro empurrando o recipiente. O trabalho de extração, executado por homens adultos ou jovens robustos de dezesseis anos ou mais, também é extenuante. Em geral, a jornada é de onze a doze horas, às vezes ainda mais longa – na Escócia chega a catorze horas; não é incomum a duplicação da jornada, com todos os operários em atividade sob a terra por 24 horas e, em alguns casos, 36 horas. Em geral não existe horário fixo para as refeições, de forma que os trabalhadores comem quando têm tempo e fome.

A situação dos mineiros é em geral descrita como bastante boa e seu salário, comparado ao dos jornaleiros agrícolas dos arredores (que, na verdade, morrem de fome), é elevado, salvo em algumas partes da Escócia e nos distritos mineiros irlandeses, onde a miséria impera. Mais adiante, quando fizermos referência aos pobres de toda a Inglaterra, retornaremos a descrições desse tipo, aliás muito relativas; por agora, examinaremos os males que os métodos atualmente utilizados na mineração acarretam e deixaremos ao leitor o trabalho de julgar se salários mais altos bastam para ressarcir os sofrimentos que pesam sobre o operário.

As crianças e os jovens encarregados de transportar o carvão e o ferro queixam-se todos de uma enorme fadiga. Nem mesmo nos estabelecimentos industriais onde a exploração é mais brutal encontramos um exaurimento tão generalizado e extremo. Cada página do relatório oferece uma longa série de exemplos. É frequente as crianças chegarem à casa tão esgotadas que se atiram no piso, junto ao fogo, adormecendo sem sequer comer, sendo lavadas e postas na cama pelos pais – quando não acontece mesmo que caiam exaustas no caminho e que os pais tenham, no meio da noite, de buscá-las. É fato corriqueiro essas crianças passarem todo o domingo na cama, tentando recompor as energias esgotadas durante a semana; a igreja e a escola são frequentadas por poucas e, dessas poucas, os professores comentam acerca de sua sonolência e dificuldade de aprender, apesar da boa vontade que revelam. Não é diferente o que acontece com as adolescentes maiores e as mulheres, forçadas a um esgotamento brutal.

Essa fadiga continuada, que vai se acumulando dia após dia até se tornar insuportável, tem efeitos sobre o físico dos trabalhadores. A primeira consequência desse excesso de trabalho é que toda a energia do trabalhador é utilizada unilateralmente, com a hipertrofia de certas partes do corpo, precisamente as mais exigidas no trabalho (músculos dos braços, pernas, espáduas e tórax, empregados no esforço de tração e de impulsão), e a atrofia do conjunto do organismo, até pela falta de alimentação. Um sinal inequívoco é a baixa estatura: quase todos os mineiros são pequenos e atarracados, à exceção daqueles do Warwickshire e do Leicestershire, que trabalham em condições particularmente favoráveis. Também a puberdade é atrasada, tanto nos rapazes quanto nas moças – entre os primeiros, aparece aos dezoito anos; o inspetor Symons encontrou um rapaz de dezenove anos que, salvo no tocante à dentição, apresentava o desenvolvimento dos meninos normais de onze e doze anos. Esse prolongamento da infância é indício de um desenvolvimento retardado, com implicações para a maturidade. Pernas tortas, joelhos voltados para dentro e pés para fora, desvios na coluna vertebral e outras deformações resultam, além da fraqueza orgânica, das condições de trabalho e são favorecidas pela postura que os mineiros são obrigados a adotar nas galerias e poços – e tudo isso é tão clamoroso que muitos, médicos inclusive, afirmam que é possível (no Yorkshire, no Lancashire, mas também no Northumberland e no Durham) reconhecer só pelo corpo um mineiro entre uma centena de pessoas. Em particular as trabalhadoras sofrem com esse trabalho e raramente, quase nunca, podem apresentar a postura ereta das outras mulheres. Está registrado também que, nas mulheres mineiras, o trabalho provoca deformações na bacia, tendo por consequência partos problemáticos e mesmo mortais.

Além de tudo isso, os mineiros ocupados em galerias e poços apresentam doenças específicas, causadas pelas condições de trabalho: primeiro, as relacionadas ao aparelho digestivo – surge a inapetência, aparecem as dores abdominais, as náuseas e os vômitos e uma sede anormal e violenta, para cuja satisfação eles têm de recorrer à água suja e muitas vezes tépida das minas; depois, as relativas ao coração – a hipertrofia cardíaca, a inflamação do pericárdio, as contrações dos orifícios auriculoventriculares e da entrada da aorta (explicáveis pelo excesso de trabalho). E são consequência direta do esforço excessivo as hérnias que afetam a quase todos. Em parte pelas mesmas causas e em parte pela atmosfera viciada das minas, saturada de poeira, gás carbônico e metano (e, no entanto, seria fácil evitar isso), manifesta-se uma série de perigosas e dolorosas doenças pulmonares, entre as quais a asma – em certos distritos mineiros, ela acomete os homens aos quarenta anos, em outros aos trinta anos, e logo os torna ineptos para o trabalho. Naturalmente, os que trabalham nas galerias úmidas são afetados mais cedo: em algumas áreas da Escócia, entre os vinte e os trinta anos, período em que os pulmões atacados são mais vulneráveis às inflamações e afecções febris. Doença própria desses trabalhadores da extração do carvão é a expectoração negra (*black spittle*): provocada pela impregnação de poeira carbonífera nos pulmões, manifesta-se por fraqueza geral, dores de cabeça, dificuldade respiratória e expectoração de catarro negro. Em algumas áreas, aparece sob forma benigna; em outras, apresenta-se como mal incurável, como na Escócia – aqui, além do agravamento dos sintomas mencionados, registra-se, entre os mineiros acometidos por ela, respiração curta e ofegante, pulso acelerado (mais de cem pulsações por minuto) e tosse entrecortada; o emagrecimento e a fraqueza acentuam-se rapidamente e logo a vítima se torna inepta para o trabalho – e, em todos os casos, morre. O doutor MacKellar, de Pencaithland (East-Lothian), afirma que essa doença não existe entre os trabalhadores ocupados nos poços e nas galerias bem ventiladas, mas que, quando eles se deslocam para minas mal ventiladas, a enfermidade os acomete. Portanto, é a ganância dos proprietários de minas, que economizam na ventilação, a responsável por essa doença. Também os reumatismos são generalizados entre os operários dos poços e das galerias (à exceção dos trabalhadores do Warwickshire e do Leicestershire), resultado dos locais de trabalho excessivamente úmidos.

Consequência geral de tudo isso: em todos os distritos mineiros, *sem exceção*, os operários envelhecem prematuramente e com mais de quarenta anos (o limite preciso varia nos diferentes distritos) estão incapacitados para o trabalho. É muitíssimo raro que um mineiro ocupado nos poços e nas galerias possa continuar trabalhando depois dos 45 anos e mais raro ainda depois dos 50 anos – admite-se em geral que, aos 40 anos, esses operários começam a envelhecer. Se essa é a realidade da extração do carvão, ela é ainda mais desfavorável para os operários que se ocupam de seu transporte: os carregadores, que pegam o pesado material extraído, colocam-no nos recipientes que devem ser arrastados e movimentam-nos envelhecem já aos 28 ou 30 anos, justificando o provérbio comum nas regiões carboníferas: "os carregadores já são velhos antes de serem jovens". É claro que esse envelhecimento prematuro está relacionado à morte precoce: entre os mineiros, um homem de 60 anos é uma raridade; mesmo no Staffordshire meridional, onde as minas apresentam melhores condições, poucos trabalhadores chegam aos 51 anos. Esse mesmo envelhecimento prematuro dos operários também se relaciona ao grande desemprego entre os pais (que já verificamos no caso dos operários fabris), que passam a ser mantidos pelos filhos, muitas vezes ainda muito jovens. Para resumir as consequências do trabalho nas minas, valem as palavras de um dos inspetores, o doutor Southwood Smith, segundo as quais, de um lado por causa do prolongamento da infância e, de outro, por causa do envelhecimento prematuro, o período da vida em que o homem está na plena posse de suas forças, a idade madura, é notavelmente reduzido e a duração da própria vida é abreviada por uma morte precoce[a]. Também esse fato deve ser debitado à burguesia!

As condições acima descritas refletem a mediania das minas inglesas; mas são muitas aquelas em que a situação é bem pior, especialmente as minas nas quais se exploram os finos estratos horizontais de carvão. O carvão custaria muito mais se tivesse de ser arrancado das camadas de areia e argila contíguas; por isso, os proprietários das minas ordenam que se limite a extração aos seus estratos horizontais, finos e superficiais, de modo que as galerias – que geralmente não ultrapassam os quatro ou cinco pés de altura ou pouco mais – são tão baixas que nunca permitem a postura ereta. O trabalhador fica deitado de flanco e extrai o carvão com a picareta, utilizando o cotovelo como ponto de apoio, o que provoca inflamações nessa articulação e, no caso de trabalhar ajoelhado, nas rótulas. As mulheres e as crianças que se ocupam do transporte são obrigadas a engatinhar nessas galerias baixas, uma delas arrastando os recipientes mediante uma espécie de arreio e uma corrente, que em muitos casos lhe passa por entre as pernas, e a outra engatinhando atrás do recipiente, empurrando-o com a cabeça – que, nesse caso, é afetada por irritações, ulcerações e inchaços dolorosos. Muitas vezes, as

---

[a] Em seu relatório, o doutor Southwood Smith escreveu textualmente que "o trabalho nas minas prolonga o período da infância, abrevia o da vida adulta e aproxima o da velhice, da decrepitude e da morte".

galerias são tão úmidas que esses operários rastejam em poças de água de várias polegadas de profundidade e, porque se trata de água suja e salobra, sofrem de várias afecções cutâneas. Não é difícil compreender por que, com esse horrível trabalho de escravos, são especialmente favorecidas as doenças próprias dos mineiros que trabalham nos poços e nas galerias.

Mas não se esgotam aqui os males que acometem os mineiros. Em todo o Império Britânico, nenhum trabalho se compara a esse em termos de acidentes fatais. As minas de carvão são o palco de desastres pavorosos, que devem ser imputados à ganância da burguesia. O metano, que se desprende habitualmente, combinando-se à atmosfera, forma um composto gasoso que se inflama com a menor faísca, explodindo e matando todos os que se encontram em seu raio de ação. Explosões desse gênero são quase cotidianas – em 28 de setembro de 1844, uma delas, em Haswell Colliery (Durham), matou 96 pessoas[a]. O anidrido carbônico, que também se desprende abundantemente, acumula-se nas partes mais profundas da mina numa camada tão densa que asfixia qualquer um que passar por ali. Os portões que separam as diferentes seções das minas deveriam impedir a propagação das explosões e dos gases, mas essa é uma segurança ilusória, já que a vigilância é confiada a crianças pequenas, que adormecem durante o trabalho ou o executam sem muito cuidado. Os funestos efeitos desses dois gases seriam perfeitamente evitáveis se se assegurasse uma correta ventilação mediante poços de aeração adequados; mas o burguês não gasta seu dinheiro na construção deles e limita-se a recomendar aos operários o uso exclusivo da lâmpada Davy[b], cuja luminosidade tão débil a torna inservível e, por isso, é substituída por simples velas. Se, então, ocorre uma explosão, a responsabilidade é posta na conta da negligência dos operários – mas se o burguês tivesse providenciado uma boa ventilação, seriam praticamente impossíveis quase todas as explosões. Ademais, a qualquer momento as galerias desmoronam, parcial ou totalmente, sepultando ou esmagando os trabalhadores. E isso sem contar o mau estado dos cabos pelos quais os mineiros descem aos poços: muitas vezes se rompem e os infelizes esfacelam-se na queda até o fundo do poço. Todos esses acidentes – e falta-me espaço aqui para dar exemplos singulares –, de acordo com o *Minning*

---

[a] Relatada pelo *Northern Star*, edição de 12 de outubro de 1844.

[b] Inventada em 1815 por Davy (cf. p. 57 e 364), foi posteriormente objeto de vários desenvolvimentos.

Journal[a], custam anualmente a vida de cerca de 1.400 pessoas. O *Manchester Guardian*, referindo-se apenas ao Lancashire, noticia pelo menos dois ou três toda semana. Em quase todas as regiões mineiras, os júris responsáveis pela investigação das mortes são controlados pelos proprietários das minas e, mesmo onde não o são, o hábito determina o teor do veredicto: *morte por acidente*. Aliás, os júris raramente analisam o estado das minas, de que nada entendem. No entanto, o *Children's Employment Report*, diante da quase totalidade desses acidentes, não hesita em responsabilizar expressamente os proprietários por eles.

No que toca à instrução e à moralidade da população mineira, de acordo com o *Children's Employment Report*, elas parecem de bom nível na Cornualha e de nível ainda mais elevado em Alston Moor; em compensação, em todos os outros distritos carboníferos são, em geral, de nível muito baixo. Esses operários vivem no campo, em regiões abandonadas e, desde que realizem seu duro trabalho, ninguém – exceto a polícia – se ocupa deles. Por isso, e por causa da tenra idade em que as crianças são postas a trabalhar, sua formação intelectual é negligenciada. Não podem frequentar as escolas convencionais, as noturnas e as dominicais são uma ilusão, os professores nada valem. Poucos são os mineiros que sabem ler e menos ainda os que sabem escrever. De acordo com os informes dos inspetores, eles se interessam apenas pelo salário, que sabem ser muito baixo para o trabalho árduo e perigoso que realizam. Nunca vão à igreja, ou só o fazem raramente; quanto a eles, todos os clérigos se queixam de uma irreligiosidade sem par. De fato, sua ignorância das coisas religiosas e profanas é tal que, comparada a ela, a ignorância que constatamos e exemplificamos entre muitos operários fabris mostra-se relativa. Conhecem as categorias religiosas apenas pelos esconjuros. O trabalho incumbe-se de, por si só, destruir sua moralidade – é claro que o trabalho excessivo dos mineiros deve necessariamente induzi-los à embriaguez. Quanto às relações sexuais, basta dizer que, em virtude do calor reinante nas minas, homens, mulheres e crianças trabalham quase nus, ou mesmo nus – e é fácil imaginar as consequências disso nas galerias escuras e vazias. O número de filhos ilegítimos, excepcionalmente alto, é um índice do que se passa entre essa gente semisselvagem, mas mostra também que as relações sexuais ilegítimas ainda não derivaram, nesse caso, como nas grandes cidades,

---

[a] Semanário fundado em Londres, em 1835, e voltado para os problemas da mineração e do transporte.

na prostituição. Mas, também aqui, o trabalho da mulher tem as mesmas consequências do trabalho fabril – desagrega a família e torna as mães totalmente incapazes de se desincumbir das tarefas domésticas.

Quando foi apresentado ao Parlamento o *Children's Employment Report*, lorde Ashley apressou-se a propor uma lei que proibia o trabalho das mulheres nas minas e limitava notavelmente o trabalho infantil. A lei foi aprovada[a], mas permaneceu letra morta em quase todas as regiões, uma vez que não foram nomeados inspetores para controlar sua aplicação[b]. Aliás, as infrações são muito facilitadas pela localização das minas, situadas em distritos rurais. Não surpreende, pois, que no ano passado a associação dos mineiros tenha apresentado ao ministro do Interior uma denúncia oficial de que, nas minas do duque de Hamilton, na Escócia, trabalhavam mais de sessenta mulheres ou que o *Manchester Guardian* noticiasse a morte, causada por uma explosão numa mina perto de Wigan, salvo erro meu, de uma jovem, sem que ninguém se incomodasse diante da evidência da ilegalidade[c]. É possível que, em alguns casos isolados, as coisas tenham mudado, porém os velhos costumes em geral permaneceram intocados.

Mas os males que afligem os mineiros não foram todos mencionados até aqui. A burguesia, não contente em arruinar a saúde desses trabalhadores, de colocar permanentemente sua vida em perigo, de tolher todas as suas possibilidades de instrução, ainda por cima os explora vergonhosamente com outros métodos. O pagamento em espécie (*truck system*) aqui não é exceção, é a regra geral, praticada direta e abertamente. O sistema das moradias operárias (*cottage system*), também generalizado, é aqui necessário, mas utilizado de modo a explorar mais o trabalhador. Quanto às fraudes, há-as das espécies mais variadas: ainda que o carvão seja vendido a peso, o operário é pago em geral por medida de volume, e se sua selha não está completamente cheia, *nada lhe pagam* (contudo, se tem excesso, não recebe um tostão a mais); se, em sua selha, as rochas não carboníferas superam uma quantidade determinada (o que depende menos do operário que da qualidade do veio da mina), não só nada recebe como ainda paga uma multa. O sistema de multas em dinheiro nas minas é geralmente desenvolvido de um modo quase

---

[a] A chamada lei Ashley foi aprovada em 10 de agosto de 1842; proibia o trabalho feminino – e também o de crianças com menos de dez anos – nas galerias e nos poços.

[b] De fato, em 28 de novembro de 1843 foi nomeado um inspetor, H. Seymour Tremenheere.

[c] Segundo o *Manchester Guardian*, edição de 23 de novembro de 1844, a vítima foi um menino de nove anos, Thomas Taylor.

perfeito: acontece por vezes que um pobre diabo trabalhe a semana inteira e quando se apresenta para receber o que lhe é devido, fica sabendo, pela boca do capataz – que distribui multas arbitrariamente, sem nenhum aviso ao trabalhador –, que não somente nada tem de haver, mas que ainda tem de pagar tanto e tanto de multas! Comumente, o capataz tem poderes absolutos no que diz respeito ao salário: ele anota o trabalho fornecido e paga o que quiser, uma vez que o operário não tem controle sobre suas anotações. Em algumas minas onde se paga a peso, utilizam-se balanças decimais adulteradas, nunca sujeitas a aferição por nenhuma autoridade; numa dessas minas, chegou-se ao cúmulo de impor uma regulamentação pela qual todo trabalhador que quisesse reclamar da balança *deveria avisar o capataz com três semanas de antecedência!* Em certas regiões, em particular no norte da Inglaterra, é costume contratar o operário por um ano; o operário compromete-se a não trabalhar para mais ninguém nesse período, mas o patrão não tem o compromisso de dar-lhe trabalho; muitas vezes, o operário fica desocupado por meses – porém, se busca trabalho em outro local, mandam-no para a prisão por seis semanas sob o pretexto de abandono do trabalho. Há contratos que asseguram ao operário um trabalho por 26 *shillings* quinzenais, mas não lhe dão o trabalho prometido; em outros distritos, os patrões adiantam ao operário pequenas quantias a serem descontadas posteriormente, o que é uma forma de aprisioná-lo; no norte, é usual reter sempre o salário de uma semana, para prender o operário à mina. E para completar a escravidão e a opressão desse operário, quase todos os juízes de paz dos distritos carboníferos são eles mesmos proprietários de minas, ou parentes ou amigos de proprietários; nessas zonas miseráveis e atrasadas, onde há poucos jornais (e os que existem estão a serviço da classe dominante) e a agitação política é débil, os juízes detêm um poder quase ilimitado e é difícil fazer uma ideia precisa de como o operário é tiranizado por eles, juízes de sua própria causa.

Esse foi o panorama por largo tempo. A única coisa que os mineiros sabiam era que tinham nascido para entregar até a sua última gota de sangue. Mas pouco a pouco vem surgindo entre eles – principalmente entre os que trabalham junto de áreas industriais, onde o contato com operários fabris mais evoluídos acaba por influenciá-los – um espírito de resistência à brutal opressão dos "reis do carvão". Começaram, assim, a constituir associações e a promover greves de quando em quando. Nas zonas de maior progresso, uniram-se mesmo aos cartistas de corpo e alma. Mas o grande distrito carbonífero do norte da Inglaterra, afastado da influência industrial, permaneceu atrasado – apesar dos muitos esforços dos cartistas e dos mineiros mais inteligentes – até 1843 quando, então, revelou-se uma grande vontade de resistir. Os operários do Northumberland e do Durham deram vida a um movimento de tal intensidade que se colocaram à frente de uma associação de mineiros de todo o reino e designaram como seu "procurador-geral" um cartista que já se distinguira em processos anteriores, o advogado W. P. Roberts, de Bristol. A *Union* [União] que criaram logo se estendeu a todos os distritos, em todas as partes se designaram delegados que organizaram assembleias e recrutaram novos membros; assim, na primeira conferência de delegados realizada em Manchester[a], em janeiro de 1844, estavam representados mais de 60 mil mineiros e, na segunda, levada a cabo em Glasgow, seis meses depois, os representados chegavam a mais de 100 mil. Essas conferências discutiram todas as questões atinentes aos mineiros e tomaram-se importantes decisões acerca de greves; na sequência, fundaram-se vários jornais e, destacadamente, a revista mensal *The Miner's Advocate*, em Newcastle-upon-Tyne, para defender os direitos dos mineiros.

Os contratos de trabalho de todos os mineiros do Northumberland e do Durham expiravam em 31 de março de 1844. Por intermédio de Roberts, os operários propuseram um novo contrato, no qual reivindicavam: 1) pagamento a peso e não conforme a medida; 2) determinação do peso por meio de balanças e pesos correntes, verificados por autoridades públicas; 3) contratação por seis meses; 4) supressão do sistema de multas e pagamento do trabalho realmente realizado; 5) compromisso do proprietário de garantir trabalho aos operários a seu serviço exclusivo por, pelo menos, quatro dias na semana ou a garantia do salário de quatro dias por semana. A proposta foi enviada aos "reis do carvão" e foi designada uma comissão para as negociações; mas eles responderam que ignoravam a *Union*, que não reconheceriam nenhuma associação e continuariam a negociar apenas com os operários individualmente e, ademais, apresentaram um novo modelo de contrato que não contemplava nenhum dos pontos da reivindicação e que foi, naturalmente, rechaçado pelos operários. Estava declarada a guerra. Em 31 de março de 1844, 40 mil mineiros depuseram as picaretas, e as minas dos dois condados ficaram desertas. Os fundos da associação eram tão significativos que podiam assegurar, por meses, a cada família, um subsídio semanal de 2,5 *shillings*. Enquanto os operários punham à prova a paciência dos patrões, Roberts organizou infatigavelmente a greve e a agitação e percorreu a Inglaterra de ponta a ponta, recolhendo fundos para os grevistas, predicando a paz e a legalidade e, ao

---

[a] Noticiada pelo *Northern Star*, edição de 6 de janeiro de 1844.

mesmo tempo, desencadeando contra o despotismo dos juízes de paz e contra os proprietários que utilizavam o *truck system* uma campanha de opinião pública inédita no país – campanha que, de fato, ele já iniciara no princípio do ano. Quando um mineiro era condenado pelo juiz de paz, ele obtinha, junto à *Court of Queen's Bench* um *habeas corpus*[a], levava o mineiro ao tribunal em Londres e sempre conseguia a sua absolvição. Foi assim que o juiz Williams, daquele órgão, absolveu em 13 de janeiro três mineiros condenados pelos juízes de paz de Bilston (Staffordshire meridional): seu crime foi se recusarem a trabalhar num local que corria risco de desabar e que realmente desabou antes que regressassem de Londres! Já antes, o juiz Patteson absolvera seis mineiros. Pouco a pouco, o nome de Roberts passou a ser temido pelos juízes de paz proprietários de minas. Em Preston, quatro de seus clientes foram presos; na primeira semana de fevereiro, Roberts foi até lá para tratar do assunto, mas, quando chegou, soube que os condenados haviam sido libertados *antes* do cumprimento total da sentença. Em Manchester, sete foram presos; Roberts obteve o *habeas corpus* e o juiz Wightman os absolveu. Em Prescott, nove mineiros estavam presos, acusados de um pretenso distúrbio da ordem pública em St. Helen (Lancashire meridional) e aguardando julgamento; quando Roberts chegou, foram soltos imediatamente. Tudo isso se passou na primeira quinzena de fevereiro. Em abril, Roberts tirou um mineiro da cadeia em Derby, quatro da prisão de Wakefield (Yorkshire) e quatro da de Leicester. E ele continuou assim, até que esses *Dogberries* – designação dada aos juízes de paz em alusão ao conhecido personagem de Shakespeare de *Muito barulho por nada*[b] – começaram a manifestar algum respeito pelos mineiros. E Roberts agiu da mesma forma diante do *truck system*: levou aos tribunais, um a um, os despudorados proprietários que o utilizavam e constrangeu os vacilantes juízes de paz a condená-los. Espalhou-se um temor tamanho desse procurador-geral dinâmico e combativo, que parecia ter o dom da ubiquidade, que em Belper, próximo a Derby, por exemplo, à sua chegada uma empresa que utilizava o *truck system* divulgou o seguinte comunicado:

---

[a] A *Court of Queen's Bench* [Corte do Tribunal da Rainha], um dos mais antigos tribunais da Inglaterra, foi, até a reforma judiciária de 1873, um dos três máximos tribunais ingleses. Julgava principalmente causas políticas e penais e podia reformar as sentenças dos juízes de paz.
O direito ao *habeas corpus* existia havia muito como norma consuetudinária nos países anglo-saxões, mas foi fixado em lei em 1679.

[b] Nessa comédia shakespeariana de 1598, Dogberry é o nome do chefe da guarda civil de Messina.

Friedrich Engels

Aviso. Mina de carvão de Pentrich
Os senhores Haslam julgam necessário comunicar, para prevenir qualquer equívoco, que todos os operários ocupados em sua mina recebem o salário integralmente em dinheiro e podem gastá-lo onde e como lhes aprouver. Se comprarem mercadorias no armazém dos senhores Haslam, vão obtê-las, como até hoje, a preços de atacado, mas não são obrigados a adquiri-las aí. Seu trabalho e seus salários não dependem do armazém onde compram.

Essas vitórias suscitaram o entusiasmo de toda a classe operária inglesa e propiciaram à *Union* um grande número de novas adesões. Paralelamente, a greve prosseguia no norte: nenhum braço se movia, a ponto de Newcastle, o principal porto exportador de carvão – e tanto que a expressão *to carry coals to Newcastle* [levar carvão para Newcastle] conota, na Inglaterra, a feitura de algo completamente inútil –, ficar tão desprovido do mineral que foi preciso importá-lo da costa escocesa. No princípio, enquanto duraram os fundos da *Union*, tudo correu bem; mas, ao fim da primavera, a luta dos operários tornou-se muito mais difícil. Encontraram-se na mais negra miséria: não tinham dinheiro e as contribuições dos operários de todos os setores de trabalho da Inglaterra representavam pouca coisa, repartidas entre a grande massa grevista; contraíram crédito com os merceeiros em condições muito desvantajosas; e toda a imprensa – salvo os poucos jornais operários – estava contra eles; a burguesia, inclusive os poucos burgueses cujo senso de justiça poderia levá-los a algum apoio, só tinha conhecimento da greve através das mentiras veiculadas pela corrupta imprensa liberal e conservadora. Uma delegação de doze mineiros foi a Londres e recolheu dinheiro entre o proletariado da cidade, mas a soma obtida era quase nada diante da massa de pessoas a socorrer. Apesar de tudo isso, os mineiros não capitularam e, sobretudo, mantiveram-se tranquilos e pacíficos, não obstante todos os atos de hostilidade e de provocação praticados pelos proprietários das minas e seus serventuários; não houve um único ato de vingança, nenhum traidor da causa foi castigado, nenhum furto foi cometido. A greve já durava cerca de quatro meses e aos proprietários não se abria nenhuma alternativa de vitória.

Mas restava uma saída para os proprietários e a ela recorreram: o *cottage system* – eles se deram conta de que as casas dos mineiros eram *sua* propriedade. Em julho, despejaram os operários e, numa semana, todos os 40 mil se viram na rua. Tal medida foi aplicada com uma brutalidade repugnante: doentes e inválidos, velhos e bebês, muitas mulheres em via de dar à luz, todos foram arrancados sem misericórdia de suas camas. Um agente patronal deu-se ao prazer de tirar uma parturiente da cama e arrastá-la pelos cabelos até a rua. Exército e polícia, em grandes contingentes, acompanharam a operação, prontos a intervir ao menor sinal de resistência ou à ordem dos juízes de paz que comandavam essa operação desumana. Os operários, porém, enfrentaram mais essa prova com serenidade; pretendia-se que reagissem violentamente, fez-se de tudo para induzi-los à rebelião – com o que se teria um bom pretexto para pôr fim à greve com o recurso ao exército; mas os mineiros, mesmo desabrigados, lembraram-se das exortações de seu procurador-geral e não aceitaram nenhuma provocação: tudo suportaram com firmeza e silenciosamente recolheram suas coisas e levaram-nas para onde foi possível, terras alagadas ou campos ceifados. Sem alternativa, muitos acamparam à beira das estradas; outros, em terrenos privados – estes, levados à barra do tribunal a pretexto de terem "causado estragos no valor de meio *penny*", viram-se condenados a uma libra de multa e como, naturalmente, não tinham como pagar, foram para a prisão.

Resistiram assim por oito e mais semanas, no chuvoso verão do ano passado (1844), sem outro teto para suas famílias que as tendas feitas com tecido de algodão e sem outros meios de subsistência que os pequenos subsídios da *Union* e o crédito cada vez mais restrito dos merceeiros. Foi por essa altura que lorde Londonderry, proprietário de grandes minas no Durham, do alto de sua augusta cólera, ameaçou os comerciantes de *sua cidade*, Seaham, caso continuassem a oferecer crédito a *seus* grevistas; aliás, esse *nobre* senhor fez papel de palhaço durante toda a greve com os *ucasses*[a] ridículos, retóricos e mal escritos que, de quando em quando, dirigia aos operários, sem outro resultado que as gargalhadas de toda a nação[2].

Quando tudo isso se revelou inútil, os proprietários, arcando com grandes despesas, trouxeram da Irlanda e das áreas mais distantes do País de Gales (onde ainda não existiam movimentos operários) pessoas para trabalhar em suas minas. Restaurada assim a concorrência entre os operários, perdeu-se a força dos grevistas. Os proprietários obrigaram-nos a sair da *Union*, a abandonar Roberts e a aceitar as condições que impunham. Terminou assim, no início de setembro, após cinco meses, a grande luta dos mineiros contra os proprietários, luta que os oprimidos conduziram com uma tenacidade, uma coragem, uma inteligência e uma serenidade que

---

[a] No original, em russo: "decreto, sentença emanada do czar".

[2] Nada de novo sob o sol, pelo menos na Alemanha. Nossos "reis do carvão" são de fato uma cópia desses protótipos ingleses há muito desaparecidos e que, em seu país, são hoje impossíveis. [Nota de Engels à edição de 1892. (N.E.)]

reclamam de nós a mais incondicional admiração. Que grau de verdadeira educação humana, de entusiasmo e de força de caráter pressupõe uma luta como essa, protagonizada por uma massa de 40 mil indivíduos que, como vimos, ainda em 1840[a] eram descritos no *Children's Employment Report* como absolutamente rudes e imorais! E, de outro lado, quão brutal deveria ser a opressão que induziu esses 40 mil a se erguer como *um só homem* e a conduzir a luta como um exército não apenas disciplinado, mas entusiasta, dotado de *uma só vontade*, e a prossegui-la com serenidade e frieza até o limite além do qual toda resistência seria absurda! E que luta, travada não só contra inimigos visíveis e mortais, mas contra a fome e a miséria, a indigência e a falta de um teto, contra as próprias paixões, que a brutalidade dos ricos ameaçava exasperar até o extremo da loucura! Se tivessem apelado para a violência, desarmados como estavam, seriam massacrados e em poucos dias a vitória tocaria aos proprietários – seu respeito pela legalidade não se deveu ao medo da borduna policial, mas resultou da reflexão e constituiu a melhor prova da inteligência e do autocontrole dos operários.

Mais uma vez ainda, os operários sucumbiram, apesar de sua combatividade ímpar, ao poder dos capitalistas. Mas a luta não foi vã. Antes de mais, essa greve, que durou dezenove semanas, arrancou para sempre os mineiros da Inglaterra setentrional da inércia espiritual em que estavam mergulhados até então: despertaram de seu sono, velaram energicamente por seus interesses e uniram-se ao movimento da civilização, em particular ao movimento operário. A greve, que expôs à luz, pela primeira vez, toda a barbárie dos proprietários das minas, criou bases duradouras para a oposição operária nesse ramo de trabalho e tornou cartistas pelo menos três quartos dos grevistas – e 30 mil homens tão enérgicos, tão experimentados na luta representam, para o movimento cartista, uma conquista verdadeiramente preciosa. Ademais, a tenacidade e o respeito à legalidade que marcaram a greve, juntamente com a agitação que a acompanhou, atraíram a atenção pública para os mineiros. Quando da discussão acerca dos impostos sobre a exportação do carvão, Thomas Duncombe – o único membro da Câmara Alta que era cartista convicto – expôs ao Parlamento a situação dos mineiros, leu sua petição da tribuna e obrigou os jornais da burguesia a publicar, ainda que por uma única vez, na seção dedicada aos debates parlamentares, um relato rigoroso de todo o problema. Logo depois da greve, ocorreu a explosão em Haswell; Roberts correu a Londres,

---

[a] Mais precisamente em 1842.

obteve uma audiência com Peel[a], insistiu – como representante dos mineiros – numa investigação profunda sobre o acidente e conseguiu que as maiores autoridades inglesas em matéria de geologia e química, os professores Lyell e Faraday, fossem encarregados de inspecionar o local. Como novas explosões se sucederam e a documentação preparada por Roberts foi reapresentada ao primeiro-ministro, este se comprometeu a propor, se possível na sessão legislativa subsequente (isto é, a atual sessão, de 1845), as medidas necessárias à proteção dos mineiros. Nunca se chegaria a tais resultados se aqueles operários, mediante a greve, não tivessem dado as provas de amor à liberdade que deram, se não tivessem se mostrado dignos de respeito e se não tivessem assegurado o apoio de Roberts.

Mal correu a notícia de que os mineiros do norte haviam sido obrigados a abandonar a *Union* e a retirar de Roberts a função de procurador-geral, os mineiros do Lancashire formaram uma nova *Union*, associaram cerca de 10 mil trabalhadores e garantiram a Roberts um estipêndio anual de 1.200 libras. No ano passado, essa *Union* coletou mais de 700 libras por mês, cerca de 200 empregadas em vencimentos, despesas judiciais etc. e o resto em subsídios para operários sem trabalho, seja porque desempregados, seja porque despedidos por causa de conflitos com os proprietários. Assim, os trabalhadores compreendem cada vez mais que, unidos, são uma força respeitável e que, em casos extremos, podem fazer frente ao poder da burguesia. Essa convicção, essa conquista de todos os movimentos dos operários, estendeu-se aos mineiros da Inglaterra graças à ação da *Union* e à greve de 1844. A curto prazo, desaparecerão todas as diferenças de inteligência e de energia que ainda hoje existem entre os operários fabris e os mineiros, e estes últimos poderão igualar-se àqueles sob todos os aspectos. Pouco a pouco, escava-se subterraneamente o terreno em que a burguesia pisa e, um dia, todo o seu edifício estatal e social desabará, juntamente com a base em que se apoia.

A burguesia, porém, ignora todos os prenúncios. A insurreição mineira conduziu-a apenas à exasperação: em vez de apreender nela um progresso do movimento operário em geral, em vez de extrair dela matéria para reflexão, a classe proprietária só encontrou na insurreição motivos para destilar seu ódio contra uma classe de homens suficientemente estúpidos para não se declararem satisfeitos com o tratamento que até então receberam dela. Nas justas demandas dos que nada possuem, a burguesia só vislumbrou

---

[a] Então primeiro-ministro (cf. índice onomástico, p. 367).

um descontentamento descarado, uma insensata revolta contra "a ordem divina e humana" e, nos casos mais favoráveis, um evento – organizado por "demagogos mal-intencionados, que vivem da agitação e não trabalham por preguiça" – a reprimir com a máxima energia. A burguesia tentou, naturalmente sem sucesso, convencer os operários que homens como Roberts e os funcionários pagos pela *Union* não passavam de astutos mistificadores, desejosos de extrair de sua bolsa até o último vintém. Se no seio da classe proprietária reina tal grau de loucura, se ela está tão cega por seus interesses imediatos que não tem olhos para ver os claros sinais dos tempos, então é preciso renunciar à esperança de uma solução pacífica para a questão social na Inglaterra. A única alternativa que resta é uma revolução violenta, que certamente não tardará.

O PROLETARIADO AGRÍCOLA

Já vimos na Introdução que, juntamente com a pequena burguesia e com o bem-estar dos operários do tipo antigo, também os pequenos camponeses foram arruinados – dissolvida a tradicional vinculação entre trabalho industrial e trabalho agrícola, os campos inexplorados foram concentrados em grandes propriedades e os pequenos camponeses foram deslocados pela concorrência esmagadora das grandes explorações agrícolas. Deixaram de ser, como haviam sido até então, proprietários fundiários ou arrendatários, constrangidos a abandonar suas explorações e a se tornar trabalhadores agrícolas a serviço dos grandes proprietários fundiários ou dos grandes arrendatários. Durante um certo período, essa situação, embora assinalasse uma piora em relação à anterior, foi suportável. A expansão da indústria contrabalançava o crescimento da população, até que, por fim, o progresso industrial entrou num ritmo menor e os contínuos aperfeiçoamentos do maquinismo impuseram à indústria a impossibilidade de absorver todo o excedente populacional das regiões agrícolas. A partir daí, a miséria, que até então – e apenas intermitentemente – grassava apenas nas zonas industriais, apareceu nas regiões agrícolas. Ademais, quase na mesma época, chega ao fim a guerra com a França, que durara 25 anos e dera à agricultura inglesa um impulso artificial com a redução da produção nas áreas que eram teatro da guerra, com o bloqueio das importações e com as demandas de abastecimento dos exércitos britânicos na Espanha – sem contar a subtração da grande massa de força de trabalho. Mas, de repente, chegaram ao fim a paralisação das importações, a urgência de exportar e a falta de trabalhadores; a consequência inevitável foi a miséria agrícola (*agricultural distress*, como dizem os ingleses). Os proprietários e arrendatários tiveram de vender o trigo a baixo preço e, portanto, reduziram os salários; para elevar e manter alto o preço do grão, foram votadas, em 1815, as leis sobre os cereais, que impediam sua importação enquanto o preço do trigo candial permanecesse abaixo dos oitenta *shillings* o *quarter*[a]. Essa legislação foi modificada inúmeras vezes, mas naturalmente se revelou inútil para reduzir a miséria das áreas agrícolas; tudo que se conseguiu foi transformar uma doença aguda – que, se continuasse a livre concorrência com os outros países, teria tido suas crises – numa enfermidade crônica, que exerceu uma pressão constante, mas sempre forte, sobre os operários agrícolas.

No período imediatamente posterior ao nascimento do proletariado agrícola, desenvolveram-se nas regiões rurais aquelas relações patriarcais que no mesmo período foram destruídas no âmbito da indústria – relações entre camponeses e seus trabalhadores que ainda hoje subsistem em quase toda a Alemanha. Enquanto elas perduraram, a miséria não foi excessiva nem frequente entre os trabalhadores agrícolas; eles compartilhavam da sorte dos arrendatários e só eram despedidos em casos extremos. Mas, hoje, tudo mudou. Os homens são quase todos jornaleiros, que proprietários e os arrendatários só ocupam quando precisam e, portanto, não têm nenhum trabalho por semanas inteiras, especialmente no inverno. Enquanto vigiram as relações patriarcais, os trabalhadores e suas famílias moravam na propriedade e ali cresciam seus filhos e era natural que o proprietário tratasse de ocupá-los; o emprego de jornaleiros era a exceção, não a regra, e consideradas as coisas com rigor, na propriedade havia mais trabalhadores que o necessário – daí o interesse do proprietário, ou arrendatário, em liquidar aquelas relações, expulsando o trabalhador da terra e transformando todos em jornaleiros. Esse fenômeno se processou, em geral, no fim dos anos vinte do nosso século e a consequência foi, para recorrer ao vocabulário da física, que o excedente populacional até então *latente* viu-se liberado, o salário caiu e cresceu enormemente o número de pobres. A partir daí, os distritos agrícolas tornaram-se os centros principais do *pauperismo permanente,* assim como os distritos industriais são-no do *pauperismo intermitente* – e a completa transformação da lei sobre os pobres foi a primeira medida tomada pelas autoridades públicas diante do empobrecimento, a cada dia crescente, dos distritos agrícolas. Ademais, aumentou muito o desemprego dos trabalhadores, seja pela contínua expansão das grandes explorações, nas quais se passou a utilizar máquinas agrícolas (como debulhadeiras), seja pela generalização do trabalho feminino e infantil nos campos – tão expressiva

---

[a] Medida inglesa equivalente a cerca de 290 litros.

que seus efeitos foram objeto de investigação por uma comissão oficial[a]. Vemos, pois, que também aqui o sistema industrial de produção acabou por se impor através da grande exploração, da supressão das relações patriarcais (aqui, de extrema importância), da introdução das máquinas, da utilização da energia gerada pelo vapor, do trabalho das mulheres e das crianças, arrastando para o turbilhão revolucionário a última, e mais estável, parcela da população trabalhadora.

Todavia, quanto mais a agricultura conservara sua estabilidade, tanto mais penoso foi o fardo que recaiu sobre os trabalhadores, com tanto maior violência se operou aqui a dissolução do antigo tecido social. A "superpopulação", que se revelou bruscamente, não podia ser absorvida, como nos distritos industriais, pelo aumento da produção. Se era possível criar novas fábricas – desde que houvesse compradores para os produtos –, não era possível criar novas terras. O cultivo das terras comunais era uma especulação muito arriscada para, depois da paz, atrair os muitos capitais que seriam necessários. Por consequência, a concorrência entre os trabalhadores foi levada ao extremo e o salário desceu ao seu limite mínimo. Enquanto esteve em vigor a velha lei dos pobres, os trabalhadores recebiam alguma ajuda – o que fez, naturalmente, com que os salários caíssem ainda mais, reduzidos pelos proprietários rurais, que trataram de transferir para a Caixa dos Pobres o grosso da manutenção dos trabalhadores. O aumento do imposto para os pobres, já tornado necessário pelo excedente da população, assumiu assim uma magnitude maior e a nova lei dos pobres, sobre a qual falaremos adiante, acabou por se impor. Mas a situação não melhorou. O nível dos salários não cresceu, não era possível eliminar a população excedente e a crueldade da nova lei apenas acentuou a exasperação do povo; mesmo o imposto para os pobres, que inicialmente fora reduzido, em poucos anos atingiu seu nível anterior; apenas mudaram os números: se, antes, havia de três a quatro milhões de semi-indigentes, tinha-se agora um milhão de indigentes, enquanto os outros, ainda semi-indigentes, deixaram de receber qualquer ajuda. A miséria das regiões agrícolas aumentou ano a ano: as pessoas vivem na máxima penúria, famílias inteiras devem subsistir com

---

[a] Engels refere-se certamente ao documento *Reports of Special Assistant Poor Law Commissioners on the Employment of Women and Children's in Agriculture. Presented to both Houses of Parliament by Command of Her Majesty* [Relatórios do assistente especial dos comissários para a Lei dos Pobres sobre o emprego de mulheres e crianças na agricultura. Apresentados às duas Câmaras do Parlamento por ordem de Sua Majestade], Londres, 1843.

seis, sete ou oito *shillings* por semana e, por períodos, não têm um tostão sequer. Passemos a palavra a um parlamentar liberal que, por volta de 1830, descreveu a situação dessa população:

> Camponês[1] e pobre: essas palavras são sinônimas na Inglaterra. Seu pai era um pobre e o leite materno que mamou não tinha propriedades nutritivas. Desde a infância foi mal alimentado e nunca conseguiu matar a fome; ainda hoje, exceto quando dorme, sente o suplício da fome insatisfeita. Está semivestido, só tem fogo para cozer sua comida pouca, o frio e a umidade instalam-se em sua casa no inverno e só saem no verão. É casado, mas ignora as alegrias de marido e pai. Sua mulher e seus filhos, esfaimados, raramente aquecidos, frequentemente doentes e fracos, sempre preocupados e desesperançados como ele, são naturalmente ávidos, egoístas e irritadiços. Para usar suas próprias palavras, "ele não suporta vê-los" (*hates the sight of them*), e só retorna à choupana porque ali tem uma proteção contra a chuva e o vento um pouco maior que a oferecida por uma sebe. Precisa manter a família, mas não pode fazê-lo; daí a mendicância e os expedientes de toda sorte, que degeneram, enfim, na mais completa desonestidade. Mesmo que quisesse, falta-lhe a coragem para se tornar, como outros elementos mais enérgicos de sua classe, um caçador clandestino ou um contrabandista; mas rouba quando tem oportunidade e ensina a seus filhos mentir e roubar. Seu comportamento submisso e servil para com seus vizinhos ricos mostra como eles o tratam com dureza e desconfiança; ele os teme e odeia, mas não usa a violência para causar-lhes prejuízos. Está desmoralizado ao extremo, decaiu muito para ter a força do desespero. Sua vida miserável é curta, o reumatismo e a asma vão conduzi-lo ao asilo onde exalará o último suspiro sem nenhuma recordação agradável, cedendo o lugar a um outro infeliz que viverá e morrerá como ele.

Nosso autor aduz que, além dessa classe de jornaleiros agrícolas, encontra-se uma outra, um pouco mais enérgica e melhor dotada física, intelectual e moralmente: a daqueles que vivem a mesma existência, mas que não nasceram nessa miséria. Em sua opinião, estes têm melhores relações familiares, mas tornaram-se contrabandistas ou caçadores clandestinos, envolvendo-se com frequência em conflitos sangrentos com guardas aduaneiros e florestais; nas prisões por onde habitualmente passam, aprendem a odiar a sociedade e, em seu ódio aos possuidores, igualam-se aos jornaleiros anteriormente descritos. Conclui o autor:

> É apenas por cortesia (*by courtesy*) que se chama a essa classe "a intrépida população camponesa da Inglaterra" (*bold peasantry of England*), como diz Shakespeare.[2]

---

[1] Isto é, um jornaleiro agrícola.
[2] E. G. Wakefield, *Swing unmasked, or the Causes of Rural Incendiarism* [Swing sem máscara ou as causas do incendiarismo rural] (Londres, 1831, panfleto), cf., *infra*, p. 298 e ss.

Essa descrição ainda hoje é válida para a maior parte dos jornaleiros dos distritos rurais. Em junho de 1844, o *Times* enviou a essas regiões um correspondente para relatar as condições de vida dessa gente e sua narração coincide inteiramente com a descrição acima transcrita[a]. Em algumas zonas, o salário semanal não ia além dos seis *shillings* – ou seja, corresponde ao salário de regiões similares na Alemanha, com uma diferença: na Inglaterra, os meios de subsistência custam, pelo menos, o dobro dos preços alemães. Pode-se imaginar a vida dessa gente: sua alimentação é ruim e parca, têm roupas em farrapos, casas exíguas e miseráveis (um barraco de extrema pobreza, sem o mínimo conforto); para os jovens, há hospedarias nas quais homens e mulheres não dispõem de instalações separadas, o que favorece relações ilegítimas. Poucos dias de desemprego num mês são suficientes para lançar esses indivíduos na mais negra miséria. Na medida em que vivem dispersos, não podem unir-se numa associação para a defesa dos salários e, se um deles se recusa a trabalhar por um salário de fome, há dezenas de desempregados e tutelados das Casas dos Pobres que se dispõem a substituí-lo – e a administração da assistência pública nega qualquer auxílio (exceto a tutela das odiadas Casas dos Pobres) àquele que recusou um trabalho, qualificando-o como um vagabundo insatisfeito. Aliás, a administração da assistência pública é formada por proprietários ou arrendatários e só eles oferecem emprego. Essas informações não dizem respeito a tal ou tal distrito agrícola da Inglaterra: a miséria é a mesma de norte a sul, de leste a oeste; as condições dos jornaleiros rurais no Suffolk e no Norfolk são coincidentes com as dos do Devonshire, do Hampshire e do Sussex; os salários são tão baixos no Dorsetshire e no Oxfordfshire quanto no Kent e no Surrey, no Buckinghamshire e no Cambridgeshire.

Uma instituição particularmente bárbara que penaliza o proletariado agrícola são as leis sobre a caça, extremamente severas na Inglaterra, país que, por outra parte, dispõe de caça em abundância inimaginável. O camponio inglês, que vê na caça clandestina, segundo os costumes e a tradição, apenas uma expressão natural e nobre de coragem e audácia, sente-se mais incitado a praticá-la pelo contraste entre sua miséria e o *car tel est notre*

As citações foram extraídas das p. 9 e 13, mas as passagens que no original se referiam à antiga Lei dos Pobres, então em vigor, foram omitidas. [A citação não remete a Shakespeare, mas a Oliver Goldsmith (1728-1774): trata-se do verso 51 do poema "The Deserted Village" (A aldeia abandonada): "Bold peasantry, their country's pride" ("Intrépidos camponeses, orgulho do seu país"). (N.E.)]

[a] A respectiva matéria saiu em *The Times*, edições de 7 e 21 de junho de 1884.

*plaisir*ᵃ do lorde, que preserva para seu gáudio privado milhares de lebres e de pássaros. O jornaleiro, se for preciso, aceita o risco e abate uma ave; na realidade, não causa nenhum prejuízo ao lorde, uma vez que a caça é superabundante, mas, para ele, trabalhador, isso representa alimento para sua família famélica. Se é descoberto, é preso; se reincide, é deportado por no mínimo sete anos. A severidade dessas leis é a causa de constantes e sangrentos conflitos com os guardas-florestais, razão de uma série de homicídios todos os anos. Aliás, a profissão de guarda-florestal não só se tornou perigosa: tornou-se odiada e desprezada. No ano passado, dois guardas-florestais preferiram meter uma bala na cabeça a continuar em seu ofício. É por esse preço vil que a aristocracia fundiária compra o nobre prazer da caça – mas o que isso importa aos ilustres *lords of the soil*ᵇ? Não é problema deles que viva ou morra meia dúzia desses indivíduos *supérfluos* e se a metade deles viesse a ser eliminada graças às leis da caça – é o que pensa a filantropia dos proprietários ingleses –, a outra metade ficaria em melhores condições.

Mas se é verdade que as condições da vida rural – o isolamento, a estabilidade do meio ambiente e dos ofícios e também das ideias – constituem obstáculos a qualquer progresso, é igualmente verdade que a miséria e a necessidade produzem seus resultados. Os operários fabris e os mineiros superaram rapidamente a primeira fase da oposição à ordem social, isto é, a imediata revolta individual que recorre ao crime; os trabalhadores do campo, ainda hoje, permanecem nesse estágio. Seu método preferido para travar a guerra social é provocar incêndios. No inverno subsequente à Revolução de Julhoᶜ, vale dizer, no inverno de 1830-1831, esses incêndios se tornaram pela primeira vez um fenômeno geral, depois dos tumultos ocorridos em princípios de outubro no Sussex e nos condados contíguos, provocados pelo reforço da guarda costeira (que dificultando o contrabando e, no dizer de um arrendatário, "arruinou a costa"), pelas modificações na administração da assistência pública, pelos baixos salários e pela introdução de máquinas, resultando numa agitação intensa em toda a região. Nesse inverno, proprietários e arrendatários viram arder em seus campos, sob suas barbas, montes de trigo e de feno e estábulos e granjas. Praticamente todas as noites eram provocados incêndios, que aterrorizaram proprietários

---

ᵃ Em francês, no original: "pois esse é o nosso prazer".
ᵇ Em inglês, no original: "senhores dos campos e dos bosques".
ᶜ Cf., *supra*, nota b, p. 59.

e arrendatários. Os autores nunca, ou quase nunca, foram identificados e o povo passou a atribuir o fogo a um personagem mítico, a que deu o nome de *Swing*. E o personagem começou a ser procurado, assim como se procurou indagar de onde provinha a cólera dos pobres das zonas rurais; poucos – e ninguém nos distritos agrícolas – pensaram na grande força propulsiva da miséria e da opressão. A partir daquele ano, os incêndios tornaram-se repetitivos em todos os invernos, estação em que habitualmente os jornaleiros estão desempregados.

No inverno de 1843-1844, os incêndios foram, de novo, excepcionalmente frequentes. Tenho à mão números do *Northern Star* desse período e todos noticiam incêndios, detalhando locais e características; não disponho de toda a coleção do semanário, mas as edições faltantes seguramente relatam casos similares; vejamos: em *25 de novembro de 1843*, reporta dois casos e recorda vários anteriores; em *16 de dezembro de 1843*, noticia que há duas semanas reina no Bedforshire uma tensão geral motivada pela frequência dos incêndios, registrando-se diversos casos todas as noites; nos últimos dias, duas grandes propriedades foram totalmente destruídas pelo fogo; o mesmo se passou com quatro no Cambridgeshire e uma no Hertfordshire; houve mais quinze incêndios em outras localidades; em *30 de dezembro de 1843*, relata um incêndio em Norfolk, dois em Suffolk, dois em Essex, três no Herts, um no Cheshire, um no Lancashire e doze em Derby, Lincoln e ao sul, doze; em *6 de janeiro de 1844*, noticia um total de dez incêndios; em *13 de janeiro de 1844*, informa sobre sete incêndios; em *20 de janeiro de 1844*, reporta quatro incêndios. A partir desta última edição – e é de ter presente que é impossível a um jornal noticiar *todos* os incêndios –, o semanário, a cada número, relata uma média de três a quatro casos, e não, como antes, apenas até o início da primavera, mas entrando por julho e agosto. E os jornais ingleses que me chegaram mais recentemente, assim como pequenas notas na imprensa alemã, mostram que esse tipo de crime vem aumentando com a aproximação do inverno de 1844-1845.

O que dizem meus leitores de uma situação como essa nos calmos e idílicos campos ingleses? Trata-se ou não de guerra social? Ou é um estado de coisas natural, que pode prolongar-se? E, no entanto, os proprietários e os arrendatários, à semelhança dos fabricantes e dos burgueses em geral das regiões industriais, permanecem estúpidos e teimosos, cegos a tudo o que não for moeda sonante em suas bolsas. Enquanto os industriais prometem a seus operários céus e terra se as leis sobre os cereais forem *revogadas*, proprietários e arrendatários prometem mundos e fundos a seus trabalhadores se as mesmas leis forem *mantidas*. Em qualquer dos casos, os proprietários não conseguem conquistar os trabalhadores para suas posições: assim como os operários fabris, os jornaleiros agrícolas mostram-se inteiramente indiferentes à supressão ou manutenção das leis sobre os cereais. Contudo, a questão é importante para as duas categorias de assalariados. Se forem revogadas as leis sobre os cereais, a livre concorrência – o regime econômico da sociedade atual – será conduzida ao limite e qualquer evolução posterior no quadro das relações existentes será entravada, de modo que o único progresso possível dependerá então de uma transformação radical do ordenamento social[3]. Para os jornaleiros agrícolas, a questão apresenta ainda outra significação: a livre importação do trigo determinará – e, nesse espaço, não posso detalhar por que – a emancipação dos arrendatários diante dos proprietários fundiários ou, em outros termos, a transformação dos arrendatários *tories* em arrendatários liberais. Aliás, a Liga contra as Leis dos Cereais contribuiu efetivamente – e este é seu único mérito – para preparar o terreno para esse processo. Mas se os arrendatários se tornarem liberais, isto é, burgueses conscientes, os jornaleiros tornar-se-ão forçosamente cartistas e socialistas, isto é, proletários conscientes[a]. Uma coisa implica a outra. E que já agora, entre o proletariado agrícola, começa a desenvolver-se um novo movimento, prova-o uma assembleia que o conde Radnor, um proprietário fundiário *liberal*, permitiu que fosse realizada, em outubro de 1844, perto de Highworth, onde ficam suas propriedades, para debater com os jornaleiros a lei dos cereais e votar petições contra ela; estes, indiferentes à lei, levantaram suas próprias reivindicações (especialmente o arrendamento a baixo preço de terras para eles mesmos) e lançaram ao rosto do conde todas as suas amargas verdades[b]. Como se verifica, o movimento da classe operária penetra também nos distritos agrícolas, isolados, fossilizados e espiritualmente inertes e, dada a miséria aí reinante, em breve se mostrará tão sólido e vivo como nas áreas industriais[4].

---

[3] Isso se verificou literalmente. Depois de um período de inaudita expansão comercial, a livre concorrência levou a Inglaterra a uma crise que, iniciada em 1878, mantém-se vigorosa até hoje, 1886. [Nota de Engels à edição de 1887, excluída da edição de 1892. (N.E.)]

[a] Esse aposto ("isto é, proletários conscientes") foi suprimido nas edições inglesas de 1887 e 1892.

[b] Essa assembleia foi reportada pelo *Northern Star*, edição de 26 de outubro de 1844.

[4] Os trabalhadores rurais já têm hoje seu sindicato e seu representante mais enérgico, Joseph Arch, elegeu-se deputado em 1885. [Nota de Engels à edição de 1887. (N.E.)]

No que toca à religiosidade dos assalariados agrícolas, eles, mesmo que bem mais devotos que os operários industriais, estão colidindo claramente com a Igreja (nessas áreas predomina a Igreja anglicana). Um correspondente do *Morning Chronicle*, numa série de artigos firmados por *Um homem que assoviou atrás do arado*[a], descreveu os distritos rurais que visitou e relatou, entre outros, um encontro que manteve com jornaleiros à saída da igreja:

> Perguntei a um homem se o pregador daquele dia era o seu pastor. "*Yes, blast him*[b], sim senhor, é o nosso pastor. Não faz mais que mendigar, mendiga desde que o conheço." (De fato, o pregador acabara de pedir fundos para uma missão para converter pagãos.) "E desde que eu o conheço também", aduziu um outro, "e nunca conheci um pastor que não vivesse a pedir dinheiro para isso ou aquilo." Uma mulher que saía da igreja naquele momento concordou: "É verdade. Veja como os salários baixam e veja os ricos vagabundos com quem os pastores comem, bebem e vão à caça. Que Deus me proteja, mas preferimos ir para a casa de trabalho[c] e morrer de fome a dar um tostão para os pastores que cuidam dos pagãos". "E por que não vão converter os pagãos", interveio um outro, "aqueles pastores que pregam todos os dias para as paredes na catedral de Salisbury? Por que *aqueles* não vão em missões?" "*Aqueles* não vão", tornou o primeiro, mais velho, a quem interroguei inicialmente, "porque são ricos, têm mais terras do que precisam e pedem dinheiro para se livrar dos pastores pobres. Sei o que eles querem, conheço-os há muito tempo." "Mas", disse-lhes eu, "boa gente, não posso crer que sempre saiam da igreja assim, com sentimentos tão hostis para com o seu pastor. Pois, senão, por que vêm à igreja?" Foi a mulher quem respondeu: "A gente vem à igreja porque é obrigada". Constatei depois que *aqueles que frequentavam a igreja* tinham pequenas vantagens para obter lenha e, contra pagamento, uma diminuta parcela para plantar batatas.

E, depois de oferecer exemplos da indigência e da ignorância dos jornaleiros, conclui nosso correspondente:

> E posso afirmar, sem qualquer dúvida, que a situação dessa gente, sua miséria, seu ódio contra a Igreja, sua aparente docilidade e seu ressentimento interior em relação aos dignitários eclesiásticos *são a regra nas comunidades rurais da Inglaterra* – o contrário não passa de exceção.

Se a massa camponesa da Inglaterra propriamente dita nos mostra as consequências que, sobre as condições de vida nos núcleos rurais, tem a existência de um numeroso proletariado agrícola ao lado da grande propriedade, no País de Gales verificamos o destino dos pequenos arrendatá-

---

[a] Pseudônimo do jornalista burguês radical Alexander Somerville (1811-1885).
[b] Em inglês, no original: "Sim, maldito seja!".
[c] Cf., *supra*, nota a, p. 61.

rios. Enquanto nas regiões rurais da Inglaterra se reproduz o contraste entre proletários e grandes capitalistas, as condições dos camponeses galeses correspondem à ruína progressiva da pequena burguesia na cidade. No País de Gales quase só existem pequenos arrendatários, que não podem vender com lucro seus produtos aos mesmos preços dos grandes arrendatários ingleses, mais favorecidos e com os quais concorrem nos mesmos mercados. Ademais, em algumas áreas a natureza do solo só permite a criação de gado, menos lucrativa. Os galeses, ainda, por causa de suas características nacionais, que tanto prezam, são muito mais tradicionalistas que os arrendatários ingleses. Mas sobretudo a mútua concorrência que se fazem e a concorrência com os ingleses, além do aumento do custo fundiário daí derivado, afetou-os tão negativamente que mal podem sobreviver. Na medida em que não compreendem a verdadeira causa de sua penosa situação, procuram-na numa série de questões menores (como altos impostos etc.), que de fato entravam o desenvolvimento da agricultura e do comércio mas já são consideradas custos usuais para qualquer um que arrenda um pedaço de terra e, dessa forma, incidem sobre o custo da propriedade fundiária. Além do mais, a nova lei sobre os pobres suscitou entre os arrendatários uma indignação profunda, porque eles mesmos correm o risco de serem suas vítimas.

Em fevereiro de 1843, o descontentamento dos camponeses explodiu nos célebres *motins de Rebecca*: homens vestiram-se com roupas femininas, pintaram o rosto de negro, organizaram-se em bandos armados e assaltaram os locais de cobrança de impostos, destruíram-nos aos gritos e aos tiros, demoliram postos alfandegários, divulgaram manifestos ameaçadores sob a assinatura de uma imaginária *Rebecca* e chegaram a tomar a casa de trabalho de Caermathen. Quando, mais tarde, tropas vieram reforçar o poder da polícia, elas foram habilmente desorientadas por pistas enganosas: falsos toques de clarins as conduziam para uma direção, enquanto, no lado oposto, os amotinados continuavam seus atos de destruição; enfim, quando as tropas se tornaram muito numerosas, limitaram-se a provocar incêndios isolados e a algumas tentativas de homicídio. Como sempre, esses crimes mais graves assinalaram o fim do movimento – muitos se afastaram por indiferença, outros por medo e a calma voltou a reinar. O governo enviou uma comissão para estudar os motins e suas causas e tudo acabou nisso. No entanto, a miséria dos camponeses permanece e como só pode agravar-se, e não reduzir-se, dadas as atuais relações sociais, em outra ocasião produzirá incidentes muito mais sérios que essa farsa humorística a que se nomeou *Rebecca*.

A situação da classe trabalhadora na Inglaterra

Se, na Inglaterra, observamos em seus resultados o sistema do cultivo da terra em larga escala e, no País de Gales, o sistema dos pequenos arrendamentos, na Irlanda verificamos os efeitos do parcelamento da terra. A grande massa da população irlandesa constitui-se de pequenos arrendatários, que alugam uma casinhola de adobe sem nenhuma divisão interna e um pequeno campo de batatas, que mal chega para lhes assegurar no inverno um mínimo de alimentação. Dada a grande concorrência entre esses pequenos arrendatários, o custo fundiário saltou a níveis incríveis – o dobro, o triplo e, às vezes, o quádruplo do que vigora na Inglaterra. Como todo jornaleiro agrícola quer tornar-se arrendatário, e embora o parcelamento da terra já seja muito grande, há ainda um contingente de jornaleiros em busca de terra para alugar. Ainda que, na Grã-Bretanha, sejam cultivados 32 milhões de jeiras inglesas[a] e, na Irlanda, 14 milhões, ainda que a produção agrícola anual da Grã-Bretanha se avalie em 150 milhões de libras e a da Irlanda em 36 milhões, há na Irlanda 75 mil jornaleiros agrícolas *a mais* que na ilha vizinha[5]. Essa enorme desproporção indica com que ferocidade se trava a concorrência pela terra na Irlanda, especialmente quando já se sabe que os próprios jornaleiros ingleses vivem em extrema miséria. Dessa concorrência decorre um custo fundiário tão alto que os arrendatários não têm uma existência melhor que a dos jornaleiros. Assim, o povo irlandês vive numa miséria opressiva da qual, dadas as atuais relações sociais, não pode escapar. As pessoas moram em casas que são verdadeiros estábulos, mal comem durante o inverno – ou, para retomar as expressões do relatório citado, durante 30 semanas têm batatas que mal chegam para matar a fome e durante as outras 22 nada lhes resta; na primavera, a provisão esgota-se ou as batatas não podem ser comidas porque começaram a germinar, e a mulher sai com as crianças a mendigar, vagando pelas redondezas com o bule de chá na mão, enquanto o homem, depois do plantio de batatas, sai em busca de trabalho no país ou na Inglaterra, para retornar na época da colheita. Essas são as condições em que vivem nove décimos da população rural irlandesa. Pobres como Jó, vestem-se com farrapos e têm o nível cultural mais baixo que pode haver em países semicivilizados. De acordo com o relatório citado, numa população de 8,5 milhões de habitantes, 585 mil chefes de família vivem com os seus na mais completa penúria (*destitution*) e, segundo outras

---

[a] Cada jeira inglesa equivale a aproximadamente 4 mil metros quadrados.
[5] *Report to Ireland of the commissioners on the Poor Law* [Relatório dos comissários da Lei dos Pobres sobre a Irlanda]. Sessão parlamentar de 1837.

fontes citadas pelo *sheriff* Alison[6], há na Irlanda 2,3 milhões de pessoas que não podem sobreviver sem socorros públicos ou privados – ou seja, 27% dos habitantes são indigentes!

A causa dessa miséria reside nas relações sociais vigentes, em especial na concorrência que assume aqui a forma do parcelamento da terra. Fatores vários foram apontados: quis-se atribuir a pobreza à posição do arrendatário diante do proprietário fundiário, que aluga grandes áreas a arrendatários que, por sua vez, as subalugam a outros que fazem o mesmo, chegando-se a dezenas de intermediários entre o proprietário fundiário e o pequeno arrendatário final; procurou-se creditar a miséria à lei, realmente infame, que permite ao proprietário, no caso de o seu arrendatário direto não pagar o aluguel, expulsar da terra o verdadeiro cultivador, mesmo que este tenha pago a quem a subalugou. Ora, tudo isso diz respeito à *forma* pela qual a miséria se manifesta. Transformem-se os pequenos arrendatários em proprietários e qual será o resultado? A maioria deles, mesmo não tendo de pagar um aluguel, não conseguirá viver do seu cultivo, e pequenas e eventuais melhorias que possam ser obtidas em poucos anos serão anuladas pelo rápido e constante crescimento da população; os raros que acaso se encontrarem em condições melhores, no máximo verão seus filhos – que hoje morrem prematuramente, vitimados pelas privações – crescerem em meio à miséria.

Afirmou-se, por outro lado, que toda a culpa cabe à vergonhosa opressão que os ingleses exercem sobre esse povo; não há dúvida de que essa opressão *acelerou* o aparecimento da miséria, mas ela não é *em si mesma* a sua causa. Outros debitam a responsabilidade à Igreja do Estado, que impõe o protestantismo a essa nação católica; no entanto, divida-se entre todos os irlandeses o que a Igreja retira deles e a cada um não caberá nem seis táleres – aliás, o dízimo é um tributo sobre a *propriedade fundiária*, não sobre o arrendamento, ainda que viesse a ser pago pelo arrendatário (atualmente, depois do *Commutation Act*, de 1838, é o proprietário que o paga diretamente, mas a situação do arrendatário não melhorou, uma vez que aquele aumentou proporcionalmente o aluguel[a]). Foram listadas até hoje centenas de motivos, todos igualmente incapazes de demonstrar a verdadeira causa da miséria, que é uma consequência inelutável das atuais instituições so-

---

[6] *The Principles of Population*, v. II. [O dado referido logo a seguir encontra-se na p. 218. (N.E.)]

[a] Até 1838, o dízimo era pago *in natura* pelo arrendatário; a Lei da Comutação (1838) transformou-o num imposto monetário a ser pago pelo proprietário da terra.

ciais – se estas são abstraídas, podem-se encontrar causas explicativas das formas sob as quais a miséria se apresenta, mas não se pode compreendê-la como tal. O fato de a miséria apresentar-se na Irlanda de um modo e não de outro deve ser buscado no caráter nacional do povo e em seu desenvolvimento histórico. Os irlandeses são um povo cujo caráter se assemelha ao das nações latinas, aos franceses e, especialmente, aos italianos. Já vimos como Carlyle sublinha os piores aspectos de seu caráter nacional; ouçamos agora um irlandês, que é pelo menos um pouco mais justo que nosso germanófilo Carlyle:

> Eles são agitados e, no entanto, indolentes (*indolent*); vivazes e indiscretos, impacientes e imprudentes; corajosos por instinto, generosos, pouco ou nada calculistas; sempre prontos a vingar uma afronta e a perdoá-la, a selar uma amizade e a rompê-la; muito dotados de gênio, pouco dotados de capacidade de juízo.[7]

Nos irlandeses, a razão está inteiramente subordinada ao sentimento e à paixão. Sua natureza sensual e excitável não permite que desenvolvam a reflexão e a atividade serena e constante. Um povo assim não está apto para a indústria, tal como ela existe atualmente. Por isso, permanecem vinculados à agricultura, e em seu estágio mais rude. Dada a realidade das pequenas parcelas, que aqui não resultaram, como na França e ao sul do Reno, do desmembramento artificial de grandes propriedades[8], mas que sempre existiram, não se pode pensar na melhoria da terra mediante investimentos de capital. Segundo os dados apresentados por Alison, seriam necessários 120 milhões de libras para que a produtividade da terra na Irlanda atingisse o nível de produtividade da Inglaterra (que, aliás, não é muito alto). A imigração inglesa, que poderia elevar o nível cultural do povo irlandês, contentou-se em explorá-lo da forma mais brutal; se os irlandeses, com sua imigração, levaram à nação inglesa um fermento que no futuro dará seus frutos, a Irlanda pouco deve à imigração inglesa.

---

[7] *The State of Ireland* [A condição da Irlanda] (Londres, 1807; 2. ed. 1821, panfleto). [A referência bibliográfica de Engels está incompleta, pois não menciona o autor – John Wilson Croker (1780-1857), publicista e político *tory* –, e equivocada quanto às edições: a primeira é de 1801 e a segunda é de 1822; a passagem citada encontra-se na p. 27 da primeira edição e na p. 29 da segunda. (N.E.)]

[8] Erro. A pequena exploração agrícola permaneceu, desde a Idade Média, o modo de exploração dominante. As pequenas explorações camponesas existiam, portanto, já antes da Revolução: esta apenas mudou a *propriedade*, arrancando-a dos senhores feudais para entregá-la, direta ou indiretamente, aos camponeses. [Nota de Engels à edição de 1892. (N.E.)]

Friedrich Engels

As tentativas da nação irlandesa para superar o atual estado de degradação manifestam-se, de uma parte, em crimes que estão na ordem do dia nas regiões rurais e consistem, quase sempre, no assassinato dos inimigos mais imediatos (agentes dos proprietários fundiários ou seus dóceis servidores, intrusos protestantes, grandes arrendatários cujos domínios são formados pela união dos campos de batatas de centenas de famílias expulsas etc.), crimes muito frequentes no sul e no oeste; de outra parte, manifestam-se na *Repeal agitation* [agitação pela revogação][a]. Depois de tudo que foi dito, é claro que os incultos irlandeses veem necessariamente nos ingleses seus mais diretos inimigos e que, para eles, o primeiro progresso consiste na conquista da independência nacional. Mas é igualmente claro que a miséria não será eliminada pela simples revogação da união; esta apenas mostrará que as causas da miséria, que hoje aparecem como externas ao país, devem ser procuradas em seu interior. Se, todavia, a supressão da união é necessária para ajudar os irlandeses a compreender essa verdade, é uma questão que deixo aberta. Até hoje, nem o cartismo nem o socialismo tiveram grande êxito na Irlanda. Concluo neste ponto, rapidamente, minhas observações sobre a Irlanda porque a *Repeal agitation* de 1843 e o processo O'Connell contribuíram para que a Alemanha conhecesse melhor a miséria irlandesa.

Seguimos, assim, o proletariado das ilhas britânicas em todos os setores de sua atividade e verificamos, em toda parte, privação e miséria, condições de vida profundamente desumanas. Vimos como o descontentamento nasceu no seio do proletariado, como cresceu, desenvolveu-se e organizou-se. Vimos as lutas, cruentas e incruentas, do proletariado contra a burguesia. Examinamos os princípios que determinam o destino, as esperanças e os temores dos proletários e concluímos que não existem perspectivas de uma melhoria de sua situação. Aqui e ali, observamos o comportamento da burguesia em relação ao proletariado e constatamos que ela só se interessa por si mesma e persegue apenas suas próprias vantagens. Contudo, para não sermos injustos, devemos examinar agora um pouco mais de perto o seu modo de agir.

---

[a] Após reprimir a insurreição irlandesa de 1798, o governo inglês impôs a união política da Irlanda à Inglaterra, que entrou em vigor em 1º de janeiro de 1801, suprimindo qualquer traço de autonomia da nação, que inclusive se viu privada de seu parlamento. O movimento pela revogação da união (*repeal of union*) ganhou grandes proporções a partir dos anos vinte do século XIX e, em 1840, fundou-se a *Repeal Association*, unindo todos os adversários da união anglo-irlandesa. O líder do movimento, Daniel O'Connell (1775-1847), foi preso em 1843, processado e condenado em janeiro de 1844 a um ano de cárcere e a 2 mil libras de multa; em setembro de 1844, a sentença foi anulada pela Câmara Alta.

A ATITUDE DA BURGUESIA
EM FACE DO PROLETARIADO

Ao mencionar aqui a burguesia, nela incluo também a chamada aristocracia, porque esta aparece como tal, como detentora de privilégios, em face da burguesia, não em face do proletariado – nos representantes dessas duas categorias, aristocracia e burguesia, o proletário vê apenas o proprietário (isto é, o burguês): perante o privilégio da propriedade, todos os outros privilégios desaparecem. A diferença consiste em que o verdadeiro burguês se contrapõe ao proletariado industrial e, em parte, ao proletariado mineiro e, como arrendatário de terras, ao jornaleiro agrícola, ao passo que o aristocrata se relaciona somente com uma parte do proletariado mineiro e com os proletários do campo.

Desconheço uma classe tão profundamente imoral, tão incuravelmente corrupta, tão incapaz de avançar para além do seu medular egoísmo como a burguesia inglesa – e penso aqui na burguesia propriamente dita, em particular a liberal, empenhada na revogação das leis sobre os cereais. Para ela, o mundo (inclusive ela mesma) só existe em função do dinheiro; sua vida se reduz a conseguir dinheiro; a única felicidade de que desfruta é ganhar dinheiro rapidamente e o único sofrimento que pode experimentar é perdê-lo[1]. Essa avidez, essa sede de dinheiro impede a existência de quaisquer manifestações do espírito humano que não estejam maculadas por ela. É certo que os burgueses da Inglaterra são bons maridos e pais de família, possuem aquilo a que se chamam virtudes privadas e, nas rela-

---

[1] Em *Past and Present* [Passado e presente] (Londres, 1843), Carlyle oferece uma excelente descrição da burguesia inglesa e da sua avidez por dinheiro, de que reproduzi partes nos *Deutsch-Französische Jahrbücher* [Anais Franco-Alemães] e aos quais remeto o leitor. [Sobre os Anais Franco-Alemães, cf., *supra*, nota 1, p. 64; nesse periódico, além do "Esboço de uma crítica da Economia Política", Engels publicou ainda o texto a que aqui se refere, intitulado "A situação da Inglaterra. *Passado e presente*, de Thomas Carlyle (Londres, 1843)" (N.E.)].

ções cotidianas, parecem tão respeitáveis e honestos quanto todos os outros burgueses – aliás, até mesmo nos negócios, é melhor tratar com eles que com os burgueses alemães, já que não são cavilosos e matreiros como os nossos comerciantes. Mas tudo isso está subordinado, em última instância, ao que sempre é decisivo: seu interesse privado e, especificamente, sua obsessão de ganhar dinheiro. Certa feita, percorri Manchester em companhia de um desses burgueses e falei-lhe da má arquitetura, da insalubridade, das condições horríveis dos bairros operários e disse-lhe que jamais vira uma cidade construída em piores condições. Ele me escutou com tranquilidade e, na esquina em que nos separamos, declarou, antes de nos despedirmos: "*And yet, there is a great deal of money made here*" [E, apesar disso, aqui se ganha um bom dinheiro]. Ao burguês da Inglaterra não lhe causa mossa que seus operários morram ou não de fome, desde que ganhe dinheiro. Todas as relações humanas são subordinadas ao imperativo do lucro e aquilo que não propicia ganhos é visto como algo insensato, inoportuno e irrealista. É por isso que a Economia Política, ciência que se ocupa dos meios de ganhar dinheiro, é a disciplina favorita desses traficantes – são todos economistas.

A relação entre o industrial e o operário não é uma relação humana: é uma relação puramente econômica – o industrial é o "capital", o operário é o "trabalho". E quando o operário se recusa a enquadrar-se nessa abstração, quando afirma que não é apenas "trabalho", mas um homem que, entre outras faculdades, dispõe da capacidade de trabalhar, quando se convence que não deve ser comprado e vendido enquanto "trabalho" como qualquer outra mercadoria no mercado, então o burguês se assombra. Ele não pode conceber uma relação com o operário que não seja a da compra-venda; não vê no operário um homem, vê *mãos* (*hands*), qualificação que lhe atribui sistematicamente.

O burguês, para retomar a expressão de Carlyle, só reconhece um vínculo entre os homens: o *pagamento à vista*. Até mesmo a relação entre ele e sua mulher é, em 99% dos casos, a do *pagamento à vista*. A miserável escravidão que o dinheiro exerce sobre o burguês mostra a marca do domínio da burguesia, inclusive na linguagem: como o dinheiro passa a constituir o valor do homem, esse homem vale dez mil libras (*he is worth ten thousand pounds*), isto é, ele possui dez mil libras; quem tem dinheiro é *respeitável* (*respectable*), pertence à *melhor categoria de pessoas* (*the better sort of a people*), é *influente* (*influential*) e seus atos são apreciados em seu meio. O espírito mercantil penetra toda a linguagem, todas as relações vêm designadas por expressões comerciais e explicadas mediante categorias econômicas. Encomenda e fornecimento, demanda e oferta são fórmulas com base nas quais a lógica do inglês ajuíza toda a vida humana. Eis o que permite compreender o respeito universal pela livre concorrência e o regime do *laissez-faire* e *laissez-aller* [a] na administração, na medicina, na educação e em breve, muito provavelmente, também na religião, onde a supremacia da Igreja estatal perde terreno progressivamente. À livre concorrência repugnam quaisquer limites, quaisquer controles estatais; o Estado aparece-lhe como um estorvo: seu ideal seria operar numa ordem social privada de Estado, na qual cada um pudesse explorar livremente o próximo, como, por exemplo, na "Associação" do nosso amigo Stirner[b]. Mas como não pode dispensar o Estado, já que não teria como conter o proletariado sem ele, a burguesia utiliza-o contra a classe operária, ao mesmo tempo em que procura, na medida do possível, afastá-lo de seus próprios negócios.

Não se creia, porém, que o inglês "culto" expresse tão cruamente seu egoísmo. Ao contrário, ele o dissimula com a mais vil das hipocrisias. Como falar da insensibilidade desses ricos burgueses diante dos pobres, se eles criaram instituições de beneficência que não existem em nenhum outro país? Beneficência... Bela filantropia a dessa classe que, para ajudar ao proletariado, começa por explorá-lo até a última gota de sangue para, em seguida, lançar sobre ele sua complacente e farisaica beneficência e, dando aos infelizes menos que a centésima parte do que lhes retirou, apresentar-se ao mundo com a aparência de campeã da caridade! Beneficência que degrada mais quem a concede que aquele que a recebe, beneficência que torna mais subalterno aquele a quem é dirigida, pois lhe impõe – a ele, tornado pária nesta sociedade – a renúncia ao seu único bem, sua aspiração a uma condição humana, exigindo que *comece por mendigar o perdão da burguesia antes* de obter a graça que ela lhe oferece: uma esmola e, na fronte, o estigma da humilhação! Não nos alonguemos – passemos a palavra à própria burguesia inglesa; há pouco menos de um ano li, no *Manchester Guardian*, a seguinte carta, enviada ao diretor e publicada sem nenhum comentário, como se fosse a coisa mais natural e razoável do mundo:

---

[a] Em francês, no original: "deixar fazer e deixar andar", motes sintetizadores dos princípios da Economia Política liberal, fundados no livre-cambismo e na não intervenção do Estado na economia.

[b] Cf., *supra*, nota a, p. 68.

Friedrich Engels

> Senhor diretor: já há algum tempo, nas ruas principais da nossa cidade se encontra uma multidão de mendigos que, ou vestindo farrapos e aparentando aspecto doentio ou expondo chagas e deformações repugnantes, procuram despertar a compaixão dos transeuntes de um modo desagradável e até indecoroso. Penso que, não só quando se paga o imposto para os pobres, mas ainda quando se contribui generosamente para as instituições de beneficência, tem-se o suficiente direito de ser poupado de cenas tão molestas e impertinentes. E mais: indaga-se para que serve o pesado imposto pago para manter a polícia municipal, se ela não garante o direito do público de caminhar pela cidade sem ser perturbado. Na esperança de que a publicação destas linhas em seu jornal, que atinge um grande número de leitores, incite os poderes públicos a eliminar esse inconveniente (*nuisance*), subscreve, respeitosamente,
>
> *Uma senhora.*[a]

Eis como estão as coisas! A burguesia inglesa pratica calculadamente a beneficência, não faz nenhuma doação, considera suas contribuições atos comerciais; faz um *negócio* com os pobres e declara: *Investindo em instituições beneficentes, compro o direito de não ser importunada e tratem vocês de permanecer em suas tocas escuras para não ferir meus nervos delicados com o espetáculo de sua miséria! Continuem desesperados, mas desesperem-se discretamente – esse é o nosso contrato, que me custa as vinte libras que ofereço para o asilo.* Ah, a infame filantropia de um burguês cristão! E quem escreve a carta é "uma senhora", isso mesmo, uma senhora que faz bem em já não se apresentar como *mulher*. E se as "senhoras" são assim, como serão os "senhores"? E não se trata de um caso isolado: essa carta exprime claramente a atitude da grande maioria da burguesia inglesa – se não fosse assim, o jornal não a publicaria ou a publicaria com alguma observação (que, como pude verificar, não apareceu em nenhuma das edições seguintes). E, no que diz respeito à eficácia da beneficência, o próprio Parkinson, prelado de Manchester, afirma que os pobres são mais ajudados pelos pobres que pela burguesia[b]; e a ajuda oferecida por um bravo proletário, que sabe por experiência pessoal o que é a fome e divide o pouco que tem sacrificando-se com alegria, essa ajuda possui um significado totalmente diverso da esmola que o burguês crapuloso deixa cair sobre o pobre.

Também em outros campos a burguesia simula um ilimitado humanitarismo, mas somente quando seu interesse o exige – por exemplo, em sua

---

[a] Engels não citou a edição do jornal em que foi divulgada essa carta; as pesquisas feitas na coleção do periódico não a localizaram, mas encontraram uma, subscrita por *Uma mulher que sofre*, vazada em termos muito semelhantes e publicada na edição de 20 de dezembro de 1843.

[b] Cf., *supra*, p. 163.

política e em sua ciência econômica. Há cinco anos, ela se empenha em demonstrar ao proletariado que luta pela abolição das leis sobre os cereais em benefício dos operários. A verdade nua e crua é outra: as leis sobre os cereais, mantendo o preço do pão mais alto na Inglaterra que nos outros países, exigem salários mais elevados e, com isso, tornam mais difícil para os industriais concorrer com os fabricantes dos países onde o pão é mais barato e, por consequência, os salários são mais baixos; abolindo aquelas leis, o pão baixará de preço e a burguesia inglesa poderá reduzir os salários ao mesmo nível dos países europeus concorrentes, como sabem os que conhecem os princípios (que já expusemos antes) que regulam o salário. Assim, os industriais enfrentarão melhor a concorrência, a demanda de mercadorias inglesas crescerá e, igualmente, a demanda de operários; e é verdade que, em função desta última, por um momento os salários aumentarão e operários desocupados encontrarão emprego – mas por quanto tempo? A "população supérflua" da Inglaterra, e particularmente a da Irlanda, é mais do que suficiente para oferecer trabalhadores à sua indústria, mesmo que esta duplique suas atuais dimensões; em poucos anos, as pequenas vantagens obtidas com a abolição das leis sobre os cereais terão desaparecido, novas crises ocorrerão e estaremos de novo no ponto de partida, com a população aumentada pelo crescimento industrial. Os operários compreenderam perfeitamente tudo isso e por incontáveis vezes o manifestaram à burguesia. Mas essa espécie de gente, que só vê as vantagens *imediatas* que pode obter com a abolição das leis sobre os cereais, que é obtusa a ponto de não perceber que essa abolição não lhe assegura nenhuma vantagem *duradoura* (uma vez que, dada a concorrência mútua, logo os lucros individuais cairão ao nível anterior), essa gente continua a vociferar nos ouvidos dos trabalhadores que sua luta é conduzida em prol dos operários, continua a proclamar que é em defesa dos milhões de esfaimados que os ricos do partido liberal põem na caixa da *Liga contra as Leis dos Cereais* centenas e milhares de libras – quando todos sabem que eles só põem um tostão para receber dez e que esperam reaver as atuais despesas, decuplicadas ou centuplicadas, nos primeiros anos que se seguirem à abolição daquelas leis.

Mas os operários, sobretudo depois da insurreição de 1842, já não se deixam mais embair pela burguesia. Exigem de todo aquele que afirme preocupar-se com seu bem-estar que se declare, como aval de sua sinceridade, partidário da *Carta do Povo*, uma vez que, na *Carta*, apenas reivindicam o *poder* para *ajudarem a si mesmos*; a quem não faz essa declaração, os operários declaram guerra, quer se trate de um inimigo confesso, quer se trate de um falso amigo. E, de resto, para atrair os operários para sua causa, a *Liga contra as Leis dos Cereais* recorreu às mentiras mais grosseiras e aos estratagemas mais sórdidos. Quis fazê-los acreditar que o preço do trabalho está na razão inversa do preço do trigo: se este é alto, os salários são baixos e vice-versa – e sustentou essa tese, mais risível que qualquer outra afirmação dos economistas, com os argumentos mais ridículos. Quando se tornou clara a inutilidade da argumentação, ela prometeu mundos e fundos aos trabalhadores a partir de uma provável ampliação do mercado de trabalho e teve o despudor de fazer desfilar pelas ruas um cortejo com dois simulacros de pães – sobre o maior, lia-se: *pão americano de oito* pence, *salário diário de quatro* shillings; sobre o outro, muito menor, lia-se: *pão inglês de oito* pence, *salário diário de dois* shillings. Os operários, porém, não se deixaram iludir. Eles conhecem muito bem seus patrões.

Para compreender suficientemente toda a hipocrisia dessas belas promessas, basta observar a realidade. Ao longo de nossa investigação, vimos como a burguesia explora, em seu benefício e de todos os modos possíveis, o proletariado. Contudo, até agora só vimos o proletariado ser objeto de maus-tratos por burgueses tomados individualmente; cabe, portanto, examinar as relações através das quais a burguesia se confronta com o proletariado como partido e como poder estatal.

Em primeiro lugar, é evidente que o conjunto da legislação tem o objetivo de proteger os proprietários contra os despossuídos. As leis são necessárias exatamente porque existem os despossuídos e, mesmo que poucas leis o expressem diretamente – como, por exemplo, aquelas contra a vadiagem e aquelas que punem a falta de residência fixa, pelas quais o proletariado como tal é declarado fora da lei –, a hostilidade em face do proletariado está na base do ordenamento jurídico. E isto se demonstra quando os juízes, especialmente os juízes de paz, eles mesmos burgueses e com os quais o proletariado se relaciona com mais frequência, interpretam nesse sentido hostil, e sem vacilações, o espírito das leis. Quando um rico vai a tribunal, ou melhor, é convidado a ir a um tribunal, o juiz começa por lamentar os incômodos que está lhe causando, esforça-se por julgar o caso a seu favor e, se é obrigado a condená-lo, de novo lamenta-se infinitamente etc., e o resultado não passa de uma mera multa pecuniária, que o burguês paga, com enorme desprezo, colocando o dinheiro sobre a mesa antes de se retirar. Mas se é um pobre diabo a comparecer diante do juiz de paz, certamente ele já passou a noite anterior na cadeia com um punhado de outros detidos, é considerado *a priori* um elemento perigoso e culpado, é severamente interpelado pelo juiz e sua defesa é desqualificada com um desdenhoso: *Já ouvimos essa história antes!* e se lhe impõe uma multa pecuniária que se sabe que ele não pode pagar e, portanto, que deve resgatar através de meses de trabalho forçado; e mesmo quando não se consegue provar sua culpabilidade, vai parar de qualquer jeito na penitenciária como *a rogue and a vagabond* [um mendigo e um vagabundo] – essas palavras estão quase sempre associadas. A parcialidade dos juízes de paz, particularmente no campo, supera a imaginação e é tão usual que os jornais noticiam os casos menos clamorosos sem qualquer comentário. E não se poderia esperar algo diferente: de um lado, esses *Dogberries*[a] não fazem mais que interpretar a lei em seu espírito e, de outro, são eles mesmos burgueses, que veem no interesse de sua classe o fundamento da verdadeira ordem social. E, tal como os juízes de paz, comporta-se a polícia. O burguês pode fazer o que quiser: diante dele, o policial é sempre cortês e atém-se estritamente à lei; o proletário, em compensação, é tratado com violência e brutalidade, sua pobreza atrai sobre ele a *suspeição* acerca de todos os delitos imagináveis e, ao mesmo tempo, torna-lhe inacessíveis os recursos legais contra o arbítrio dos que detêm o poder. Para o proletário não existem as garantias protetoras da lei; a polícia entra em sua casa sem nenhum mandado, prende-o e maltrata-o – e só quando uma associação operária, como foi o caso dos mineiros, contrata um Roberts, só então se torna claro quão minimamente a proteção da lei existe para o proletariado e quantas vezes ele deve suportar todo o seu peso, sem gozar de nenhuma de suas garantias.

Até os dias atuais, a classe proprietária combate no Parlamento, para agravar ainda mais a opressão sobre o proletariado, os melhores sentimentos daqueles que ainda não se tornaram absolutamente egoístas. Gleba a gleba, as terras comunais vêm sendo apropriadas para cultivos privados, sem dúvida com vantagens para a agricultura, mas com grandes prejuízos para os trabalhadores: onde existem terras comunais, o proletário pode criar um burro, um porco ou alguns patos, as crianças e os jovens podem desfrutar de um espaço aberto e arejado para seus jogos; mas tudo isso está se tornando inviável, diminuem as alternativas dos proletários e a juventude, privada de seu espaço, acaba frequentando as tabernas – a cada sessão legislativa do Parlamento, aprova-se um grande número de decretos que destinam terras comunais a cultivos privados. Quando, durante a sessão de 1844, o governo finalmente decidiu obrigar a todas as empresas

---

[a] Cf., *supra*, nota b, p. 287.

Friedrich Engels

ferroviárias, que monopolizam os transportes, a permitir que os operários viajassem pagando uma passagem ao seu alcance (um *penny* por milha, equivalente, para os alemães, a cinco *groschen* de prata por milha alemã), propondo que colocassem diariamente a seu serviço um vagão de terceira classe, o bispo de Londres, *digníssimo reverendo de Deus*, sugeriu que nada disso tivesse vigência aos domingos, único dia em que os operários ocupados *podem* viajar – em suma, sugeriu que viagens fossem possíveis apenas para os ricos. A desfaçatez da sugestão era clamorosa, tão descarada que não foi levada adiante[a]. Falta-me espaço para enumerar todos os golpes intentados contra o proletariado numa única sessão legislativa. Mas citarei ainda mais um, dessa mesma sessão de 1844. Um obscuro membro do Parlamento, um certo senhor Miles, apresentou um projeto de lei para regulamentar as relações entre patrões e empregados que parecia anódino; o governo interessou-se pelo projeto, que foi remetido a uma comissão. No entretempo, eclodiu a greve dos mineiros do norte e Roberts fez seu giro triunfal pela Inglaterra, com seus operários absolvidos. Quando o projeto saiu das mãos da comissão, viu-se que recebera alguns acréscimos extremamente despóticos, em particular uma cláusula que conferia ao patrão o poder de levar ante qualquer (*any*) juiz todo operário que, havendo se comprometido com ele, por escrito ou oralmente, a realizar um trabalho, inclusive uma simples prestação ocasional, tenha se recusado a executá-lo ou tenha tido *qualquer outro procedimento inconveniente* (*misbehaviour*); mais: com base em declaração, sob juramento, do queixoso ou de qualquer preposto seu, isto é, a partir da palavra do próprio queixoso, o operário poderia ser condenado ao cárcere ou a até dois meses de trabalhos forçados. Esse projeto de lei suscitou uma enorme indignação entre os operários, especialmente porque, ao mesmo tempo, era apresentado ao Parlamento o projeto de lei da jornada de dez horas, que dava lugar a uma generalizada agitação. Realizaram-se centenas de assembleias operárias e centenas de petições foram enviadas a Londres, remetidas ao defensor dos operários no Parlamento, Thomas Duncombe[b]. Este – além de Ferrand, representante da *Jovem Inglaterra*[c] – foi o único a posicionar-se energicamente contra

---

[a] A sugestão foi feita, em nome do bispo de Londres, num discurso do bispo de Lichfield, de acordo com o *Weekly Dispatch*, edição de 4 de agosto de 1844.

[b] Cf., *supra*, p. 61 e *infra* p. 364.

[c] Sobre a *Jovem Inglaterra*, cf., *infra*, nota 3, p. 324. William Bushfield Ferrand, proprietário fundiário, *tory*.

A situação da classe trabalhadora na Inglaterra

o projeto, mas os outros radicais, percebendo a repulsa popular diante da proposta, foram obrigados a definir-se e, aos poucos, cerraram fileiras com Duncombe; como a burguesia liberal, pressionada pelo clamor dos operários, não teve coragem de defender o projeto, e ninguém publicamente o endossasse, ele foi estrondosamente derrotado.

Mas não há nenhuma dúvida de que a aberta declaração de guerra da burguesia contra o proletariado é a *teoria malthusiana da população*, assim como a *nova lei sobre os pobres*, que diretamente nela se inspira[a]. Já nos referimos à teoria de Malthus; num breve resumo, esta é sua conclusão fundamental: a Terra está superpovoada e, pois, são inevitáveis a carência, a miséria, a indigência e a degradação moral; faz parte do eterno destino da humanidade o excesso de homens e, por isso, eles devem estar divididos em classes diferentes, umas mais ou menos ricas, cultas, morais e outras, mais ou menos pobres, miseráveis, ignorantes e imorais. Do ponto de vista prático – e é o próprio Malthus que extrai esta consequência –, a beneficência e as associações assistenciais são um contrassenso, uma vez que apenas servem para manter viva a população excedente e estimular seu crescimento que, por outra parte, força para baixo o salário dos trabalhadores ao aumentar a concorrência entre eles; também é insensato que a assistência pública ofereça trabalho aos pobres porque, como só se pode consumir uma determinada quantidade de produtos do trabalho, cada desocupado a quem a assistência pública garante um emprego põe no desemprego um outro até agora ocupado e, por isso também, a indústria privada é prejudicada em relação àquela gerida pela administração da assistência. Em síntese, a questão não está em providenciar a sobrevivência da população excedente: está em limitá-la, de um modo ou de outro, o mais possível. Malthus afirma secamente que o direito, até hoje reconhecido, de todo homem subsistir por seus próprios meios é um absurdo puro e simples. Recorre às palavras de um poeta: o pobre vem à mesa festiva da natureza e não encontra nela o seu lugar e, acrescenta ele, a natureza ordena-lhe que se retire (*she bids him to be gone*) porque, "antes de nascer, não perguntou à sociedade se ela o queria". Atualmente, essa é a teoria predileta de todos os verdadeiros burgueses da Inglaterra, o que é perfeitamente compreensível: de um lado, garante-lhes um sono tranquilo e, de outro, dadas as condições vigentes, contém muito de verdade. Não se trataria mais, portanto, de empregar produtivamente a "população excedente", de transformá-la em população *utilizável*; tratar-se-ia

---

[a] Cf., *supra*, nota a, p. 61.

Friedrich Engels

de matá-la de fome, da maneira mais suave possível, e ao mesmo tempo de impedir que ponha no mundo muitas crianças – o que não seria difícil, se a população excedente se reconhecesse como tal e aceitasse docemente a morte pela fome. Contudo, e apesar de todos os esforços da burguesia humanitária, não parece que atualmente os operários estejam dispostos a se convencer de tudo isso. Ao contrário, os proletários têm claro que são, com suas mãos operosas, homens necessários e que, na realidade, os verdadeiramente supérfluos são os ricos senhores capitalistas, que nada produzem.

Todavia, como os ricos ainda detêm o poder, os proletários são obrigados a admitir (ainda que não o queiram aceitar de boa vontade) que a lei efetivamente os declara supérfluos – essa é a realidade posta pela nova lei sobre os pobres. A velha lei, baseada num decreto do ano de 1601, *43rd of Elizabeth*[a], ainda partia ingenuamente do princípio segundo o qual a comunidade tinha o dever de garantir a manutenção dos pobres; quem não dispunha de trabalho recebia um subsídio e, com o tempo, o pobre convenceu-se de que a comunidade tinha o dever de protegê-lo da fome. Ele passou a receber seu auxílio semanal como um direito e não como uma dádiva, o que, ao fim, tornou-se intolerável aos olhos da burguesia. Em 1833 – quando mal chegara ao poder através da reforma[b] e quando, simultaneamente, a miséria das regiões rurais atingia o clímax –, a burguesia meteu rapidamente mãos à obra para reformar, segundo seus próprios princípios, a lei sobre os pobres. Nomeou-se uma comissão que investigou a administração dos fundos alocados à lei dos pobres e descobriram-se abusos. Constatou-se que todos os trabalhadores que viviam no campo eram paupérrimos e dependiam, total ou parcialmente, da Caixa dos Pobres, que, quando os salários baixavam, oferecia-lhes um suplemento; verificou-se que esse sistema, articulado para garantir a sobrevivência dos desempregados, garantia um subsídio a quem era mal pago e tinha prole numerosa, obrigava o pai de filhos ilegítimos a dar-lhes uma pensão alimentar; reafirmou-se também o reconhecimento de que a miséria deveria ser socorrida; no entanto, definiu-se que esse sistema arruinava o país,

> que era um obstáculo à indústria, uma recompensa às uniões ilícitas, um estímulo ao aumento da população e que eliminava os efeitos do crescimento da população sobre os salários; que era uma instituição nacional tendente a desencorajar os homens diligentes e honestos e a proteger os indolentes, os viciados e os irresponsáveis; que destruía os vínculos familiares, obstaculi-

---

[a] Em inglês, no original: "43º ano do reinado de Elizabeth".
[b] Cf., *supra*, nota a, p. 60.

zava sistematicamente a acumulação de capitais, dilapidava os capitais existentes e explorava os contribuintes; e, ademais, com as pensões alimentares, oferecia um prêmio a quem tivesse filhos ilegítimos (palavras do relatório dos comissários da lei dos pobres).²

No geral, esse quadro dos efeitos da antiga lei sobre os pobres é correto; a assistência favorece a preguiça e o aumento da população "supérflua". Nas atuais condições sociais, é claro que o pobre é constrangido a ser egoísta e, se é livre para escolher entre viver de uma maneira ou de outra, prefere viver sem fazer nada. Mas a única conclusão adequada a ser extraída daqui é que as relações sociais vigentes não valem nada; os comissários malthusianos, porém, chegaram a outra conclusão: a pobreza é como um crime, que deve ser tratado à base da intimidação.

E esses sábios malthusianos estavam tão firmemente convencidos da infalibilidade de sua teoria que nem por um instante vacilaram em prender os pobres no leito de Procusto das suas opiniões e em tratá-los com o mais revoltante dos rigores. Persuadidos, como Malthus e outros defensores da livre concorrência, de que o ideal é que cada um cuide de si mesmo, aplicando-se consequentemente o *laissez-faire*, eles gostariam de revogar, pura e simplesmente, as leis sobre os pobres. Contudo, carentes da coragem e da autoridade necessárias para tanto, propuseram uma nova lei tão malthusiana quanto possível, mas ainda mais bárbara que o *laissez-faire* – porque, se este é meramente passivo, a nova legislação é ativamente interventora. Observamos que Malthus faz da pobreza, ou mais exatamente do desemprego que se manifesta nos "excedentes", um crime que a sociedade deve punir com a morte pela fome; é claro que os comissários não são desumanos a esse ponto: a crua, direta morte pela fome é algo horroroso até mesmo para os membros da Comissão da lei sobre os pobres. Eis por que sua prédica é outra: *Vocês, os pobres, têm o direito de existir, mas apenas de existir; não têm o direito de procriar, assim como não têm o direito de existir em condições humanas. Vocês constituem uma praga e, se não podemos eliminá-los como às outras pragas, devem sentir-se como tal, devem saber que serão controlados e impedidos de criar novos supérfluos, seja diretamente, seja induzindo-os à preguiça e ao desemprego. Vocês vão viver, mas apenas como exemplo para advertir a todo aquele que possa vir a ter ocasião de tornar-se supérfluo.*

---

² *Extracts from Information received by the Poor-Law-Commissioners* [Extratos da informação recebida pelos comissários da Lei dos Pobres]. Publicado pelas autoridades, Londres, 1833.

Friedrich Engels

Propuseram então a nova lei dos pobres, aprovada pelo Parlamento em 1834 e atualmente em vigor. Todos os subsídios, em dinheiro ou *in natura*, foram suprimidos; a única assistência resumiu-se ao acolhimento nas casas de trabalho (*workhouses*)[a], imediatamente expandidas por todos os lados. A organização dessas casas – que o povo designa como as bastilhas da lei sobre os pobres (*poor-law bastiles*) – é tal que dissuade qualquer um que pretenda sobreviver apelando para essa forma de assistência. Com o objetivo de que o recurso à Caixa dos Pobres só seja feito em último caso e de que os esforços de cada indivíduo sejam levados ao extremo antes de procurá-la, a casa de trabalho foi pensada para constituir o espaço mais repugnante que o talento refinado de um malthusiano pôde conceber. A alimentação é pior que a de um operário mal pago, enquanto o trabalho é mais penoso – caso contrário, os desempregados prefeririam a estada na casa à miserável existência fora dela. Quase nunca há carne, carne fresca nunca, geralmente se oferecem batatas, pão da pior qualidade e mingau de aveia (*porridge*), pouca ou nenhuma cerveja. Em geral, a comida das prisões é menos ruim, e é por isso que, com frequência, os internados das casas de trabalho intencionalmente cometem um delito para serem presos. De fato, as casas de trabalho são prisões: quem não realiza sua cota de trabalho, não recebe alimentação; quem quiser sair depende da permissão do diretor, que pode negá-la pela conduta do internado ou com base em seu juízo arbitrário; o tabaco está proibido, assim como a recepção de doações de parentes e amigos externos à casa; os internados são obrigados a usar uniforme e não dispõem de nenhuma proteção em face do arbítrio do diretor. Para que não se faça concorrência à indústria privada, os trabalhos realizados nas casas são especialmente inúteis: os homens quebram pedras, "tantas quanto um homem robusto pode quebrar num exaustivo dia de trabalho"; as mulheres, as crianças e os velhos desfiam cordames de navio, já não me lembro com que objetivo insignificante. A fim de que os "supérfluos" não se multipliquem, ou que os pais "moralmente degradados" não influam sobre seus filhos, as famílias são separadas: o homem vai para uma ala, a mulher para outra e os filhos para uma terceira, de modo que só se possam encontrar em períodos determinados e raramente – e, mesmo assim, se se comportarem bem, segundo o juízo dos funcionários. E, para isolar completamente do mundo externo os germes contagiosos da pobreza extrema trancados nessas bastilhas, os internados só podem receber visitas no parlatório, sob a vigilância dos fun-

---

[a] Cf., *supra*, nota a, p. 61.

cionários e, de modo geral, não podem se corresponder com o exterior sem sua autorização ou sua censura.

Contrariando tudo isso, porém, a letra da lei determina uma alimentação sadia e um tratamento humano. Mas o espírito da lei é muito claro para desfazer equívocos quanto ao modo de sua execução. Os comissários da lei sobre os pobres e toda a burguesia inglesa se iludem quando supõem que se pode pôr em prática um princípio independentemente das consequências que ele implica. O tratamento que a nova lei prescreve, na sua letra, contrasta abertamente com o espírito que a informa; se, em substância, a lei declara que os pobres são delinquentes, que as casas de trabalho são cárceres punitivos, que seus internados são foras da lei, objetos repugnantes postos fora da humanidade, não se pode aplicá-la de outra maneira. Na prática, portanto, o tratamento reservado aos pobres nas casas de trabalho obedece, não à letra, mas ao espírito da lei. Vejamos alguns exemplos.

Na casa de trabalho de Greenwich, no verão de 1843, um menino de cinco anos teve por punição ficar trancado por três dias na câmara mortuária, onde teve de dormir sobre tampas de caixões[a]. Esse tipo de castigo parece comum: foi aplicado a uma menina que urinava na cama durante a noite[b], na casa de trabalho de Herne; essa casa, situada numa das mais belas regiões do Kent, distingue-se das outras porque todas as suas janelas se abrem para o interior, para os pátios, e apenas duas, abertas recentemente, permitem aos internados vislumbrar o mundo externo. O escritor que, no *Illuminated Magazine*, relatou essa particularidade, concluiu assim sua descrição dessa casa: "Se Deus pune os homens por seus crimes da mesma maneira como os homens punem a pobreza, então os filhos de Adão são desgraçados!"[c].

Em novembro de 1843 morreu, em Leicester, um homem que, dois dias antes, fora despedido da casa de trabalho de Conventry. Os pormenores do tratamento aí dispensado aos internos são espantosos. O homem, George Robson, trazia no ombro uma ferida que não fora tratada; seu trabalho era junto de uma bomba, que ele tinha de acionar com o braço sadio; davam-lhe somente a comida da casa, que ele não podia digerir por causa da fraqueza

---

[a] O fato foi noticiado pelo *Northern Star*, edição de 8 de julho de 1843.
[b] Noticiado pela imprensa um pouco antes que o caso anterior (*Weekly Dispatch*, de 31 de março de 1844 e *Northern Star*, de 6 de abril de 1844), este obrigou as autoridades a abrir uma investigação.
[c] O autor do texto publicado em maio-outubro de 1844 por *The Illuminated Magazine* parece ter sido Douglas Jenold.

geral provocada pela ferida no ombro; inevitavelmente, ele se enfraquecia cada vez mais e, quanto mais se lamentava, com mais brutalidade o tratavam; sua mulher, também interna da casa, levou-lhe um dia sua pequena ração de cerveja, foi insultada e obrigada pela vigilante a bebê-la; o homem adoeceu, mas nem por isso recebeu outros cuidados; finalmente, a seu pedido, foi autorizado a sair da casa, com a mulher, sendo ambos grosseiramente ofendidos; faleceu dois dias depois, em Leicester; segundo o médico que fez a autópsia, morreu porque a ferida no ombro não fora tratada e porque a alimentação que recebia era impossível de digerir em seu estado; quando o deixaram sair, entregaram-lhe cartas que lhe tinham sido enviadas contendo dinheiro, mas que, abertas pelo diretor, ficaram retidas por seis semanas, de acordo com o regulamento da casa[a]!

Na casa de trabalho de Birmingham ocorreram coisas tão escabrosas que, em dezembro de 1843, foi enviado para lá um funcionário encarregado de fazer um inquérito. Verificou que quatro *trampers* (já vimos o significado da palavra[b]) tinham sido trancados, nus, num canil (*black hole*) sob as escadas e aí mantidos por oito ou dez dias, esfaimados – e isso no período mais frio do ano. Encontrou um rapaz que passara por todos os estágios de castigos: primeiro num diminuto cômodo úmido, depois por duas vezes no canil sob as escadas (na segunda vez, por três dias e três noites), em seguida no canil velho (ainda pior que o outro) e enfim no "quarto dos *trampers*" – uma toca imunda e fétida, com estrados como camas, e onde o funcionário encontrou dois rapazolas em farrapos, abraçados para espantar o frio, e que estavam ali havia quatro dias. Frequentemente aprisionavam no canil até sete *trampers* e, no "quarto dos *trampers*", até vinte deles. Até mesmo as mulheres eram trancadas no canil como castigo por não irem à igreja, e uma delas ficara no "quarto dos *trampers*" sabe Deus em que companhia – e isso estando doente e precisando de cuidados! O castigo para uma outra mulher, sadia mentalmente, foi enviá-la para um asilo de loucos[c].

Na casa de trabalho de Bacton, no Suffolk, inquérito análogo foi realizado em janeiro de 1844; descobriu-se que contrataram como enfermeira uma débil mental que, nos cuidados com os doentes, praticava toda a sorte de extravagâncias; os doentes mais agitados eram amarrados à noite, com cor-

---

[a] Noticiado pelo *Northern Star*, edição de 25 de novembro de 1843.
[b] Cf., *supra*, a p. 250.
[c] Dados do *Northern Star*, edições de 9, 16 e 23 de dezembro de 1843.

das nos leitos, para poupar aos enfermeiros a vigília noturna – um doente foi encontrado morto nessas condições, sob as cordas[a].

Na casa de trabalho de St. Pancras, em Londres, onde se confeccionam camisas baratas, morreu em seu leito um epilético, asfixiado durante uma crise, sem que ninguém viesse lhe prestar ajuda. Nessa mesma casa, é comum que durmam na mesma cama quatro, seis e até oito crianças[b].

Na casa de trabalho de Shoreditch, em Londres, forçaram um homem a dormir na mesma cama em que se debatia um outro, vitimado por violenta febre – e a cama estava tomada por insetos.

Também em Londres, na casa de trabalho de Bethnal Green, uma mulher então grávida de seis meses ficou trancada, com um filho de menos de dois anos, na sala de recepção de 28 de fevereiro a 20 de março de 1844, sem ser acolhida formalmente no estabelecimento; na sala não havia cama nem instalações para as necessidades fisiológicas; o marido foi trazido ao local e, quando pediu que liberassem a mulher, considerou-se uma insolência seu pedido e ele foi punido com 24 horas de prisão a pão e água.

Em setembro de 1844, na casa de trabalho de Slough, perto de Windsor, um homem agonizava; sua mulher viajou para visitá-lo, chegou à meia-noite e não deixaram que o visse; só na manhã seguinte obteve a permissão para vê-lo, nunca por mais de meia hora e sempre sob a vigilância de uma funcionária, que assistiu a todas as visitas e jamais permitiu que a mulher, importunada todas as vezes, as prolongasse para além dos trinta minutos[c].

Na casa de trabalho de Middleton, no Lancashire, havia doze e, por vezes, até dezoito pobres de ambos os sexos dormindo no mesmo cômodo. Essa instituição não é regida pela nova lei sobre os pobres, mas por uma legislação anterior e excepcional, o *Gilbert's Act*[d]. O diretor, por sua conta, instalara ali uma fábrica de cerveja.

Em Stockport, no dia 31 de julho de 1844, um velho de 72 anos foi posto para fora da casa de trabalho e levado ao juiz de paz porque se recusara a quebrar pedras; argumentou que assim agira por causa da idade e das

---

[a] Notícia do *Northern Star*, edição de 10 de fevereiro de 1844.
[b] Informes do *Northern Star*, edição de 24 de fevereiro de 1844.
[c] Informação do *Northern Star*, edições de 30 de março e 28 de setembro de 1844.
[d] Essa lei, de 1782, autorizava aos notáveis de uma paróquia, desde que com o aval de dois terços dos que pagavam impostos, constituir uma comissão de tutela encarregada das questões da assistência. Em 1834 havia cerca de 67 comissões deste tipo, só abolidas depois de 1870.

articulações enrijecidas, mas dispunha-se a realizar qualquer trabalho de acordo com suas possibilidades físicas; foi em vão: condenaram-no a duas semanas de trabalhos forçados na penitenciária.

Na casa de trabalho de Basford, durante uma inspeção em fevereiro de 1844, um funcionário constatou que os lençóis das camas não eram trocados havia 13 semanas; dentre as roupas usadas, as camisas não se trocavam senão a cada 4 semanas e as meias, entre 2 e 10 meses – tanto que, dos 45 garotos internados, só 3 ainda tinham meias; as camisas estavam em farrapos. As camas estavam tomadas por insetos e pratos e talheres eram lavados nos vasos sanitários[a].

Na Casa dos Pobres do oeste de Londres havia um porteiro sifilítico que contagiou quatro jovens, sem que por isso tenha vindo a ser demitido. Um outro levara uma jovem surda-muda para seu quarto, mantivera-a ali por quatro dias e dormira com ela – também não foi despedido.

Assim na morte como na vida: os pobres são enterrados do modo mais desrespeitoso, como animais abandonados. O cemitério dos pobres de St. Bride, em Londres, é um lodaçal sem árvores utilizado como campo-santo desde os tempos de Carlos II e cheio de montes de ossadas. Todas as quartas-feiras, os cadáveres de pobres são lançados numa fossa de catorze pés de profundidade, o pastor declama rapidamente sua litania e a fossa recebe uma camada de terra; na semana seguinte, repete-se a operação – e assim até que a fossa esteja cheia. O mau cheiro da putrefação empesteia toda a vizinhança. Em Manchester, o cemitério dos pobres, na cidade velha, fica defronte ao Irk e também é um terreno desolado e acidentado. Há dois anos, construiu-se uma ferrovia que o atravessa; se fosse um cemitério respeitável, o sacrilégio arrancaria gritos de protesto da burguesia e dos clérigos – mas não, é um cemitério de pobres, ali repousam indigentes e supérfluos e não há escrúpulos diante deles. Nem sequer se deram ao trabalho de transferir para outra parte do cemitério os cadáveres ainda em putrefação; simplesmente executaram o traçado, escavou-se o que era necessário, enfiaram-se estacas em tumbas recentes, enquanto a água da terra pantanosa, saturada de podridões, afluía à superfície e espalhava gases nauseabundos. Não descreverei detalhadamente a repugnante brutalidade do que ocorreu ali.

Dadas essas condições, quem se espantaria ao saber que os pobres recusam a beneficência pública, ao saber que preferem morrer de fome a internar-se nessas bastilhas? Conheço cinco casos de pessoas que realmente

---

[a] Informes do *Northern Star*, edições de 24 de fevereiro e 6 de abril de 1844.

morreram de fome e que, poucos dias antes de falecerem, quando a administração da assistência pública se recusou a socorrê-las fora das casas de trabalho, preferiram permanecer na indigência a ingressar naquele inferno. Nesse sentido, os comissários da lei sobre os pobres alcançaram plenamente seus objetivos. Mas, ao mesmo tempo, as casas de trabalho serviram para acentuar, mais que qualquer outra medida do partido que detém o poder, o ressentimento da classe operária contra os proprietários que, em sua grande maioria, exaltam a nova lei. De Newcastle a Dover, é *unânime* o repúdio dos operários a essa lei. Através dela, a burguesia expressou tão nitidamente como concebe sua posição em face do proletariado que até os mais estúpidos ficaram esclarecidos: nunca se afirmou com tanta sinceridade, com tanta franqueza, que os que nada possuem só existem para ser explorados pelos proprietários e para morrer de fome quando estes já não mais puderem utilizá-los. E também por isso, a nova lei sobre os pobres contribuiu vigorosamente para acelerar o desenvolvimento do movimento operário, em particular a difusão do cartismo e, porque aplicada sobretudo no campo, favorece os progressos do movimento proletário que está surgindo nos distritos rurais.

Acrescentemos, finalmente, que também na Irlanda existe, desde 1838, uma lei análoga sobre os pobres, que oferece as mesmas condições de internação a 80 mil indigentes. Ela é extremamente impopular e seria talvez mais odiada se tivesse assumido a importância que tem na Inglaterra a sua similar. Mas o que significam maus tratos a 80 mil proletários num país onde eles são 3,5 milhões! Na Escócia, salvo exceções de âmbito local, não existe tal legislação[a].

Depois dessas ilustrações acerca da nova lei sobre os pobres e de seus efeitos, espero que não se julguem duras as qualificações que usei em relação à burguesia inglesa. Nessa medida de caráter público, na qual se expressa *in corpore*[b], como poder, ela manifesta seus objetivos e suas intenções em face do proletariado e contra os quais aparentemente protestam apenas indivíduos isolados. Com efeito, um após o outro, os debates parlamentares de 1844 demonstram que a medida não partiu de uma fração da burguesia, mas que, ao contrário, ela recebeu seu aplauso como classe. O partido liberal elaborou a nova lei sobre os pobres; o partido conservador, com o ministro Peel à frente, defendeu-a com as irrelevantes modificações introduzidas no *Poor Law*

---

[a] Cf., *supra*, nota a, p. 128.
[b] Em latim, no original: "como corpo" [político].

Friedrich Engels

Amendment Bill de 1844[a]. Uma maioria liberal aprovou a lei, uma maioria conservadora ratificou-a e os nobres lordes deram, nos dois casos, o seu *consent*[b]. Proclamou-se assim a expulsão do proletariado do Estado e da sociedade: declarou-se abertamente que os proletários não são homens e não merecem ser tratados como tais. Deixemos, com tranquilidade, aos proletários do Império Britânico a tarefa de reconquistar os seus direitos de homens[3].

* * *

É essa a situação da classe operária inglesa, tal como a verifiquei pessoalmente ao longo de 21 meses, com a ajuda de relatórios oficiais e de publicações dignas de confiança. E se a considero – como expressei inúmeras vezes nas páginas precedentes – uma situação perfeitamente insustentável, devo dizer que não sou o único a julgá-la assim. Já em 1833, Gaskell não tinha

---

[a] O *Aditamento à lei sobre os pobres*, aprovado em 9 de agosto de 1844, obrigava as paróquias a socorrer não apenas os indigentes da comunidade, mas também os que estavam de passagem, os órfãos, os filhos ilegítimos etc. As exigências e as condições eram tão inumanas quanto as vigentes nas casas de trabalho.

[b] Em inglês, no original: "consentimento".

[3] Para evitar interpretações equívocas e objeções impertinentes, quero sublinhar que sempre me referi à burguesia como classe e que os exemplos a que recorri, trazendo à colação indivíduos isolados, servem-me apenas como documentos do pensar e do agir dessa classe. Por isso mesmo, não me ative a distinções entre os diferentes setores e partidos da burguesia, que têm importância sob o ponto de vista histórico e teórico; igualmente por isso, só posso referir-me brevemente aos poucos membros da burguesia que, como honrosas exceções, distinguem-se de sua classe. Dentre eles, estão, de um lado, os radicais mais decididos, quase todos cartistas, como os parlamentares e industriais Hindley, de Ashton, e Fielden, de Todmorden (Lancashire) e, de outro, os *tories* humanitários, que recentemente se uniram à *Jovem Inglaterra*, quase todos parlamentares (Disraeli, Borthwick, Ferrand, lorde John Manners etc. – e lorde Ashley está próximo deles). A *Jovem Inglaterra* pretende restaurar a antiga *merry England* [*Inglaterra feliz*], com seus faustos e seu romântico feudalismo; naturalmente esse objetivo é inviável e até ridículo, um desafio a todo o progresso histórico, mas é inegável o valor de suas boas intenções, a coragem de criticar a realidade e de opor-se aos preconceitos vigentes. Completamente à parte está o anglo-germanófilo Thomas Carlyle, originalmente um *tory* que vai mais além de todos aqueles que mencionamos acima. Entre todos os burgueses da Inglaterra, foi o que mais aprofundou a análise da desordem social e exigiu a reorganização do trabalho. Espero que Carlyle, que encontrou o caminho correto, tenha condições de percorrê-lo até o fim – essa é a minha esperança e a de muitos alemães! [Na edição de 1892, Engels acrescentou imediatamente a seguinte passagem: *Mas a revolução de fevereiro* (referência às revoluções de 1848) *fez de Carlyle um perfeito reacionário; sua justa cólera contra os filisteus transformou-se num ácido despeito filisteu contra a vaga histórica que o marginalizou.* Nas edições inglesas de 1887 e 1892 está suprimida a frase "Espero que Carlyle (...) muitos alemães!". (N.E.)]

nenhuma esperança numa solução pacífica e declarava que dificilmente se poderia evitar uma revolução. Em 1838, Carlyle analisava o cartismo e a agitação revolucionária dos operários como consequência da miséria em que viviam e só se dizia assombrado por vê-los por oito anos sentados tranquilamente à mesa do Barmecida[a], na qual a burguesia liberal só lhes oferecera promessas estéreis; em 1844, ele afirmava que era absolutamente imperativa a reorganização do trabalho, "se a Europa ou, pelo menos, a Inglaterra quiser manter-se habitável em longo prazo". Até o *Times*, o "primeiro jornal da Europa", escrevia em junho de 1844:

> Guerra aos palácios, paz nos campos – este é o grito de guerra do Terror, que pode, mais uma vez, reverberar em nosso país. Ricos, ponham-se em guarda![b]

Mas vejamos agora, uma vez mais, as perspectivas da burguesia inglesa. Na pior das hipóteses, a indústria estrangeira, em particular a americana, conseguirá enfrentar a concorrência inglesa, inclusive depois da abolição das leis sobre os cereais, inevitável dentro de poucos anos[c]. A indústria alemã realiza atualmente grandes esforços, mas é a indústria americana que se desenvolve a passos gigantescos. A América, com seus recursos infinitos, com suas imensas jazidas de carvão e ferro, com um potencial hídrico enorme e grande rede fluvial navegável, mas especialmente com sua população energética e laboriosa, ao lado da qual os ingleses não passam de fleumáticos indolentes, a América em menos de uma década criou uma indústria que já concorre com a inglesa em produtos de algodão mais ordinários (o artigo principal da indústria inglesa); com essa mercadoria, está suplantando os ingleses nos mercados da América do Norte e do Sul e já comercia, ao lado daqueles, com a China, e o mesmo já ocorre em relação a outros produtos. Se existe um país que dispõe de meios para assumir o monopólio industrial, esse país é a América. Se a indústria inglesa for ultrapassada – o que necessariamente ocorrerá nos próximos vinte anos, se perdurarem as atuais condições sociais –, a maioria do proletariado inglês tornar-se-á definitivamente "supérflua" e não terá mais alternativas que morrer de fome ou fazer a revolução. A bur-

---

[a] Referência à mesa (ou ao banquete) de Barmecida, do relato "História do sexto irmão do barbeiro", de *As mil e uma noites*: o rico Barmecida, para troçar de um pobre esfaimado, convida-o a um banquete simulado em que só lhe servem gestos e palavras.
[b] Essas frases não apareceram no *Times*, mas no *Northern Star*, edição de 15 de junho de 1844, em texto referido a artigo publicado no *Times* de 7 de junho.
[c] A abolição deu-se em 1846.

guesia inglesa reflete sobre isso? Ao contrário: McCulloch[a], seu economista predileto, predica-lhe do fundo de seu gabinete de estudo que é impossível que um país jovem como a América, nem sequer convenientemente povoado até agora, possa desenvolver com êxito a indústria ou até mesmo concorrer com um antigo país industrial como a Inglaterra; os americanos não seriam loucos de tentá-lo, exceto se quiserem perder dinheiro; primeiro, deverão dedicar-se tranquilamente à agricultura; só depois que os cultivos se estenderem por todo o país chegará a hora de eles exercitarem a indústria. Essa é a lição do sábio economista, repetida em coro pela burguesia, enquanto os americanos conquistam mercados um após o outro – a ponto de, recentemente, um audacioso especulador americano ter remetido *para a Inglaterra* um lote de suas mercadorias, aqui vendidas e depois reexportadas.

Examinemos a outra hipótese, segundo a qual a Inglaterra conservará o monopólio industrial e assistirá ao crescimento de suas fábricas. Nesse caso, quais seriam as consequências? As crises comerciais prosseguiriam e, com a expansão da indústria e a multiplicação do proletariado, tornar-se-iam mais intensas e mais violentas. O proletariado cresceria em proporção geométrica, dadas a progressiva ruína da pequena burguesia e a concentração do capital em poucas mãos, que se realiza rapidamente; num breve lapso de tempo, constituiria a totalidade da nação, exceção feita a uns poucos milionários. Mas um desenvolvimento desse tipo engendraria um estágio em que o proletariado veria como é fácil derruir o poder social existente – e então seria a revolução.

No entanto, nenhuma dessas duas hipóteses se concretizará. As crises comerciais – a mais potente alavanca de todo desenvolvimento autônomo do proletariado –, em conjunção com a concorrência estrangeira e a ruína crescente da classe média, abreviarão esse processo. Não acredito que o povo tolerará ainda mais uma crise. Muito provavelmente, a próxima crise, que deverá ocorrer em 1846 ou 1847, levará à supressão da lei sobre os cereais e trará a *Carta* – e a quantos movimentos revolucionários a *Carta* não impulsionará? Todavia, até a crise que sucederá à próxima, que, por analogia às precedentes, verificar-se-á por volta de 1852-1853, certamente retardada com a abolição das leis sobre os cereais, mas acelerada por outras circunstâncias, como a concorrência estrangeira, até essa crise o proletariado inglês já estará cansado de deixar-se explorar pela burguesia e de morrer de fome quando ela não mais precisa dele. Se, daqui até lá, a burguesia não ouvir a voz da

---

[a] Cf. índice onomástico, p. 366.

razão – e tudo faz crer que não a ouvirá –, deverá eclodir uma revolução sem comparação possível com as anteriores. Os proletários, levados ao desespero, empunharão os feixes incendiários de que falava Stephens em suas prédicas; a vingança do povo virá com uma intensidade tal que 1793 não pode prefigurar nem sequer palidamente[a]. Essa guerra dos pobres contra os ricos será a mais sangrenta. Mesmo a passagem de uma fração burguesa para o partido do proletariado, mesmo mudanças favoráveis na burguesia de pouco servirão. Aliás, mudanças na burguesia não irão além de um morno *juste milieu*[b]: os que se passassem para o lado proletário acabariam por constituir uma nova Gironda[c] e, como tal, desapareceriam no curso do desenvolvimento violento do processo. Os preconceitos de uma classe não são descartáveis como uma roupa velha – especialmente quando se trata de uma classe como a burguesia inglesa, egoísta e mesquinha. São essas as conclusões que, com o máximo rigor, podem ser extraídas com base em fatos indiscutíveis do desenvolvimento histórico, considerando-se também a natureza humana.

Em nenhum lugar é tão fácil, como na Inglaterra, fazer previsões: nesse país, todos os elementos do processo social se desenvolveram clara e nitidamente. A revolução *deve ocorrer* porque já é tarde para chegar-se a uma solução pacífica do conflito; mas certamente pode adquirir uma forma menos violenta da que antevemos aqui. Isso, porém, depende mais do desenvolvimento do proletariado que da evolução da burguesia. Os atos de sangue, as vinganças e o furor cego da revolução serão tanto menores quanto maior for a influência socialista e comunista sobre o proletariado. O comunismo, segundo seus princípios, considera justificado o antagonismo entre o proletariado e a burguesia do ponto de vista histórico e válido para o presente, mas não para o futuro; por isso, pretende suprimir esse antagonismo. O comunismo reconhece que, enquanto permanece o antagonismo, a cólera dos proletários contra seus opressores é uma necessidade e nela vê a alavanca mais importante do movimento operário *em seus primórdios*; mas o comunismo supera essa cólera porque representa a causa de toda a

---

[a] Recorde-se que, no curso da Revolução Francesa, o período que vai de junho de 1793 a julho de 1794, que a historiografia burguesa denominou de *Terror*, foi marcado pela vigência da ditadura jacobina, com o Comitê de Salvação Pública dirigido por Robespierre.

[b] Em francês, no original: "meio-termo".

[c] Alusão à fração burguesa (formada especialmente por representantes da região da Gironda) que, organizada entre 1791 e 1792, no curso da Revolução Francesa, começou com uma aliança tática com os jacobinos e, a partir de junho de 1793, com a precipitação do processo revolucionário, passou-se para as fileiras contrarrevolucionárias.

humanidade e não apenas a do proletariado. Além disso, não passa pela cabeça de nenhum comunista praticar vinganças sobre indivíduos isolados ou imaginar que, nas condições existentes, os burgueses poderiam agir de outro modo. O socialismo (isto é, o comunismo) inglês funda-se expressamente no princípio da irresponsabilidade do indivíduo singular. Por isso, quanto mais os operários ingleses acolherem as ideias socialistas, tanto mais a sua cólera – que não levaria a nada se se mantivesse tão violenta como hoje – tornar-se-á supérflua, tanto mais as ações que conduzirão contra a burguesia perderão em selvageria e brutalidade. Se fosse possível tornar comunista o conjunto do proletariado inglês antes que a luta se iniciasse, esta se desenvolveria pacificamente; mas isso não é mais possível, é tarde para fazê-lo. Creio, todavia, que antes que ecloda a guerra *inteiramente* aberta e direta dos pobres contra os ricos – guerra hoje tornada inevitável na Inglaterra –, o proletariado inglês estará suficientemente esclarecido acerca da questão social e, com a ajuda dos acontecimentos, o partido comunista terá condições para, em longo prazo, superar os componentes brutais da revolução e de impedir a repetição de um novo *9 de termidor*[a]. Sem dúvida, a experiência francesa não foi vã e, ademais, já hoje a maioria dos dirigentes cartistas são comunistas. E porque o comunismo está *além* da divisão entre proletariado e burguesia, será mais fácil para a melhor fração da burguesia – fração espantosamente diminuta, recrutável apenas entre os jovens – aproximar-se dele que para o cartismo, que possui um caráter exclusivamente proletário.

Se essas conclusões não parecem suficientemente fundadas aqui, certamente terei ocasião, em outro lugar, de demonstrar que são o inevitável resultado do desenvolvimento histórico da Inglaterra. Mas, reitero, estou convencido de que a guerra dos pobres contra os ricos, que hoje vem se desenrolando na Inglaterra de modo esporádico e indireto, evoluirá para um confronto geral, total e direto. Já é tarde para uma solução pacífica. As classes vão se opondo cada vez mais nitidamente, o espírito de resistência cresce dia a dia entre os operários, a cólera torna-se mais intensa, as escaramuças isoladas da guerrilha confluem para combates e manifestações mais importantes e em breve um pequeno incidente bastará para desencadear a avalanche. Então, certamente ecoará por todo o país o grito: *Guerra aos palácios, paz nos campos!* – e já será tarde para que os ricos possam se pôr em guarda.

---

[a] Em 9 de termidor (27 de julho de 1794) cai a ditadura jacobina – Robespierre – e abre-se o período da Revolução Francesa que conduzirá à ditadura militar de Napoleão e ao domínio da grande burguesia.

ANEXOS

Certificado de filiação ao sindicato dos trabalhadores portuários do Reino Unido e da Irlanda.

Dados suplementares sobre a situação das classes trabalhadoras na Inglaterra[a]
Uma greve inglesa

No livro que escrevi sobre a classe trabalhadora inglesa não me foi possível oferecer provas factuais para cada um dos pontos de que tratei. Para não tornar a obra volumosa e maçante, fui obrigado a considerar suficientemente provadas as minhas asserções quando as convalidava com citações de documentos oficiais, de escritores dignos de crédito ou de textos de partidos contra cujos interesses eu me posicionava. Era o bastante para precaver-me de objeções, especialmente nos casos em que não havia como me apoiar num conhecimento direto para a descrição de determinadas condições de vida. Mas não o era para garantir ao leitor a certeza irrefutável que é assegurada com o recurso a *fatos* incontestáveis e que, em particular num século que se tornou necessariamente cético diante da "sabedoria dos mais velhos", não se produz apenas à base de argumentos racionais. A referência a fatos mostra-se absolutamente indispensável, sobretudo quando não se trata de reproduzir a situação de pequenos estratos da população, mas sim a posição antagônica de classes inteiras, quando se trata de buscar grandes resultados, quando os fatos são explorados para a inferência de princípios. Pela razão que indiquei, nem sempre pude recorrer suficientemente, em meu livro, aos fatos – preencherei essa lacuna indispensável aqui, valendo-me de fontes que me são acessíveis. E, para demonstrar que a descrição que apresentei ainda é válida, mencionarei apenas eventos ocorridos depois que deixei a Inglaterra e dos quais tomei conhecimento após a publicação do meu livro.

---

[a] Este texto foi publicado em dois números (janeiro e fevereiro de 1846) do mensário *Das Westphalische Dampfboot* [O vapor da Vestfália], editado pelo socialista Otto Lüning, que circulou de janeiro de 1845 a março de 1848. Observe-se que Engels utiliza, no título, o plural (*classes trabalhadoras*) que não empregou na nominação de seu livro. Na época em que o redigiu, valendo-se especialmente de matérias do *Northern Star*, Engels residia em Bruxelas.

Friedrich Engels

Os leitores da minha obra hão de recordar-se que a mim interessava, essencialmente, indicar as posições respectivas da burguesia e do proletariado e o caráter necessário da luta entre essas duas classes; tratava-se, para mim, de provar o direito do proletariado de travar essa luta e de substituir as belas palavras da burguesia inglesa pela realidade de suas ações brutais. Da primeira à última página, meu livro é um libelo contra a burguesia inglesa – e agora recolho mais provas significativas contra ela. Nunca escondi meus sentimentos diante da burguesia inglesa, mas este não é um suplemento irritado: farei o possível para preservar o bom humor.

O primeiro bom cidadão e bravo pai de família com que nos defrontamos é um velho amigo, ou melhor, dois velhos amigos: os senhores Pauling & Henfrey. Estes, já em 1843, tiveram, pela enésima vez, mais um conflito com seus operários, que não se renderam a nenhuma argumentação e continuaram exigindo, por mais trabalho, mais salário; resultado: os operários suspenderam o trabalho. Os senhores Pauling & Henfrey, importantes empresários da construção civil, que empregavam muitos oleiros, carpinteiros etc., contrataram outros operários; isso provocou um conflito agudo, que culminou numa batalha sangrenta, com pauladas e tiros junto à fábrica de tijolos de Pauling & Henfrey, batalha que se concluiu com a deportação, para Van Diemens Land[a], de meia dúzia de operários. Mas os senhores Pauling & Henfrey só podem ser felizes se, a cada ano, tiverem uma encrenca com seus operários; por isso, em outubro de 1844, arranjaram novos problemas. Desta feita, os dois empresários filantropos propuseram-se a fazer o bem para seus carpinteiros. Desde tempos imemoriais, entre os carpinteiros de Manchester e arredores existia o costume de não "acender a luz" entre a festa da Candelária e o dia 17 de novembro[b], ou seja, nesse período, nos dias longos, trabalhavam das seis horas da manhã às seis da tarde e, nos dias curtos, trabalhavam apenas enquanto havia luz natural[c] – depois de 17 de novembro, acendiam-se as luzes e trabalhava-se a todo o tempo. Pauling & Henfrey, há muito fartos desse costume "bárbaro", resolveram pôr um ponto final nesse hábito herdado dos "tempos obscuros" recorrendo à iluminação a gás. Assim, num final de dia curto, quando já quase nada viam, os carpinteiros

---

[a] Colônia penal inglesa no Pacífico que, em 1853, recebeu o nome de Tasmânia.

[b] No original, 17 de outubro. A festa da Candelária, celebrada em 2 de fevereiro, assinala a apresentação de Jesus no templo.

[c] O período marcava a última etapa do outono e, antecipando a chegada do inverno, começavam a surgir os "dias curtos", isto é, aqueles em que o sol tarda a nascer e põe-se rapidamente.

A situação da classe trabalhadora na Inglaterra

prepararam-se para suspender o trabalho quando o contramestre, acendendo o gás, observou-lhes que deveriam continuar até às seis horas. Os carpinteiros, aos quais a situação evidentemente desagradou, convocaram uma assembleia geral. Admirado, o senhor Pauling perguntou-lhes se estavam descontentes, já que preparavam uma reunião; alguns lhe responderam que a responsabilidade da convocação não era deles, mas sim da seção regional da Associação profissional; ao que o senhor Pauling retrucou que pouco se lhe dava a Associação, mas que lhes fazia uma proposta: se concordassem em "acender a luz", deixaria que, aos sábados, suspendessem o trabalho três horas antes e – tão generoso o senhor! – permitiria que, todos os dias, fizessem um quarto de hora extra, paga à parte. Em compensação, continuou ele, se as outras fábricas também "acendessem a luz", ele o faria meia hora antes. Os operários refletiram sobre a proposta; calcularam que, com ela, nos dias curtos os senhores Pauling & Henfrey ganhariam, todos os dias, uma hora de trabalho; no total, cada operário trabalharia 92 horas a mais, ou seja, 9 dias e 1/4, sem nada receber e que, dado o número de empregados, os dois senhores pouparian no inverno 400 libras (2.100 táleres) em salários. Fez-se a assembleia e explicou-se a todos que, se uma empresa impusesse essa medida, todas as outras a acompanhariam e a consequência seria uma redução indireta do salário, com perdas anuais dos carpinteiros da região calculadas em torno de 4 mil libras. Decidiu-se que todos os carpinteiros de Pauling & Henfrey apresentariam na segunda-feira seguinte seu aviso prévio de três meses e, se os patrões insistissem em impor a proposta, ao fim desses três meses eles suspenderiam o trabalho – com o apoio da Associação que, para essa eventual greve, levantaria fundos mediante uma subscrição pública.

Na segunda-feira, 21 de outubro, quando os operários foram apresentar seu aviso-prévio, os patrões reagiram, sugerindo que deixassem imediatamente o trabalho, coisa que naturalmente fizeram. Na mesma noite, convocaram uma assembleia geral dos operários de todos os ramos da construção, na qual receberam o apoio dos companheiros dos outros ofícios. Na terça e quarta-feiras, todos os carpinteiros que trabalhavam na região cruzaram os braços – a greve tornou-se geral.

Os patrões da construção, pegos de surpresa, enviaram emissários a diversas partes (inclusive à Escócia) para contratar trabalhadores, porque, na região, ninguém aceitava suas ofertas. Após alguns dias, conseguiram atrair treze pessoas de Staffordshire, mas logo que os operários puderam contatá-las e informá-las das razões da greve, várias das recém-chegadas abandonaram o trabalho. À falta de alternativas, os patrões fizeram convocar os recalcitrantes, por meio de uma citação, a comparecer perante o juiz de paz, o *esquire*[a] Daniel Maude. Antes de passarmos ao tribunal, mostremos as virtudes de Daniel Maude, *esquire*.

Daniel Maude, *esquire*, é o *stipendiary magistrate*, ou seja, o juiz de paz estipendiado, de Manchester. Geralmente, os juízes de paz ingleses são burgueses ricos ou proprietários fundiários, às vezes clérigos, nomeados pelo Ministério. Mas como esses *Dogberries*[b] são ignorantes quanto às leis, cometem erros muito grosseiros que desacreditam e acabam por prejudicar a burguesia; é frequente, diante de um operário defendido por um advogado astuto, que descurem da forma legal de uma condenação, o que permite recorrer com êxito da sentença, ou que acabem por pronunciar uma absolvição; além disso, os ricos industriais das grandes cidades não têm tempo a perder andando pelos tribunais, de modo que em geral indicam algum *remplaçant*[c] para representá-los. Por isso, em tais cidades, nomeiam-se, a pedido da municipalidade, juízes de paz estipendiados, juristas profissionais qualificados para beneficiar a burguesia com os estratagemas e as sutilezas próprias do direito inglês, ajustando-o às necessidades. O exemplo em tela revela o comportamento desses juízes.

Daniel Maude, *esquire*, é um desses juízes de paz liberais que foram nomeados em massa durante o governo do ministério *whig*. Dentre suas ações heroicas dentro e fora da arena da *Borough Court* de Manchester, citaremos duas. Em 1842, quando os industriais conseguiram compelir os operários do Lancashire meridional à insurreição, iniciada nos princípios de agosto em Stalybridge e Ashton, 10 mil operários, com o cartista Richard Pilling [d] à frente, marcharam sobre Manchester, em 9 de agosto, para "negociar, na Bolsa de Manchester, com os industriais e verificar o estado do mercado"[e]. Na entrada da cidade, recebe-os o juiz Daniel Maude, *esquire*,

---

[a] Termo originalmente empregado, nos distritos rurais, para designar proprietários fundiários com grande poder político e social, não correspondendo, necessariamente, a título de nobreza; passou depois a ser atribuído aos juízes de paz e, em geral, a ser usado como forma de tratamento respeitoso a cavalheiros; nos parágrafos seguintes, Engels, reiterando o termo *esquire*, explora ironicamente sua polivalência.

[b] Cf., *supra*, nota b, p. 287.

[c] Em francês, no original: "substituto".

[d] Richard Pilling, nascido em 1800, líder cartista, operário têxtil.

[e] Engels retoma aqui o espírito da moção que os grevistas, pouco antes, aprovaram em assembleia realizada em Ashton-under-Lyne: "Os operários querem ser pagos como em 1840; como seus patrões não querem recebê-los, marcharão para encontrá-los na praça da Bolsa e para ver como está o mercado de Manchester".

devidamente escoltado por um garboso esquadrão policial, um batalhão da cavalaria e uma companhia da infantaria. Tudo formalidade, já que o interesse dos industriais e dos liberais era o alargamento da insurreição com o fito de obter a abolição da lei sobre os cereais. Daniel Maude, *esquire*, inteiramente de acordo com esses propósitos de seus dignos colegas, começou por capitular diante dos operários e permitiu-lhes entrar na cidade depois que se comprometeram a "não perturbar a ordem pública" e a seguir um determinado itinerário. Ele sabia muitíssimo bem que os insurretos não cumpririam a promessa; sabia-o e desejava-o – se não o desejasse, com um mínimo de energia teria abortado logo a insurreição forçada; mas, assim agindo, estaria beneficiando não os seus amigos que queriam a abolição das leis sobre os cereais e sim os interesses do senhor Peel; portanto, recolheu suas tropas e abriu o caminho da cidade para os operários, que imediatamente paralisaram todas as fábricas. Quando, porém, a insurreição, ignorando completamente as "leis infernais sobre o trigo", adquiriu um caráter claramente *hostil* à burguesia liberal, então Daniel Maude, *esquire*, investiu-se novamente de sua dignidade de magistrado, mandou prender dezenas de operários, enviando-os sumariamente para a cadeia a pretexto de terem "perturbado a ordem pública" – ou seja, ele, que começou por perturbar a ordem pública, encarcerou aqueles que de fato o fizeram.

Eis a outra ação que caracteriza a carreira desse Salomão de Manchester: quando a *Liga contra as Leis dos Cereais* começou a ser combatida pelo governo, ela passou a realizar, em Manchester, reuniões clandestinas, às quais se tinha acesso mediante convite, mas cujas resoluções e petições, para terem alguma força, eram apresentadas como expressão da opinião *pública* de Manchester. Para desmascarar essa mistificação dos industriais liberais, três ou quatro cartistas (entre os quais o meu bom amigo James Leach[a]) conseguiram convites e entraram numa dessas reuniões; quando o senhor Cobden[b] começou a discursar, Leach pediu a palavra e perguntou ao presidente da mesa se o caráter da reunião era público; como resposta, o presidente chamou a polícia e mandou prender Leach! Um segundo cartista recolocou a questão, depois um terceiro, um quarto – e um após o outro foram agarrados pelos *homards* (policiais) que estavam à porta e mandados à cadeia. Na manhã seguinte, foram levados à presença de Daniel Maude, *esquire*, que estava informado de tudo: acusaram-nos de perturbar uma

---

[a] Líder cartista, tecelão; cf. índice onomástico, p. 366.
[b] Cf., *supra*, nota 19, p. 217.

reunião e, mal usando seu direito à palavra, tiveram de ouvir um grande sermão de Daniel Maude, *esquire*, que afirmou já conhecê-los como agitadores, provocadores de escândalos em todas as reuniões, molestadores de pessoas ponderadas – e que era preciso acabar com isso. Resultado: Daniel Maude, *esquire*, que sabia bem que não poderia condená-los a uma pena, obrigou-os a pagar as custas do procedimento judicial.

Justamente perante esse Daniel Maude, *esquire*, cujas virtudes burguesas aparecem nos dois exemplos que acabo de citar, é que foram levados os operários recalcitrantes de Pauling & Henfrey. Precavidos, eles compareceram acompanhados de seu advogado. Primeiro, apresentou-se um operário recém-chegado de Staffordshire, que se recusara a trabalhar numa empresa onde outros, para se defenderem, tinham paralisado as atividades. Os senhores Pauling & Henfrey tinham em mãos um contrato escrito com os operários vindos de Staffordshire, que apresentaram ao juiz[1]. O defensor do operário objetou que esse contrato, tendo sido assinado num domingo, não era válido. Daniel Maude, *esquire*, admitiu com muita dignidade que "transações de negócios" acordadas em domingos realmente não tinham validez; no entanto, ele não podia acreditar que os senhores Pauling & Henfrey concebessem tal contrato como uma "transação de negócio"! E sem se dar ao trabalho de perguntar àquele pobre diabo se "concebia" o documento uma "transação de negócio", determinou que ou ele retomava o trabalho ou teria que se divertir durante três meses em trabalhos forçados – ó Salomão de Manchester! Liquidado esse caso, os senhores Pauling & Henfrey levaram à sua presença o segundo homem; o grevista chamava-se Salmon e era dos antigos operários da empresa; era acusado de valer-se de intimidação para induzir os novos contratados à greve. A testemunha, um destes últimos, declarou que Salmon o tomara pelo braço para conversar com ele. Daniel Maude, *esquire*, perguntou-lhe se o acusado o ameaçou ou agrediu. Não, respondeu a testemunha. Daniel Maude, *esquire*, alegre pela ocasião de demonstrar sua imparcialidade – logo depois de cumprir seu dever para com a burguesia –, declarou que não havia como condenar o

---

[1] Eis o que estabelecia este contrato: o operário comprometia-se a trabalhar para Pauling & Henfrey *por seis meses*, declarando-se satisfeito com o salário *que estipulassem os patrões*; estes não se comprometiam a mantê-los empregados por seis meses: poderiam, com um aviso prévio de uma semana, despedi-los *a qualquer momento*; Pauling & Henfrey pagariam as despesas de sua viagem de Staffordshire a Manchester, mas se compensariam descontando semanalmente 2 *shillings* do seu salário! Que dizem deste belo contrato?

A situação da classe trabalhadora na Inglaterra

acusado: ele tinha todo o direito de circular por vias públicas e conversar com quem quisesse, desde que não recorresse a palavras ou ações intimidatórias; portanto, absolvia-o. Todavia, os senhores Pauling & Henfrey, que pagaram as custas, tinham tido ao menos uma satisfação: Salmon passara uma noite na cadeia.

A alegria desse Salmon, porém, não durou muito; depois da noite na cela, libertado na quinta-feira, 31 de outubro, já na terça-feira, 5 de novembro, estava novamente diante de Daniel Maude, *esquire*, acusado de agressão na rua contra os senhores Pauling & Henfrey. Na mesma quinta-feira em que Salmon fora absolvido, muitos escoceses tinham chegado a Manchester atraídos por propostas enganadoras; disseram-lhes que o conflito se encerrara, que Pauling & Henfrey não conseguiam encontrar trabalhadores para cumprir as exigências de seus grandes contratos etc. Na sexta-feira, 1º de novembro, vários carpinteiros escoceses, que trabalhavam em Manchester havia algum tempo, foram encontrar seus compatriotas para explicar-lhes a razão da greve. Um grande número de seus companheiros de ofício (cerca de quatrocentos) reuniram-se em torno da hospedaria onde estavam os escoceses, já tratados como prisioneiros pelos empresários – tanto que, na entrada, um contramestre fazia guarda. Pouco tempo depois, os próprios Pauling & Henfrey apareceram, em pessoa, para conduzir ao trabalho os novos carpinteiros. Quando saíram, os grevistas conclamaram-nos a não seguir os patrões, em honra de seus compatriotas que se recusavam a trabalhar. Dois dos novos pararam na retaguarda e o senhor Pauling retornou para empurrá-los adiante. A massa se manteve calma, apenas impediu que caminhassem, enquanto o patrão lhe gritava que não se metesse na vida dos novos operários, que voltasse à casa etc. Já o senhor Henfrey enfureceu-se diante de seus antigos operários, entre os quais viu Salmon; agarrou-o por um braço, o senhor Pauling pelo outro e ambos começaram, aos berros, a chamar a polícia. Quando se aproximou, o comissário perguntou-lhes de que acusavam o homem; embaraçados, os dois só souberam dizer: "Nós sabemos quem é o tipo". "Ah", replicou o comissário da polícia, "isto basta, mas por agora vamos deixá-lo andar." Os senhores Pauling & Henfrey, tendo de apresentar alguma denúncia contra Salmon, refletiram por alguns dias e, enfim, a conselho de seu advogado, apresentaram a queixa já mencionada: agressão na rua.

Terminado o interrogatório de todas as testemunhas contra Salmon, interveio, improvisadamente, na defesa do acusado W. P. Roberts, o "procurador-geral dos mineiros"[a], o terror de todos os juízes de paz, que indagou se

---

[a] Cf., *supra*, p. 286, e *infra* a p. 367.

era ainda necessário apresentar suas testemunhas, uma vez que não se produzira nenhuma prova contra Salmon. Daniel Maude, *esquire*, fê-lo interrogar suas testemunhas, com o que demonstrou que Salmon permanecera tranquilo até ser agarrado pelos dois patrões. Concluídas as argumentações pró e contra, Daniel Maude, *esquire*, declarou que pronunciaria sua sentença no sábado – evidentemente, a participação de Roberts obrigava-o a pensar duas vezes antes de manifestar-se.

No sábado, os senhores Pauling & Henfrey entraram com uma nova denúncia, de natureza penal, contra três de seus operários: Salmon, Scott e Mellor; acusaram-nos de conspiração e intimidação. Pretendiam assim golpear a Associação profissional e, para garantir-se contra Roberts, trouxeram de Londres um conhecido jurista, o senhor Monk. Este utilizou como primeira testemunha um dos escoceses chegados havia pouco, um tal Gibson que, na quarta-feira anterior, já depusera contra Salmon. Ele declarou que na sexta-feira, dia 1º, saindo da hospedaria com seus companheiros, viu-se cercado por uma multidão que os empurrou e arrastou e que, nela, estavam os três acusados. Roberts interrogou-o; confrontou-o com outro operário e perguntou-lhe se ele, Gibson, não dissera a este, à noite, que, ao depor na quarta-feira, *não sabia que estava declarando sob juramento* e que, de fato, *nem sabia o que declarar*. Gibson respondeu que estivera à noite com dois homens, mas não podia afirmar que a testemunha apresentada por Roberts era um deles, pois estava escuro quando se encontraram; acrescentou que *poderia ter dito o que o advogado lhe atribuía*, uma vez que o juramento no tribunal, na Inglaterra, era muito diferente do que se fazia na Escócia, mas não tinha certeza. A essa altura, o senhor Monk protestou, afirmando que Roberts não tinha o direito de levantar tais questões, ao que este replicou que suas objeções eram próprias de quem defende uma causa injusta e mais: que tinha o direito de perguntar à testemunha o que quisesse, do seu local de nascimento à refeição que acabara de fazer. Daniel Maude, *esquire*, confirmou que Roberts, de fato, tinha o direito de perguntar o que quisesse, mas, paternalmente, aconselhou-o a ater-se o quanto possível ao objeto do debate. Roberts deu-se por satisfeito quando levou a testemunha a reconhecer que começou de fato a trabalhar para Pauling & Henfrey somente no dia seguinte àquele ao qual se referia a acusação, isto é, 2 de novembro. Depôs então o próprio senhor Henfrey, repetindo as afirmações de Gibson. Roberts tomou a palavra e perguntou-lhe diretamente: "O senhor não procura impor-se aos seus concorrentes através de vantagens ilícitas?". O senhor Monk objetou a essa pergunta. "Muito bem", disse Roberts, "formularei a questão de modo mais claro. Senhor Henfrey, o senhor sabe que a jornada de trabalho dos carpinteiros é fixada, em Manchester, segundo determinadas regras?"

Senhor Henfrey: "Não tenho nada a ver com elas. Tenho o direito de estabelecer as minhas próprias regras".

Roberts: "Muito justo, senhor Henfrey. Agora, com suas palavras sob juramento, diga-me: o senhor não pretende impor aos seus carpinteiros uma jornada mais longa que a praticada por aqueles que estão a serviço de outros empresários?".

Senhor Henfrey: "Pretendo".

Roberts: "Quantas horas a mais?".

O senhor Henfrey não o sabia precisamente e pôs-se a consultar seu livro de apontamentos, quando Daniel Maude, *esquire*, interveio: "Não é necessário calcular muito. Diga-nos, senhor, quantas horas aproximadamente".

Senhor Henfrey: "Uma hora pela manhã e uma à noite nas seis semanas que precedem o período em que se costuma acender a luz e pelas outras seis semanas seguintes".

Daniel Maude, *esquire*: "Ou seja, seus carpinteiros devem trabalhar mais 72 horas antes do acendimento das luzes e 72 outras depois, num total de 144 horas extras em 12 semanas".

Senhor Henfrey: "Exatamente".

A declaração foi recebida pelo público presente no tribunal com evidentes sinais de indignação. O senhor Monk encarou o senhor Henfrey com um olhar furibundo, este pareceu confuso, enquanto, inutilmente, o senhor Pauling dava-lhe puxões no casaco – mas já era tarde. Daniel Maude, *esquire*, dando-se perfeita conta de que, naquela ocasião, deveria aparentar imparcialidade, anotara a confissão e esta fora pública. Em seguida, ouviram-se dois depoimentos insignificantes e o senhor Monk declarou que, com essas provas contra os acusados, esgotava seu trabalho.

Daniel Maude, *esquire*, afirmou então que não se apresentaram elementos que justificassem um procedimento penal contra os acusados, uma vez que os escoceses ameaçados não estavam a serviço de Pauling & Henfrey antes de 1º de novembro: não se comprovou, por meio de um contrato, que seus vínculos fossem anteriores ao dia 2 e a denúncia fora feita no dia anterior. Ora, nesse dia, como ainda não trabalhavam para Pauling & Henfrey, os acusados não feriam a lei se procuraram dissuadir os outros, por meios legais, a virem a trabalhar para os referidos senhores. O senhor Monk contestou o argumento, declarando que os escoceses estavam contratados pelos dois industriais desde que pisaram no barco que os trouxe da Escócia. Daniel Maude, *esquire*, replicou que, de fato, um tal contrato fora mencionado, mas não figurava nos autos. O senhor Monk retrucou que o documento estava na Escócia e pediu para que se suspendesse o julgamento, a fim de poder apresentá-lo. Roberts interveio, ripostando que tudo aquilo era novo; a acusação já declarara esgotadas suas provas e agora pretendia tempo para trazer à colação mais outras; insistiu pelo prosseguimento do juízo. Daniel Maude, *esquire,* considerou que a acusação não conseguira fundamentar sua denúncia e decidiu que se encerrasse o processo. Os réus foram postos em liberdade[a].

Os operários em greve, nesse entretempo, não se imobilizaram. Todas as semanas realizavam reuniões na Associação dos carpinteiros e no salão dos socialistas. Eles conclamaram com êxito as diversas associações operárias a recolher fundos para a greve, denunciaram os métodos de Pauling & Henfrey e, quando estes trataram de recrutar trabalhadores em outras regiões, enviaram a estas delegações para explicar a seus companheiros as razões da iniciativa patronal e para impedir que fosse aceita.

Já poucas semanas depois do início da greve, sete delegações se movimentavam e em todas as grandes cidades havia cartazes explicando aos carpinteiros desempregados a luta contra Pauling & Henfrey. Em 9 de novembro, alguns daqueles delegados, regressando, fizeram relatos de sua missão. Um deles, Johnson, que estivera na Escócia, contou que o emissário patronal recrutara em Edimburgo trinta operários; estes, quando souberam do real estado de coisas, declararam preferir morrer de fome a viajar para Manchester naquelas circunstâncias. Um outro estivera em Liverpool e observara os barcos que aportavam – não encontrou nenhum trabalhador recrutado e, portanto, nada tivera a fazer. Um terceiro fora ao Cheshire, mas também nada fizera, uma vez que o jornal operário *Northern Star* já divulgara a verdade, dissuadindo os que pretendiam deslocar-se para Manchester; mais ainda: em Macclesfield, os carpinteiros locais recolheram fundos de apoio à greve e comprometeram-se, se fosse necessário, a cotizarem-se com um *shilling* por cabeça; em outras localidades, eles mesmos haviam conclamado os companheiros a realizar coletas.

Para oferecer uma nova oportunidade a Pauling & Henfrey de negociar, representantes de todas as associações profissionais ligadas à construção reuniram-se, em 18 de novembro, uma segunda-feira, designaram uma delegação que levaria àqueles senhores um comunicado e deslocaram-se, em

---

[a] O processo e a absolvição dos acusados foram reportados pelo *Manchester Guardian* (edição de 13 de novembro de 1844) e pelo *Northern Star* (edição de 16 de novembro de 1844).

passeata com bandeiras e emblemas, em direção aos escritórios de Pauling & Henfrey. À frente, o comitê de greve, seguido da delegação recém-designada; depois, a multidão: carpinteiros, oleiros, pedreiros, vidraceiros, estucadores, pintores, marceneiros e uma banda de música. Desfilaram diante do escritório de Roberts, o "procurador-geral", e saudaram-no com entusiasmo. Diante dos escritórios de Pauling & Henfrey, a delegação parou para entrar, enquanto a passeata prosseguia para fazer uma manifestação na Stevenson Square.

A delegação só entrou depois que a polícia, que já a esperava, anotou o nome e o endereço de cada delegado. Em seguida, os patrões declararam que não receberiam nenhum comunicado de uma multidão reunida apenas para ameaçá-los. Os delegados repeliram a acusação, mostraram que os mais de 5 mil manifestantes prosseguiram em sua marcha e foram finalmente recebidos, com a presença do chefe de polícia, um oficial e três jornalistas. O senhor Sharps, sócio de Pauling & Henfrey, arrogou-se a presidência da reunião, advertindo os delegados de que deveriam ter cuidado com suas palavras, uma vez que seriam anotadas literalmente e poderiam ser usadas contra eles em tribunal. Os patrões começaram a se manifestar, indagaram quais as queixas dos trabalhadores etc. e declararam estar dispostos a empregar os carpinteiros segundo as normas vigentes em Manchester. A delegação perguntou se os trabalhadores recrutados no Staffordshire, na Escócia e em outros lugares estavam submetidos a tais normas. Resposta: "Não. Com essa gente, temos contratos especiais". Um delegado: "Então, esses operários serão submetidos a outras normas de trabalho?". Resposta: "Isso não discutiremos com nenhuma delegação. Trataremos diretamente com os operários". O senhor Sharps, em seguida, declarou que todas as empresas de que era sócio conduziam-se corretamente com os trabalhadores e pagavam salários altos. A delegação retrucou que se, como dissera, participava da sociedade com Pauling & Henfrey, nesse caso sua afirmação não era verdadeira. Perguntaram a um membro da delegação, operário oleiro, quais as queixas de seus companheiros de trabalho e ele respondeu: "Atualmente de nada, mas antes tínhamos muito do que reclamar"[a]. "Com certeza", interveio cinicamente o senhor Pauling, "vocês ganharam muito, não é?" – e aproveitou o ensejo para pronunciar um longo sermão sobre as associações operárias, as greves etc. e o mal que causavam aos trabalhadores. Um membro da delegação replicou que os trabalhadores não admitiriam que seus direitos fossem violados pouco a pouco, aceitando, por exemplo, exigências

---

[a] Cf., *supra*, as p. 260-1, sobre o sangrento confronto na fábrica de tijolos de Pauling & Henfrey.

Friedrich Engels

como a de trabalharem grátis 144 horas a mais por ano. O senhor Sharps observou que ele deveria levar em conta o que perdia não trabalhando, as despesas, a perda do salário e coisas assim. Ouviu de um membro da delegação: "Isso é problema dos operários. Nas greves, não pedimos aos patrões que gastem conosco sequer um centavo". Com essas palavras, a delegação retirou-se e foi prestar contas de sua tarefa à Associação dos carpinteiros.

Nessa reunião ficou-se sabendo que tinham aderido à greve não só o conjunto dos participantes da passeata (que eram operários de Pauling & Henfrey, mas não apenas carpinteiros, os únicos em greve até então) como ainda um punhado de escoceses que haviam acabado de chegar. Um pintor declarou que os patrões estavam exigindo de seus companheiros o mesmo que quiseram impor aos carpinteiros, mas que os pintores também resistiriam. Para simplificar as coisas e abreviar a luta, decidiu-se que todos os operários da construção empregados por Pauling & Henfrey entrariam em greve. E foi o que ocorreu: no sábado seguinte, os pintores e, na segunda-feira, os vidraceiros cruzaram os braços. Depois de poucos dias, na construção do novo teatro[a] – contratada à empresa Pauling & Henfrey –, que ocupava duzentos operários, só trabalhavam dois pedreiros e quatro serventes.

Pauling, Henfrey & Cia. espumavam de ódio. Quando três dos operários recém-recrutados aderiram à greve, em 22 de novembro, uma sexta-feira, foram conduzidos perante Daniel Maude, *esquire*. Os confrontos anteriores pareciam não ter servido de nada. Primeiro, foi chamado a depor um certo Read, acusado de violação de contrato, e contra o qual os patrões apresentaram um documento que ele assinara em Derby. Roberts, novamente em seu posto, argumentou que o contrato e a acusação não estavam vinculados. Daniel Maude, *esquire*, compreendeu rapidamente por onde Roberts iria, mas teve muito trabalho para fazer com que o advogado patronal o percebesse. Finalmente, este pediu um tempo para formalizar uma nova acusação e, quando retornou com ela, constatou-se que era mais inepta que a primeira; ele pediu, então, a Daniel Maude, *esquire*, novo prazo para apresentar uma acusação apropriada e obteve-o até 30 de novembro, uma sexta-feira – portanto, mais uma semana. Não sei do que se passou a seguir, pois falta-me precisamente o jornal subsequente[b].

---

[a] Tratava-se do novo Teatro Real, situado na Peter Street (Manchester), inaugurado em 1845.

[b] O *Northern Star*, edição de 7 de dezembro de 1844, sob o título "Mais uma vitória para os trabalhadores", noticiava que Roberts conseguira a absolvição dos acusados e que a sentença fora recebida com aplausos.

A situação da classe trabalhadora na Inglaterra

Roberts, porém, passou à ofensiva: fez comparecer ao tribunal alguns operários recrutados por Pauling & Henfrey e um de seus contramestres que invadiram a casa de um grevista e ameaçaram sua mulher; outros dois casos referiam-se a grevistas agredidos. Daniel Maude, *esquire*, muito constrangido, foi obrigado a condenar todos os acusados, mas tratou-os com a máxima indulgência e limitou-se a cobrar deles uma caução como garantia de seu bom comportamento futuro.

Finalmente, nos últimos dias de dezembro, Pauling & Henfrey conseguiram forjar uma acusação contra dois de seus adversários, que teriam infligido maus-tratos a um trabalhador. Dessa vez, o tribunal foi implacável: condenou-os sem hesitar a um mês de prisão e, cumprida a pena, a uma caução para garantir seu bom comportamento futuro[a].

Desde então, as notícias sobre a greve escasseiam. Até 18 de janeiro, a adesão continuava maciça; não tenho informes posteriores[b]. É provável que tenha terminado como a maior parte das outras greves: Pauling & Henfrey conseguiram, com o passar do tempo, recrutar em locais distantes um número de operários suficiente, a que se somaram os trânsfugas da greve; a massa dos grevistas, depois de um desemprego mais ou menos longo, com sua consequente miséria – confortada, nesse caso, pela consciência de haver lutado sem capitular e de haver sustentado o nível do salário de seus companheiros –, terá encontrado trabalho em outro lugar. E quanto ao que estava em questão, Pauling & Henfrey terão tido a prova de que não mais conseguirão com facilidade impor arbitrariamente suas exigências e que, para eles, uma greve significa perdas elevadas – e os outros empreiteiros, depois de um confronto tão intenso, certamente não pensarão em modificar tão cedo as antigas normas do ofício de carpinteiro.

F. Engels
Bruxelas

---

[a] O julgamento a que Engels se refere foi provavelmente o realizado em 24 de dezembro de 1844, do qual se sabe que redundou na condenação de John O'Neile, acusado de agredir um certo Burton, empregado de Pauling & Henfrey.

[b] Segundo o *Manchester Guardian*, a greve terminou em 23 de dezembro; mas o *Northern Star*, edição de 18 de janeiro de 1845, ainda relata mobilizações operárias. Parece que, ao fim, os trabalhadores conseguiram que Pauling & Henfrey aceitassem os horários de trabalho vigentes em Manchester.

Prefácio à edição alemã de 1892

Este livro, novamente oferecido à atenção dos leitores, foi publicado pela primeira vez no verão de 1845. E, tanto nos seus méritos como nos seus defeitos, traz a nítida marca da juventude de seu autor. Na época, eu tinha 24 anos; hoje, com três vezes aquela idade, releio esta obra juvenil e nela nada encontro de que possa me envergonhar. Não tenho nenhuma razão para apagar este signo da minha mocidade e o reapresento ao leitor sem modificações. O único acréscimo foi uma redação mais precisa de algumas frases um pouco obscuras e, aqui e ali, pequenas notas de rodapé, assinaladas pela data do ano corrente (1892).

Da fortuna deste livro, direi apenas que, em 1887, publicou-se, em Nova York, uma tradução inglesa (feita pela senhora Florence Kelley-Wischnewetsky[a]), reeditada depois, em 1892, em Londres (por Swan Sonneschein & Co.). O prefácio que escrevi para a edição norte-americana serviu de base para o da edição inglesa e este último é a base do prefácio que se vai ler. A grande indústria moderna nivela a tal ponto as economias dos países em que se impõe que duvido ter de dirigir-me ao leitor alemão de modo diferente daquele com que me dirigi aos leitores norte-americanos e ingleses.

O estado de coisas descrito neste livro – pelo menos no que se refere à Inglaterra – pertence hoje, em grande parte, ao passado. Embora os compêndios oficialmente reconhecidos não o digam de maneira expressa, uma das leis da economia política moderna estabelece que quanto mais se desenvolve a produção capitalista menos lhe é possível recorrer aos estratagemas mesquinhos e às pequenas artimanhas próprias de seus estágios iniciais. As espertezas miúdas do judeu polonês, que simboliza o comércio europeu em sua fase mais primitiva, as trapaças que lhe rendem belas vantagens em sua

---

[a] Florence Kelley-Wischnewetsky (1859-1932), inicialmente comunista, depois reformista.

Friedrich Engels

pátria, onde são de uso corrente, de nada lhe servem quando se transfere para Berlim ou Hamburgo. E da mesma maneira, pelo menos até há pouco tempo, o representante comercial, judeu ou cristão, que chegasse à Bolsa de Manchester, vindo de Berlim ou Hamburgo, imediatamente se convenceria de que, para comprar a bom preço fios ou tecidos, deveria deixar de lado seus ardis e astúcias, que, embora não tão grosseiros, continuavam ainda muito mesquinhos, apesar de encarados em sua pátria como expressão máxima da habilidade comercial. Com o progresso da grande indústria também na Alemanha, sem dúvida muita coisa teve de ser mudada; especialmente depois daquela Iena industrial[a] que teve lugar na Filadélfia[b], ficou desqualificado até o velho princípio, respeitável às pessoas de alta posição, segundo o qual a amostras de boa qualidade seguiam-se remessas de mercadorias ruins. De fato, esses truques já não são rentáveis num grande mercado, onde o tempo é dinheiro e no qual se desenvolve uma certa moralidade comercial, que não se deve a qualquer excesso de virtude, mas simplesmente ao esforço para evitar perda de tempo e fadiga. Também na Inglaterra as coisas mudaram nas relações entre o industrial e seus operários.

A retomada dos negócios, que se seguiu à crise de 1847, marcou o início de uma nova época industrial. A abolição das leis sobre os cereais e as reformas financeiras consequentes propiciaram à indústria e ao comércio ingleses novas condições de expansão. Seguiu-se-lhes a descoberta das jazidas de ouro na Califórnia e na Austrália. Os mercados coloniais tiveram aumentada, progressivamente, sua capacidade de absorver produtos industriais ingleses. O tear mecânico do Lancashire, rapidamente, arruinou para sempre milhões de tecelões manuais da Índia. E a China, cada vez mais, abria-se ao comércio. Mas sobretudo a América[c] desenvolveu-se com uma rapidez incrível, mesmo para essa terra de progressos gigantescos – e a América, não o esqueçamos, era na época apenas um mercado colonial, o maior de todo o mundo, que exportava matérias-primas e recebia do exterior (no caso, a Inglaterra) os produtos industriais.

---

[a] Em 14 de outubro de 1806, em Iena, Napoleão derrotou os prussianos, comandados pelo príncipe Hohenlohe, com o que abriu caminho para Berlim, aonde chegou em 27 de outubro.

[b] Na Filadélfia, em 1876, realizou-se a VI Exposição Industrial Universal, inaugurada em 10 de maio, com a participação de quarenta países; a mostra revelou o atraso da indústria alemã.

[c] Engels refere-se, naturalmente, aos Estados Unidos.

A situação da classe trabalhadora na Inglaterra

Acrescendo-se a isso os novos meios de comunicação – ferrovias e navios a vapor –, surgidos no período precedente e agora empregados em escala internacional, compreende-se que então se tornou realidade o que antes era apenas uma potencialidade: o *mercado mundial*. Até aquele tempo, o mercado mundial era constituído apenas por uns poucos países, fundamental ou exclusivamente agrícolas, nucleados em torno de um grande centro industrial, a Inglaterra, que consumia a maior parte de suas matérias-primas excedentes e fornecia-lhes, em troca, a maior parte dos produtos industriais de que necessitavam. É, pois, facilmente explicável o caráter extraordinário do progresso industrial inglês, a ponto de o seu nível em 1844 nos parecer hoje quase insignificante e primitivo.

À proporção que esses progressos se produziam, a grande indústria adquiria, em seus aspectos exteriores, uma aparência mais conforme às exigências morais. A concorrência entre os industriais, fundada em pequenos furtos contra os operários, deixou de ser rentável. Os negócios desenvolveram-se numa tal escala que esses meios mesquinhos de ganhar dinheiro ficaram ultrapassados; o industrial milionário tinha mais que fazer que perder tempo com esses estratagemas, só convenientes a pequenos empresários sem dinheiro, que precisam de qualquer tostão para não sucumbir à concorrência. Assim, nos distritos industriais desapareceu o *truck system*, aprovaram-se no Parlamento a lei que limitava a jornada de trabalho a dez horas[a] e outras reformas menores. Tudo isso estava em contradição com o espírito do livre-cambismo e da concorrência desenfreada, mas tornava mais sólida a posição do grande capitalista em face de seus colegas menos afortunados.

E mais: quanto maior um estabelecimento industrial, quanto mais numerosos seus operários, tanto mais prejuízos e danos lhe causavam os conflitos com os trabalhadores. Por isso, com o tempo um novo espírito surgiu entre os fabricantes, em particular entre os grandes industriais: trataram de evitar confrontos desnecessários, resignaram-se ante a existência e a força dos sindicatos (*trade unions*) e, enfim, descobriram que até as greves – se propostas em momento oportuno – podem constituir um instrumento para os seus objetivos. Resultado: os grandes industriais, que antes tinham sido os instigadores diretos da luta contra a classe operária, passaram a ser os primeiros a exortar à paz e à harmonia. E por razões de monta.

---

[a] Essa lei, respeitante somente ao trabalho infantil e feminino, foi aprovada pelo Parlamento em 8 de junho de 1847.

Friedrich Engels

Todas essas concessões à justiça e à filantropia, na realidade, nada mais eram que um meio de acelerar a concentração do capital em poucas mãos e esmagar os concorrentes mais débeis, que não podiam subsistir sem aqueles ganhos suplementares. Para essa minoria, as pequenas extorsões acessórias dos anos precedentes perderam toda importância e até se converteram em entraves diante da larga escala de seus negócios. Assim, no que tange aos ramos industriais mais importantes (não no caso dos menos significativos), o próprio desenvolvimento da produção capitalista encarregou-se de eliminar todas as rasteiras mesquinharias que anteriormente agravavam a sorte do operário. Com isso, vem à luz, de modo cada vez mais claro, o fato essencial de que a causa da miséria da classe operária deve ser procurada não nos pequenos abusos, mas *no sistema capitalista em si mesmo*. O operário vende sua força de trabalho ao capitalista por uma determinada soma. Depois de trabalhar certo número de horas, ele já reproduziu o valor daquela quantia. Mas seu contrato de trabalho estabelece que deve continuar trabalhando umas tantas horas mais, até completar sua jornada. Pois bem, o que ele produz nessas horas suplementares de trabalho constitui a mais-valia – mais-valor que nada custa ao capitalista, mas que é embolsado por este. Tal é o fundamento do sistema que divide progressivamente a sociedade civilizada em duas partes: de um lado, uns poucos Rothschilds e Vanderbilts, proprietários de todos os meios de produção e de subsistência; de outro, a enorme massa de assalariados, que possui apenas a sua própria força de trabalho. E o desenvolvimento do capitalismo na Inglaterra já demonstrou, com toda a evidência, que essa resultante não pode ser imputada a tal ou tal inconveniente secundário e sim, unicamente, ao próprio sistema.

Prossigamos. As frequentes epidemias de cólera, tifo, varíola e outras enfermidades mostraram ao burguês britânico a necessidade urgente de sanear as cidades, se quisesse, com sua família, escapar delas. Por isso, as situações mais clamorosas que, nesse domínio, foram relatadas em meu livro estão hoje superadas ou, pelo menos, já não são tão evidentes. Realizaram-se obras de canalização e melhorou-se a canalização existente; rasgaram-se avenidas em muitos dos piores "bairros de má fama"; a *Little Ireland*[a] desapareceu e logo chegará a vez do *Seven Dials*[b]. E que importância tem isso, se regiões inteiras, que em 1844 eu poderia descrever como quase idílicas, com o crescimento das cidades foram degradadas ao mes-

---

[a] Cf., *supra*, a p. 102.
[b] Bairro operário do centro de Londres.

mo nível de decadência, abandono e miséria? É verdade que hoje já não se toleram mais, nas ruas, os montes de lixo e os porcos. A burguesia avançou um pouco mais na arte de esconder a miséria da classe operária. Mas, no que diz respeito às habitações operárias, nenhum progresso substancial foi realizado, como prova cabalmente o relatório de 1885 da Comissão Real, que se deteve sobre as moradias dos pobres (*on the Housing of the Poor*). E o mesmo vale para muitos outros âmbitos. Ordenações policiais tornaram-se abundantes como amoras, mas não eliminam a miséria operária – podem, quando muito, isolá-la.

No entanto, enquanto a Inglaterra ultrapassava essa fase juvenil da exploração capitalista descrita em meu livro, outros países chegavam a ela. A França, a Alemanha e especialmente a América são os rivais ameaçadores que, como eu previra já em 1844, destroem progressivamente o monopólio industrial da Inglaterra. Comparada à inglesa, sua indústria é nova, mas cresce muito mais rápido e hoje já alcançou o nível de desenvolvimento que a indústria da Inglaterra exibia em 1844. O cotejo é particularmente impressionante no que se refere à América. É certo que o ambiente em que vive a classe operária americana é muito diverso, mas, operando as mesmas leis econômicas, os resultados, embora não idênticos sob muitos aspectos, só poderiam ser da mesma ordem. Eis por que nos deparamos, na América, com a mesma luta pela limitação legal da jornada de trabalho fabril, em particular para as mulheres e para as crianças, com o mesmo florescimento do *truck system* e, nas empresas dos distritos rurais, do *cottage system*, explorados pelos patrões (*bosses*) – os capitalistas e seus agentes –, como instrumento de dominação dos operários. Quando, em 1886, recebi os jornais norte-americanos com as notícias acerca da grande greve dos mineiros da Pensilvânia (distrito de Connelsville)[a], pareceu-me ler a minha própria descrição da greve dos mineiros do carvão do norte da Inglaterra, deflagrada em 1844: as mesmas trapaças contra os operários mediante a utilização de pesos e medidas falsificados, o mesmo *truck system*, a mesma tentativa de liquidar a resistência dos mineiros com a última e terrível arma dos capitalistas – o despejo dos operários de suas casas, pertencentes às companhias.

Nesta edição, como nas de língua inglesa, não me preocupei em atualizar a obra, enumerando as mudanças ocorridas a partir de 1845. Não o fiz por dois motivos. Em primeiro lugar, teria de duplicar as dimensões do livro;

---

[a] Essa greve, que durou de 22 de janeiro a 26 de fevereiro de 1886, envolveu cerca de 10 mil operários.

em segundo lugar, porque o volume inicial de *O capital*, de Marx, descreve amplamente a situação da classe operária inglesa por volta de 1865, isto é, a época em que a prosperidade industrial da Inglaterra chegara a seu cume – e eu seria obrigado a repetir o que Marx dissera[a].

Julgo desnecessário observar que, sob o ponto de vista teórico geral – no sentido filosófico, econômico e político –, este livro não se identifica inteiramente com as minhas concepções atuais. Em 1844, não existia o moderno socialismo internacional, que ulteriormente se constituiu como ciência, sobretudo e quase exclusivamente graças ao trabalho de Marx. Meu livro representa apenas uma das fases de seu desenvolvimento embrionário; e como o embrião humano reproduz ainda, nas fases iniciais de seu desenvolvimento, os arcos branquiais de nossos antepassados aquáticos, também ao longo deste livro se mostram traços da herança de um dos antepassados do moderno socialismo, a filosofia clássica alemã. Assim, em especial no fim do livro, confere-se grande importância à afirmação segundo a qual o comunismo não é uma pura e simples doutrina do partido da classe operária, mas sim uma teoria cujo objetivo final é a libertação de toda a sociedade, inclusive os capitalistas, das relações que atualmente a oprimem. Isso é justo num sentido abstrato; no entanto, na prática, é inútil e às vezes pior. Na medida em que as classes proprietárias, além de não sentirem nenhuma necessidade de libertação, opõem-se com todas as forças à autolibertação da classe operária, esta se vê constrangida a iniciar e a realizar sozinha a revolução social. Os burgueses da França declaravam, em 1789, que a libertação da burguesia significava a libertação de todo o gênero humano; a nobreza e o clero não quiseram compreendê-lo e aquela afirmação – que, sabemos hoje, no que dizia respeito ao feudalismo, era uma verdade histórica abstrata incontestável – degenerou numa mera expressão sentimental, inteiramente dissolvida no fogo da luta revolucionária. Também hoje são muitos os que, do alto de sua superior imparcialidade, predicam aos operários um socialismo posto acima de todos os antagonismos e lutas de classes – ou se trata de neófitos que ainda têm muito que aprender ou são os piores inimigos da classe operária, lobos disfarçados de cordeiros.

Afirma-se, neste livro, que o período cíclico das grandes crises industriais é de cinco anos. Esse lapso temporal parecia resultar do curso dos

---

[a] Tal descrição comparece especialmente nos capítulos VII (da seção III), XIII (da seção IV) e XXIII (da seção VI) do volume I de *O capital*. Cf. K. Marx, *O capital: crítica da economia política* (São Paulo, Abril, 1983, v. I, t. 1, esp. p. 187-238; e 1984, v. I, t. 2, esp. p. 7-102 e 187-259).

acontecimentos de 1825 a 1842. Mas a história da indústria, entre 1842 e 1868, veio a demonstrar que o período, de fato, é decenal; crises intermediárias são secundárias e, a partir de 1842, tornam-se menos frequentes. Falaremos disso mais adiante.

Não me passou pela cabeça retirar do texto as várias profecias – especialmente aquela sobre uma iminente revolução social na Inglaterra – devidas ao meu entusiasmo revolucionário daqueles anos. Não tenho nenhum motivo para apresentar o meu trabalho e a mim mesmo como se fôssemos melhores do que realmente éramos. O extraordinário não é que muitas daquelas profecias não tenham se cumprido e sim que tantas delas tenham se comprovado, como é o caso da situação crítica da indústria inglesa, ameaçada pela concorrência continental e, basicamente, americana – exatamente como eu previra, embora para um espaço de tempo mais breve. Quanto a isso, tenho o dever de atualizar a argumentação e recorro a um artigo meu, publicado em inglês no *Commonweal*, de Londres, edição de 1º de março de 1885, e cuja versão alemã saiu no nº 6 de *Die Neue Zeit*, de junho do mesmo ano[a]:

> Há quarenta anos, a Inglaterra enfrentou uma crise que, segundo todas as aparências, só poderia ser solucionada pela força. O imenso e rápido desenvolvimento da indústria superara largamente a expansão dos mercados externos e o aumento da demanda. A cada dez anos, o curso da produção era violentamente interrompido por uma crise geral do comércio, à qual, depois de um longo período de depressão crônica, seguiam-se breves anos de prosperidade que desaguavam numa superprodução febril e, finalmente, numa nova crise. A classe capitalista clamava em altos brados pela liberdade no comércio de cereais e ameaçava, para conquistá-la, recorrer à força, fazendo retornar as esfaimadas populações urbanas às regiões rurais de que provinham – como disse John Bright[b], *não como pobres que mendigam um pedaço de pão, mas como um exército que acampa em território inimigo*. As massas operárias urbanas reivindicavam a participação no poder político através da *Carta do Povo* e nisso eram apoiadas pela maioria da pequena burguesia; a única diferença entre elas dizia respeito aos métodos para conquistar a *Carta*, se legais ou violentos. Sobrevêm então a crise comercial de 1847 e a fome irlandesa e, com elas, a perspectiva da revolução.

A revolução francesa de 1848 salvou a burguesia inglesa. As declarações socialistas dos operários franceses vitoriosos apavoraram a pequena bur-

---

[a] O artigo de Engels intitulava-se "A Inglaterra em 1845 e em 1885". O *Commonweal*, hebdomadário, era órgão da *Liga Socialista* e circulou, em Londres, entre 1885 e 1891 e entre 1893 e 1894; *Die Neue Zeit* era a revista teórica da social-democracia alemã e foi publicada, em Stuttgart, de 1883 a 1923.

[b] Cf., *supra*, a nota 19, p. 217.

Friedrich Engels

guesia da Inglaterra e desorganizaram o movimento operário inglês, que operava dentro de limites mais estreitos, levando em conta a realidade dos fatos. No exato momento em que devia desenvolver todas as suas forças, o cartismo passou por uma crise interna, antes mesmo de sofrer a derrota de 10 de abril de 1848ª. A atividade política da classe operária foi relegada a um segundo plano. A classe capitalista triunfou em toda a linha.

> A reforma parlamentar de 1831 fora a vitória da classe capitalista, em seu conjunto, sobre a aristocracia fundiária. A abolição das leis sobre os cereais foi a vitória dos capitalistas *industriais* tanto sobre os grandes proprietários fundiários quanto sobre aquelas frações capitalistas cujos interesses, em maior ou menor medida, identificavam-se ou entrelaçavam com os dos proprietários fundiários – banqueiros, homens da Bolsa, rentistas etc. O livre-cambismo determinou a transformação de toda a política financeira e comercial, interna e externa, da Inglaterra, adequadas aos interesses dos capitalistas industriais, a classe que agora se impunha à nação. E essa classe pôs mãos à obra com energia. Todo obstáculo à produção industrial foi suprimido implacavelmente. As tarifas aduaneiras e todo o sistema fiscal foram radicalmente modificados. Tudo se subordinou a um único objetivo, que se revestia da máxima importância para os capitalistas industriais: baratear todas as matérias-primas e, em particular, todos os meios de subsistência para a classe operária; diminuir o custo das matérias-primas e manter baixos, se não fosse possível reduzi-los ainda mais, os salários. A Inglaterra deveria converter-se na *fábrica do mundo* e todos os países deveriam tornar-se para a Inglaterra o que a Irlanda já era: mercados para seus produtos industriais, fontes de matérias-primas e de gêneros alimentícios. A Inglaterra, grande centro industrial de um mundo agrícola, com um número sempre crescente de satélites produtores de cereais e de algodão a girar em torno do sol industrial – que magnífica perspectiva!
> Os capitalistas industriais lançaram-se à conquista desse objetivo com aquele sadio e robusto bom senso e com aquele desprezo pelos princípios tradicionais que sempre os diferenciaram de seus concorrentes continentais, muito mais contaminados pelo filisteísmo. O cartismo agonizava e a renovada prosperidade industrial, natural e quase óbvia depois do exaurimento da crise de 1847, foi atribuída exclusivamente ao livre-cambismo. Em consequência desses dois fatos, a classe operária converteu-se, politicamente, em apêndice do *grande partido liberal*, o partido dirigido pelos industriais. Uma vez conquistada essa posição de vantagem, tratava-se de perpetuá-la. A violenta oposição feita pelos cartistas não ao livre-cambismo, mas à sua conversão no único problema nacional vital fez com que os industriais compreendessem, cada dia melhor, que, sozinha e com a oposição da classe operária, a burguesia

---

[a] Engels refere-se aqui ao fracasso da convocação, para o dia 10 de abril de 1848, feita pelos cartistas, para uma grande manifestação de massas em Londres em defesa da adoção da *Carta*.

A situação da classe trabalhadora na Inglaterra

jamais conseguiria estabelecer seu pleno domínio político e social sobre a nação. Assim, paulatinamente, mudaram as relações entre as duas classes. A legislação sobre as fábricas, antes um espantalho para os industriais, passou a ser implementada e, mais, estendida, em maior ou menor medida, a todos os ramos industriais. Os sindicatos (*trade unions*), até pouco antes considerados uma invenção do diabo, foram reconhecidos e até mimados pelos industriais como instituições plenamente legítimas e como um meio eficaz para difundir entre os operários doutrinas econômicas saudáveis. Mesmo as greves, que, antes de 1848, eram reprimidas, passaram a ser vistas como úteis em certas ocasiões, em particular se provocadas pelos próprios industriais, no momento oportuno. E, dentre a legislação que privava o operário de direitos nos conflitos com os patrões, pelo menos as leis mais insultuosas foram eliminadas. E a *Carta do Povo*, outrora tão temida, converte-se hoje na substância do programa político dos mesmos industriais que tanto a combateram. Leis instituíram a *supressão do censo de propriedade para o direito de voto* e o *voto secreto*. As reformas parlamentares de 1867 e 1884[a] já tornam próximo o *sufrágio universal*, pelo menos sob a forma em que hoje existe na Alemanha; o projeto de lei que o Parlamento debate atualmente acerca das circunscrições eleitorais cria *colégios eleitorais iguais* ou, no conjunto, ao menos não tão desiguais quanto os vigentes na França e na Alemanha. Já se vislumbram, como conquistas do futuro próximo, *subsídios aos parlamentares* e *mandatos de duração mais curta*, ainda que não se chegue a *eleições parlamentares anuais*. E, apesar de tudo isso, ainda há os que se atrevem a dizer que o cartismo morreu.

A revolução de 1848, como muitas que a precederam, teve um estranho destino. Os mesmos que a esmagaram tornaram-se, como Karl Marx costumava dizer, seus *executores testamentários*[b]. Luís Napoleão foi obrigado a criar uma Itália unida e independente, Bismarck viu-se compelido a revolucionar – ainda que à sua maneira – a Alemanha e a restituir à Hungria uma certa independência e os industriais ingleses nada encontraram melhor que dar força de lei à *Carta do Povo*.

Inicialmente, as consequências desse predomínio dos capitalistas industriais na Inglaterra foram surpreendentes. Os negócios desenvolveram-se numa escala nunca vista, mesmo num país que, como a Inglaterra, é o berço da indústria moderna. Os grandiosos êxitos precedentes, baseados na aplicação do vapor e da maquinaria, parecem apagar-se diante do poderoso desenvolvimento da produção no vintênio 1850-1870, com suas impressio-

---

[a] Em 1867, sob pressão popular (e até com a intervenção da *Associação Internacional dos Trabalhadores*), o Parlamento realiza uma *segunda reforma* eleitoral (a *primeira* data de 1832; cf., *supra*, nota a, p. 60), que praticamente dobrou o número de eleitores ingleses; uma parte dos operários qualificados conquistou o direito do voto. A reforma de 1884 (a *terceira*) estendeu aos distritos rurais os direitos consagrados na reforma de 1867.

[b] São frequentes, especialmente em seus últimos textos, as alusões de Engels a essa expressão de Marx; num parágrafo de sua Introdução ao escrito marxiano *As lutas de classes na França (1848-1850)*, a alusão explicita o significado das palavras de Marx (cf. K. Marx e F. Engels, *Obras escolhidas em três tomos* [Rio de Janeiro, Vitória, 1961, t. I], p. 100).

nantes cifras de exportação e importação, com a fantástica riqueza que se acumulava nas mãos dos capitalistas e com as enormes massas de força de trabalho que se concentravam em grandes cidades. É certo que esse progresso foi interrompido, como no passado, por uma crise a cada dez anos, em 1856, assim como em 1867; mas as crises foram consideradas, agora, como eventos naturais inevitáveis, que deviam ser suportados, já que, em seguida, tudo voltaria a seu curso normal.

E a situação da classe operária, nesse período? Ocorreram melhorias temporárias, mesmo para a sua grande massa. Tais melhorias, porém, acabaram por ser reduzidas ao nível anterior em consequência do afluxo da grande massa de operários provenientes da reserva de desempregados, da incessante expulsão de operários com a introdução de nova maquinaria e da imigração dos trabalhadores agrícolas, também eles expulsos pela utilização de máquinas.

Somente em dois setores protegidos da classe operária verificamos a existência de melhorias permanentes. O primeiro é o dos operários fabris. A fixação legal de uma jornada de trabalho relativamente racional permitiu-lhes restaurar sua força física e conferiu-lhes uma superioridade moral, estimulada por sua concentração nos locais de trabalho. Sua situação, sem dúvida, melhorou em comparação com a vigente antes de 1848. A melhor prova disso está em que nove greves, em cada dez realizadas, foram provocadas pelos patrões, em seu próprio interesse e como único meio para reduzir a produção. Jamais se poderá levar esses homens a entrar num acordo para reduzir a jornada de trabalho, mesmo que suas mercadorias se tornem invendáveis; se se conduz os operários à greve, os capitalistas, como um só homem, fecharão todas as suas fábricas.

Em segundo lugar, o dos grandes sindicatos (*trade unions*). Trata-se das organizações daqueles ramos de produção em que se empregam exclusiva ou predominantemente *homens adultos*. Até hoje, sua força organizada não foi vulnerabilizada pela concorrência com o trabalho feminino e infantil nem pela utilização de máquinas. Metalúrgicos, carpinteiros, marceneiros e operários da construção são tão fortes que podem até, como fizeram estes últimos, impedir o emprego de máquinas em suas atividades. É indiscutível que sua situação melhorou muito desde 1848; prova-o o fato de, há quinze anos, seus patrões estarem satisfeitos com eles e eles, com seus patrões. Constituem uma aristocracia na classe operária – conquistaram uma posição relativamente cômoda e consideram-na definitiva. São os operários-modelo dos srs. Leone Levi e Giffen (assim como dos bons burgueses tipo Lujo Brentano) e, na verdade, são pessoas tratáveis, gentis para com qualquer capitalista razoável e mesmo para o conjunto da classe capitalista.

Mas no que diz respeito à massa dos operários, o estado de miséria e insegurança é hoje tão grave quanto antes, senão mais grave. O East End de Londres é um pântano cada vez maior de miséria e desespero, de fome nos períodos de desemprego e de degradação física e moral quando há trabalho. E, excetuada a minoria de operários privilegiados, o quadro é o mesmo nas grandes cidades e também nos pequenos centros e distritos agrícolas. A lei que limita o valor da força de trabalho ao preço dos meios de subsistência necessários e a lei que reduz seu preço médio ao mínimo desses meios de subsistência, essas duas leis econômicas operam com a força irresistível de uma máquina automática, cujas engrenagens vão triturando os operários.

Essa era a situação criada pela política livre-cambista instaurada em 1847 e por vinte anos de domínio dos capitalistas industriais. Mas sobreveio uma inflexão. A crise de 1866 foi seguida, é verdade, por volta de 1873, por uma breve e ligeira reanimação dos negócios, que pouco durou. E é verdade que uma crise plena, esperada para 1877 ou 1878, não ocorreu; no entanto, desde fins de 1876, temos uma situação de estagnação crônica em todos os principais ramos da indústria. Não se produziu a crise completa nem o desejado período de prosperidade a que se acreditava ter direito antes ou depois dela. Há quase dez anos, encontramo-nos numa imobilidade letárgica, com uma saturação crônica de todos mercados de todos os ramos industriais. Qual a razão?

A teoria do livre-câmbio fundava-se numa hipótese: a Inglaterra tornar-se-ia o único grande centro industrial de um mundo agrícola – e os fatos desmentiram inteiramente essa hipótese. As condições da indústria moderna, isto é, a força do vapor e as máquinas, podem ser criadas onde quer que exista combustível, em particular o carvão; e outros países, além da Inglaterra, o possuem: a França, a Bélgica, a Alemanha, a América e mesmo a Rússia. Ademais, os habitantes desses países não viram nenhuma vantagem em serem reduzidos à condição dos irlandeses, exceto para a maior glória e riqueza dos capitalistas ingleses. Por isso mesmo, construíram fábricas e começaram a produzir artigos industriais para si e para o resto do mundo e, por consequência, rompeu-se definitivamente o monopólio industrial que a Inglaterra detivera por quase um século.

Esse monopólio, contudo, é a pedra angular do moderno sistema social inglês. Mesmo enquanto esse monopólio existiu, os mercados não podiam acompanhar a crescente produtividade da indústria inglesa – daí, a consequência das crises decenais. Hoje, novos mercados são cada vez mais raros, a ponto de se impor aos negros do Congo a civilização dos tecidos de Manchester, das cerâmicas do Staffordshire e dos artigos metálicos de Birmingham. O que acontecerá quando as mercadorias continentais e, em particular, as americanas afluírem cada vez mais e se reduzir, ano a ano, a parte do leão que ainda cabe aos industriais ingleses no aprovisionamento do mercado mundial? Que responda o livre-câmbio, panaceia universal!

Não sou o primeiro a indicar esses fatos. Já em 1883, na assembleia realizada em Southport pela Associação Britânica[a], o presidente de sua seção econômica, o senhor Inglis Palgrave, afirmava que os dias de grandes lucros haviam acabado para a Inglaterra e que sobreviera uma pausa no desenvolvimento dos vários grandes setores industriais – quase se poderia dizer que a Inglaterra ingressava numa situação de não progresso.

E como terminará tudo isso? A produção capitalista *não pode* estagnar: deve crescer e expandir-se ou deve perecer. Já agora, apenas porque a parte do leão de que a Inglaterra sempre dispôs no fornecimento do mercado mun-

---

[a] Trata-se da Associação Britânica para o Progresso da Ciência, fundada em 1831.

dial se reduziu, tem-se a estagnação, a miséria, a superabundância aqui de capital, ali de trabalhadores desocupados. O que acontecerá quando cessar o aumento da produção? Esse é o tendão de Aquiles da produção capitalista: a contínua expansão é a condição de sua existência e, hoje, essa contínua expansão é impossível. A produção capitalista encontra-se num beco sem saída. E cada ano que passa leva a Inglaterra a aproximar-se mais da questão: ou sucumbe a nação ou sucumbe a produção capitalista. Qual delas desaparecerá? E a classe operária? Se, mesmo no período de expansão sem precedentes do comércio e da indústria, entre 1848 e 1868, ela padeceu tanta miséria; se, mesmo agora, a grande massa dos operários, na melhor das hipóteses, experimentou melhorias temporárias em suas condições de vida, enquanto apenas uma minoria protegida, privilegiada, obteve vantagens duradouras – o que ocorrerá quando esse período de esplendor pertencer definitivamente ao passado, quando não só se agravar a atual estagnação, mas quando esse agravamento tornar-se o estado normal, permanente, da indústria inglesa?

A verdade é esta: enquanto perdurou o monopólio industrial da Inglaterra, a classe operária, em alguma medida, beneficiou-se desse monopólio. É certo que tais benefícios se distribuíram, entre a classe operária, de maneira muito desigual: a parcela maior ficou com a minoria privilegiada, embora também algo tocasse, de vez em quando, à grande massa dos operários. Eis o que explica por que, desde o fim do owenismo, o socialismo desapareceu na Inglaterra. Com a crise do monopólio, porém, a classe operária inglesa perderá suas vantagens. Toda a classe – inclusive sua minoria privilegiada e dirigente – encontrar-se-á, um dia, no mesmo nível dos operários dos demais países. Eis por que, na Inglaterra, o socialismo ressurgirá.

Assim escrevia em meu artigo de 1885. No prefácio à edição inglesa deste livro, datado de 11 de janeiro de 1892, anotei:

Pouco tenho a acrescentar ao quadro que se me apresentava em 1885. Parece-me desnecessário afirmar que, hoje, *o socialismo ressurgiu na Inglaterra*. Ele existe em larga escala: socialismo de todos os matizes, socialismo consciente e socialismo inconsciente, socialismo em prosa e socialismo em verso, socialismo da classe operária e socialismo da classe média. Na verdade, o socialismo – esse horror dos horrores – não só se tornou respeitável como ainda vestiu casaca e refestela-se preguiçosamente nos divãs dos salões mundanos. Isso demonstra, mais uma vez, a irremediável inconsistência desse terrível déspota da boa sociedade, a opinião pública da classe média – e justifica, mais uma vez, o desprezo que nós, socialistas da velha geração, sempre nutrimos por ela. Não temos, todavia, nenhum motivo para lamentar esse novo estado de coisas.

Não considero importante essa moda passageira pela qual, nos ambientes burgueses, faz-se alarde de um socialismo diluído em água de rosas; importante mesmo, para mim – e até mais que os êxitos até agora alcançados pelo socialismo na Inglaterra –, é o despertar do East Land londrino. Esse campo de miséria infinita deixou de ser o que era há cerca de seis anos: um pântano. O East End rompeu com a apatia do desespero; retornou à vida e converteu-se na pátria do *novo "trade-unionism"*, ou seja, a organização da grande massa dos operários *não qualificados*. Ainda que, sob alguns aspectos, essa organização assuma as formas das velhas associações de operários *qualificados*, seu caráter é substancialmente diverso. As velhas associações conservam as tradições correspondentes à época de sua fundação; consideram o sistema salarial um fato indiscutível, estabelecido de uma vez para sempre e que, no melhor dos casos, podem suavizar no interesse de seus associados. A nova organização, ao contrário, corresponde a um período no qual a fé na eternidade do sistema salarial já se apresenta bastante abalada. Seus fundadores e dirigentes são socialistas, por convicção ou por sentimento; as massas que a ela afluem, e nas quais repousa sua força, são formadas por homens rudes e grosseiros, que a aristocracia operária olha com desdém. Mas essas massas possuem uma única e incomensurável vantagem: seu espírito é um terreno virgem, inteiramente livre dos "respeitáveis" e tradicionais preconceitos burgueses que confundem a mente dos representantes do *velho "trade-unionism"*, cuja situação é melhor. E já hoje vemos a nova organização assumir a direção de todo o movimento operário, tendo a reboque as ricas e orgulhosas *velhas "trade unions"*.

Não há dúvida de que os homens do East Land cometeram grandes erros; mas seus predecessores também erraram e também continuam cometendo erros os socialistas doutrinários, que os menosprezam. Entretanto, para uma grande classe, como para uma grande nação, nada ensina melhor e mais depressa que as consequências de seus próprios erros. E, apesar de todos os erros possíveis do passado, do presente e do futuro, o despertar do East Land londrino continua sendo um dos maiores e mais fecundos acontecimentos deste *fin de siècle*[a]. Alegro-me e orgulho-me por tê-lo podido ver.

As linhas acima foram escritas há seis meses e, desde então, o movimento operário inglês deu outro bom passo adiante. As eleições parlamentares realizadas há pouco demonstraram formalmente aos dois partidos oficiais, tanto aos conservadores quanto aos liberais, que, de agora em diante, deverão considerar a existência de um terceiro: o partido operário. Ele ainda está em processo de formação; seus componentes ainda estão ocupados em livrar-se de preconceitos da mais variada espécie (burgueses, sindicais de velho tipo, já agora de doutrinarismo socialista) para então poderem unir-se sob uma plataforma comum. E, no entanto, o instinto que os leva à união já é tão forte que lhes permitiu obter resultados eleitorais sem precedentes na história da Inglaterra. Em Londres, apresentaram-se candidatos dois operários[b], declarando-se abertamente socialistas; os liberais não ousaram opor-lhes nenhuma candidatura e os dois socialistas foram eleitos por maioria tão esmagadora quanto inesperada. Em Middlesbrough, um

---

[a] Em francês, no original: "fim de século".
[b] J. K. Hardie e J. Burns.

candidato operário[a] apresentou-se contra um liberal e um conservador e bateu a ambos; inversamente, os novos candidatos operários que se aliaram aos liberais foram, com uma única exceção, fragorosamente derrotados. Entre os chamados representantes operários de velho tipo – homens a quem se perdoa a origem proletária porque eles mesmos fazem questão de afogá-la no oceano de seu liberalismo –, Henry Broadhurst, depois de se pronunciar contra a jornada de oito horas, foi inapelavelmente derrotado. Em dois colégios eleitorais de Glasgow, em um de Salford e em vários outros, candidatos operários independentes contrapuseram-se aos postulantes dos dois velhos partidos; não venceram, mas também os liberais foram derrotados. Em resumo, numa série de colégios urbanos e industriais, os operários repudiaram claramente os vínculos com os dois velhos partidos e alcançaram, direta e indiretamente, êxitos sem precedentes. Tal conquista despertou entre os operários uma alegria indescritível. Pela primeira vez, viram e sentiram a magnitude de sua força na utilização do direito do voto no interesse de sua classe. Rompeu-se a fé supersticiosa no "grande partido liberal" que, por quarenta anos, predominou entre os operários ingleses. Estes se convenceram, à base de exemplos tangíveis, que eles, os operários, constituem a força decisiva na Inglaterra, desde que o queiram e saibam o que querem. As eleições de 1892 marcam o surgimento dessa vontade e dessa consciência. O resto ficará a cargo do movimento operário do continente: os alemães e os franceses, que já contam com significativas representações nos parlamentos e nos conselhos municipais, saberão – com a conquista de novas vitórias – manter vivo o espírito de emulação dos ingleses.

E quando, num futuro que não está distante, descobrir-se que o novo Parlamento nada tem que fazer com o senhor Gladstone e que, por sua vez, o senhor Gladstone nada tem que fazer com esse Parlamento, então o partido operário inglês estará provavelmente tão consolidado que em pouco tempo acabará com a alternância dos dois velhos partidos no poder, rompendo com esse revezamento que só perpetua o domínio da burguesia.

F. Engels
Londres, 21 de julho de 1892

---

[a] J. H. Wilson.

FONTES UTILIZADAS POR ENGELS

Livros e panfletos

ALISON, sir Archibald. *The Principles of Population.* Edimburgo, 1840, 2 v.

ALISON, William Pulteney. *Observations on the Management of the Poor in Scotland and his Effects on the Health of Great Towns.* Edimburgo, 1840.

BAINES, Edward. *History of the Cotton Manufacture in Great Britain.* Londres, 1835.

CARLYLE, Thomas. *Past and Present.* Londres, 1835.

_____. *Chartism.* Londres, 1839.

CROKER, J. W. *A Sketch of the State of Ireland. Past and Present.* 2. ed., Londres, 1808. Publicado anonimamente.

DISRAELI, Benjamin. *Sybil.* Londres, 1845.

FAUCHER, Léon. *Études sur l'Angleterre.* Paris, 1845, 2 v. Engels utiliza os artigos que, publicados por *La Révue de Deux Mondes,* constituem esta obra de Faucher.

GASKELL, Peter. *The Manufacturing Population of England.* Londres, 1833.

KAY, J. P. (depois Kay-Shuttleworth). *The Moral and Physical Conditions of the Working Classes Employed in the Cotton Manufacture in Manchester.* 1. e 2. ed., Londres, 1832. Engels utiliza a segunda edição.

LEACH, James. *Stubborn Facts from the Factories by a Manchester Operative.* Londres, publicado por W. Rashleigh, 1844. Publicado anonimamente.

McCULLOCH, J. R. *A Statistical Account of the British Empire.* Londres, 1837.

MALTHUS, T. R. *An Essay on the Principles of Population.* 2. ed., Londres, 1803.

OASTLER, Richard. *The Fleet Papers.* Londres, 1841-1844, 4 v.

PARKINSON, R. *On the Present Condition of the Labouring Poor in Manchester.* 3. ed., Londres-Manchester, 1841.

PORTER, G. R. *The Progress of the Nation.* Londres, 1836-1843, 3 v.

SENIOR, Nassau William. *Letters on the Factory Act.* Londres, 1837.

SMITH, Adam. *An Inquiry into the Nature and Causes of the Wealth of Nations.* Editado por J. R. McCulloch, Edimburgo, 1828, 4 v.

STIRNER, Max. *Der Einzige und sein Eigentum.* Leipzig, 1845.

STRAUSS, D. F. *Das Leben Jesu, kritish bearbeitet.* Tübingen, 1835-1836, 2 v.

Fontes utilizadas por Engels

SYMONS, J. C. *Arts and Artisans at Home and Abroad*. Edimburgo-Londres, 1839.
URE, Andrew. *The Cotton Manufature of Great Britain*. 2. ed., Londres, 1835.
_____. *The Philosophy of Manufactures*. 2. ed., Londres, 1837.
VAUGHAN, Robert. *The Age of Great Cities*. Londres, 1842.
WADE, John. *History of the Middle and Working Classes*. 3. ed., Londres, 1835.
WAKEFIELD, Edward Gibbon. *Swing unmasked, or the Causes of Rural Incendiarism*. Londres, 1831.

Jornais e periódicos

The Artizan
Durham Chronicle
Edinburgh Medical and Surgical Journal
Halifax Guardian
Illuminated Magazine
Journal of the Statistical Society of London
Leeds Mercury
Liverpool Mercury
Manchester Guardian
Miner's Advocate
Mining Journal
Morning Chronicle
Northern Star
North of England Medical and Surgical Journal
The Sun
The Times
Weekly Dispatch

Publicações oficiais

1831-1832 – *Report of Select Committee on Factory Children's Labour*.

1833 – *Factories Inquiry Commission; Report of the Central Board of Her Majesty's Commissioners appointed to collect Information in the Manufacturing Districts as to the Employment of Children in Factories*. Primeiro relatório, junho 1833; Segundo relatório, julho 1833.

1833 – *Extracts from the Information received by His Majesty's Commissioners, as to the Administration and Operation of the Poor-Laws*.

1836 – *Third Report of the Commissioners appointed "to Inquire into the condition of the poorer classes in Ireland, and into the various institutions at present established for their relief"*.

1842 – *Report to Her Majesty's Principal Secretary of State for the Home Department from the Poor-Law Commissioners on an Inquiry into the Sanitary Condition of the Labouring Population of Great Britain* (por Edwin Chadwick).

1842-1843 – *Report of Commission Inquiry into the Employment of Children and Young Persons in Mines and Collieries in Trades and Manufactures in wich numbers of them work together.* Primeiro relatório, 1842; Segundo relatório, 1843.

1843 – *Reports of Special Assistant Poor Law Commissioners on the Employment of Women and Children in Agriculture.*

1844 – *Report of the Commissioners for Inquiring into the state of Large Towns.* Primeiro relatório, 2 v.

1844 – *Reports of the Inspectors of Factories ... for the Half Year ending December 31, 1843.*

ÍNDICE ONOMÁSTICO

ALISON, sir Archibald (1792-1867), historiador e economista. p. 77, 131, 140, 155, 158-60, 164, 166, 169, 304-5, 359.

ALISON, William Pulteney (1790-1859), professor de Medicina da Universidade de Edimburgo, irmão de sir Archibald Alison. p. 77, 82, 131, 139-40.

ARKWRIGHT, sir Richard (1732-1792), empreendedor inglês no período da Revolução Industrial, um dos principais artífices da indústria têxtil na Inglaterra. Inventou e construiu máquinas de fiar. p. 48, 50, 249.

ASHLEY, lorde (Anthony Ashley Cooper, conde de Shaftesbury) (1801-1885), político e reformador social britânico, expoente do movimento filantrópico-aristocrático em defesa da jornada de trabalho de dez horas e contra o trabalho de mulheres e crianças nas minas. p. 166, 180, 182, 185, 196-7, 209, 211, 284, 324.

ASHWORTH, Edmund (1801-1881), industrial do Lancashire, ativo adversário das associações operárias. p. 196, 222, 258.

BAINES, Edward (1800-1890), economista inglês, liberal, diretor do jornal *Leeds Mercury*. p. 173, 359.

BARHAM, Charles Foster (1804-1844), médico inglês, membro da comissão que investigou o trabalho infantil. p. 276.

BARRY, sir David (1780-1835), médico e fisiólogo inglês. p. 190-1, 193, 199, 200.

BEAUMONT, Thomas, cirurgião falecido em 1859. p. 190, 194.

BENTHAM, Jeremy (1748-1832), filósofo, jurista e escritor inglês. Fundador da escola utilitarista, que defendia a obtenção do bem-estar do indivíduo pela organização pragmática da sociedade; "um gênio da estupidez humana", segundo Marx. p. 273.

BRENTANO, Lujo (Ludwig Joseph) (1844-1931), alemão, um dos chamados *socialistas de cátedra*. p. 354.

BRINDLEY, James (1716-1772), engenheiro inglês. p. 57-8.

BROADHURST, Henry (1840-1911), inglês, operário da construção civil, dirigente sindical e reformista. p. 358.

Índice onomástico

BROCKLEHURST, J. (1788-1870), industrial, parlamentar por Maclesfield de 1832 a 1866, liberal. p. 230-1.

BUSSEY, Peter, taberneiro de Bradford, delegado na convenção cartista de 1839, defendia a linha da "violência física". p. 264.

BYRON, George Nöel Gordon (1788-1824), poeta inglês, representante do romantismo revolucionário, partícipe de lutas pela independência na Itália e na Grécia. p. 273.

CARLYLE, Thomas (1795-1881), historiador e ensaísta inglês de cunho idealista; um dos expoentes do "socialismo feudal". Marx destaca nele o mérito de "se haver manifestado, já no começo, contra a burguesia, em uma época em que as concepções desta mantinham subjugada toda a literatura oficial inglesa", mas espicaça, ao mesmo tempo, suas posições reacionárias diante da classe operária, bem como sua "apoteose anti-histórica da Idade Média" e seu culto aos heróis. A obra de Carlyle é marcada por uma concepção original da história, como fruto da vontade divina e do heroísmo dos grandes homens. Para ele, as grandes personalidades têm um papel decisivo no processo histórico. Depois de 1848, tornou-se um duro adversário do movimento socialista. p. 109, 131-2, 134, 156-7, 256, 305, 307-8, 324-5, 359.

CHADWICK, sir Edwin (1800-1890), atuou como secretário da comissão das Leis sobre os Pobres e foi membro de várias comissões parlamentares vinculadas à legislação fabril. p. 78, 138, 147, 361.

CROMPTON, Samuel (1753-1827), mecânico e inventor inglês; criou a fiandeira mecânica, de grande influência na indústria têxtil por permitir a produção em larga escala de fios de alta qualidade. p. 48, 50.

DAVY, Humphrey (1778-1829), químico e físico inglês. p. 57, 282.

DIDEROT, Dennis (1713-1784), escritor e filósofo francês; desempenhou papel de destaque como criador do clima ideológico que desencadeou a Revolução Francesa. Diderot foi o escritor mais importante do iluminismo francês e o principal expoente dos enciclopedistas; era materialista e ateu militante. Seu romance *O sobrinho de Rameau* foi considerado por Engels "uma obra-prima da dialética". p. 273.

DISRAELI, Benjamin (1804-1881), romancista e político inglês; nos anos 1840, vinculou-se ao grupo *Jovem Inglaterra*; posteriormente, foi líder conservador e chegou a ser primeiro-ministro. A *Jovem Inglaterra* (*Young England*) foi um grupo *tory* constituído por volta de 1840, que assumia posições demagógicas para utilizar as classes trabalhadoras na luta dos aristocratas contra a burguesia; no *Manifesto Comunista*, Marx e Engels qualificaram as ideias desse grupo como "socialismo feudal". p. 162, 324, 359.

DUNCOMBE, Thomas Slingsby (1796-1861), político radical inglês, nos anos 1840 participou do cartismo. p. 61, 290, 314-5.

FARADAY, Michael (1791-1867), químico e físico inglês. p. 291.

FEUERBACH, Ludwig A. (1804-1872), filósofo alemão, materialista e crítico de Hegel (1770-1831). Influenciou os pensadores socialistas e existencialistas do século XIX – entre os quais Marx e Engels – com sua crítica das religiões e o conceito de alienação; ideólogo das camadas democráticas mais radicais da burguesia alemã, interessadas em liberdades de cunho democrático. Segundo Engels, Feuerbach "evoluiu, ainda que não de um modo inteiramente ortodoxo, de Hegel para o materialismo". Nos últimos anos de sua vida, interessou-se pelo socialismo. p. 42, 59.

FROST, John (1784-1877), um dos líderes cartistas. Desterrado entre 1840 e 1856, regressou à Inglaterra após obter a anistia. p. 264.

GIFFEN, sir Robert (1837-1910), economista inglês. p. 354.

GIRARD, Philippe-Henry (1775-1845), engenheiro francês. p. 53.

GLADSTONE, William Edward (1809-1898), destacado líder político inglês. p. 358.

GODWIN, William (1756-1836), escritor, empirista e racionalista inglês. p. 273.

GRAINGER, Richard Dougard (1801-1865), anatomista e fisiólogo inglês. Em 1841 foi inspetor nos hospitais pediátricos e atuou como membro da comissão de inquérito sobre o trabalho infantil. p. 151, 224, 226-7, 235.

GREG, Robert Hyde (1795-1875), industrial inglês, liberal e presidente da Câmara de Comércio de Manchester; juntamente com seus irmãos (Samuel e William), redigiu vários panfletos sobre a condição dos operários, expressando o ponto de vista dos capitalistas. p. 196, 222.

HAWKINS, Francis Bisset (1796-1894), médico e autor de textos de medicina, participou de comissões de inquérito em fábricas e prisões. p. 147, 181, 185-6, 190, 195, 197-9, 207, 213.

HEATHCOTE, John (1783-1861), mecânico e inventor inglês. p. 52.

HELVÉTIUS, Claude-Adrien (1715-1771), filósofo francês; materialista, reduziu as ideias às sensações provocadas pelos objetos materiais; um dos precursores ideológicos da Revolução Francesa. Com Helvétius, "o materialismo adquire seu verdadeiro caráter francês, ao ser aplicado à vida social", segundo Marx. p. 273.

HENNEN, John (1779-1828), médico militar, primeiro inspetor médico nomeado para a Escócia. p. 78.

HOBHOUSE, John Cam (barão Broughton de Gyfford) (1786-1869), político inglês, liberal. p. 206, 208.

HOLBACH, barão de (Paul Heinrich Dietrich) (1723-1789), filósofo materialista nascido na Alemanha; colaborou com verbetes para a *Encyclopédie* e foi inimigo radical da religião; ideólogo da burguesia revolucionária francesa. Suas principais obras são *O cristianismo desvendado* (1767), *O espírito do judaísmo* (1770) e *Sistema da natureza* (1770). p. 273.

HORNE, Richard Henry (1803-1844), poeta e dramaturgo inglês, foi membro da comissão de inquérito sobre o trabalho infantil. p. 151-2, 236.

HORNER, Leonard (1785-1864), geólogo e inspetor fabril escocês, membro de várias comissões de inquérito. p. 180, 209.

HUNTSMAN, Benjamin (1704-1776), inventor inglês. p. 55.

KAY-SHUTTLEWORTH, sir James Phillips (1804-1877), médico inglês que por muitos anos trabalhou nos bairros operários de Manchester. p. 359.

Índice onomástico

LEACH, James (1799-?) foi um dos mais influentes líderes cartistas dos anos 1840, vice-presidente do Congresso Nacional do movimento; foi preso por conspiração. p. 174-5, 177, 214-6, 228, 230-2, 335, 359.

LEE, John (1779-1859), pastor anglicano e reitor da Universidade de Edimburgo de 1840 a 1859. p. 78.

LEVI, Leone (1821-1888), economista inglês. p. 354.

LONDONDERRY, lorde (Charles William Stewart) (1778-1854), militar e político inglês. p. 289.

LOUDON, Charles (1801-1844), médico inglês, em 1833 participou da comissão de inquérito sobre o trabalho nas fábricas. p. 190-1, 195, 197, 199, 200.

LOVETT, William (1800-1877), inglês, radical e dirigente cartista; partidário da "violência moral" e da colaboração com a burguesia. p. 262.

LYELL, sir Charles (1797-1875), geólogo inglês. p. 291.

MacADAM, John Loudon (1756-1836), engenheiro inglês, inspetor de estradas, idealizador de um novo sistema de pavimentação. p. 57.

McCULLOCH, John Ramsay (1789-1864), economista inglês, discípulo de David Ricardo (1772-1823). p. 51, 121, 326, 359.

MALTHUS, Thomas Robert (1766-1834), escocês, pastor anglicano e economista, sustentou a tese segundo a qual o crescimento natural da população é muito mais rápido que o aumento dos meios de subsistência. p. 121-2, 177, 315, 317, 359.

MATHEW, Theobald (1790-1856), padre católico irlandês, organizador de movimentos antialcoólicos. p. 166.

MILES, sir William (1797-1878), banqueiro e parlamentar inglês. p. 314.

MITCHELL, James (cerca de 1786-1844), inglês, autor de textos de divulgação científica. p. 276-7.

OASTLER, Richard (1789-1861), político *tory*, defensor de reformas sociais, adversário da burguesia livre-cambista, contribuiu na luta pela limitação legal da jornada de trabalho nas fábricas. p. 183, 209-11, 264, 359.

O'CONNOR, Fergus Edward (1794-1855), líder da esquerda cartista, fundador e diretor do *Northern Star*; depois de 1848, derivou para o reformismo. p. 72, 108, 269.

OWEN, Robert (1771-1858), industrial e reformador social inglês, um dos mais importantes socialistas utópicos. Propôs a instituição de "colônias" fundadas na comunidade de bens e patrocinou a criação dessa estrutura na América do Norte. Influiu no progresso das ideias dos operários ingleses, defendeu inovações pedagógicas como o jardim de infância, a escola ativa e os cursos noturnos. p. 205, 269, 270.

PAINE, Thomas (1737-1809), publicista anglo-americano, republicano, partícipe da independência norte-americana e da Revolução Francesa. p. 55.

PALGRAVE, Robert Harry Inglis (1827-1919), banqueiro e economista inglês. p. 355.

PATTESON, sir John (1790-1861), jurista inglês. p. 287.

PEEL, Robert (1750-1830), industrial têxtil, membro do Parlamento, *tory*. Pai do primeiro-ministro Robert Peel. p. 187, 205.

PEEL, Robert (1788-1850), *tory* moderado, primeiro-ministro britânico de 1841 1846. p. 211, 291.

PERCIVAL, Thomas (1740-1804), médico inglês, um dos autores da lei de proteção ao trabalho infantil. p. 187.

RADNOR, conde de (William Pleydell Bouverie) (1779-1869), político liberal inglês. p. 300.

ROBERTON, John (1797-1876), médico inglês, trabalhou em Manchester. p. 147, 199.

ROBERTS, William Prowting (1806-1871), advogado dos cartistas. Posteriormente se estabeleceu em Manchester. p. 286-7, 289-92, 313-4, 337-9, 340-3.

ROTHSCHILD, Nathan Mayer (1777-1836), fundador do banco londrino que leva o seu nome. p. 348.

SADLER, Michael Thomas (1780-1835), político e publicista inglês, *tory*, reformador social. p. 206-7, 209-10.

SENIOR, Nassau William (1790-1864), economista inglês. p. 105, 359.

SHARP JR., William (1805-1896), cirurgião e homeopata inglês. p. 194.

SHELLEY, Percy Bysshe (1792-1822), poeta inglês, representante do romantismo revolucionário. p. 273.

SOUTHWOOD SMITH, Thomas (1788-1861), foi médico em Londres. p. 115, 138-40, 281.

STEPHENS, Joseph Rayner (1805-1879), pastor metodista, ativo participante do movimento cartista no Lancashire entre 1837 e 1839. p. 263-4, 266, 269, 327.

STRAUSS, David Friedrich (1808-1874), filósofo alemão, vinculado aos *jovens hegelianos* na transição dos anos 1830 para os 1840. p. 273.

STUART, James (1775-1849), médico e publicista inglês, *whig*, inspetor de fábrica em 1833. p. 189, 191, 197, 200, 203.

STURGE, John (1793-1859), radical, livre-cambista. p. 267-8.

SYMONS, Jelinger Cookson (1809-1860), publicista liberal inglês. Em 1841, fez parte de uma comissão governamental para investigar o trabalho infantil. p. 81-2, 153, 155, 177, 238-9, 279, 360.

TAYLOR, John (1804-1841), médico, ativista de esquerda do cartismo. p. 264.

URE, Andrew (1778-1857), químico e economista inglês, defensor do livre-cambismo. p. 160, 173, 179, 203-5, 208, 222, 257-8, 360.

VANDERBILT, Cornelius (1794-1877), milionário norte-americano. p. 348.

VAUGHAN, Robert (1795-1868), pastor presbiteriano, publicista e historiador inglês. p. 158, 360.

VITÓRIA (1819-1901), rainha da Grã-Bretanha e da Irlanda entre 1837 e 1901. p. 75.

WADE, John (1788-1875), economista e historiador inglês. p. 147, 360.

Índice onomástico

WAKEFIELD, Edward Gibbon (1796-1862), publicista e economista inglês, ocupou-se da política colonial. p. 296, 360.

WATT, James (1736-1819), engenheiro e inventor inglês, construiu sua primeira máquina a vapor entre 1763 e 1769 (a patente é de 1769). Posteriormente, entre 1782 e 1784, aperfeiçoou seu invento. p. 50.

WEDGWOOD, Josiah (1730-1795), industrial inglês. p. 56.

WIGHTMAN, sir William (1748-1863), jurista inglês. p. 287.

WILLIAMS, sir John (1777-1846), jurista inglês. p. 287.

CRONOLOGIA RESUMIDA

	Karl Marx	Friedrich Engels	Fatos históricos
1818	Em Trier (capital da província alemã do Reno), nasce Karl Marx (5 de maio), o segundo de oito filhos de Heinrich Marx e de Enriqueta Pressburg. Trier na época era influenciada pelo liberalismo revolucionário francês e pela reação ao Antigo Regime, vinda da Prússia.		Simón Bolívar declara a Venezuela independente da Espanha.
1820		Nasce Friedrich Engels (28 de novembro), primeiro dos oito filhos de Friedrich Engels e Elizabeth Franziska Mauritia van Haar, em Barmen, Alemanha. Cresce no seio de uma família de industriais religiosa e conservadora.	George IV se torna rei da Inglaterra, pondo fim à Regência. Insurreição constitucionalista em Portugal.
1824	O pai de Marx, nascido Hirschel, advogado e conselheiro de Justiça, é obrigado a abandonar o judaísmo por motivos profissionais e políticos (os judeus estavam proibidos de ocupar cargos públicos na Renânia). Marx entra para o Ginásio de Trier (outubro).		Simón Bolívar se torna chefe do Executivo do Peru.
1830	Inicia seus estudos no Liceu Friedrich Wilhelm, em Trier.		Estouram revoluções em diversos países europeus. A população de Paris insurge-se contra a promulgação de leis que dissolvem a Câmara e suprimem a liberdade de imprensa. Luís Filipe assume o poder.
1831			Morre Hegel.

Cronologia resumida

	Karl Marx	Friedrich Engels	Fatos históricos
1834		Engels ingressa, em outubro, no Ginásio de Elberfeld.	A escravidão é abolida no Império Britânico. Insurreição operária em Lyon.
1835	Escreve *Reflexões de um jovem perante a escolha de sua profissão*. Presta exame final de bacharelado em Trier (24 de setembro). Inscreve-se na Universidade de Bonn.		Revolução Farroupilha, no Brasil. O Congresso alemão faz moção contra o movimento de escritores Jovem Alemanha.
1836	Estuda Direito na Universidade de Bonn. Participa do Clube de Poetas e de associações de estudantes. No verão, fica noivo em segredo de Jenny von Westphalen, vizinha sua em Trier. Em razão da oposição entre as famílias, casar-se-iam apenas sete anos depois. Matricula-se na Universidade de Berlim.	Na juventude, fica impressionado com a miséria em que vivem os trabalhadores das fábricas de sua família. Escreve *Poema*.	Fracassa o golpe de Luís Napoleão em Estrasburgo. Criação da Liga dos Justos.
1837	Transfere-se para a Universidade de Berlim e estuda com mestres como Gans e Savigny. Escreve *Canções selvagens* e *Transformações*. Em carta ao pai, descreve sua relação contraditória com o hegelianismo, doutrina predominante na época.	Por insistência do pai, Engels deixa o ginásio e começa a trabalhar nos negócios da família. Escreve *História de um pirata*.	A rainha Vitória assume o trono na Inglaterra.
1838	Entra para o Clube dos Doutores, encabeçado por Bruno Bauer. Perde o interesse pelo Direito e entrega-se com paixão ao estudo da filosofia, o que lhe compromete a saúde. Morre seu pai.	Estuda comércio em Bremen. Começa a escrever ensaios literários e sociopolíticos, poemas e panfletos filosóficos em periódicos como o *Hamburg Journal* e o *Telegraph für Deutschland*, entre eles o poema "O beduíno" (setembro), sobre o espírito da liberdade.	Richard Cobden funda a Anti-Corn-Law-League, na Inglaterra. Proclamação da Carta do Povo, que originou o cartismo.
1839		Escreve o primeiro trabalho de envergadura, *Briefe aus dem Wupperthal* [Cartas de Wupperthal], sobre a vida operária em Barmen e na vizinha Elberfeld (*Telegraph für Deutschland*, primavera). Outros viriam, como *Literatura popular alemã*, *Karl Beck* e *Memorabilia de Immermann*. Estuda a filosofia de Hegel.	Feuerbach publica *Zur Kritik der Hegelschen Philosophie* [Crítica da filosofia hegeliana]. Primeira proibição do trabalho de menores na Prússia. Auguste Blanqui lidera o frustrado levante de maio, na França.

A situação da classe trabalhadora na Inglaterra

	Karl Marx	Friedrich Engels	Fatos históricos
1840	K. F. Koeppen dedica a Marx seu estudo *Friedrich der Große und seine Widersacher* [Frederico, o Grande, e seus adversários].	Engels publica *Réquiem para o Aldeszeitung alemão* (abril), *Vida literária moderna*, no *Mitternachtzeitung* (março-maio) e *Cidade natal de Siegfried* (dezembro).	Proudhon publica *O que é a propriedade?* [Qu'est-ce que la propriété?].
1841	Com uma tese sobre as diferenças entre as filosofias de Demócrito e Epicuro, Marx recebe em Iena o título de doutor em Filosofia (15 de abril). Volta a Trier. Bruno Bauer, acusado de ateísmo, é expulso da cátedra de Teologia da Universidade de Bonn, com isso Marx perde a oportunidade de atuar como docente nessa universidade.	Publica *Ernst Moritz Arndt*. Seu pai o obriga a deixar a escola de comércio para dirigir os negócios da família. Engels prosseguiria sozinho seus estudos de filosofia, religião, literatura e política. Presta o serviço militar em Berlim por um ano. Frequenta a Universidade de Berlim como ouvinte e conhece os jovens-hegelianos. Critica intensamente o conservadorismo na figura de Schelling, com os escritos *Schelling em Hegel*, *Schelling e a revelação* e *Schelling, filósofo em Cristo*.	Feuerbach traz a público *A essência do cristianismo* [*Das Wesen des Christentums*]. Primeira lei trabalhista na França.
1842	Elabora seus primeiros trabalhos como publicista. Começa a colaborar com o jornal *Rheinische Zeitung* [Gazeta Renana], publicação da burguesia em Colônia, do qual mais tarde seria redator. Conhece Engels, que na ocasião visitava o jornal.	Em Manchester assume a fiação do pai, a Ermen & Engels. Conhece Mary Burns, jovem trabalhadora irlandesa, que viveria com ele até a morte. Mary e a irmã Lizzie mostram a Engels as dificuldades da vida operária, e ele inicia estudos sobre os efeitos do capitalismo no operariado inglês. Publica artigos no *Rheinische Zeitung*, entre eles "Crítica às leis de imprensa prussianas" e "Centralização e liberdade".	Eugène Sue publica *Os mistérios de Paris*. Feuerbach publica *Vorläufige Thesen zur Reform der Philosophie* [Teses provisórias para uma reforma da filosofia]. O Ashley's Act proíbe o trabalho de menores e mulheres em minas na Inglaterra.
1843	Sob o regime prussiano, é fechado o *Rheinische Zeitung*. Marx casa-se com Jenny von Westphalen. Recusa convite do governo prussiano para ser redator no diário oficial. Passa a lua de mel em Kreuznach, onde se dedica ao estudo de diversos autores, com destaque para Hegel. Redige os manuscritos que viriam a ser conhecidos como *Crítica da filosofia do direito de Hegel* [*Zur Kritik der Hegelschen Rechtsphilosophie*]. Em outubro vai a Paris, onde Moses Heß e George Herwegh o apresentam às sociedades secretas socialistas e comunistas e às associações operárias alemãs.	Engels escreve, com Edgar Bauer, o poema satírico "Como a Bíblia escapa milagrosamente a um atentado impudente ou O triunfo da fé", contra o obscurantismo religioso. O jornal *Schweuzerisher Republicaner* publica suas "Cartas de Londres". Em Bradford, conhece o poeta G. Weerth. Começa a escrever para a imprensa cartista. Mantém contato com a Liga dos Justos. Ao longo desse período, suas cartas à irmã favorita, Marie, revelam seu amor pela natureza e por música, livros, pintura, viagens, esporte, vinho, cerveja e tabaco.	Feuerbach publica *Grundsätze der Philosophie der Zukunft* [Princípios da filosofia do futuro].

Cronologia resumida

	Karl Marx	**Friedrich Engels**	**Fatos históricos**
	Conclui *Sobre a questão judaica* [*Zur Judenfrage*]. Substitui Arnold Ruge na direção dos *Deutsch-Französische Jahrbücher* [Anais Franco-Alemães]. Em dezembro inicia grande amizade com Heinrich Heine e conclui sua "Crítica da filosofia do direito de Hegel – Introdução" [*Zur Kritik der Hegelschen Rechtsphilosophie – Einleitung*].		
1844	Em colaboração com Arnold Ruge, elabora e publica o primeiro e único volume dos *Deutsch-Französische Jahrbücher*, no qual participa com dois artigos: "A questão judaica" e "Introdução a uma crítica da filosofia do direito de Hegel". Escreve os *Manuscritos econômico-filosóficos* [*Ökonomisch-philosophische Manuskripte*]. Colabora com o *Vorwärts!* [Avante!], órgão de imprensa dos operários alemães na emigração. Conhece a Liga dos Justos, fundada por Weitling. Amigo de Heine, Leroux, Blanc, Proudhon e Bakunin, inicia em Paris estreita amizade com Engels. Nasce Jenny, primeira filha de Marx. Rompe com Ruge e desliga-se dos *Deutsch-Französische Jahrbücher*. O governo decreta a prisão de Marx, Ruge, Heine e Bernays pela colaboração nos *Deutsch-Französische Jahrbücher*. Encontra Engels em Paris e em dez dias planejam seu primeiro trabalho juntos, *A sagrada família* [*Die heilige Familie*]. Marx publica no *Vorwärts!* artigo sobre a greve na Silésia.	Em fevereiro, Engels publica *Esboço para uma crítica da economia política* [*Umrisse zu einer Kritik der Nationalökonomie*], texto que influenciou profundamente Marx. Segue à frente dos negócios do pai, escreve para os *Deutsch-Französische Jahrbücher* e colabora com o jornal *Vorwärts!*. Deixa Manchester. Em Paris torna-se amigo de Marx, com quem desenvolve atividades militantes, o que os leva a criar laços cada vez mais profundos com as organizações de trabalhadores de Paris e Bruxelas. Vai para Barmen.	O Graham's Factory Act regula o horário de trabalho para menores e mulheres na Inglaterra. Fundado o primeiro sindicato operário na Alemanha. Insurreição de operários têxteis na Silésia e na Boêmia.
1845	Por causa do artigo sobre a greve na Silésia, a pedido do governo prussiano Marx é expulso da França, juntamente com Bakunin, Bürgers e Bornstedt. Muda-se para Bruxelas e, em colaboração com Engels, escreve e publica em Frankfurt *A sagrada família*. Ambos começam a escrever *A ideologia alemã* [*Die deutsche Ideologie*] e Marx elabora "As teses sobre Feuerbach" [*Thesen über Feuerbach*]. Em setembro nasce	As observações de Engels sobre a classe trabalhadora de Manchester, feitas anos antes, formam a base de uma de suas obras principais, *A situação da classe trabalhadora na Inglaterra* [*Die Lage der arbeitenden Klasse in England*] (publicada primeiramente em alemão; a edição seria traduzida para o inglês 40 anos mais tarde). Em Barmen organiza debates sobre as ideias comunistas junto com Hesse e Kötten e profere os	Criada a organização internacionalista Democratas Fraternais, em Londres. Richard M. Hoe registra a patente da primeira prensa rotativa moderna.

A situação da classe trabalhadora na Inglaterra

	Karl Marx	Friedrich Engels	Fatos históricos
1845	Laura, segunda filha de Marx e Jenny. Em dezembro, ele renuncia à nacionalidade prussiana.	*Discursos de Elberfeld*. Em abril sai de Barmen e encontra Marx em Bruxelas. Juntos, estudam economia e fazem uma breve visita a Manchester (julho e agosto), onde percorrem alguns jornais locais, como o *Manchester Guardian* e o *Volunteer Journal for Lancashire and Cheshire*. Lançada *A situação da classe trabalhadora na Inglaterra*, em Leipzig. Começa sua vida em comum com Mary Burns.	
1846	Marx e Engels organizam em Bruxelas o primeiro Comitê de Correspondência da Liga dos Justos, uma rede de correspondentes comunistas em diversos países, a qual Proudhon se nega a integrar. Em carta a Annenkov, Marx critica o recém-publicado *Sistema das contradições econômicas ou Filosofia da miséria* [*Système des contradictions économiques ou Philosophie de la misère*], de Proudhon. Redige com Engels a *Zirkular gegen Kriege* [Circular contra Kriege], alemão emigrado dono de um periódico socialista em Nova York. Por falta de editor, Marx e Engels desistem de publicar *A ideologia alemã* (a obra só seria publicada em 1932, na União Soviética). Em dezembro nasce Edgar, o terceiro filho de Marx.	Seguindo instruções do Comitê de Bruxelas, Engels estabelece estreitos contatos com socialistas e comunistas franceses. No outono, ele se desloca para Paris com a incumbência de estabelecer novos comitês de correspondência. Participa de um encontro de trabalhadores alemães em Paris, propagando ideias comunistas e discorrendo sobre a utopia de Proudhon e o socialismo real de Karl Grün.	Os Estados Unidos declaram guerra ao México. Rebelião polonesa em Cracóvia. Crise alimentar na Europa. Abolidas, na Inglaterra, as "leis dos cereais".
1847	Filia-se à Liga dos Justos, em seguida nomeada Liga dos Comunistas. Realiza-se o primeiro congresso da associação em Londres (junho), ocasião em que se encomenda a Marx e Engels um manifesto dos comunistas. Eles participam do congresso de trabalhadores alemães em Bruxelas e, juntos, fundam a Associação Operária Alemã de Bruxelas. Marx é eleito vice-presidente da Associação Democrática. Conclui e publica a edição francesa de *Miséria da filosofia* [*Misère de la philosophie*] (Bruxelas, julho).	Engels viaja a Londres e participa com Marx do I Congresso da Liga dos Justos. Publica *Princípios do comunismo* [*Grundsätze des Kommunismus*], uma "versão preliminar" do Manifesto Comunista [*Manifest der Kommunistischen Partei*]. Em Bruxelas, junto com Marx, participa da reunião da Associação Democrática, voltando em seguida a Paris para mais uma série de encontros. Depois de atividades em Londres, volta a Bruxelas e escreve, com Marx, o *Manifesto Comunista*.	A Polônia torna-se província russa. Guerra civil na Suíça. Realiza-se em Londres, o II Congresso da Liga dos Comunistas (novembro).

Cronologia resumida

	Karl Marx	Friedrich Engels	Fatos históricos
1848	Marx discursa sobre o livre-cambismo numa das reuniões da Associação Democrática. Com Engels publica, em Londres (fevereiro), o *Manifesto Comunista*. O governo revolucionário francês, por meio de Ferdinand Flocon, convida Marx a morar em Paris depois que o governo belga o expulsa de Bruxelas. Redige com Engels "Reivindicações do Partido Comunista na Alemanha" [*Forderungen der Kommunistischen Partei in Deutschland*] e organiza o regresso dos membros alemães da Liga dos Comunistas à pátria. Com sua família e com Engels, muda-se em fins de maio para Colônia, onde ambos fundam o jornal *Neue Rheinische Zeitung* [Nova Gazeta Renana], cuja primeira edição é publicada em 1º de junho com o subtítulo *Organ der Demokratie*. Marx começa a dirigir a Associação Operária de Colônia e acusa a burguesia alemã de traição. Proclama o terrorismo revolucionário como único meio de amenizar "as dores de parto" da nova sociedade. Conclama ao boicote fiscal e à resistência armada.	Expulso da França por suas atividades políticas, chega a Bruxelas no fim de janeiro. Juntamente com Marx, toma parte na insurreição alemã, de cuja derrota falaria quatro anos depois em *Revolução e contrarrevolução na Alemanha* [*Revolution und Konterevolution in Deutschland*]. Engels exerce o cargo de editor do *Neue Rheinische Zeitung*, recém-criado por ele e Marx. Participa, em setembro, do Comitê de Segurança Pública criado para rechaçar a contrarrevolução, durante grande ato popular promovido pelo *Neue Rheinische Zeitung*. O periódico sofre suspensões, mas prossegue ativo. Procurado pela polícia, tenta se exilar na Bélgica, onde é preso e depois expulso. Muda-se para a Suíça.	Definida, na Inglaterra, a jornada de dez horas para menores e mulheres na indústria têxtil. Criada a Associação Operária, em Berlim. Fim da escravidão na Áustria. Abolição da escravidão nas colônias francesas. Barricadas em Paris: eclode a revolução; o rei Luís Filipe abdica e a República é proclamada. A revolução se alastra pela Europa. Em junho, Blanqui lidera novas insurreições operárias em Paris, brutalmente reprimidas pelo general Cavaignac. Decretado estado de sítio em Colônia em reação a protestos populares. O movimento revolucionário reflui.
1849	Marx e Engels são absolvidos em processo por participação nos distúrbios de Colônia (ataques a autoridades publicados no *Neue Rheinische Zeitung*). Ambos defendem a liberdade de imprensa na Alemanha. Marx é convidado a deixar o país, mas ainda publicaria *Trabalho assalariado e capital* [*Lohnarbeit und Kapital*]. O periódico, em difícil situação, é extinto (maio). Marx, em condição financeira precária (vende os próprios móveis para pagar as dívidas), tenta voltar a Paris, mas, impedido de ficar, é obrigado a deixar a cidade em 24 horas. Graças a uma campanha de arrecadação de fundos promovida por Ferdinand Lassalle na Alemanha, Marx se estabelece com a família em Londres, onde	Em janeiro Engels retorna a Colônia. Em maio, toma parte militarmente na resistência à reação. À frente de um batalhão de operários, entra em Elberfeld, motivo pelo qual sofre sanções legais por parte das autoridades prussianas, enquanto Marx é convidado a deixar o país. Publicado o último número do *Neue Rheinische Zeitung*. Marx e Engels vão para o sudoeste da Alemanha, onde Engels envolve-se no levante de Baden-Palatinado, antes de seguir para Londres.	Proudhon publica *Les confessions d'un révolutionnaire*. A Hungria proclama sua independência da Áustria. Após período de refluxo, reorganiza-se no fim do ano, em Londres, o Comitê Central da Liga dos Comunistas, com a participação de Marx e Engels.

	Karl Marx	Friedrich Engels	Fatos históricos
	nasce Guido, seu quarto filho (novembro).		
1850	Ainda em dificuldades financeiras, organiza a ajuda aos emigrados alemães. A Liga dos Comunistas reorganiza as sessões locais e é fundada a Sociedade Universal dos Comunistas Revolucionários, cuja liderança logo se fraciona. Edita em Londres a *Neue Rheinische Zeitung* [Nova Gazeta Renana], revista de economia política, bem como *Lutas de classe na França* [*Die Klassenkämpfe in Frankreich*]. Morre o filho Guido.	Publica *A guerra dos camponeses na Alemanha* [*Der deutsche Bauernkrieg*]. Em novembro, retorna a Manchester, onde viverá por vinte anos, e às suas atividades na Ermen & Engels; o êxito nos negócios possibilita ajudas financeiras a Marx.	Abolição do sufrágio universal na França.
1851	Continua em dificuldades, mas, graças ao êxito dos negócios de Engels em Manchester, conta com ajuda financeira. Dedica-se intensamente aos estudos de economia na biblioteca do Museu Britânico. Aceita o convite de trabalho do *New York Daily Tribune*, mas é Engels quem envia os primeiros textos, intitulados "Contrarrevolução na Alemanha", publicados sob a assinatura de Marx. Hermann Becker publica em Colônia o primeiro e único tomo dos *Ensaios escolhidos de Marx*. Nasce Francisca (28 de março), quinta de seus filhos.	Engels, juntamente com Marx, começa a colaborar com o Movimento Cartista [Chartist Movement]. Estuda língua, história e literatura eslava e russa.	Na França, golpe de Estado de Luís Bonaparte. Realização da primeira exposição universal, em Londres.
1852	Envia ao periódico *Die Revolution*, de Nova York, uma série de artigos sobre *O dezoito brumário de Luís Bonaparte* [*Der achtzehnte Brumaire des Louis Bonaparte*]. Sua proposta de dissolução da Liga dos Comunistas é acolhida. A difícil situação financeira é amenizada com o trabalho para o *New York Daily Tribune*. Morre a filha Francisca, nascida um ano antes.	Publica *Revolução e contrarrevolução na Alemanha* [*Revolution und Konterevolution in Deutschland*]. Com Marx, elabora o panfleto *O grande homem do exílio* [*Die groben Männer des Exils*] e uma obra, hoje desaparecida, chamada *Os grandes homens oficiais da Emigração*; nela, atacam os dirigentes burgueses da emigração em Londres e defendem os revolucionários de 1848-1849. Expõem, em cartas e artigos conjuntos, os planos do governo, da polícia e do judiciário prussianos, textos que teriam grande repercussão.	Luís Bonaparte é proclamado imperador da França, com o título de Napoleão Bonaparte III.

Cronologia resumida

	Karl Marx	**Friedrich Engels**	**Fatos históricos**
1853	Marx escreve, tanto para o *New York Daily Tribune* quanto para o *People's Paper*, inúmeros artigos sobre temas da época. Sua precária saúde o impede de voltar aos estudos econômicos interrompidos no ano anterior, o que faria somente em 1857. Retoma a correspondência com Lassalle.	Escreve artigos para o *New York Daily Tribune*. Estuda o persa e a história dos países orientais. Publica, com Marx, artigos sobre a Guerra da Crimeia.	A Prússia proíbe o trabalho para menores de 12 anos.
1854	Continua colaborando com o *New York Daily Tribune*, dessa vez com artigos sobre a revolução espanhola.		
1855	Começa a escrever para o *Neue Oder Zeitung*, de Breslau, e segue como colaborador do *New York Daily Tribune*. Em 16 de janeiro nasce Eleanor, sua sexta filha, e em 6 de abril morre Edgar, o terceiro.	Escreve uma série de artigos para o periódico *Putman*.	Morte de Nicolau I, na Rússia, e ascensão do czar Alexandre II.
1856	Ganha a vida redigindo artigos para jornais. Discursa sobre o progresso técnico e a revolução proletária em uma festa do *People's Paper*. Estuda a história e a civilização dos povos eslavos. A esposa Jenny recebe uma herança da mãe, o que permite que a família mude para um apartamento mais confortável.	Acompanhado da mulher, Mary Burns, Engels visita a terra natal dela, a Irlanda.	Morrem Max Stirner e Heinrich Heine. Guerra franco-inglesa contra a China.
1857	Retoma os estudos sobre economia política, por considerar iminente nova crise econômica europeia. Fica no Museu Britânico das nove da manhã às sete da noite e trabalha madrugada adentro. Só descansa quando adoece e aos domingos, nos passeios com a família em Hampstead. O médico o proíbe de trabalhar à noite. Começa a redigir os manuscritos que viriam a ser conhecidos como *Grundrisse der Kritik der Politischen Ökonomie* [Esboços de uma crítica da economia política], e que servirão de base à obra *Para a crítica da economia política* [*Zur Kritik der Politischen Ökonomie*]. Escreve a célebre *Introdução de 1857*. Continua a colaborar no	Adoece gravemente em maio. Analisa a situação no Oriente Médio, estuda a questão eslava e aprofunda suas reflexões sobre temas militares. Sua contribuição para a *New American Encyclopaedia* [Nova Enciclopédia Americana], versando sobre as guerras, faz de Engels um continuador de Von Clausewitz e um precursor de Lenin e Mao Tsé-tung. Continua trocando cartas com Marx, discorrendo sobre a crise na Europa e nos Estados Unidos.	O divórcio, sem necessidade de aprovação parlamentar, se torna legal na Inglaterra.

A situação da classe trabalhadora na Inglaterra

	Karl Marx	Friedrich Engels	Fatos históricos
	New York Daily Tribune. Escreve artigos sobre Jean-Baptiste Bernadotte, Simón Bolívar, Gebhard Blücher e outros na *New American Encyclopaedia* [Nova Enciclopédia Americana]. Atravessa um novo período de dificuldades financeiras e tem um novo filho, natimorto.		
1858	O *New York Daily Tribune* deixa de publicar alguns de seus artigos. Marx dedica-se à leitura de *Ciência da lógica* [*Wissenschaft der Logik*] de Hegel. Agravam-se os problemas de saúde e a penúria.	Engels dedica-se ao estudo das ciências naturais.	Morre Robert Owen.
1859	Publica em Berlim *Para a crítica da economia política*. A obra só não fora publicada antes porque não havia dinheiro para postar o original. Marx comentaria: "Seguramente é a primeira vez que alguém escreve sobre o dinheiro com tanta falta dele". O livro, muito esperado, foi um fracasso. Nem seus companheiros mais entusiastas, como Liebknecht e Lassalle, o compreenderam. Escreve mais artigos no *New York Daily Tribune*. Começa a colaborar com o periódico londrino *Das Volk*, contra o grupo de Edgar Bauer. Marx polemiza com Karl Vogt (a quem acusa de ser subsidiado pelo bonapartismo), Blind e Freiligrath.	Faz uma análise, junto com Marx, da teoria revolucionária e suas táticas, publicada em coluna do *Das Volk*. Escreve o artigo "Po und Rhein" [Pó e Reno], em que analisa o bonapartismo e as lutas liberais na Alemanha e na Itália. Enquanto isso, estuda gótico e inglês arcaico. Em dezembro, lê o recém-publicado *A origem das espécies* [*The Origin of Species*], de Darwin.	A França declara guerra à Áustria.
1860	Vogt começa uma série de calúnias contra Marx, e as querelas chegam aos tribunais de Berlim e Londres. Marx escreve *Herr Vogt* [Senhor Vogt].	Engels vai a Barmen para o sepultamento de seu pai (20 de março). Publica a brochura *Savoia, Nice e o Reno* [*Savoyen, Nizza und der Rhein*], polemizando com Lassalle. Continua escrevendo para vários periódicos, entre eles o *Allgemeine Militar Zeitung*. Contribui com artigos sobre o conflito de secessão nos Estados Unidos no *New York Daily Tribune* e no jornal liberal *Die Presse*.	Giuseppe Garibaldi toma Palermo e Nápoles.
1861	Enfermo e depauperado, Marx vai à Holanda, onde o tio Lion Philiph concorda em adiantar-lhe uma quantia, por conta da herança de sua mãe. Volta a Berlim e projeta com Lassalle um novo periódico. Reencontra velhos amigos e visita		Guerra civil norte-americana. Abolição da servidão na Rússia.

Cronologia resumida

	Karl Marx	Friedrich Engels	Fatos históricos
	a mãe em Trier. Não consegue recuperar a nacionalidade prussiana. Regressa a Londres e participa de uma ação em favor da libertação de Blanqui. Retoma seus trabalhos científicos e a colaboração com o *New York Daily Tribune* e o *Die Presse* de Viena.		
1862	Trabalha o ano inteiro em sua obra científica e encontra-se várias vezes com Lassalle para discutirem seus projetos. Em suas cartas a Engels, desenvolve uma crítica à teoria ricardiana sobre a renda da terra. O *New York Daily Tribune*, justificando-se com a situação econômica interna norte-americana, dispensa os serviços de Marx, o que reduz ainda mais seus rendimentos. Viaja à Holanda e a Trier, e novas solicitações ao tio e à mãe são negadas. De volta a Londres, tenta um cargo de escrevente da ferrovia, mas é reprovado por causa da caligrafia.		Nos Estados Unidos, Lincoln decreta a abolição da escravatura. O escritor Victor Hugo publica *Les misérables* [Os miseráveis].
1863	Marx continua seus estudos no Museu Britânico e se dedica também à matemática. Começa a redação definitiva de *O capital* [*Das Kapital*] e participa de ações pela independência da Polônia. Morre sua mãe (novembro), deixando-lhe algum dinheiro como herança.	Morre, em Manchester, Mary Burns, companheira de Engels (6 de janeiro). Ele permaneceria morando com a cunhada Lizzie. Esboça, mas não conclui, um texto sobre rebeliões camponesas.	
1864	Malgrado a saúde, continua a trabalhar em sua obra científica. É convidado a substituir Lassalle (morto em duelo) na Associação Geral dos Operários Alemães. O cargo, entretanto, é ocupado por Becker. Apresenta o projeto e o estatuto de uma Associação Internacional dos Trabalhadores, durante encontro internacional no Saint Martin's Hall de Londres. Marx elabora o Manifesto de Inauguração da Associação Internacional dos Trabalhadores.	Engels participa da fundação da Associação Internacional dos Trabalhadores, depois conhecida como a Primeira Internacional. Torna-se coproprietário da Ermen & Engels. No segundo semestre, contribui, com Marx, para o *Sozial-Demokrat*, periódico da social-democracia alemã que populariza as ideias da Internacional na Alemanha.	Dühring traz a público seu *Kapital und Arbeit* [Capital e trabalho]. Fundação, na Inglaterra, da Associação Internacional dos Trabalhadores. Reconhecido o direito a férias na França. Morre Wilhelm Wolff, amigo íntimo de Marx, a quem é dedicado *O capital*.

A situação da classe trabalhadora na Inglaterra

	Karl Marx	Friedrich Engels	Fatos históricos
1865	Conclui a primeira redação de *O capital* e participa do Conselho Central da Internacional (setembro), em Londres. Marx escreve *Salário, preço e lucro* [*Lohn, Preis und Profit*]. Publica no *Sozial-Demokrat* uma biografia de Proudhon, morto recentemente. Conhece o socialista francês Paul Lafargue, seu futuro genro.	Recebe Marx em Manchester. Ambos rompem com Schweitzer, diretor do *Sozial-Demokrat*, por sua orientação lassalliana. Suas conversas sobre o movimento da classe trabalhadora na Alemanha resultam em artigo para a imprensa. Engels publica *A questão militar na Prússia e o Partido Operário Alemão* [*Die preubische Militärfrage und die deutsche Arbeiterpartei*].	Assassinato de Lincoln. Proudhon publica *De la capacité politique des classes ouvrières* [A capacidade política das classes operárias]. Morre Proudhon.
1866	Apesar dos intermináveis problemas financeiros e de saúde, Marx conclui a redação do primeiro livro de *O capital*. Prepara a pauta do primeiro Congresso da Internacional e as teses do Conselho Central. Pronuncia discurso sobre a situação na Polônia.	Escreve a Marx sobre os trabalhadores emigrados da Alemanha e pede a intervenção do Conselho Geral da Internacional.	Na Bélgica, é reconhecido o direito de associação e a férias. Fome na Rússia.
1867	O editor Otto Meissner publica, em Hamburgo, o primeiro volume de *O capital*. Os problemas de Marx o impedem de prosseguir no projeto. Redige instruções para Wilhelm Liebknecht, recém-ingressado na Dieta prussiana como representante social-democrata.	Engels estreita relações com os revolucionários alemães, especialmente Liebknecht e Bebel. Envia carta de congratulações a Marx pela publicação do primeiro volume de *O capital*. Estuda as novas descobertas da química e escreve artigos e matérias sobre *O capital*, com fins de divulgação.	
1868	Piora o estado de saúde de Marx, e Engels continua ajudando-o financeiramente. Marx elabora estudos sobre as formas primitivas de propriedade comunal, em especial sobre o *mir* russo. Corresponde-se com o russo Danielson e lê Dühring. Bakunin se declara discípulo de Marx e funda a Aliança Internacional da Social--Democracia. Casamento da filha Laura com Lafargue.	Engels elabora uma sinopse do primeiro volume de *O capital*.	Em Bruxelas, acontece o Congresso da Associação Internacional dos Trabalhadores (setembro).
1869	Liebknecht e Bebel fundam o Partido Operário Social--Democrata alemão, de linha	Em Manchester, dissolve a empresa Ermen & Engels, que havia assumido após a morte do	Fundação do Partido Social-Democrata alemão. Congresso da

Cronologia resumida

	Karl Marx	Friedrich Engels	Fatos históricos
	marxista. Marx, fugindo das polícias da Europa continental, passa a viver em Londres, com a família, na mais absoluta miséria. Continua os trabalhos para o segundo livro de *O capital*. Vai a Paris sob nome falso, onde permanece algum tempo na casa de Laura e Lafargue. Mais tarde, acompanhado da filha Jenny, visita Kugelmann em Hannover. Estuda russo e a história da Irlanda. Corresponde-se com De Paepe sobre o proudhonismo e concede uma entrevista ao sindicalista Haman sobre a importância da organização dos trabalhadores.	pai. Com um soldo anual de 350 libras, auxilia Marx e sua família; com ele, mantém intensa correspondência. Começa a contribuir com o *Volksstaat*, o órgão de imprensa do Partido Social-Democrata alemão. Escreve uma pequena biografia de Marx, publicada no *Die Zukunft* (julho). Lançada a primeira edição russa do *Manifesto Comunista*. Em setembro, acompanhado de Lizzie, Marx e Eleanor, visita a Irlanda.	Primeira Internacional na Basileia, Suíça.
1870	Continua interessado na situação russa e em seu movimento revolucionário. Em Genebra instala-se uma seção russa da Internacional, na qual se acentua a oposição entre Bakunin e Marx, que redige e distribui uma circular confidencial sobre as atividades dos bakunistas e sua aliança. Redige o primeiro comunicado da Internacional sobre a guerra franco-prussiana e exerce, a partir do Conselho Central, uma grande atividade em favor da República francesa. Por meio de Serrailler, envia instruções para os membros da Internacional presos em Paris. A filha Jenny colabora com Marx em artigos para *A Marselhesa* sobre a repressão dos irlandeses por policiais britânicos.	Engels escreve *História da Irlanda* [*Die Geschichte Irlands*]. Começa a colaborar com o periódico inglês *Pall Mall Gazette*, discorrendo sobre a guerra franco-prussiana. Deixa Manchester em setembro, acompanhado de Lizzie, e instala-se em Londres para promover a causa comunista. Lá continua escrevendo para o *Pall Mall Gazette*, dessa vez sobre o desenvolvimento das oposições. É eleito por unanimidade para o Conselho Geral da Primeira Internacional. O contato com o mundo do trabalho permitiu a Engels analisar, em profundidade, as formas de desenvolvimento do modo de produção capitalista. Suas conclusões seriam utilizadas por Marx em *O capital*.	Na França são presos membros da Internacional Comunista. Nasce Vladimir Lenin.
1871	Atua na Internacional em prol da Comuna de Paris. Instrui Frankel e Varlin e redige o folheto *Der Bürgerkrieg in Frankreich* [A guerra civil na França]. É violentamente atacado pela imprensa conservadora. Em setembro, durante a Internacional em Londres, é reeleito secretário da seção russa. Revisa o primeiro volume de *O capital* para a segunda edição alemã.	Prossegue suas atividades no Conselho Geral e atua junto à Comuna de Paris, que instaura um governo operário na capital francesa entre 26 de março e 28 de maio. Participa com Marx da Conferência de Londres da Internacional.	A Comuna de Paris, instaurada após revolução vitoriosa do proletariado, é brutalmente reprimida pelo governo francês. Legalização das *trade unions* na Inglaterra.

A situação da classe trabalhadora na Inglaterra

	Karl Marx	Friedrich Engels	Fatos históricos
1872	Acerta a primeira edição francesa de *O capital* e recebe exemplares da primeira edição russa, lançada em 27 de março. Participa dos preparativos do V Congresso da Internacional em Haia, quando se decide a transferência do Conselho Geral da organização para Nova York. Jenny, a filha mais velha, casa-se com o socialista Charles Longuet.	Redige com Marx uma circular confidencial sobre supostos conflitos internos da Internacional, envolvendo bakunistas na Suíça, intitulado *As pretensas cisões na Internacional* [*Die angeblichen Spaltungen in der Internationale*]. Ambos intervêm contra o lassalianismo na social-democracia alemã e escrevem um prefácio para a nova edição alemã do *Manifesto Comunista*. Engels participa do Congresso da Associação Internacional dos Trabalhadores.	Morrem Ludwig Feuerbach e Bruno Bauer. Bakunin é expulso da Internacional no Congresso de Haia.
1873	Impressa a segunda edição de *O capital* em Hamburgo. Marx envia exemplares a Darwin e Spencer. Por ordens de seu médico, é proibido de realizar qualquer tipo de trabalho.	Com Marx, escreve para periódicos italianos uma série de artigos sobre as teorias anarquistas e o movimento das classes trabalhadoras.	Morre Napoleão III. As tropas alemãs se retiram da França.
1874	Negada a Marx a cidadania inglesa, "por não ter sido fiel ao rei". Com a filha Eleanor, viaja a Karlsbad para tratar da saúde numa estação de águas.	Prepara a terceira edição de *A guerra dos camponeses alemães*.	Na França, são nomeados inspetores de fábricas e é proibido o trabalho em minas para mulheres e menores.
1875	Continua seus estudos sobre a Rússia. Redige observações ao Programa de Gotha, da social-democracia alemã.	Por iniciativa de Engels, é publicada *Crítica do Programa de Gotha* [*Kritik des Gothaer Programms*], de Marx.	Morre Moses Heß.
1876	Continua o estudo sobre as formas primitivas de propriedade na Rússia. Volta com Eleanor a Karlsbad para tratamento.	Elabora escritos contra Dühring, discorrendo sobre a teoria marxista, publicados inicialmente no *Vorwärts!* e transformados em livro posteriormente.	Fundado o Partido Socialista do Povo na Rússia. Crise na Primeira Internacional. Morre Bakunin.
1877	Marx participa de campanha na imprensa contra a política de Gladstone em relação à Rússia e trabalha no segundo volume de *O capital*. Acometido novamente de insônias e transtornos nervosos, viaja com a esposa e a filha Eleanor para descansar em Neuenahr e na Floresta Negra.	Conta com a colaboração de Marx na redação final do *Anti-Dühring* [*Herrn Eugen Dühring's Umwälzung der Wissenschaft*]. O amigo colabora com o capítulo 10 da parte 2 ("Da história crítica"), discorrendo sobre a economia política.	A Rússia declara guerra à Turquia.
1878	Paralelamente ao segundo volume de *O capital*, Marx trabalha na investigação sobre a comuna rural russa, complementada com estudos de geologia. Dedica-se	Publica o *Anti-Dühring* e, atendendo a pedido de Wolhelm Bracke feito um ano antes, publica pequena biografia de Marx, intitulada *Karl Marx*. Morre Lizzie.	Otto von Bismarck proíbe o funcionamento do Partido Socialista na Prússia. Primeira

381

Cronologia resumida

	Karl Marx	Friedrich Engels	Fatos históricos
	também à *Questão do Oriente* e participa de campanha contra Bismarck e Lothar Bücher.		grande onda de greves operárias na Rússia.
1879	Marx trabalha nos volumes II e III de *O capital*.		
1880	Elabora um projeto de pesquisa a ser executado pelo Partido Operário francês. Torna-se amigo de Hyndman. Ataca o oportunismo do periódico *Sozial-Demokrat* alemão, dirigido por Liebknecht. Escreve as *Randglossen zu Adolph Wagners Lehrbuch der politischen Ökonomie* [Glosas marginais ao tratado de economia política de Adolph Wagner]. Bebel, Bernstein e Singer visitam Marx em Londres.	Engels lança uma edição especial de três capítulos do *Anti-Dühring*, sob o título *Socialismo utópico e científico* [*Die Entwicklung des Socialismus Von der Utopie zur Wissenschaft*]. Marx escreve o prefácio do livro. Engels estabelece relações com Kautsky e conhece Bernstein.	Morre Arnold Ruge.
1881	Prossegue os contatos com os grupos revolucionários russos e mantém correspondência com Zasulitch, Danielson e Nieuwenhuis. Recebe a visita de Kautsky. Jenny, sua esposa, adoece. O casal vai a Argenteuil visitar a filha Jenny e Longuet. Morre Jenny Marx.	Enquanto prossegue em suas atividades políticas, estuda a história da Alemanha e prepara *Labor Standard*, um diário dos sindicatos ingleses. Escreve um obituário pela morte de Jenny Marx (8 de dezembro).	Fundada a Federation of Labour Unions nos Estados Unidos. Assassinato do czar Alexandre II.
1882	Continua as leituras sobre os problemas agrários da Rússia. Acometido de pleurisia, visita a filha Jenny em Argenteuil. Por prescrição médica, viaja pelo Mediterrâneo e pela Suíça. Lê sobre física e matemática.	Redige com Marx um novo prefácio para a edição russa do *Manifesto Comunista*.	Os ingleses bombardeiam Alexandria e ocupam Egito e Sudão.
1883	A filha Jenny morre em Paris (janeiro). Deprimido e muito enfermo, com problemas respiratórios, Marx morre em Londres, em 14 de março. É sepultado no Cemitério de Highgate.	Começa a esboçar *A dialética da natureza* [*Dialektik der Natur*], publicada postumamente em 1927. Escreve outro obituário, dessa vez para a filha de Marx, Jenny. No sepultamento de Marx, profere o que ficaria conhecido como *Discurso diante da sepultura de Marx* [*Das Begräbnis von Karl Marx*]. Após a morte do amigo, publica uma edição inglesa do primeiro volume de *O capital*; imediatamente depois, prefacia a terceira edição alemã da obra, e já começa a preparar o segundo volume.	Implantação dos seguros sociais na Alemanha. Fundação de um partido marxista na Rússia e da Sociedade Fabiana, que mais tarde daria origem ao Partido Trabalhista na Inglaterra. Crise econômica na França; forte queda na Bolsa.

A situação da classe trabalhadora na Inglaterra

	Karl Marx	Friedrich Engels	Fatos históricos
1884		Publica *A origem da família, da propriedade privada e do Estado* [*Der Ursprung der Familie, des Privateigentum und des Staates*].	Fundação da Sociedade Fabiana de Londres.
1885		Editado por Engels, é publicado o segundo volume de *O capital*.	
1887		Karl Kautsky conclui o artigo "O socialismo jurídico", resposta de Engels a um livro do jurista Anton Menger, e o publica sem assinatura na *Neue Zeit*.	
1889			Funda-se em Paris a II Internacional.
1894		Também editado por Engels, é publicado o terceiro volume de *O capital*. O mundo acadêmico ignorou a obra por muito tempo, embora os principais grupos políticos logo tenham começado a estudá-la. Engels publica os textos *Contribuição à história do cristianismo primitivo* [*Zur Geschischte des Urchristentums*] e *A questão camponesa na França e na Alemanha* [*Die Bauernfrage in Frankreich und Deutschland*].	O oficial francês de origem judaica Alfred Dreyfus, acusado de traição, é preso. Protestos antissemitas multiplicam-se nas principais cidades francesas.
1895		Redige uma nova introdução para *As lutas de classes na França*. Após longo tratamento médico, Engels morre em Londres (5 de agosto). Suas cinzas são lançadas ao mar em Eastbourne. Dedicou-se até o fim da vida a completar e traduzir a obra de Marx, ofuscando a si próprio e a sua obra em favor do que ele considerava a causa mais importante.	Os sindicatos franceses fundam a Confederação Geral do Trabalho. Os irmãos Lumière fazem a primeira projeção pública do cinematógrafo.